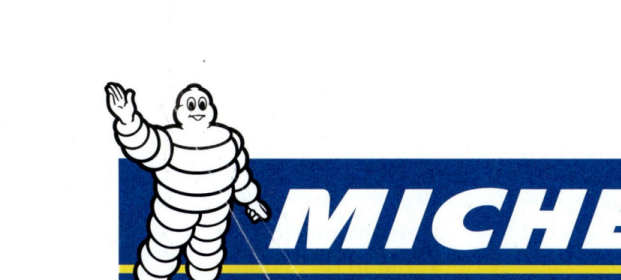

TOURIST *and* MOTORING ATLAS
ATLAS ROUTIER *et* TOURISTIQUE
STRASSEN- *und* REISEATLAS
TOERISTISCHE WEGENATLAS
ATLANTE STRADALE *e* TURISTICO
ATLAS DE CARRETERAS *y* TURÍSTICO

Great Britain & Ireland

Contents

Inside front cover
Key to map pages

Route planning - 1/1 000 000 .... **IV** - **XIX**
Unitary Authorities .... **XX**
Shipping Services .... **XXI**
Distances .... **XXII**

Mapping
Key to maps **1**
Great Britain - 1/300 000 .... **2** - **75**
Ireland - 1/300 000 .... **76** - **103**
Greater London - 1/200 000 .... **104** - **105**

Index
Key: Welsh and Irish **106**
Key to town plan symbols **107**
Index Great Britain .... **108** - **147**
Index Ireland .... **148** - **159**

Inside back cover
Key

Sommaire

Intérieur de couverture
Tableau d'assemblage

Grands itinéraires - 1/1 000 000 ..... **IV** - **XIX**
Unitary Authorities .... **XX**
Liaisons maritimes .... **XXI**
Tableau de distances .... **XXII**

Cartographie
Légende **1**
Grande-Bretagne - 1/300 000 .... **2** - **75**
Irlande - 1/300 000 .... **76** - **103**
Greater London - 1/200 000 .... **104** - **105**

Index
Légende : Gallois et gaélique **106**
Légende des plans de ville **107**
Index Grande-Bretagne .... **108** - **147**
Index Irlande .... **148** - **159**

Intérieur de couverture
Légende complète

Inhaltsübersicht

Umschlaginnenseite
Übersicht

Reiseplanung - 1/1 000 000 .... **IV** - **XIX**
Unitary Authorities .... **XX**
Schiffsverbindungen .... **XXI**
Entfernungstabelle .... **XXII**

Kartographie
Zeichenerklärung **1**
Großbritannien - 1/300 000 .... **2** - **75**
Irland - 1/300 000 .... **76** - **103**
Greater London - 1/200 000 .... **104** - **105**

Register
Zeichenerklärung: walisisch und irisch **106**
Zeichenerklärung für Stadtpläne **107**
Register Großbritannien .... **108** - **147**
Register Irland .... **148** - **159**

Umschlaginnenseite
Zeichenerklärung

Inhoud

Binnenzijde van het omslag
Overzichtskaart

Grote verbindingswegen - 1/1 000 000 ... **IV** - **XIX**
Unitary Authorities .... **XX**
Scheepvaartverbindingen .... **XXI**
Afstandstabel .... **XXII**

Cartografie
Verklaring van de tekens **1**
Groot-Brittannië - 1/300 000 .... **2** - **75**
Ierland - 1/300 000 .... **76** - **103**
Greater London - 1/200 000 .... **104** - **105**

Index
Verklaring van de tekens: Welsh en Iers **106**
Verklaring van de tekens: stadsplattegronden **107**
Register Groot-Brittannië .... **108** - **147**
Register Ierland .... **148** - **159**

Binnenzijde van het omslag
Verklaring van alle tekens

Sommario

Copertina interna
Quadro d'insieme

Grandi itinerari - 1/1 000 000	**IV** - **XIX**
Unitary Authorities	**XX**
Collegamenti marittimi	**XXI**
Tabella distanze	**XXII**

Cartografia

Legenda	**1**
Gran Bretagna - 1/300 000	**2** - **75**
Irlanda - 1/300 000	**76** - **103**
Greater London - 1/200 000	**104** - **105**

Indice

Legenda: Gallese e Gaelica	**106**
Legenda piante di città	**107**
Indice Gran Bretagna	**108** - **147**
Indice Irlanda	**148** - **159**

Copertina interna
Legenda completa

Sumario

Portada interior
Mapa índice

Información general - 1/1 000 000	**IV** - **XIX**
Unitary Authorities	**XX**
Enlaces marítimos	**XXI**
Cuadro de distancias	**XXII**

Cartografía

Signos convencionales	**1**
Gran Bretaña - 1/300 000	**2** - **75**
Irlanda - 1/300 000	**76** - **103**
Greater London - 1/200 000	**104** - **105**

Índice

Signos convencionales: Galés y Gaélico	**106**
Signos convencionales de los planos de ciudades	**107**
Índice Gran Bretaña	**108** - **147**
Índice Irlanda	**148** - **159**

Contraportada interior
Signos convencionales

Town plans	**Plans de ville**	**Stadtpläne**
Stadsplattegronden	**Piante di città**	**Planos de ciudades**

Great Britain

108	Aberdeen	**119**	Edinburgh area	**139**	Nottingham
109	Bath	**119**	Edinburgh	**140**	Oxford
110	Birmingham area	**120**	Exeter	**141**	Perth
111	Birmingham	**123**	Glasgow area	**141**	Plymouth
112	Blackpool	**124**	Glasgow	**142**	Portsmouth
112	Bournemouth	**124**	Gloucester	**142**	Reading
112	Bradford	**125**	Ipswich	**143**	Sheffield
113	Brighton	**125**	Kingston upon Hull	**144**	Southampton
113	Bristol	**126**	Leeds area	**144**	Stirling
114	Cambridge	**127**	Leeds	**144**	Stoke on Trent area
115	Canterbury	**128**	Leicester	**144**	Stoke on Trent
116	Cardiff/Caerdydd	**129**	Lincoln	**145**	Stafford upon Avon
116	Carlisle	**130**	Liverpool area	**145**	Sunderland
117	Chester	**131**	Liverpool	**145**	Swansea/Abertawe
117	Coventry	**132**	London	**146**	Swindon
117	Derby	**134**	Manchester area	**146**	Warwick
118	Dover	**135**	Manchester	**146**	Winchester
118	Dundee	**136**	Newcastle upon Tyne	**147**	Windsor
118	Durham	**137**	Newport	**147**	Wolverhampton
		138	Norwich	**147**	York

Channel Tunnel / Tunnel sous la Manche

121	Folkestone Terminal
122	Terminal de Calais (F)

Ireland

148	Belfast area
149	Belfast
150	Cork/Corcaigh
151	Dublin area
152	Dublin/Baile Átha Cliath
153	Galway/Gaillimh
154	Killarney/Cill Airne
155	Limerick/Luimneach
156	Londonderry

Route planning | Grands itinéraires | Reiseplanung | Grote verbindingswegen

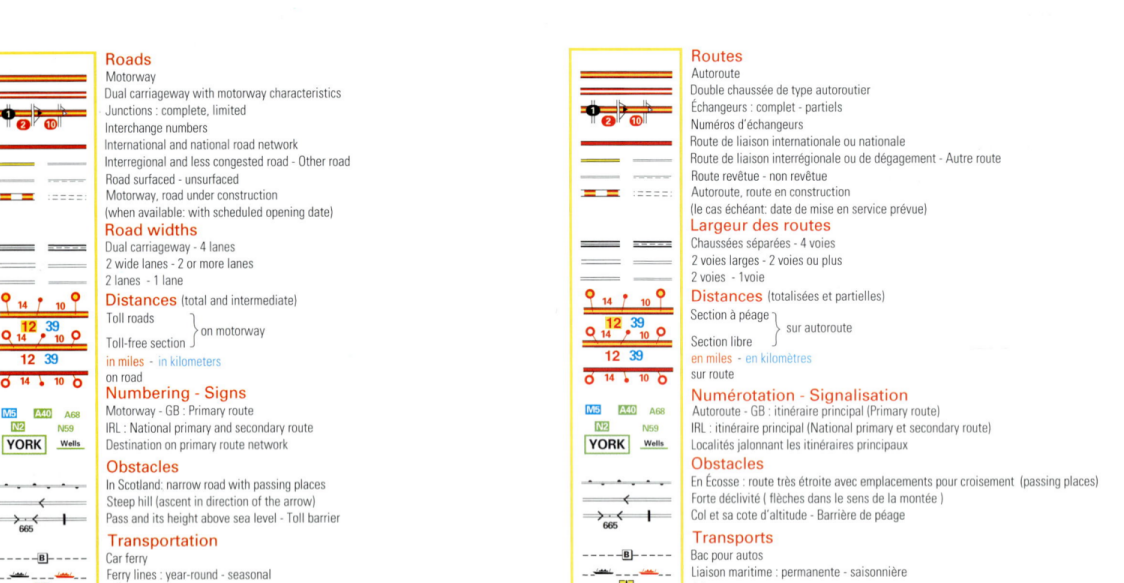

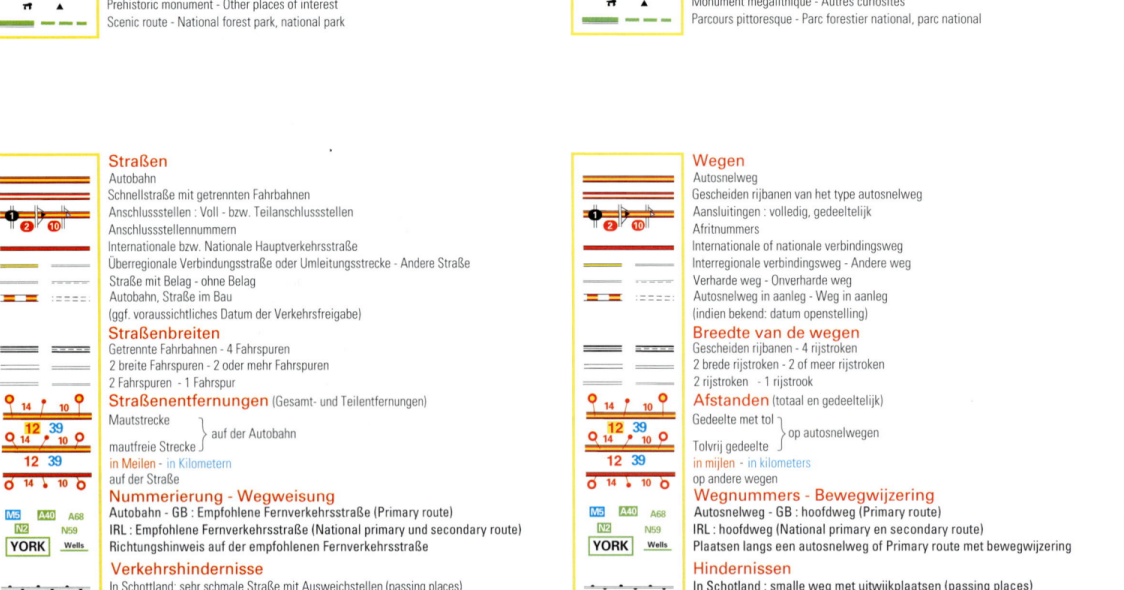

Grandi itinerari — Información general

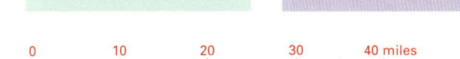

Key to 1:1 000 000 map pages

Légende des cartes au 1:1 000 000

Zeichenerklärung der Karten 1:1 000 000

Verklaring van de tekens voor kaarten met schaal 1:1 000 000

Legenda carte scala 1:1 000 000

Signos convencionales de los mapas a escala 1:1.000.000

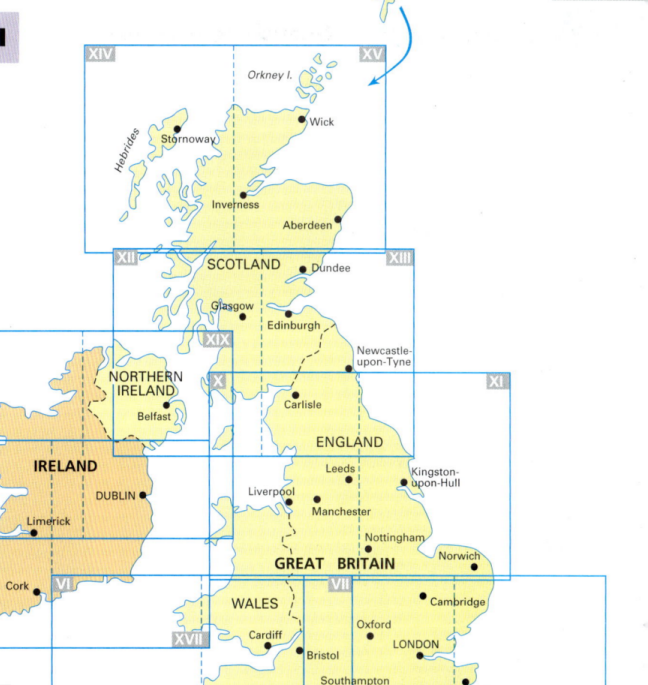

The primary Road network in England is currently under review. Certain roads may therefore change their status during the currency of this publication.

En Angleterre, le réseau de routes "Primary" est en cours de révision. Certaines routes peuvent changer de classement pendant la période de validité de cette publication.

Das englische Hauptstraßennetz wird z.Z. überarbeitet. Einige Straßen könnten während der Laufzeit dieser Karte umgestuft werden.

In England wordt het net van de Primary Roads gewijzigd. De indeling van sommige wegen kan hierdoor worden gewijzigd.

In Inghilterra la rete stradale "Primary" è in fase di revisione. Alcune strada possono avere subito variazioni di classificazione durante il periodo di validità di questa guida.

En Inglaterra, se está revisando la red de carreteras "Primary". Algunas carreteras pueden cambiar de clasificación durante el periodo de validez de esta publicación.

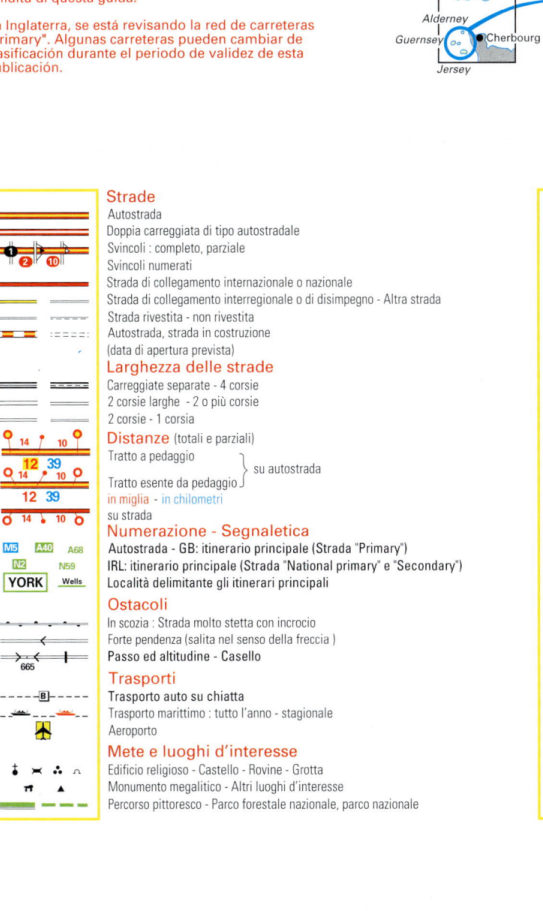

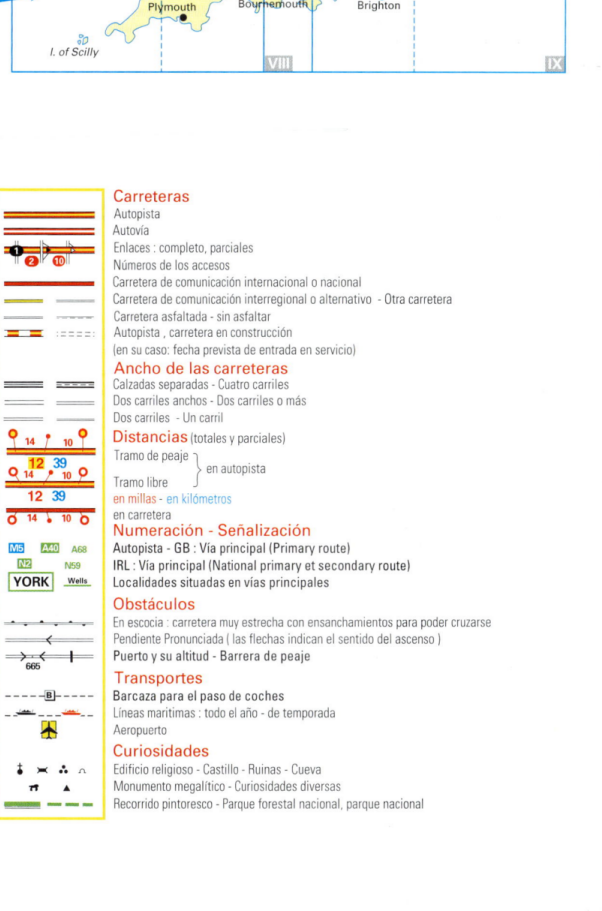

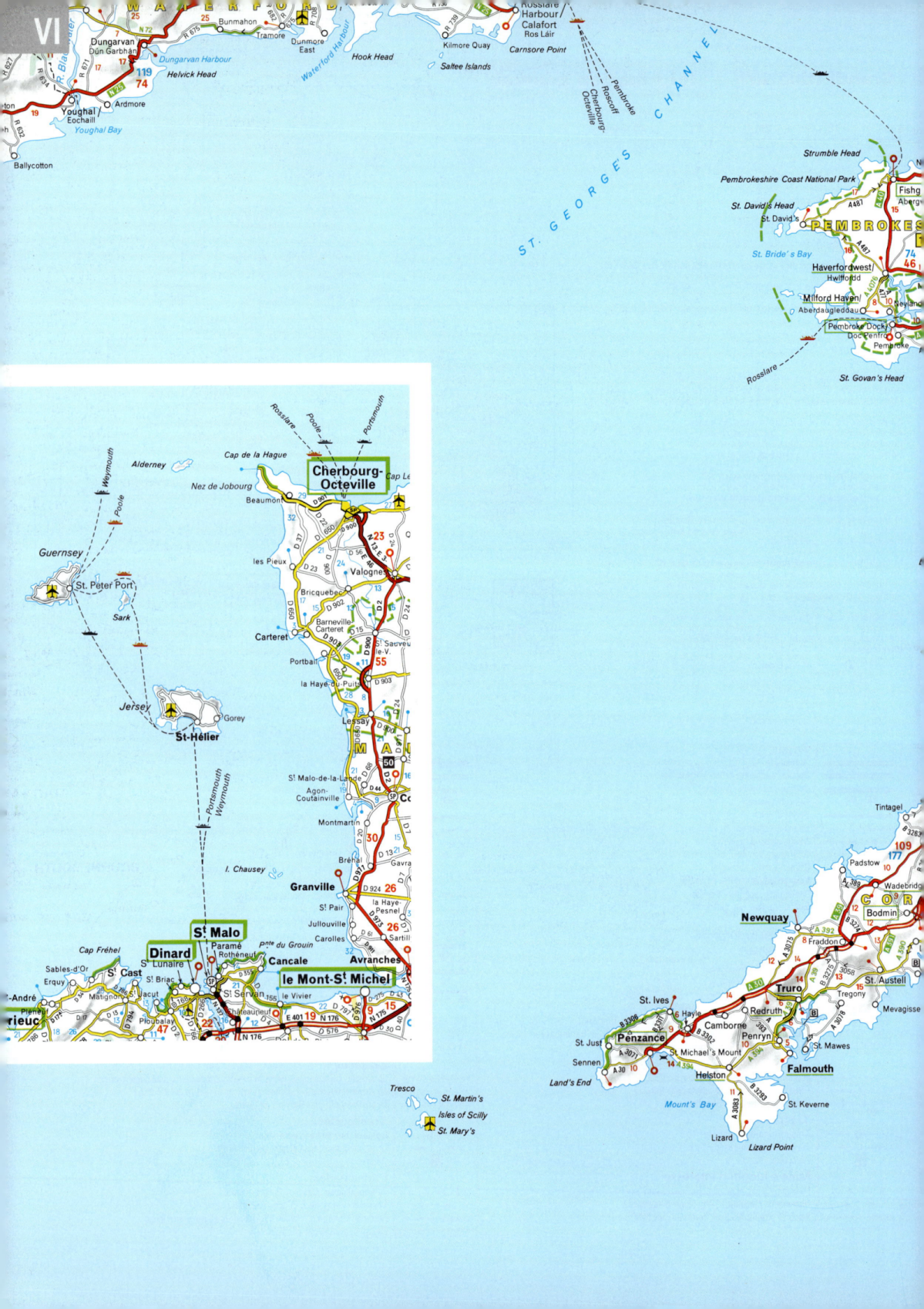

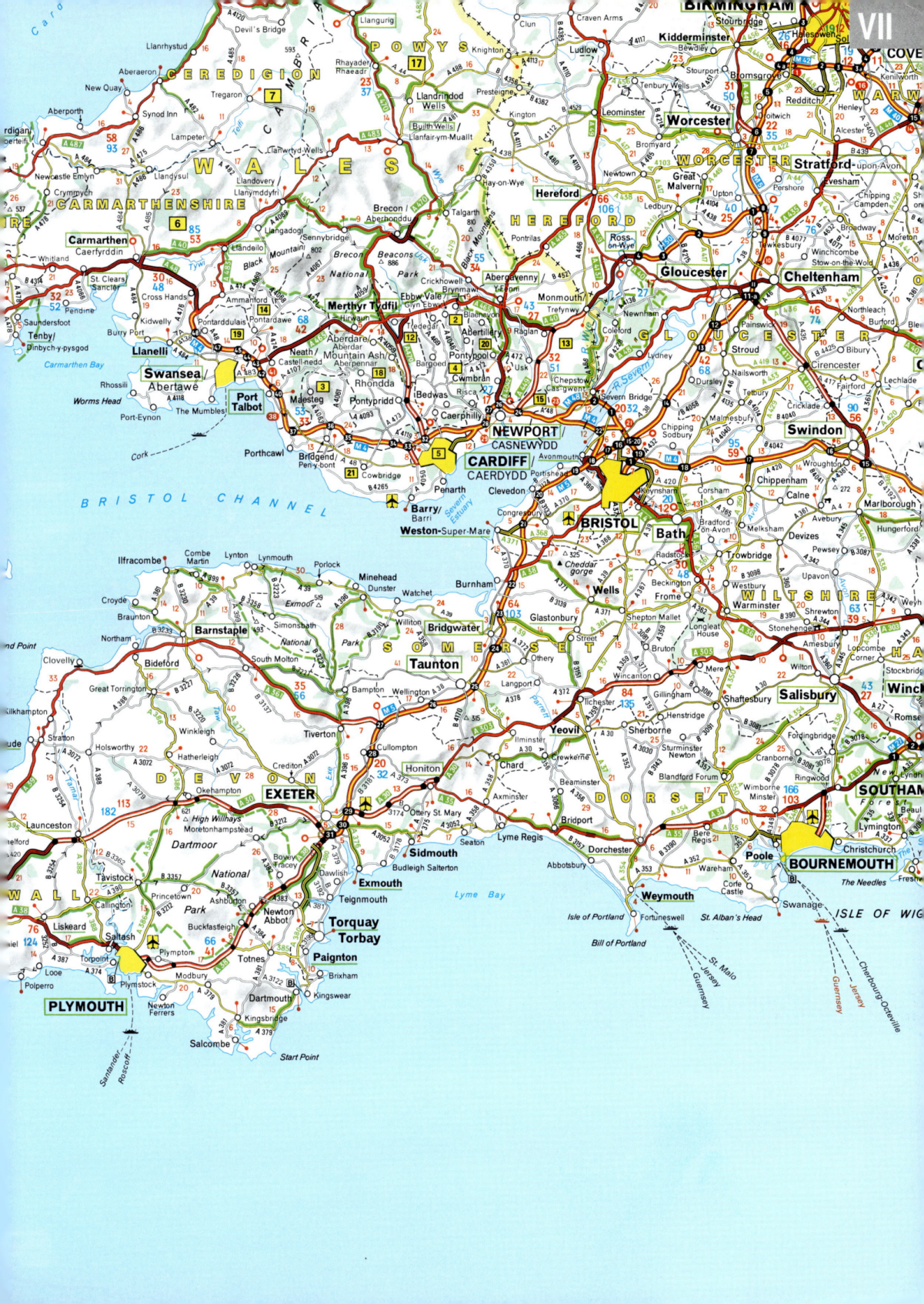

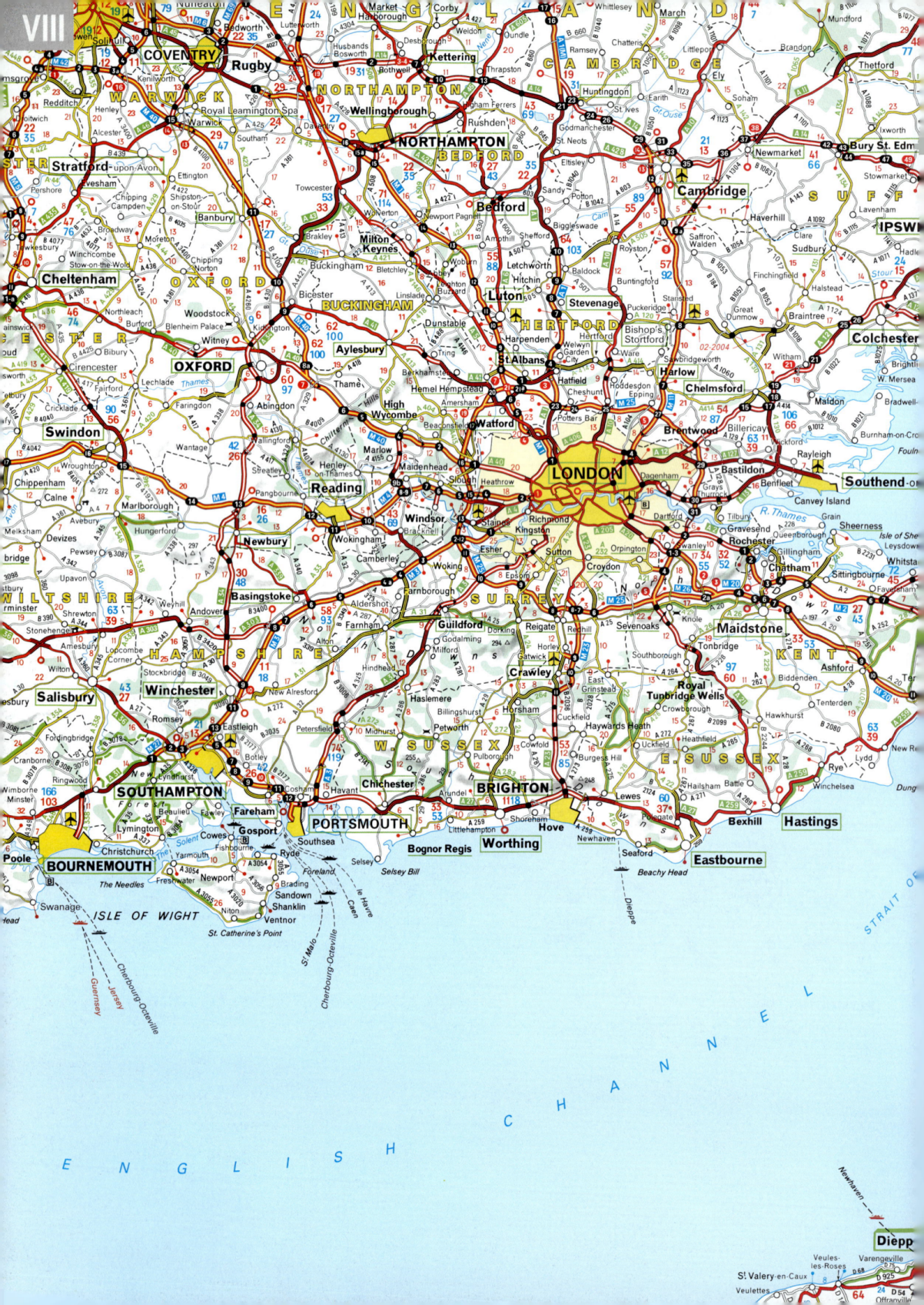

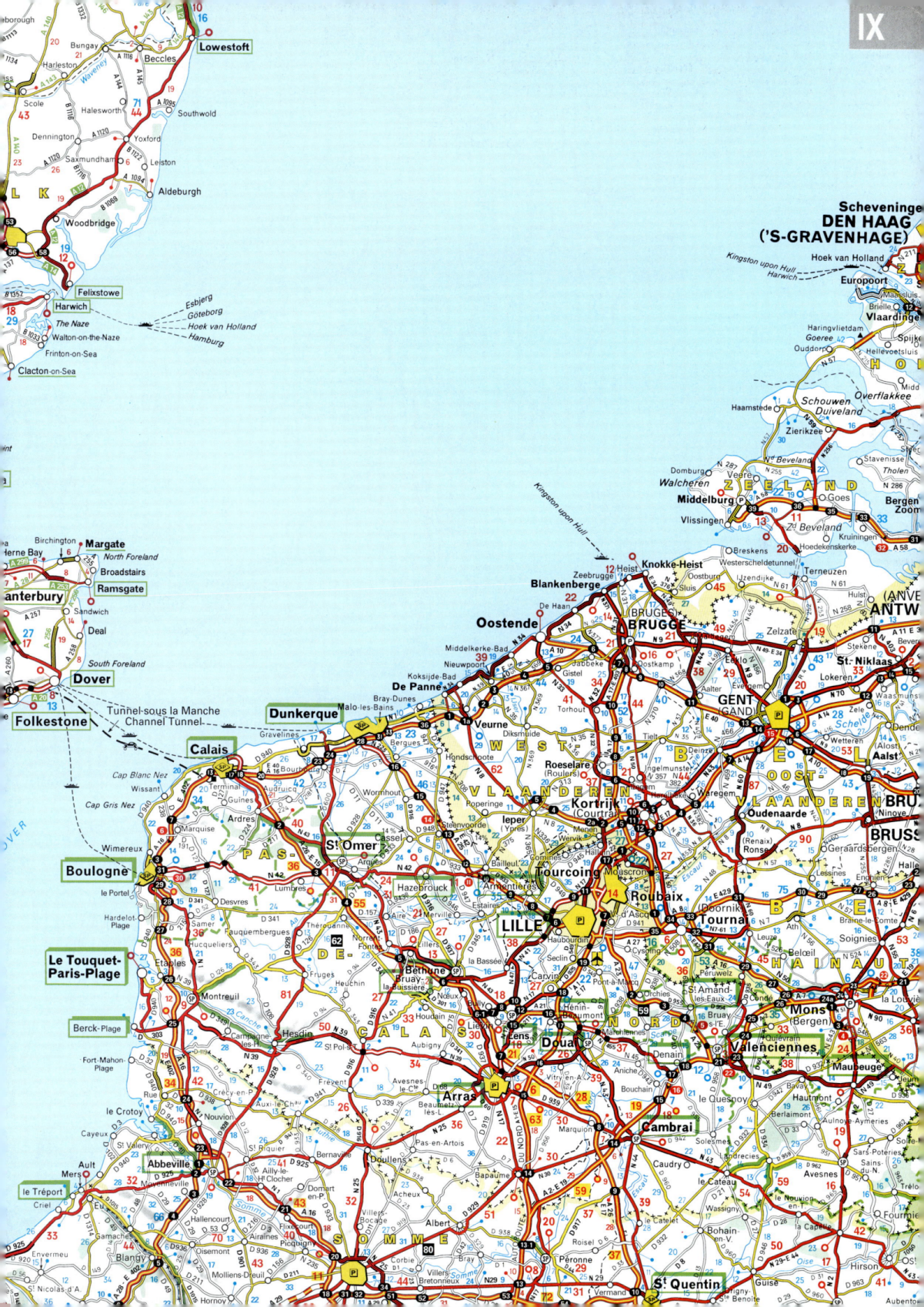

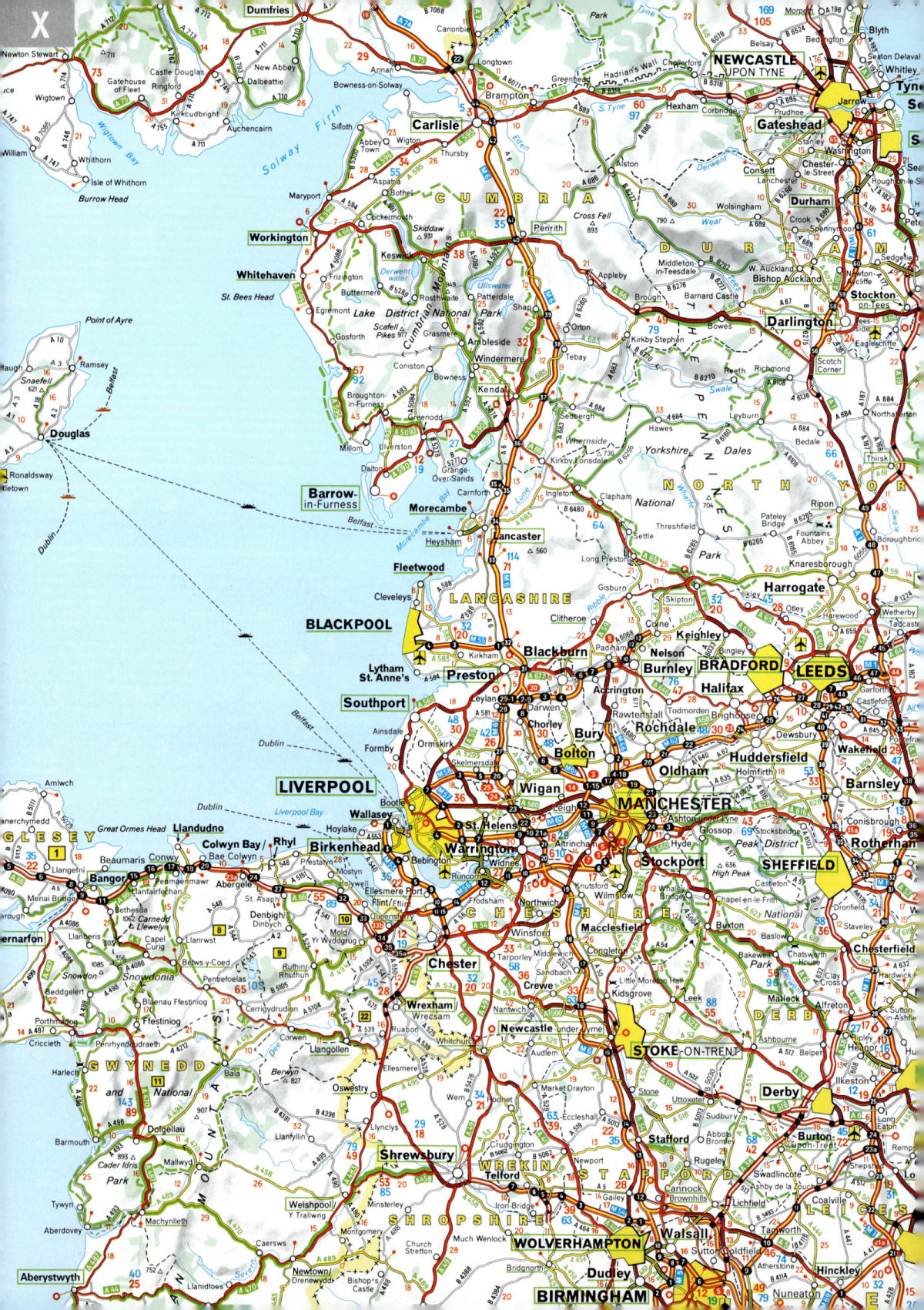

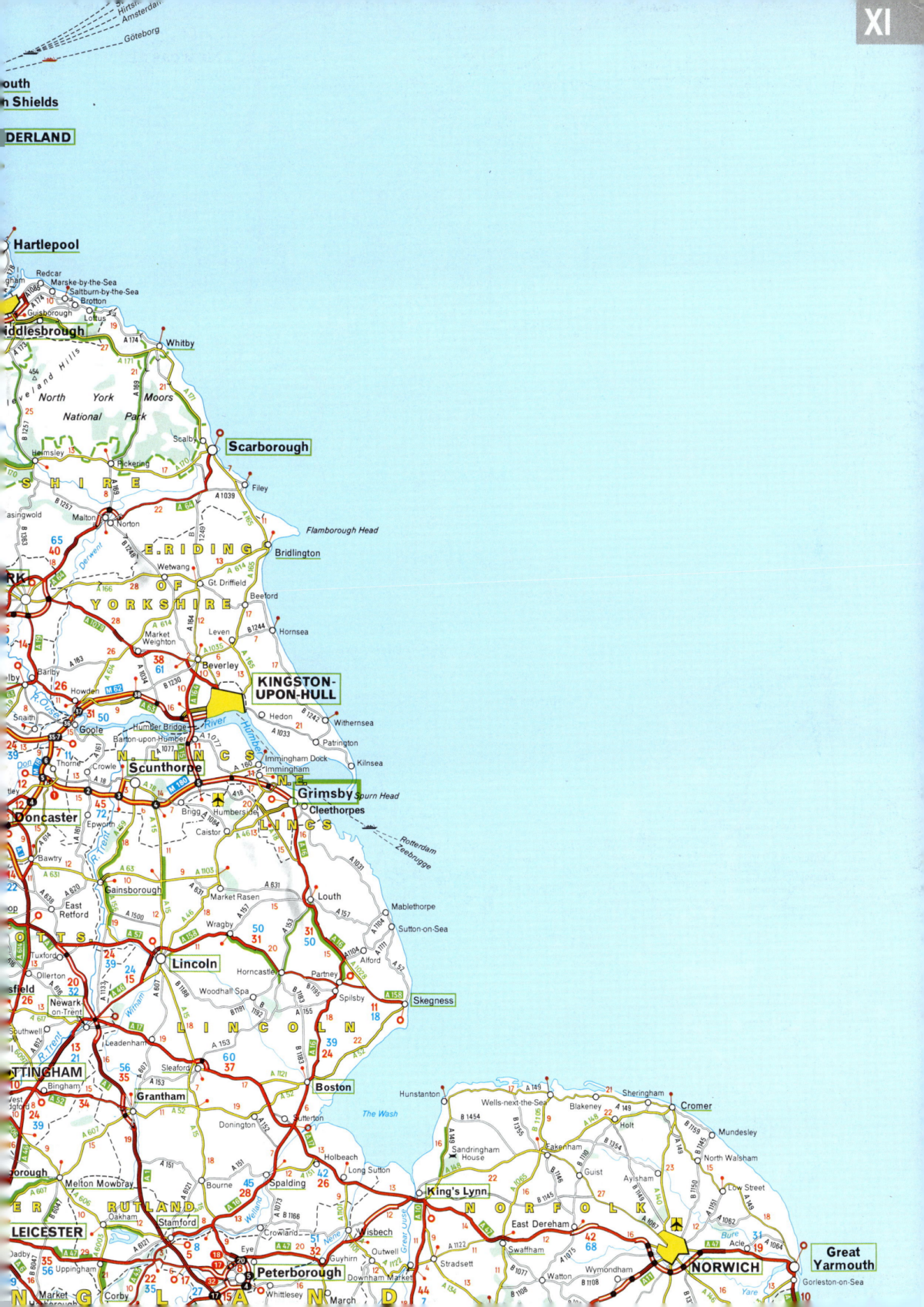

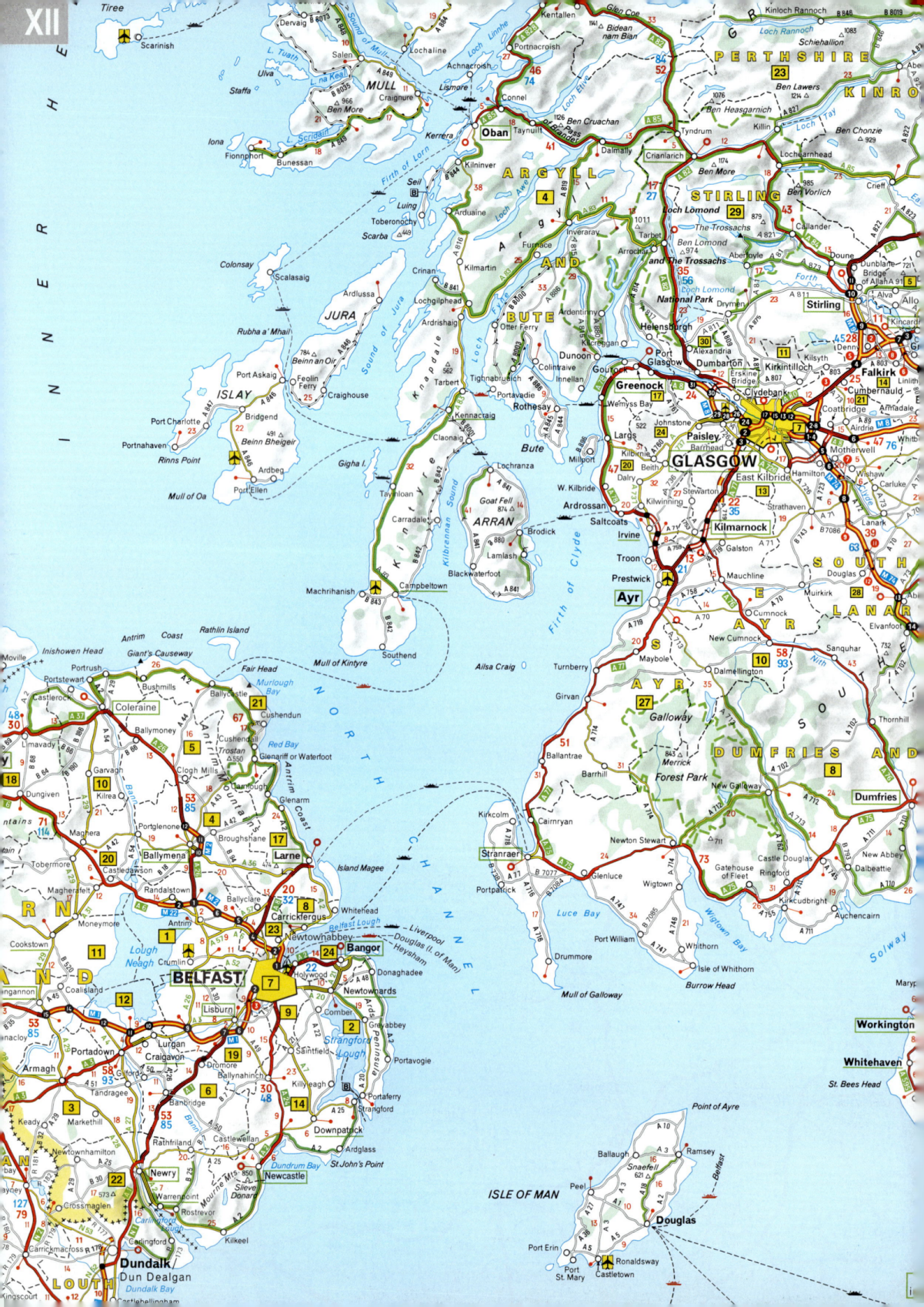

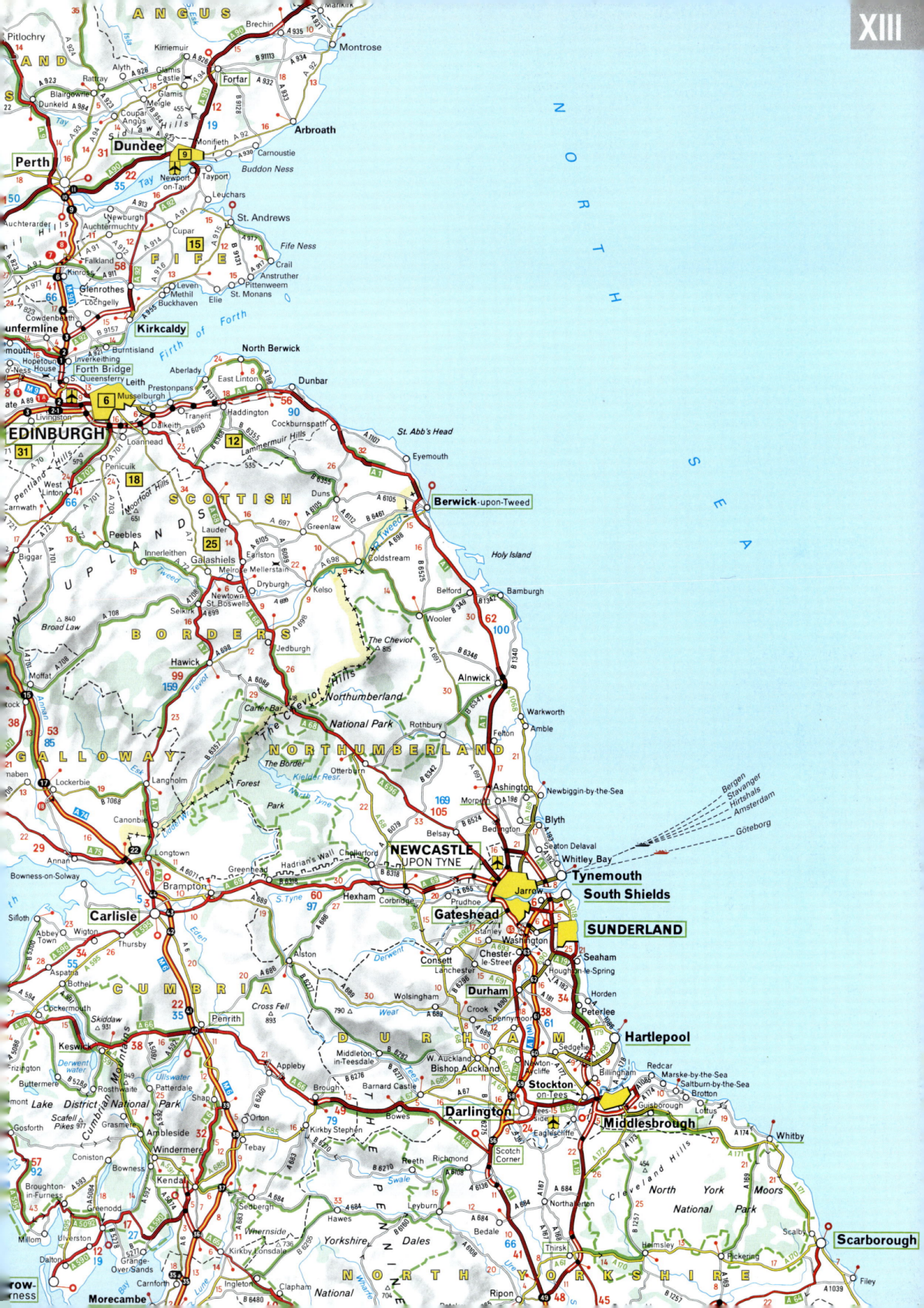

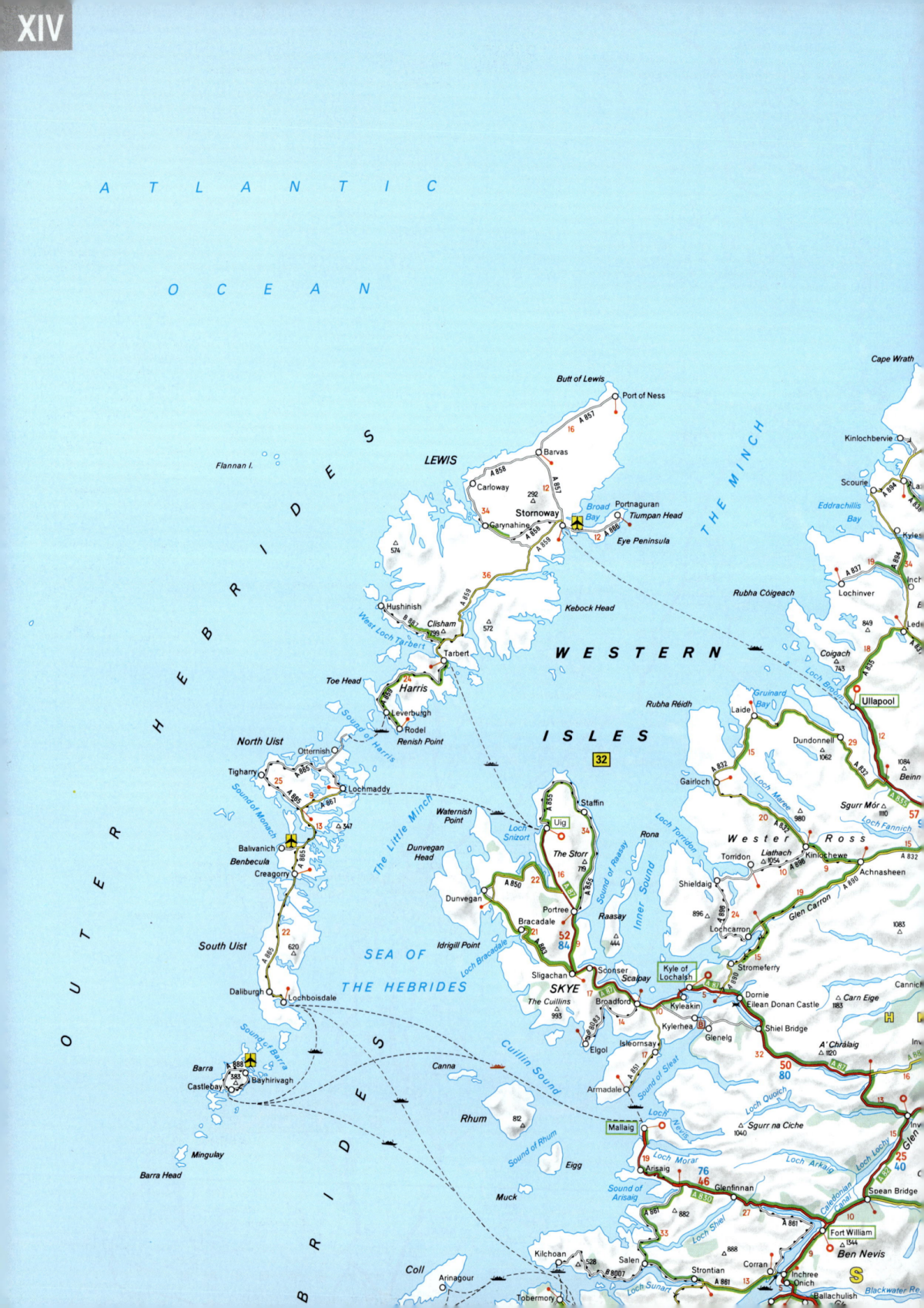

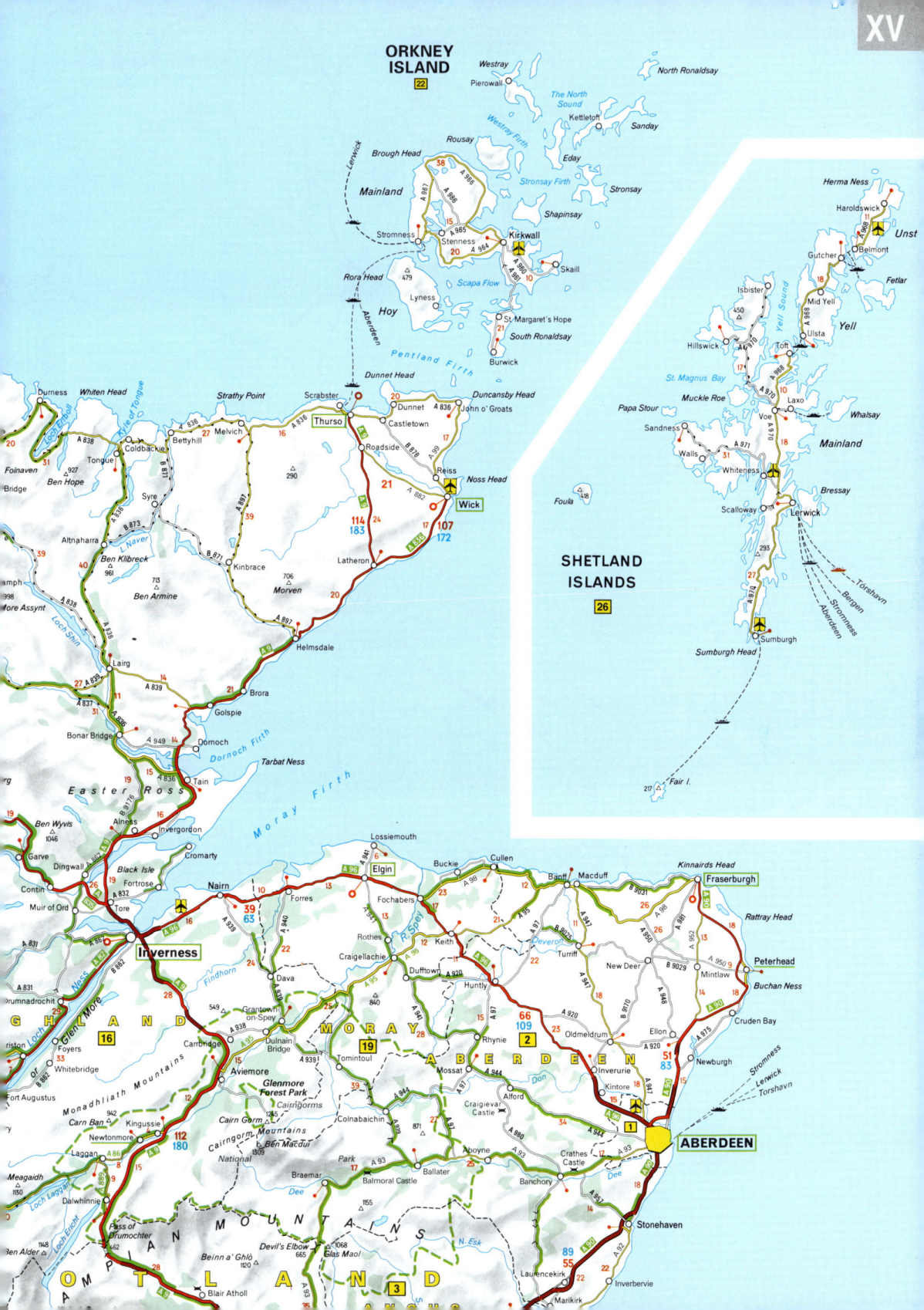

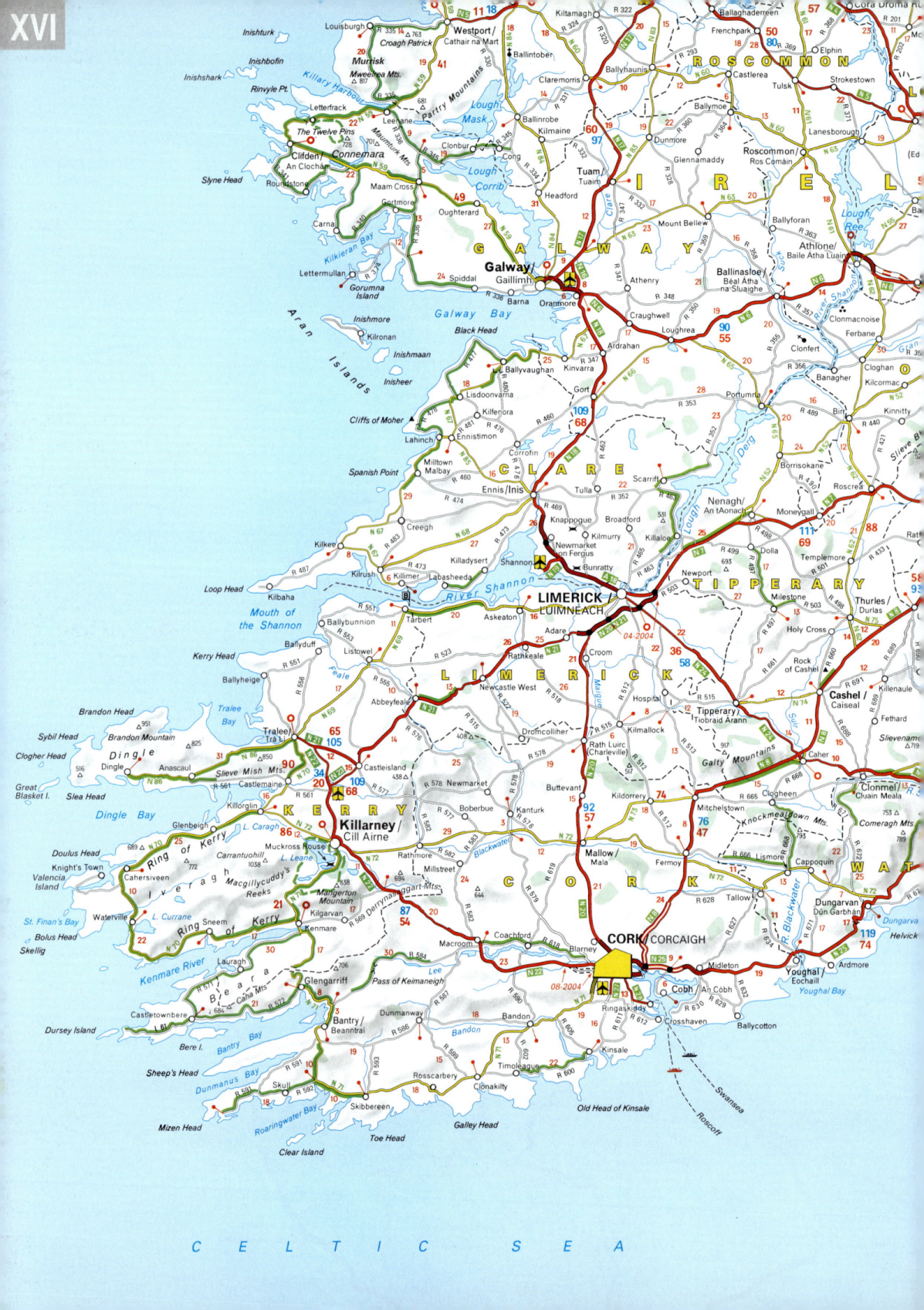

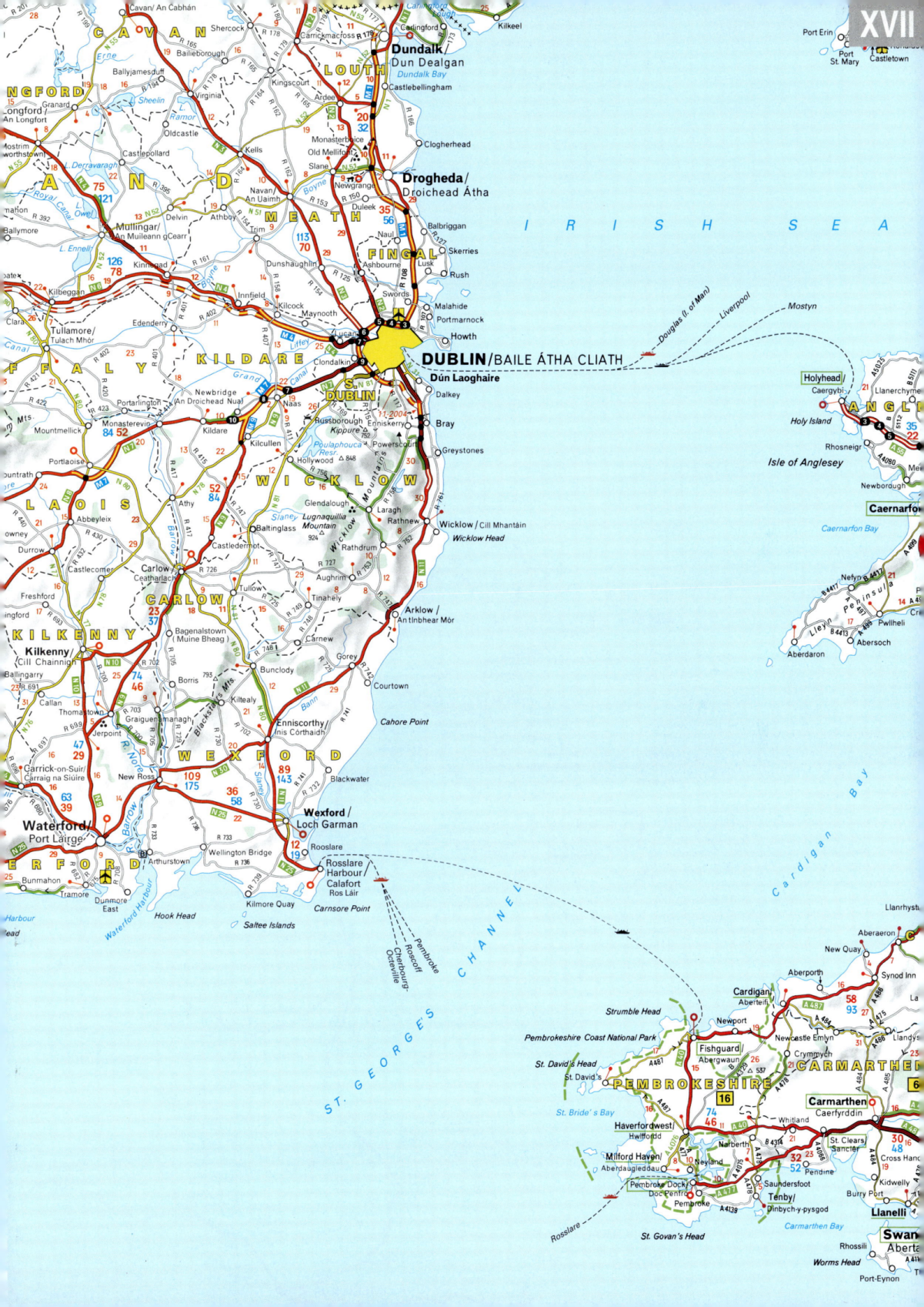

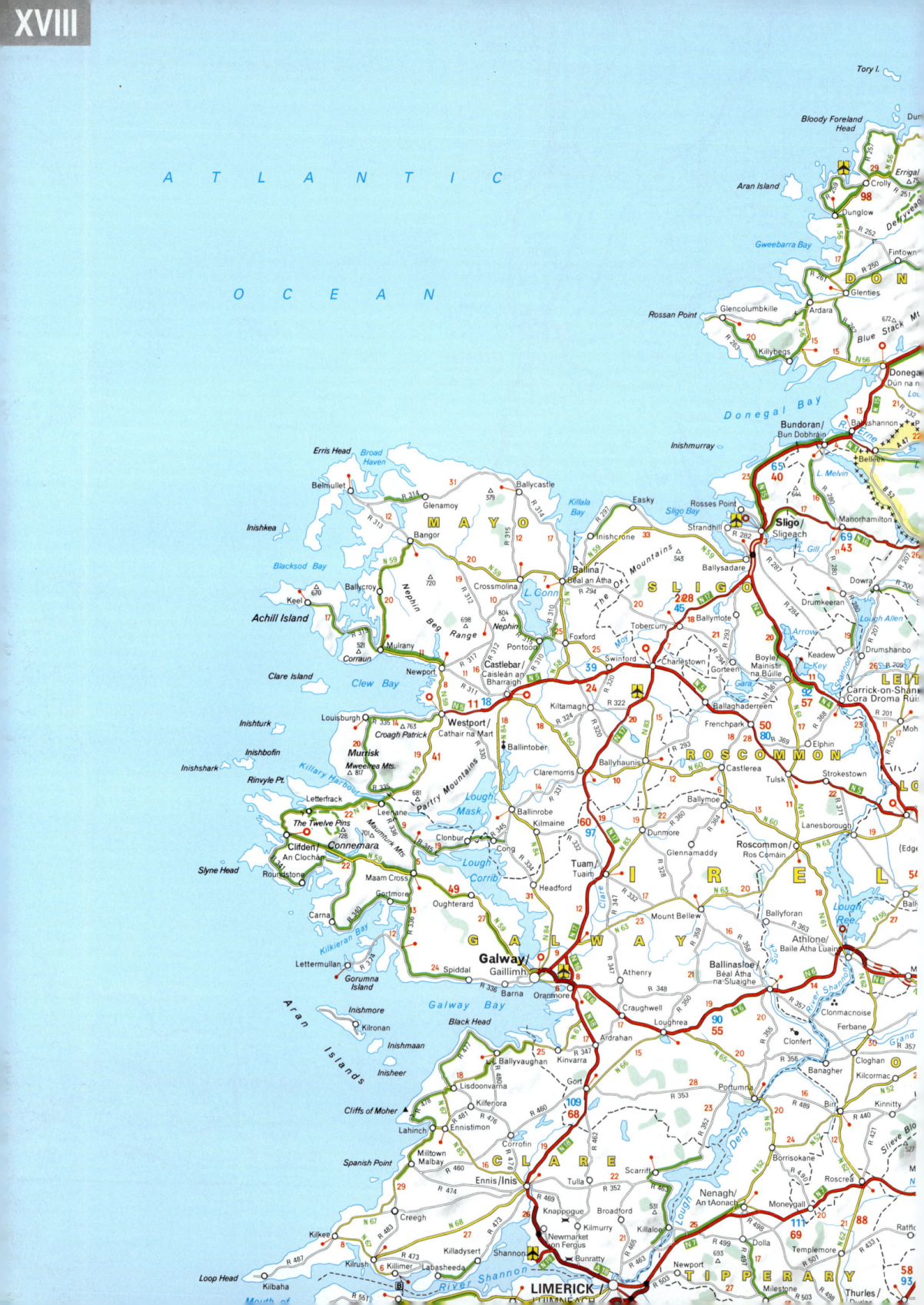

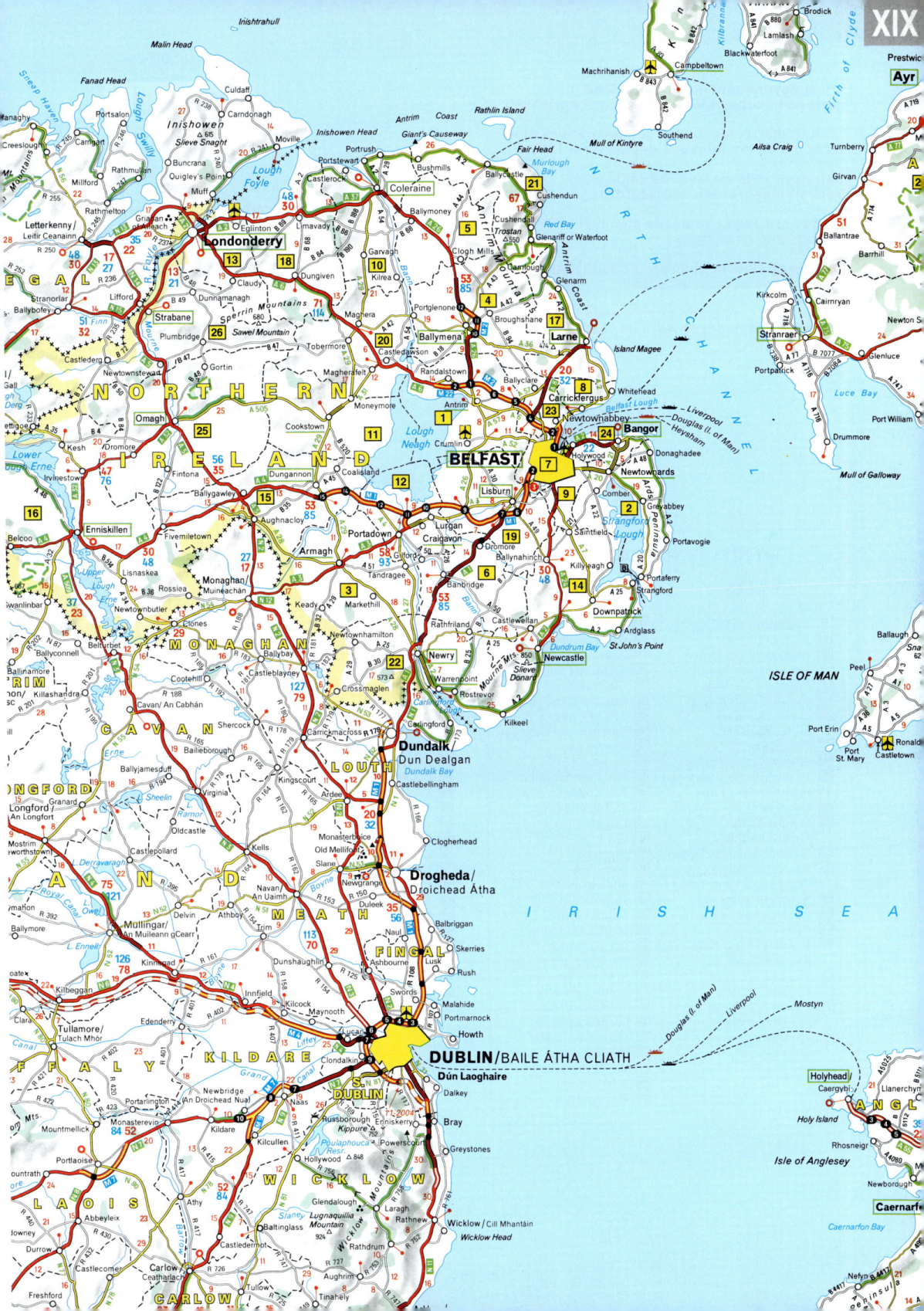

Local government areas in England have been subject to revision since April 1996.

En Angleterre, les limites administratives sont en cours de modification depuis Avril 1996.

Seit April 1996 werden die englischen Verwaltungsgrenzen neu geordnet.

Sinds april 1996 worden de administratieve grenzen in Engeland gewijzigd.

Dall'aprile 1996 in Inghilterra i confini amministrativi sono in fase di cambiamento.

En Inglaterra, se están modificando los límites administrativos desde Abril de 1996.

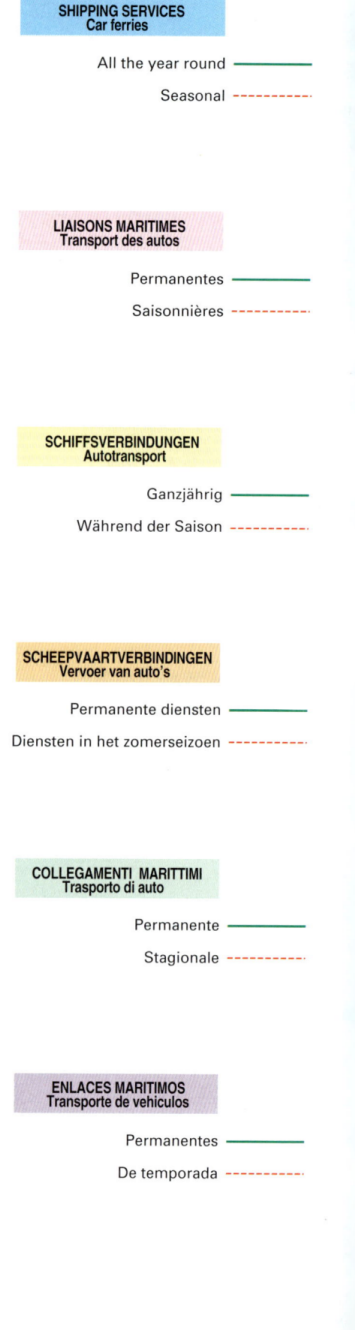

UNITARY AUTHORITIES

WALES

1	Anglesey/Sir Fôn
2	Blaenau Gwent
3	Bridgend/ Pen-y-bont ar Ogwr
4	Caerphilly/Caerffili
5	Cardiff/Caerdydd
6	Carmarthenshire/ Sir Gaerfyrddin
7	Ceredigion
8	Conwy
9	Denbighshire/Sir Ddinbych
10	Flintshire/Sir y Fflint
11	Gwynedd
12	Merthyr Tydfil/ Merthyr Tudful
13	Monmouthshire/Sir Fynwy
14	Neath Port Talbot/ Castell-nedd Phort Talbot
15	Newport/Casnewydd
16	Pembrokeshire/Sir Benfro
17	Powys
18	Rhondda Cynon Taff/ Rhondda Cynon Taf
19	Swansea/Abertawe
20	Torfaen/Tor-faen
21	Vale of Glamorgan/ Bro Morgannwg
22	Wrexham/Wrecsam

SCOTLAND

1	Aberdeen City
2	Aberdeenshire
3	Angus
4	Argyll and Bute
5	Clackmannanshire
6	City of Edinburgh
7	City of Glasgow
8	Dumfries and Galloway
9	Dundee City
10	East Ayrshire
11	East Dunbartonshire
12	East Lothian
13	East Renfrewshire
14	Falkirk
15	Fife
16	Highland
17	Inverclyde
18	Midlothian
19	Moray
20	North Ayrshire
21	North Lanarkshire
22	Orkney Islands
23	Perthshire and Kinross
24	Renfrewshire
25	Scottish Borders
26	Shetland Islands
27	South Ayrshire
28	South Lanarkshire
29	Stirling
30	West Dunbartonshire
31	West Lothian
32	Western Isles

DISTRICT COUNCILS

NORTHERN IRELAND

1	Antrim
2	Ards
3	Armagh
4	Ballymena
5	Ballymoney
6	Banbridge
7	Belfast
8	Carrickfergus
9	Castlereagh
10	Coleraine
11	Cookstown
12	Craigavon
13	Derry
14	Down
15	Dungannon
16	Fermanagh
17	Larne
18	Limavady
19	Lisburn
20	Magherafelt
21	Moyle
22	Newry and Mourne
23	Newtownabbey
24	North Down
25	Omagh
26	Strabane

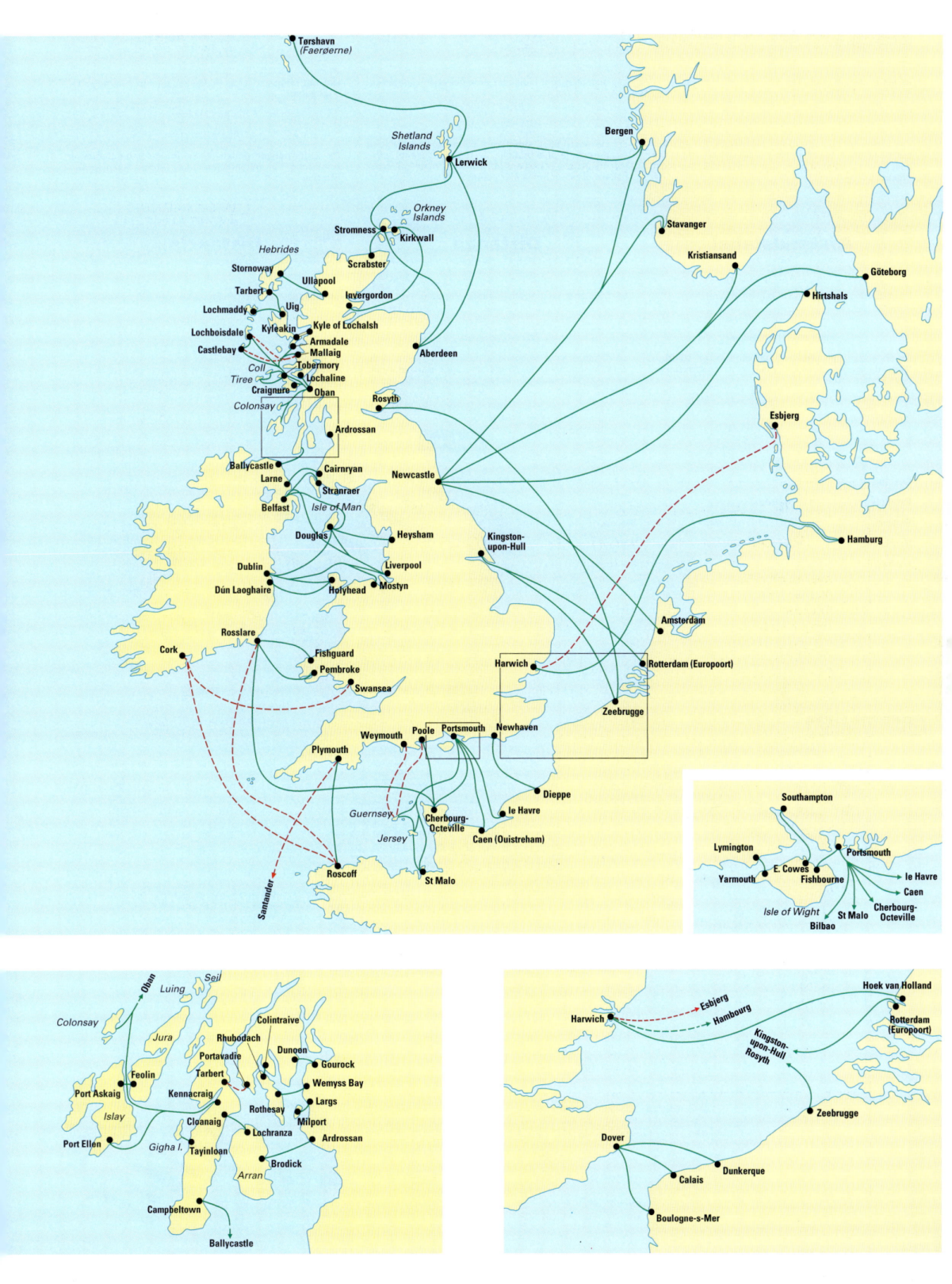

XXII

Distances

All distances are quoted in miles and kilometres.

miles in red

kilometres in blue

The distances quoted are not necessarily the shortest but have been based on the roads which afford the best driving conditions and are therefore the most practical.

Distances

Les distances sont indiquées en miles et en kilomètres.

miles en rouge

kilomètres en bleu

Les distances sont comptées à partir du centre-ville et par la route la plus pratique, c'est à dire celle qui offre les meilleures conditions de roulage, mais qui n'est pas nécessairement la plus courte.

Entfernungen

Die Entfernungen sind in Meilen und in Kilometern angegeben.

in Rot: Meilen

in Blau: Kilometern

Die Entfernungen gelten ab Stadtmitte unter Berücksichtigung der günstigsten (nicht immer kürzesten) Strecke.

Afstandstabel

De afstanden zijn vermeld in mijl en in kilometer.

mijl in het rood

kilometer in het blauw

De afstanden zijn berekend van centrum tot centrum langs de meest geschikte, maar niet noodzakelijkerwijze kortste route.

Distanze

Le distanze sono indicate in miglia e in chilometri.

miglia in rosso

chilometri in blu

Le distanze sono calculate a partire dal centro delle città e seguendo la strada che, pur non essendo necessariamente la più breve, offre le migliori condizioni di viaggio.

Distancias

Las distancias se indican en millas y en kilómetros.

millas en rojo

kilómetros en azul

El kilometraje está calculado desde el centro de la ciudad y por la carretera más práctica para el automovilista, que no tiene porqué ser la más corta.

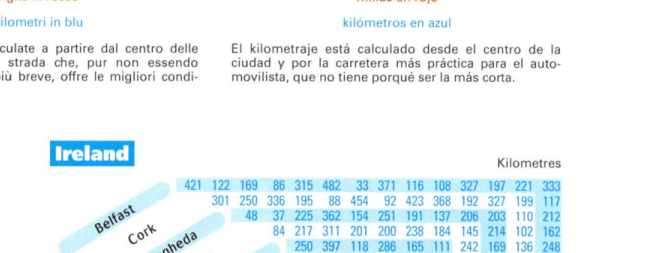

Example:		
Exemple :	Oxford - Killarney:	
Beispiel:	**Oxford** - **Fishguard**	210 m. or 338 km.
Voorbeeld:	**Rosslare** - **Killarney**	163 m. or 262 km.
Esempio:		373 m. or 600 km.
Ejemplo:		

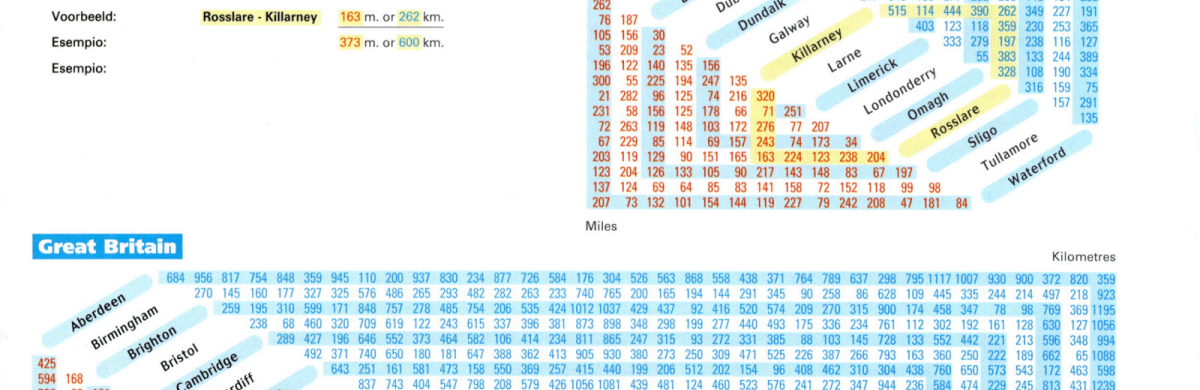

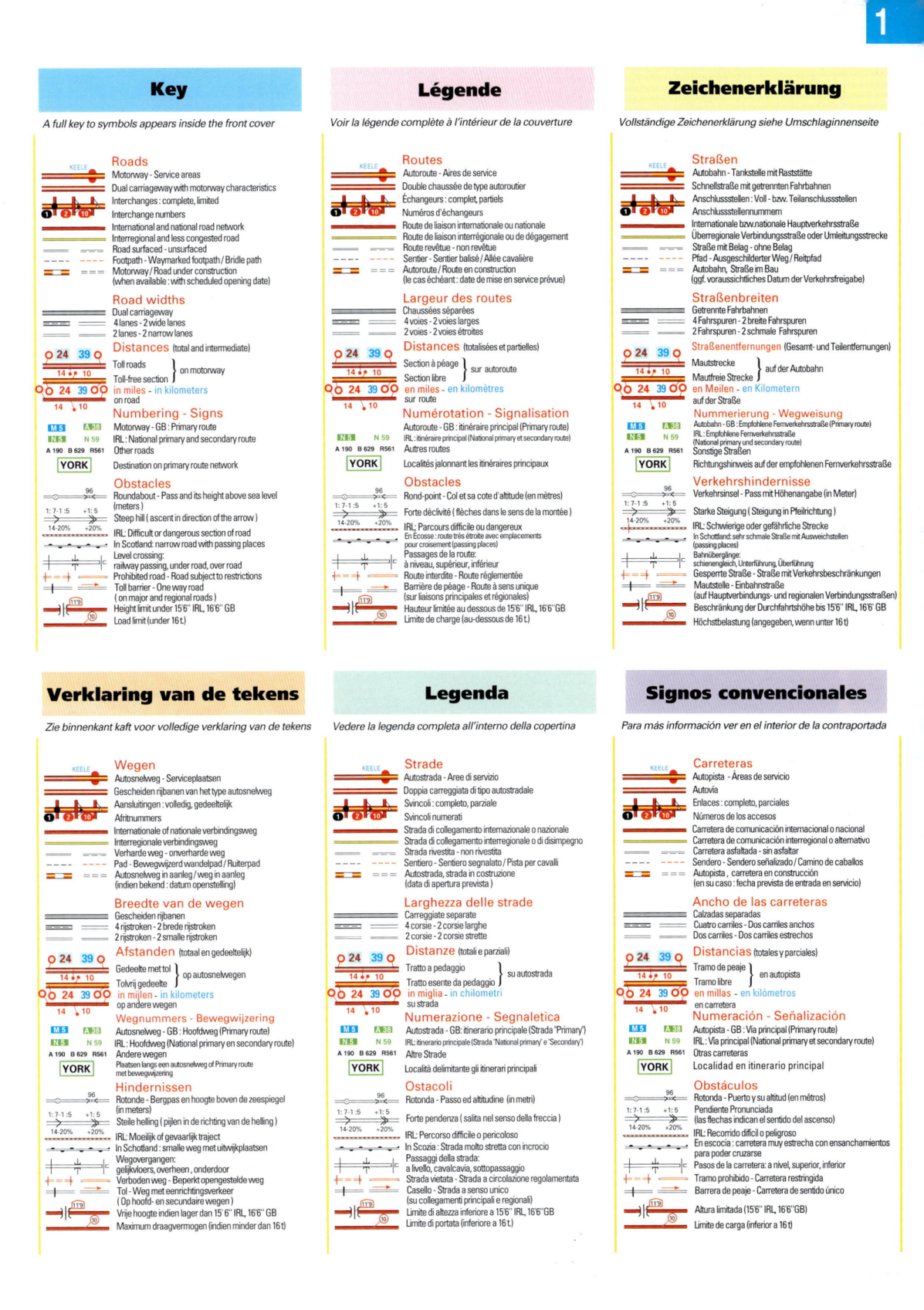

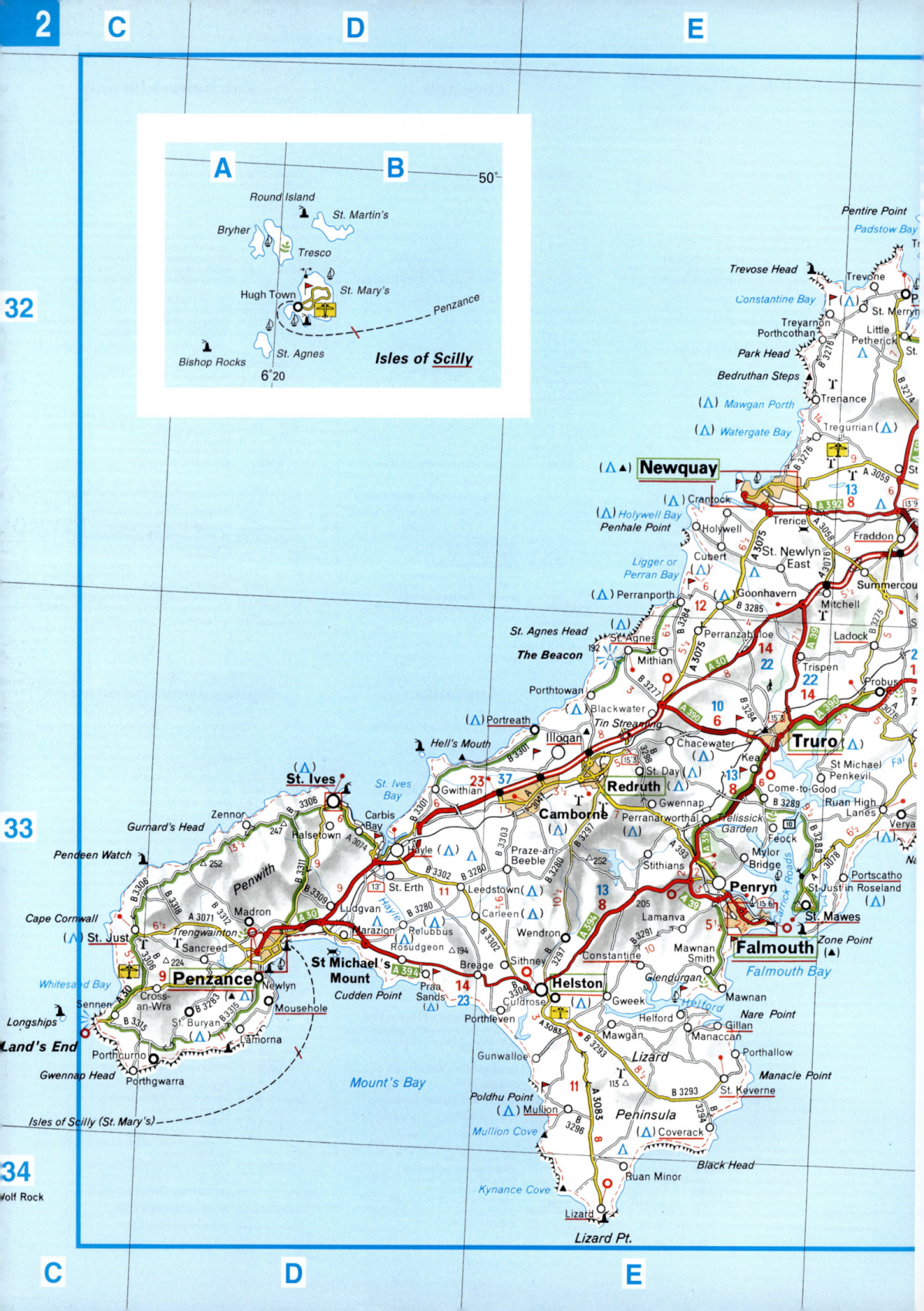

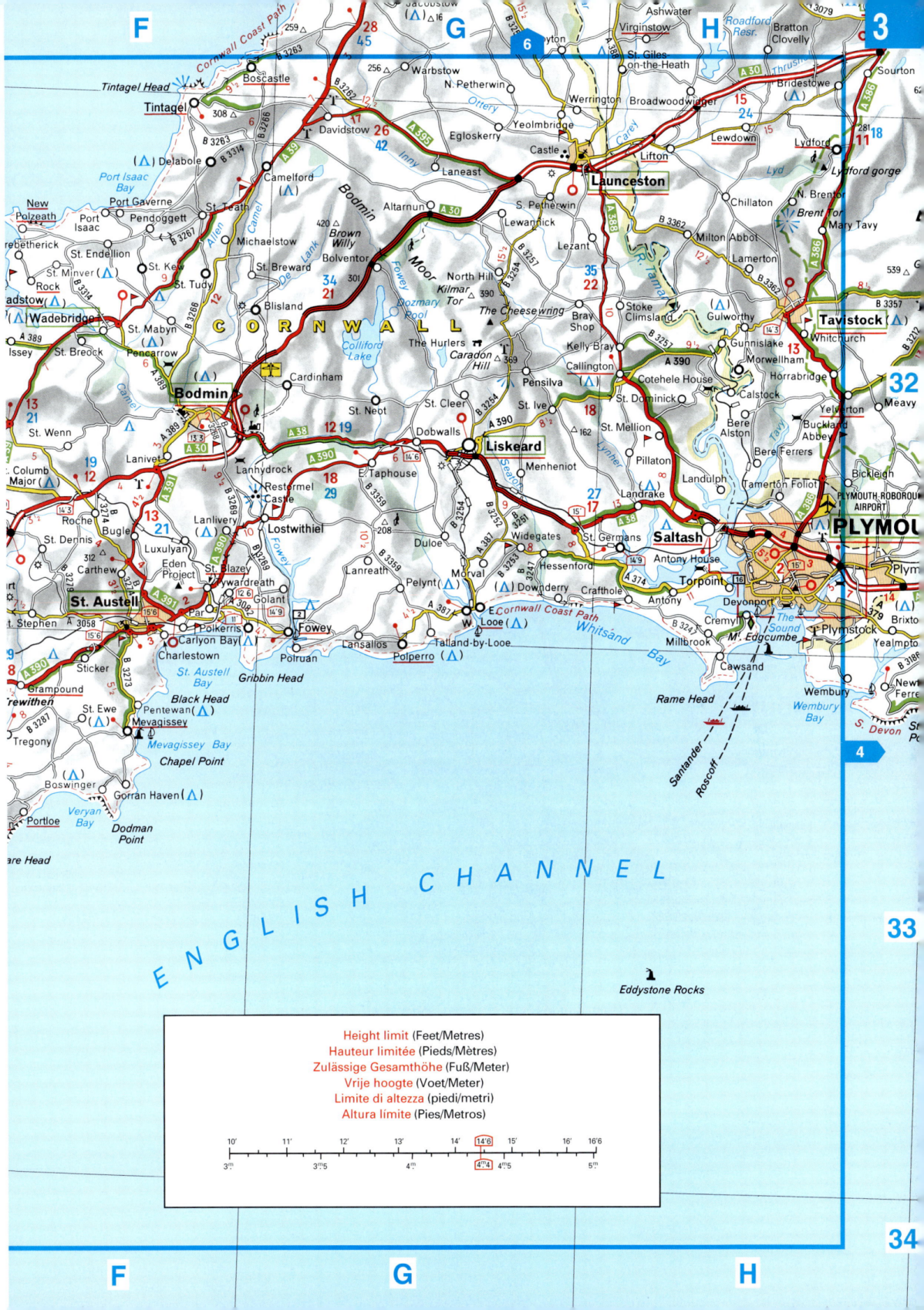

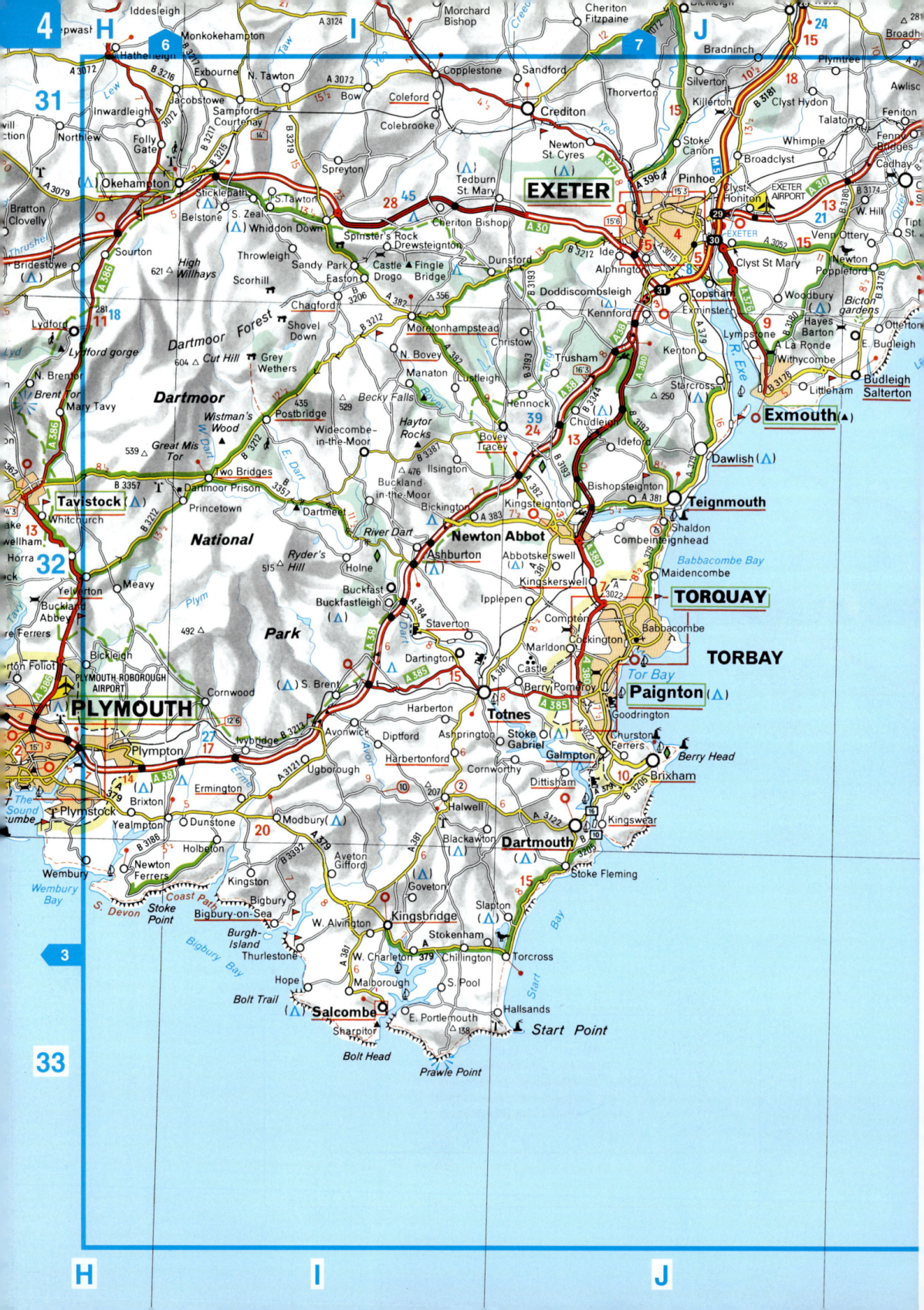

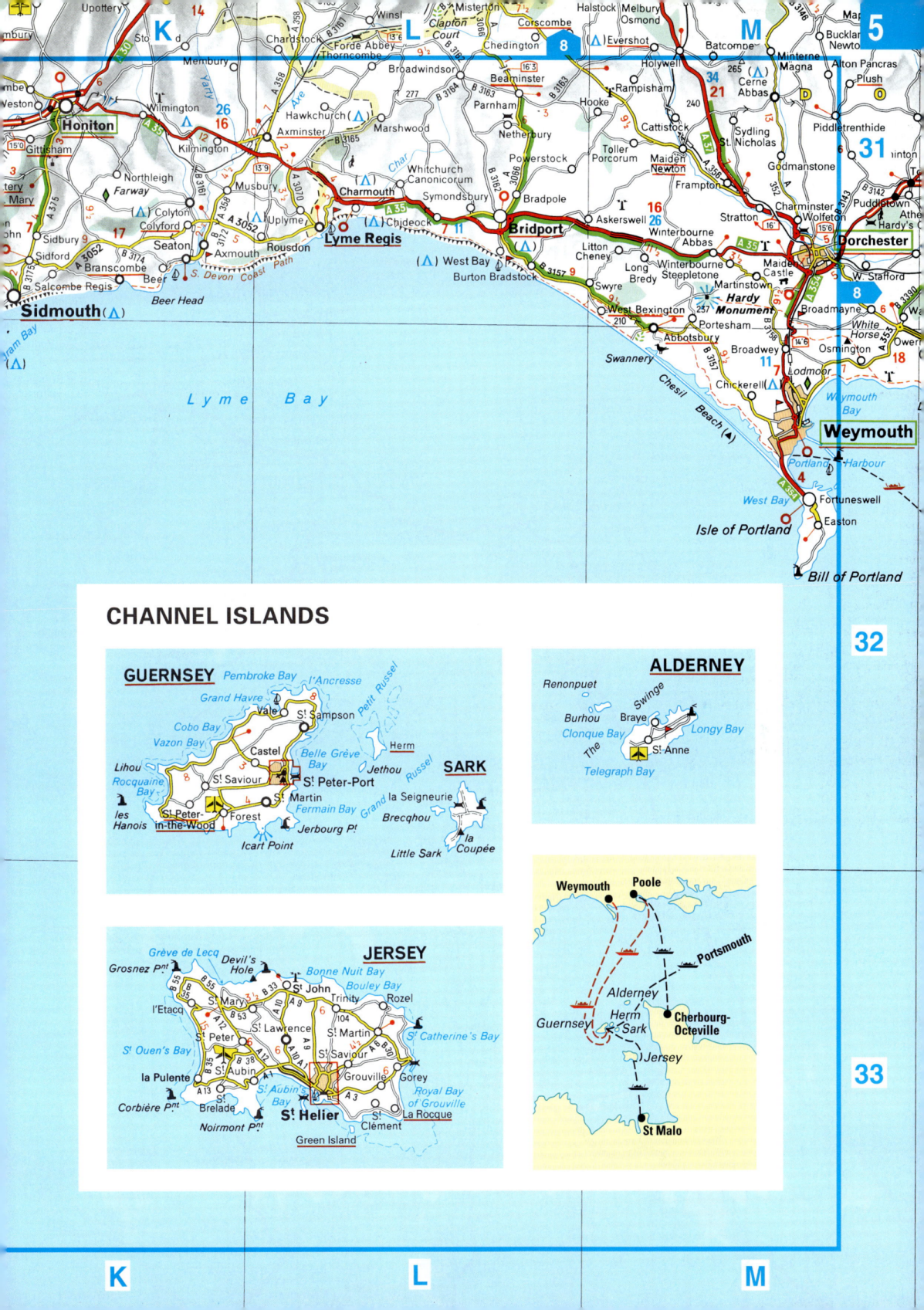

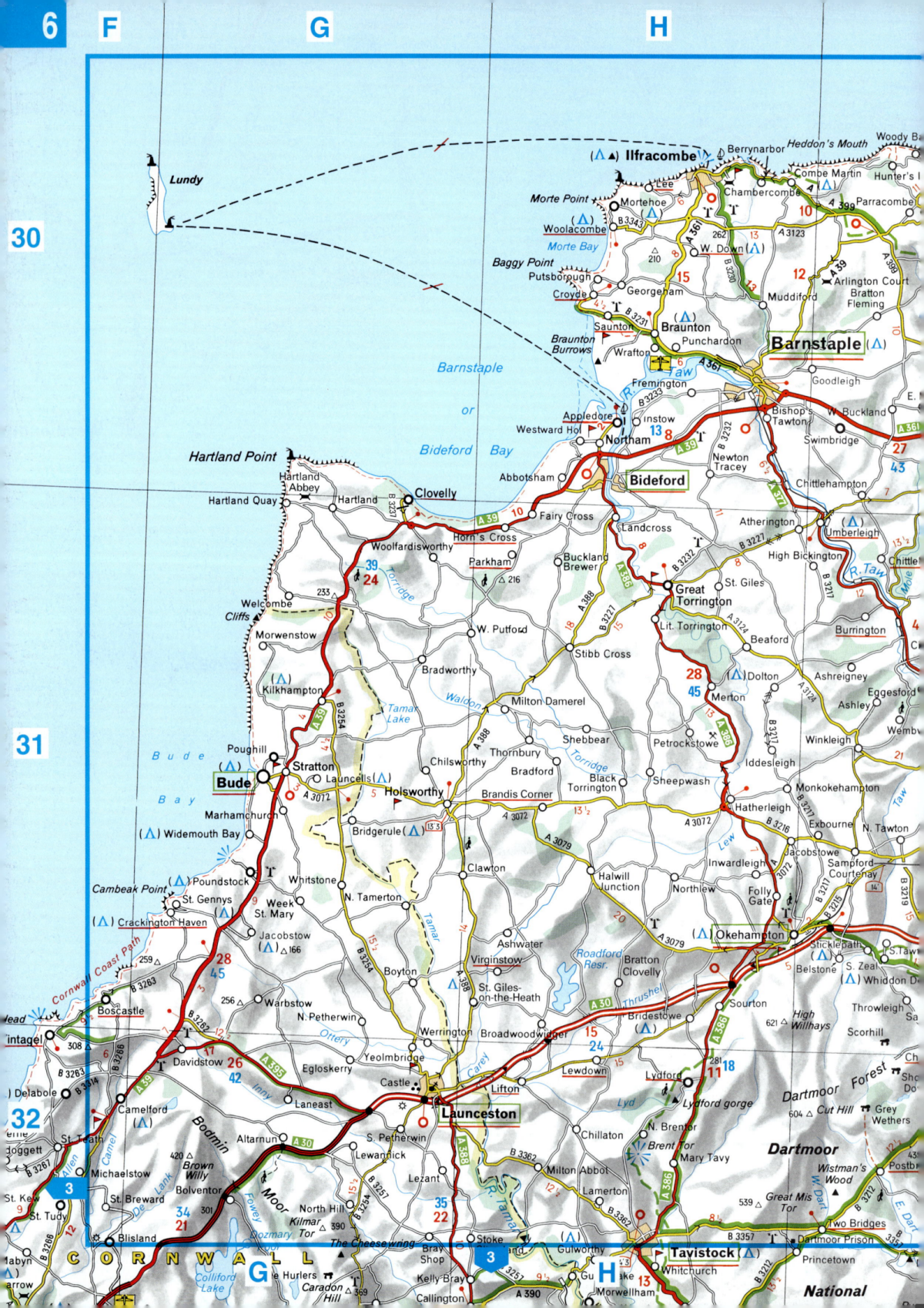

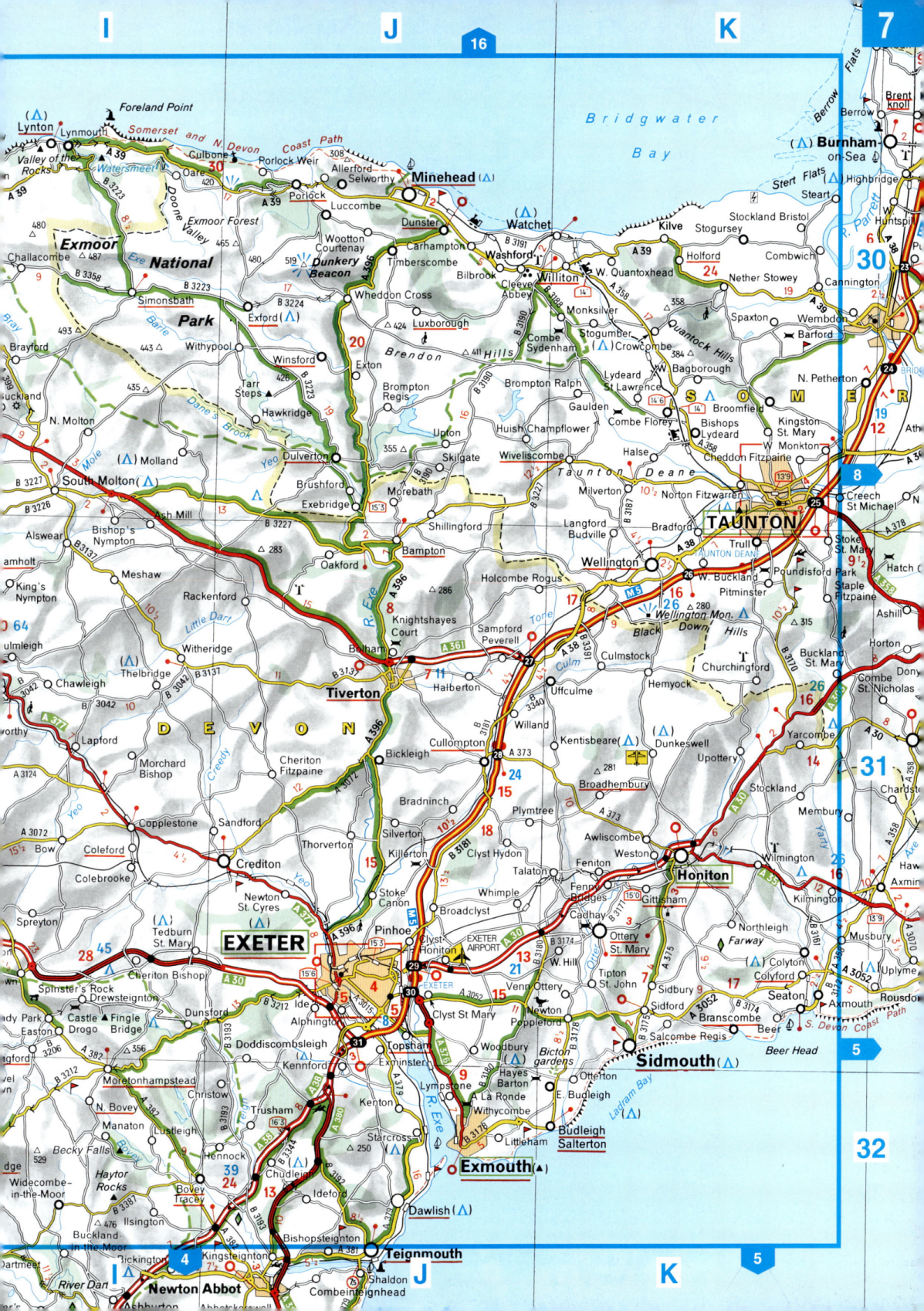

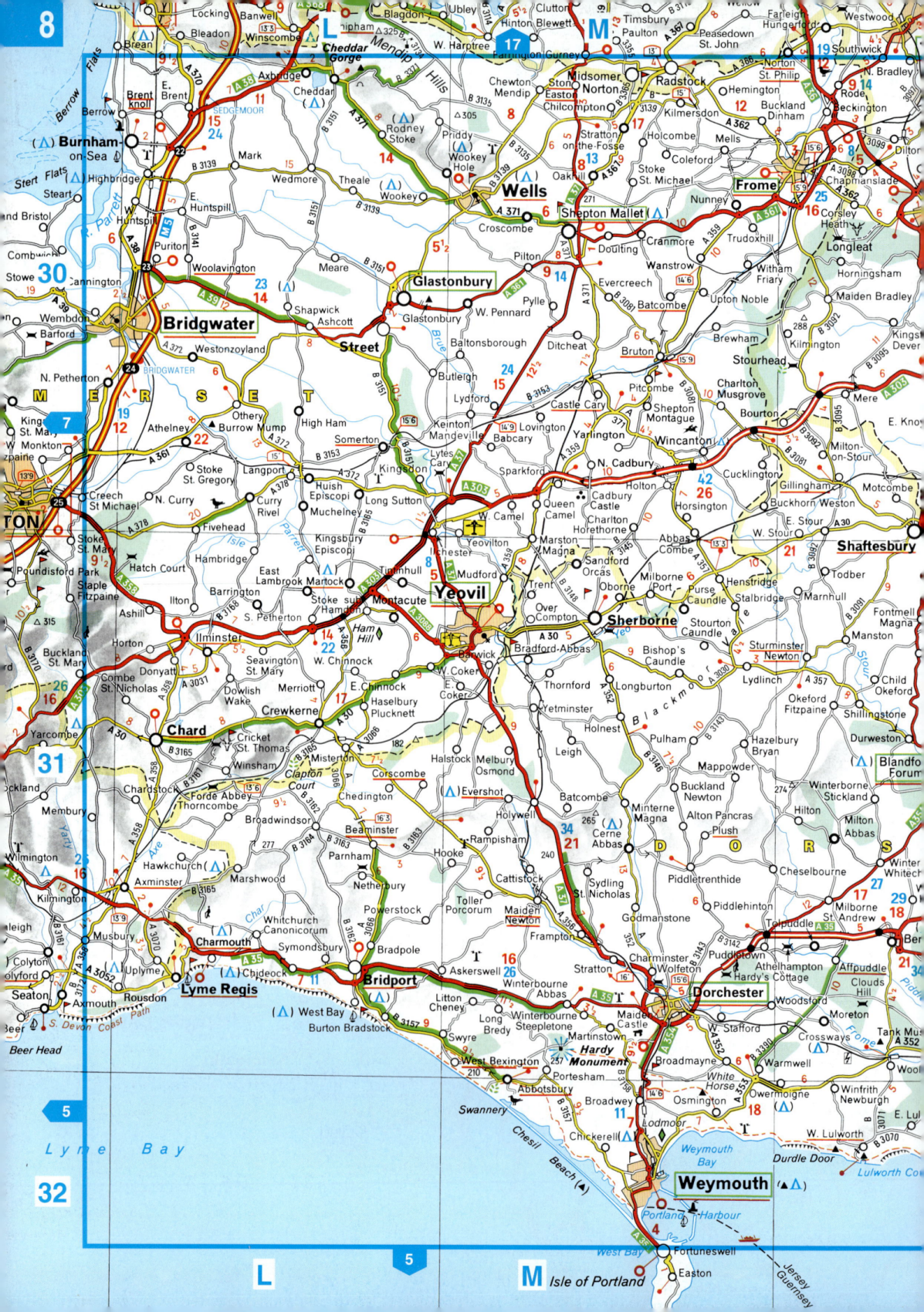

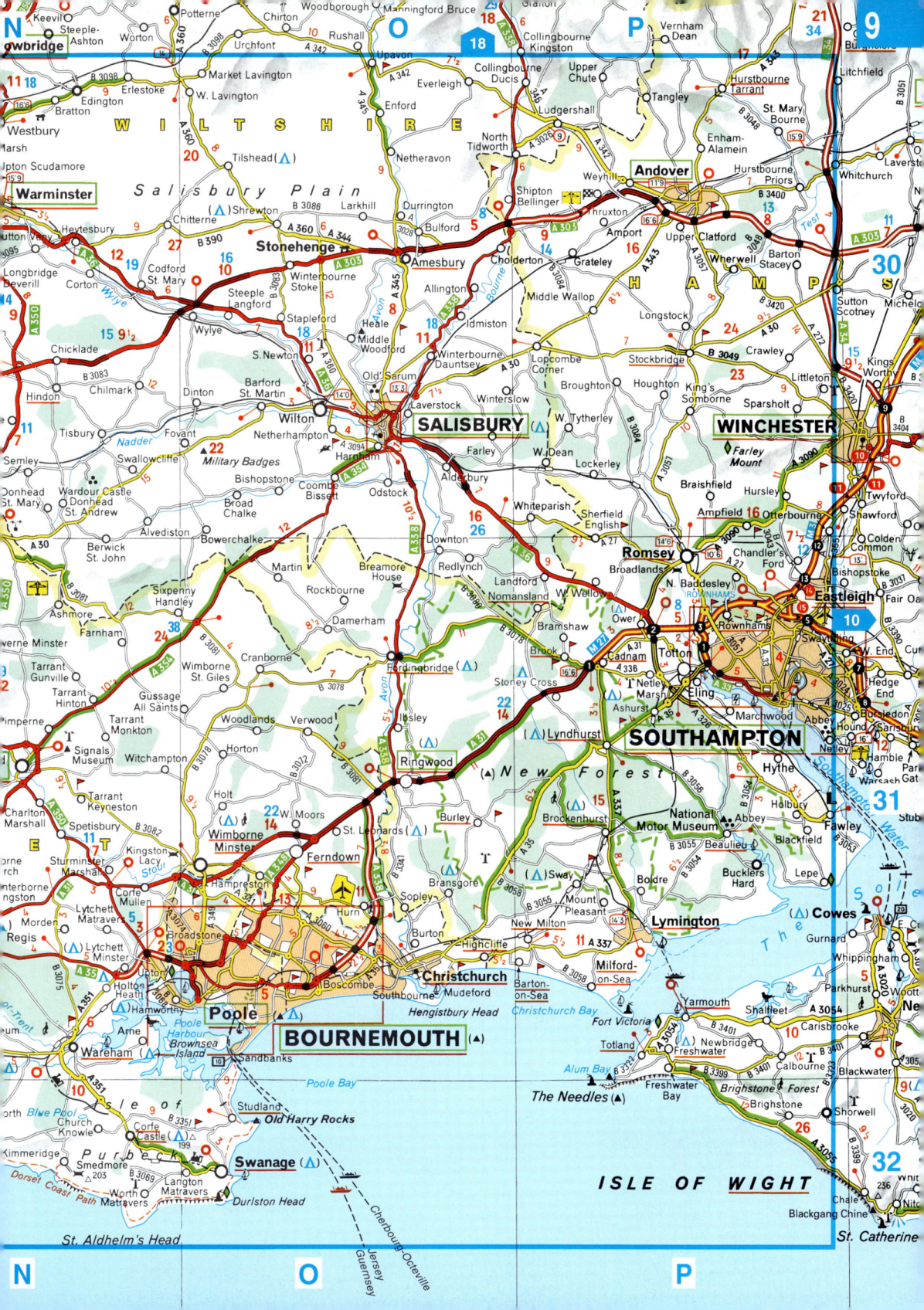

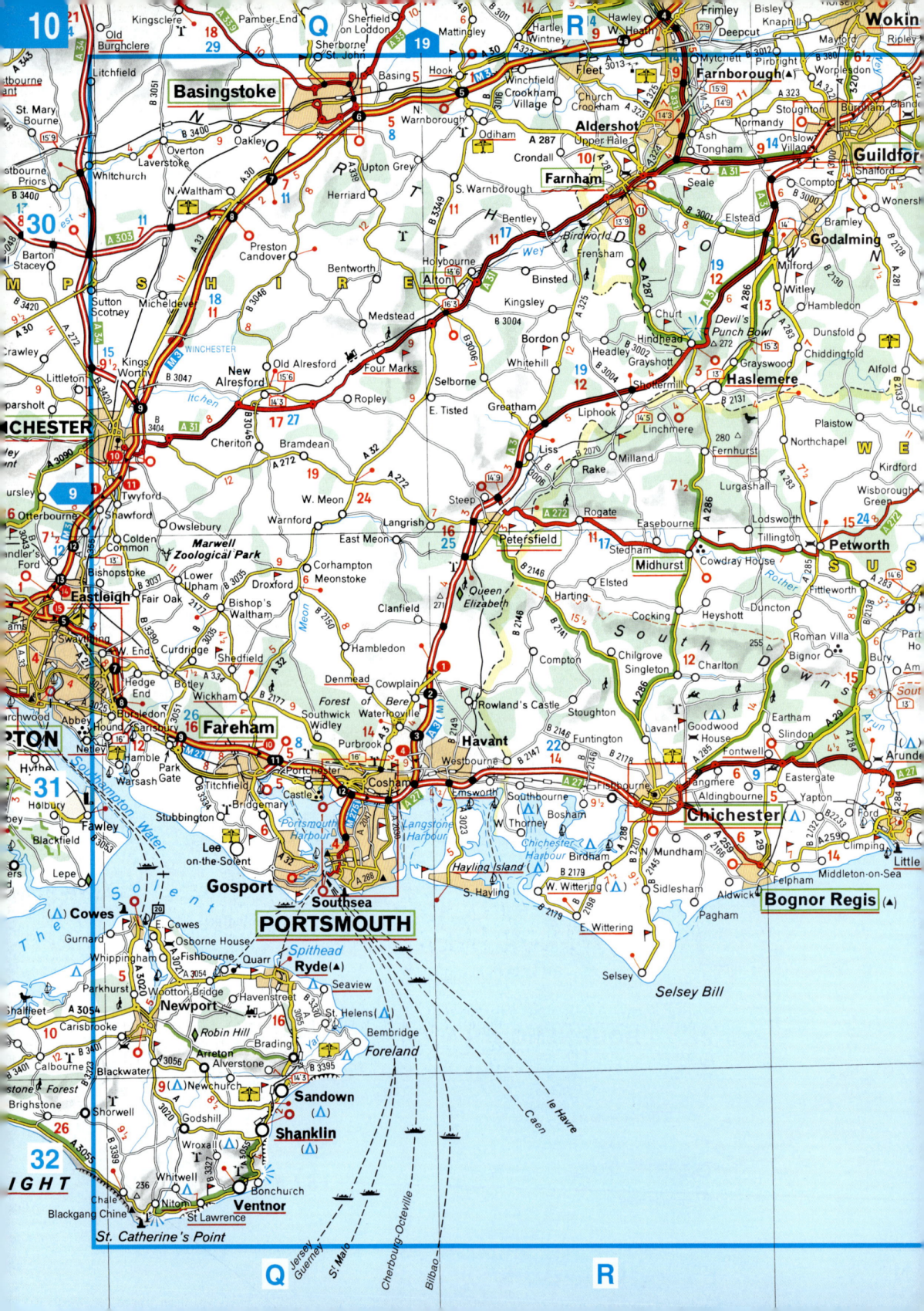

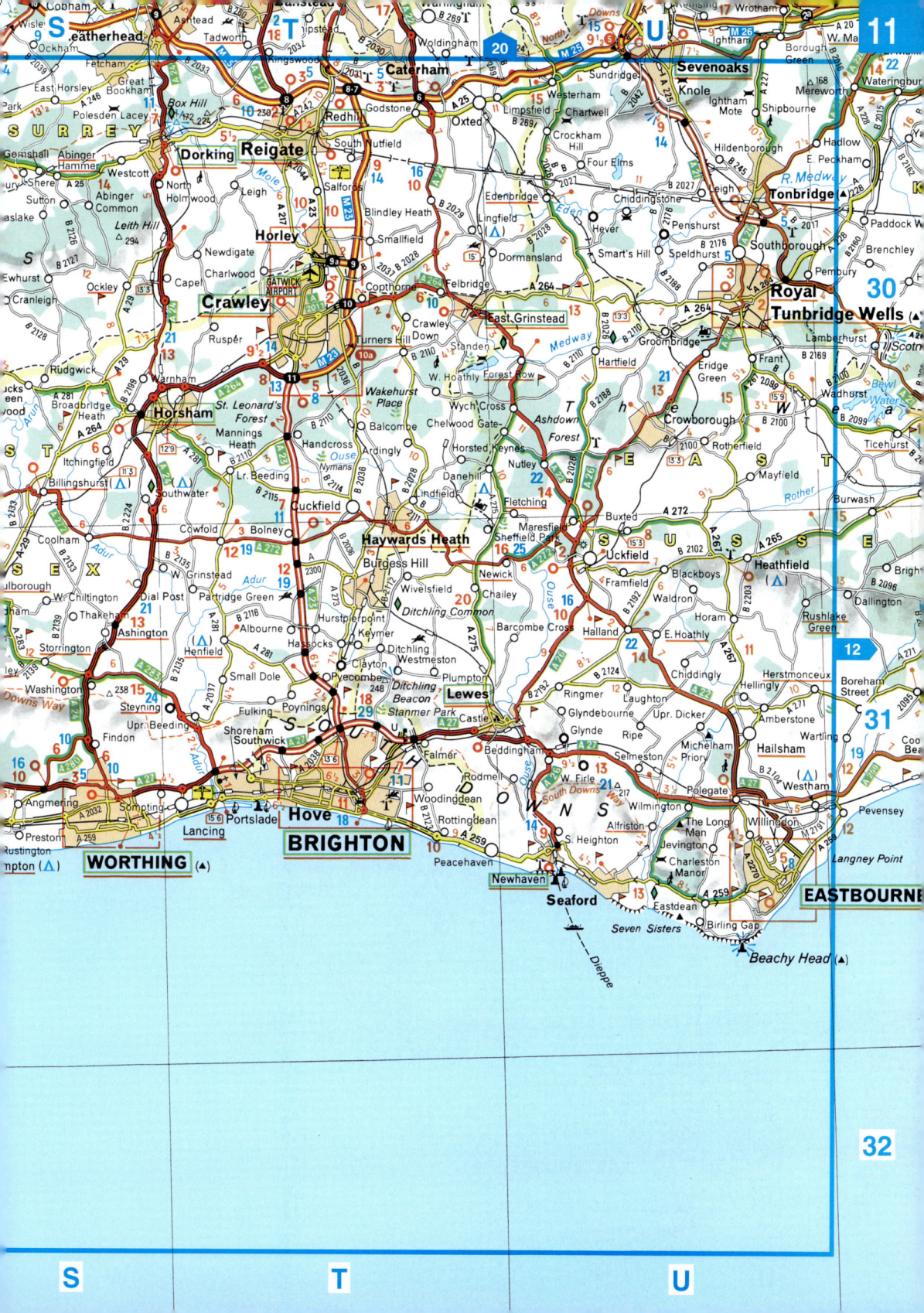

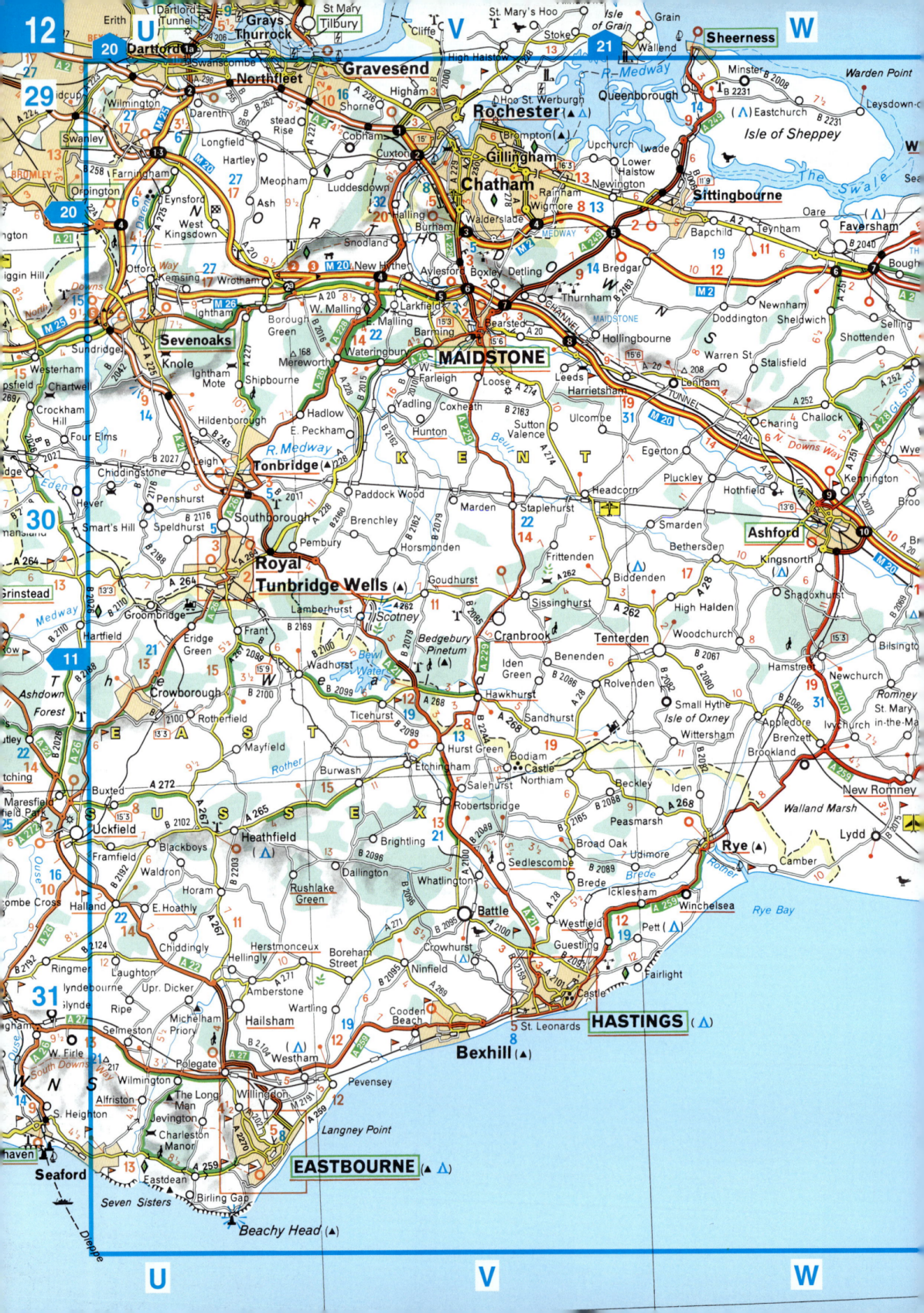

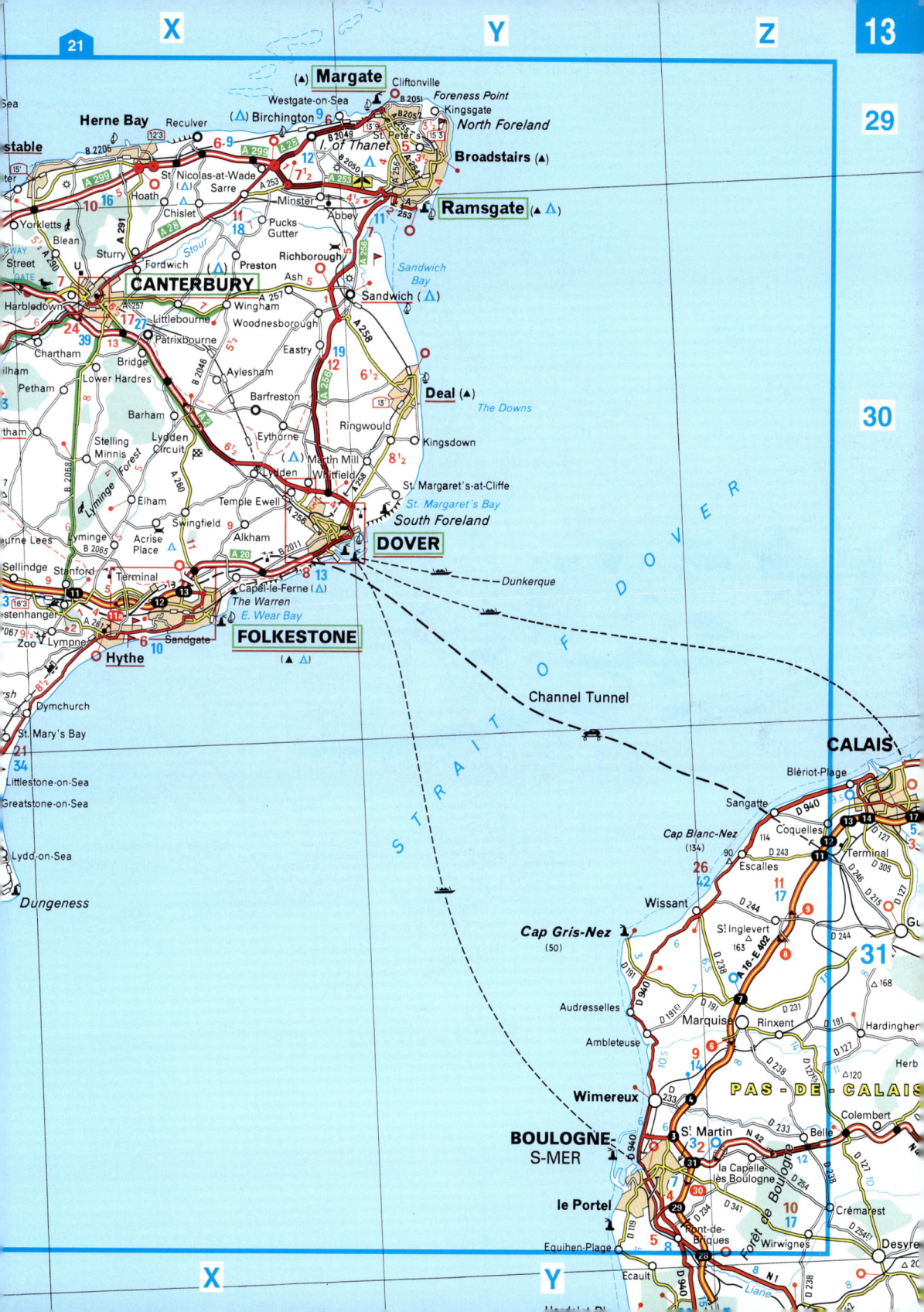

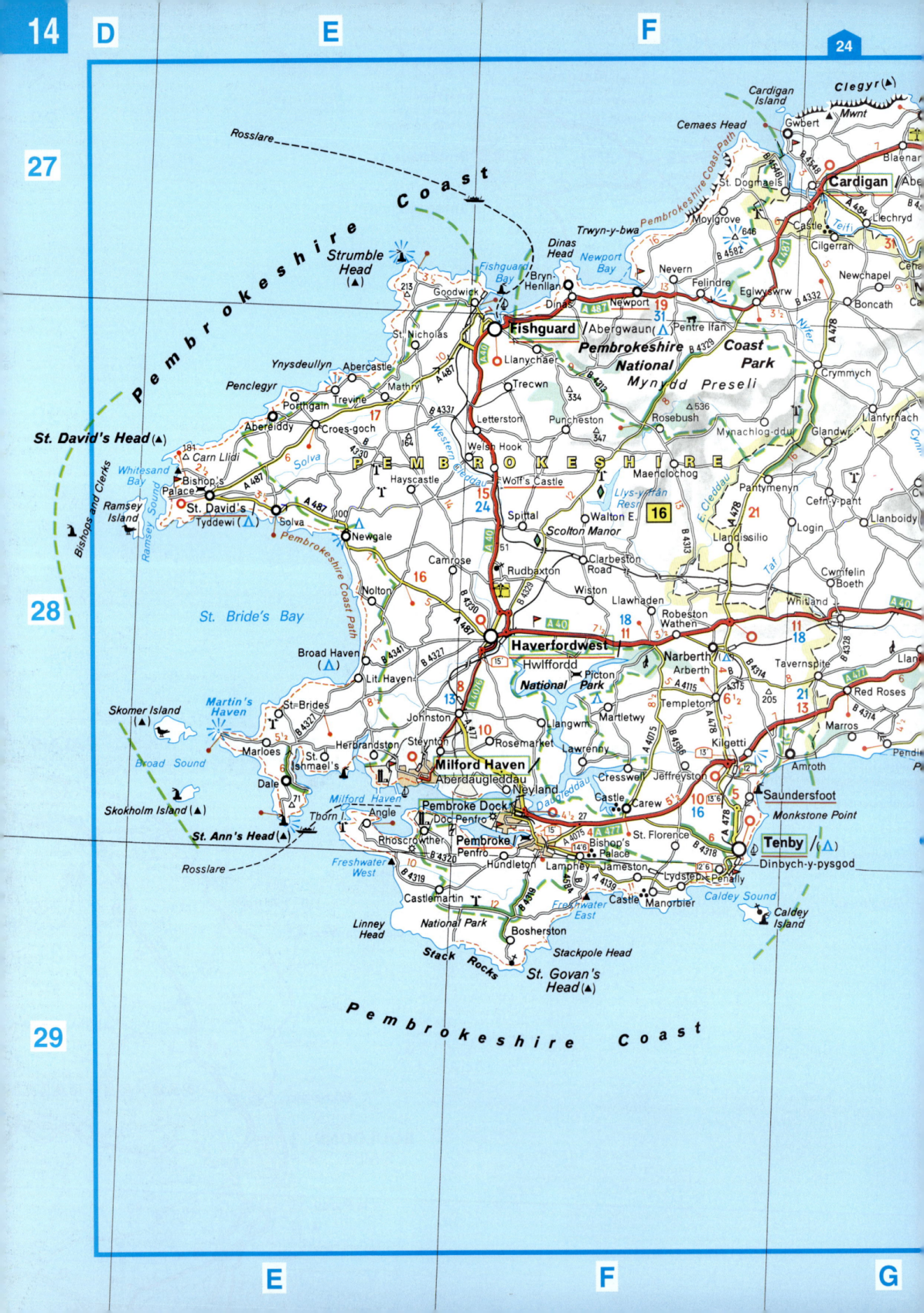

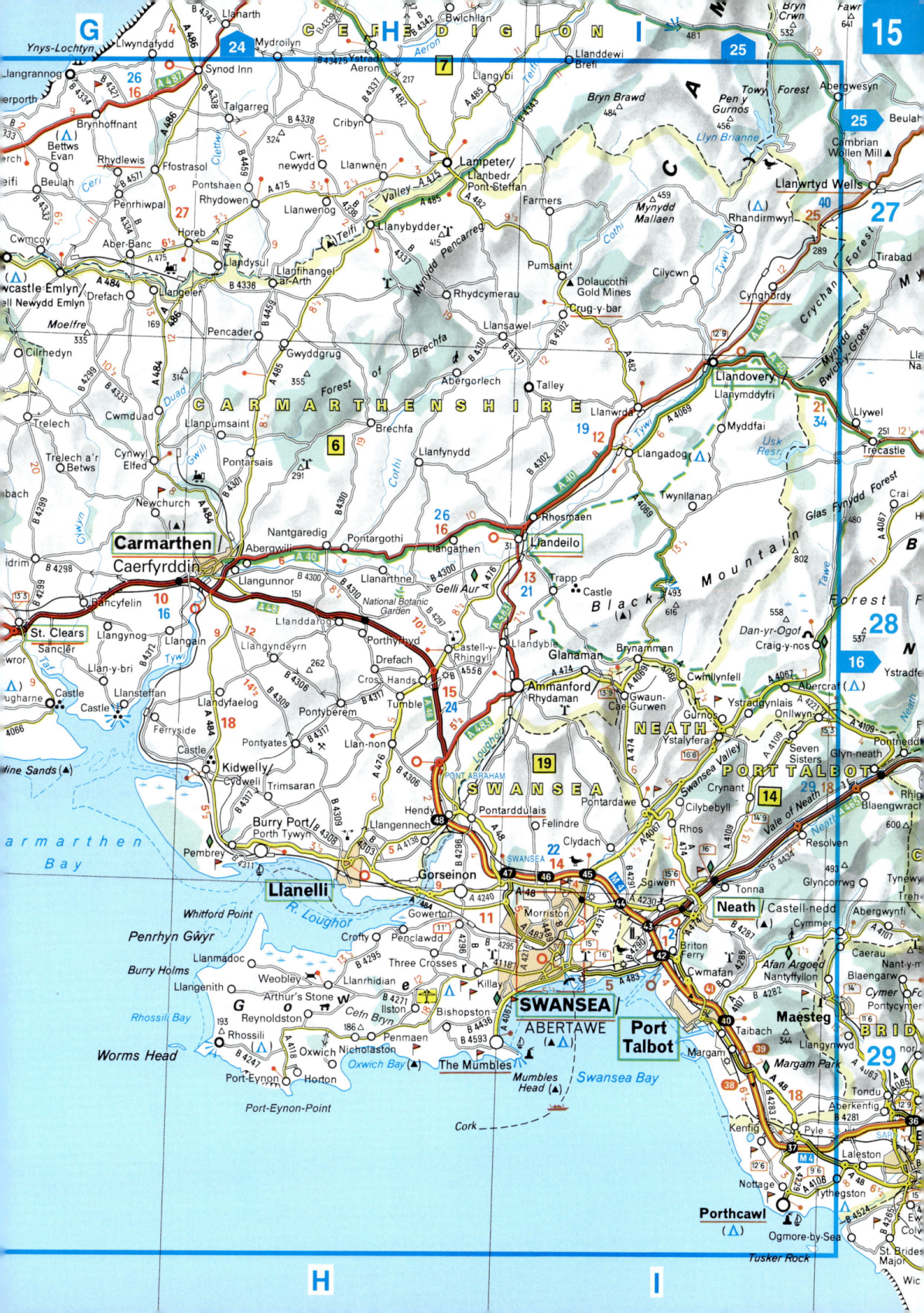

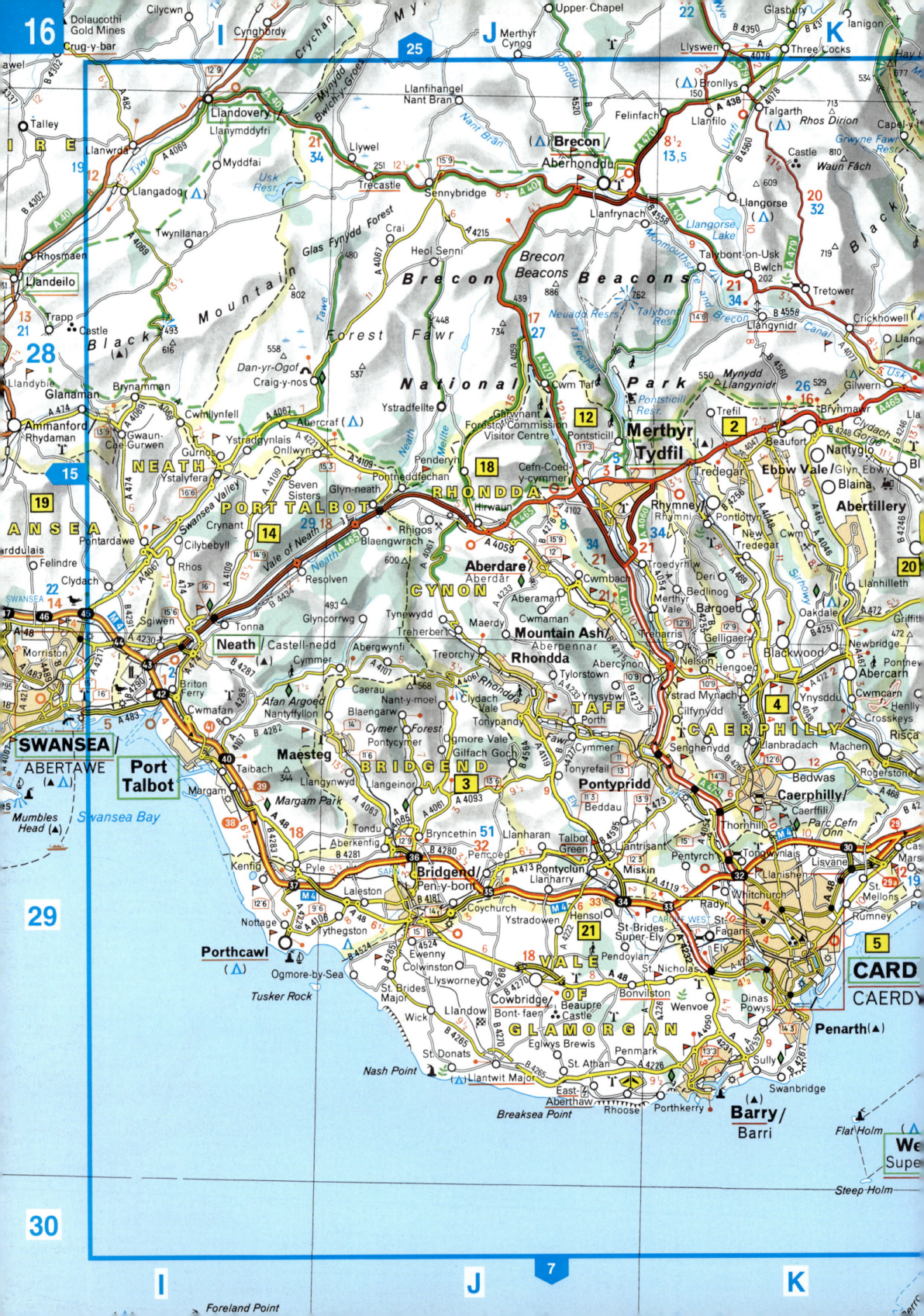

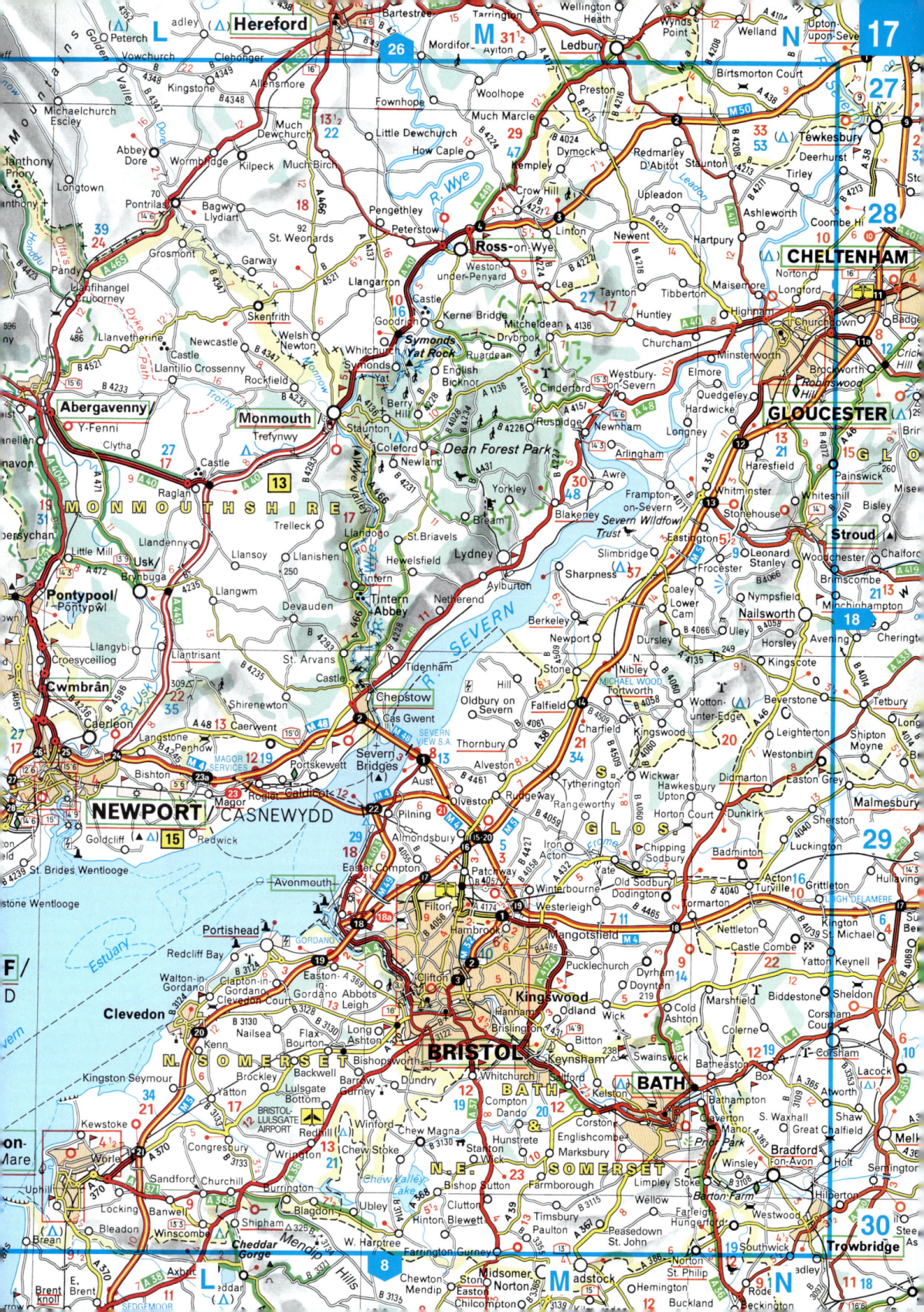

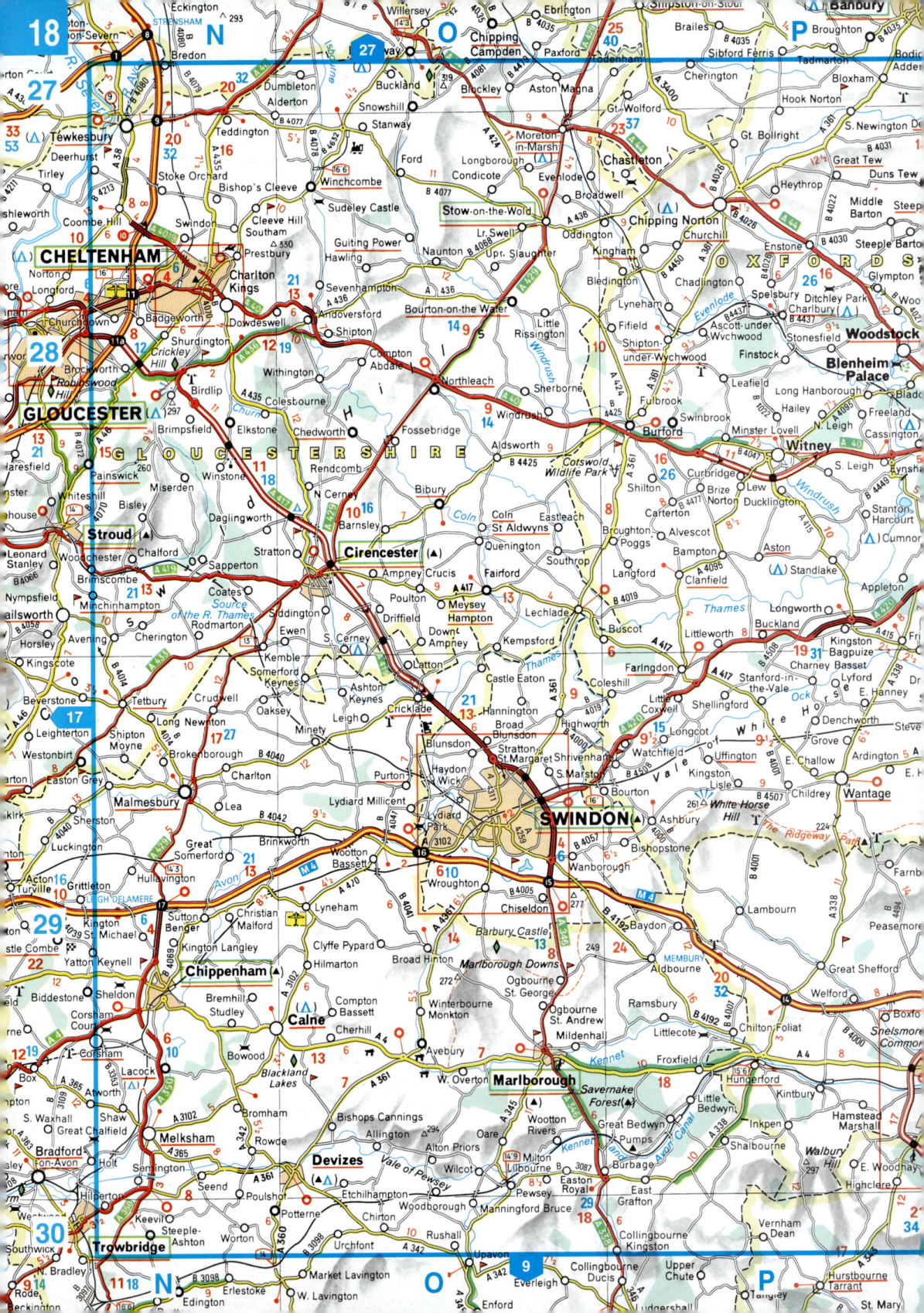

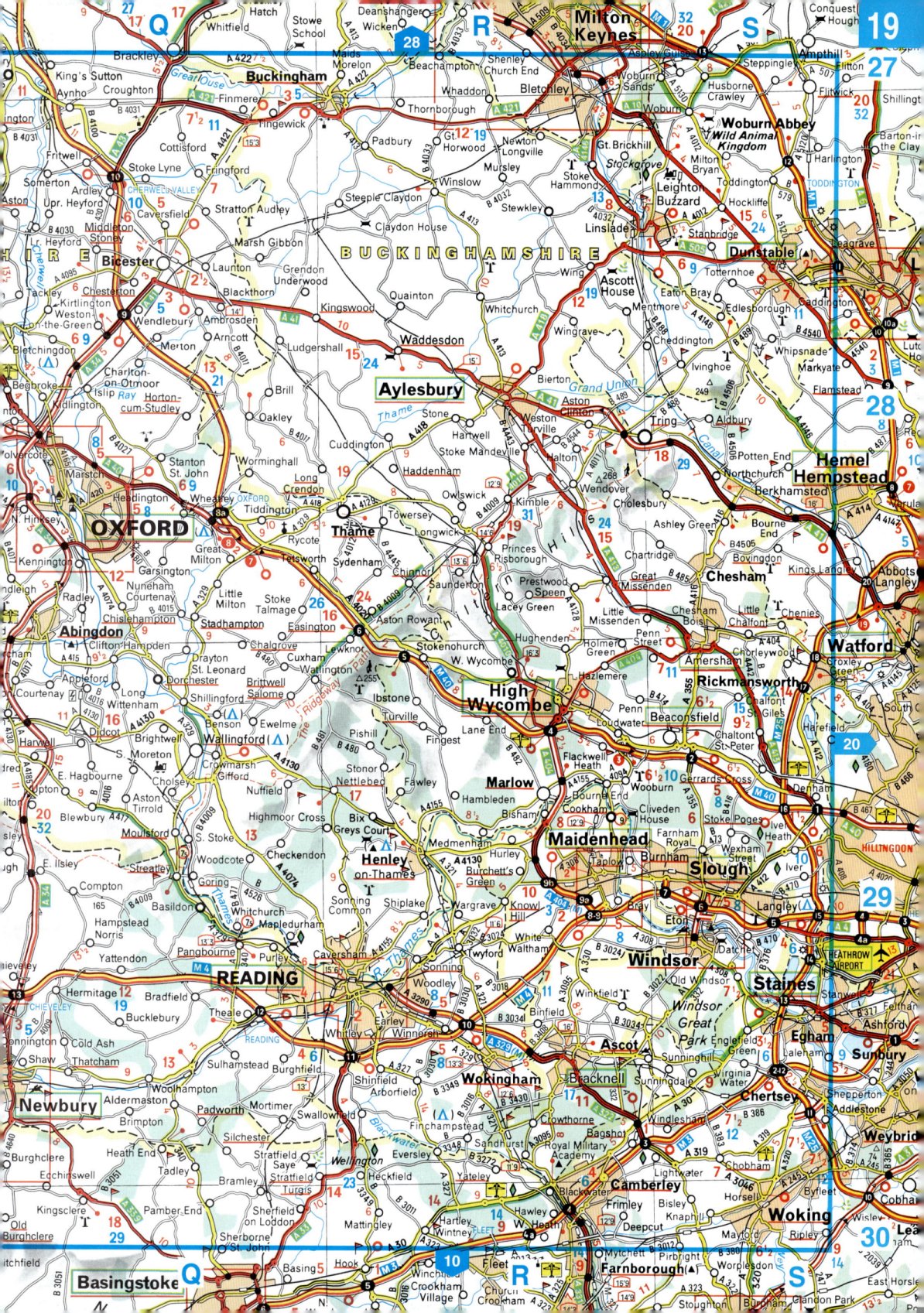

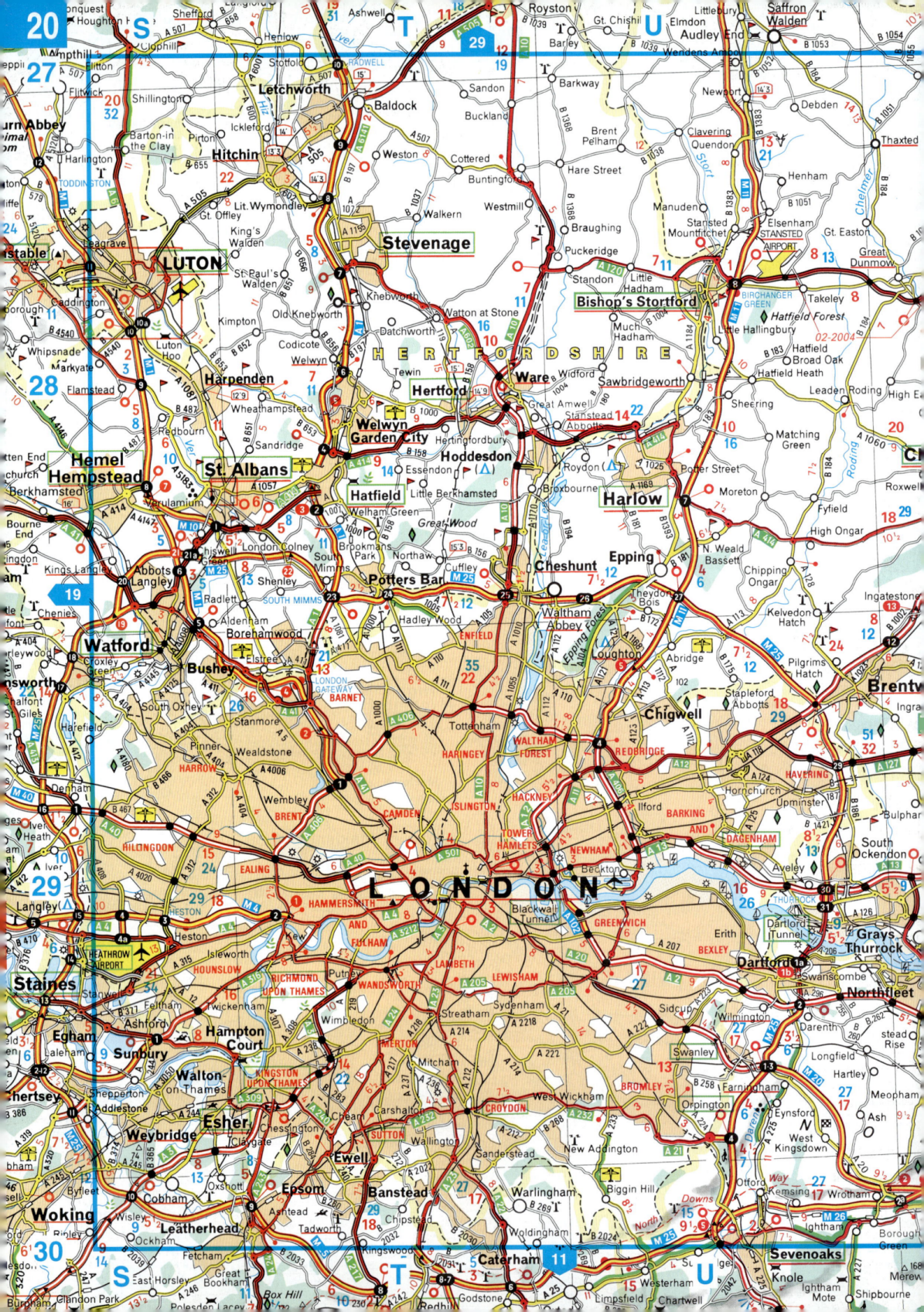

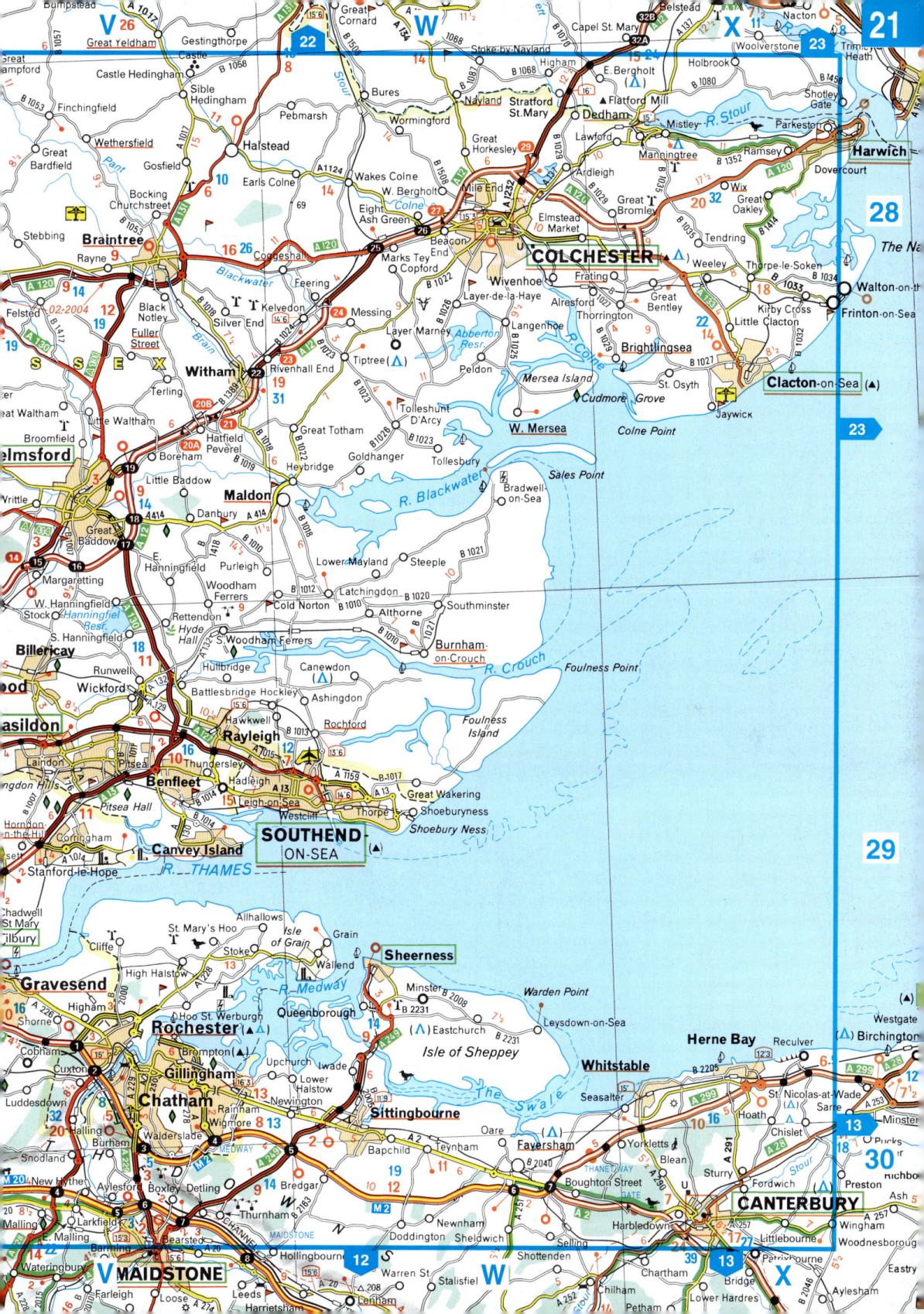

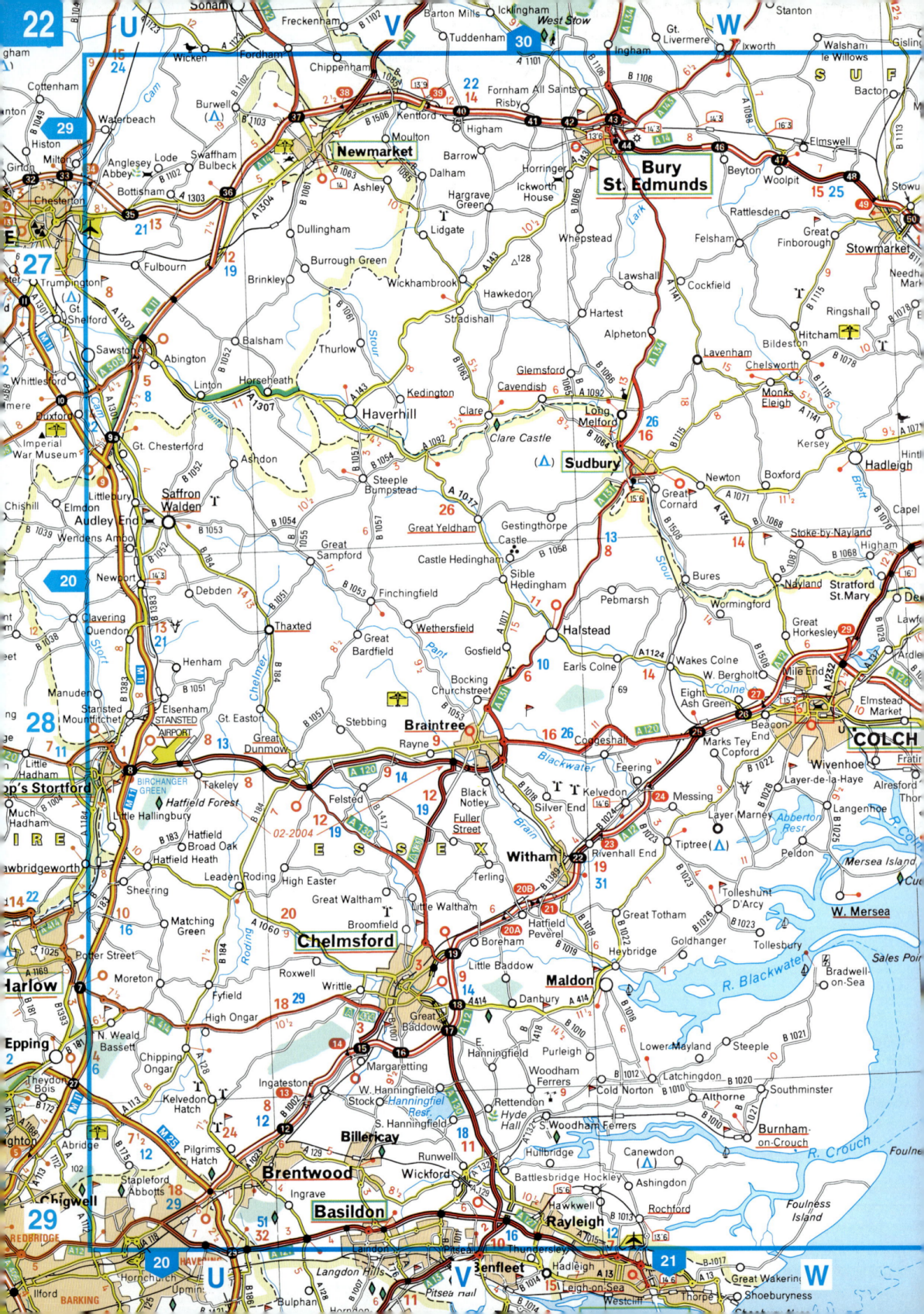

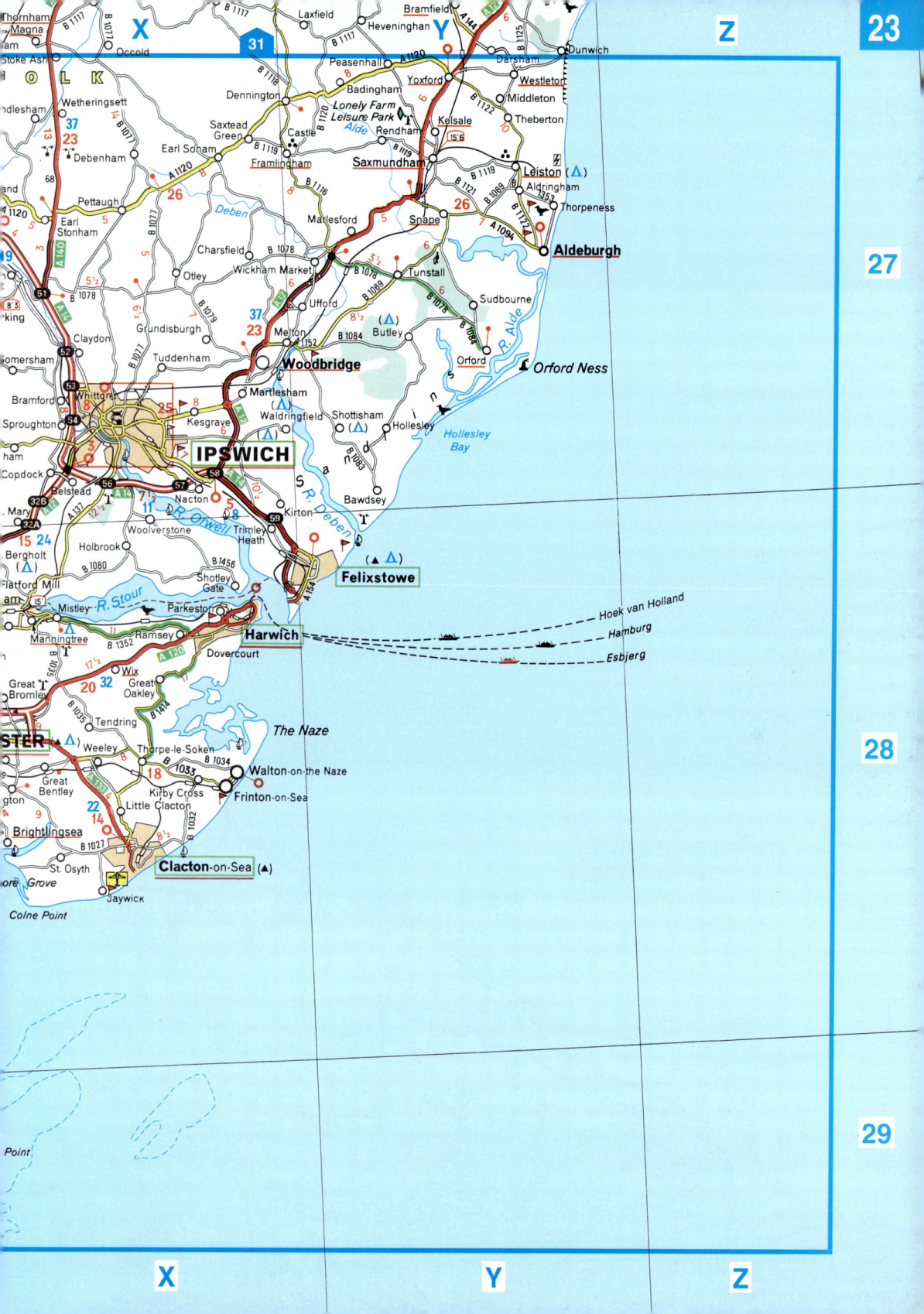

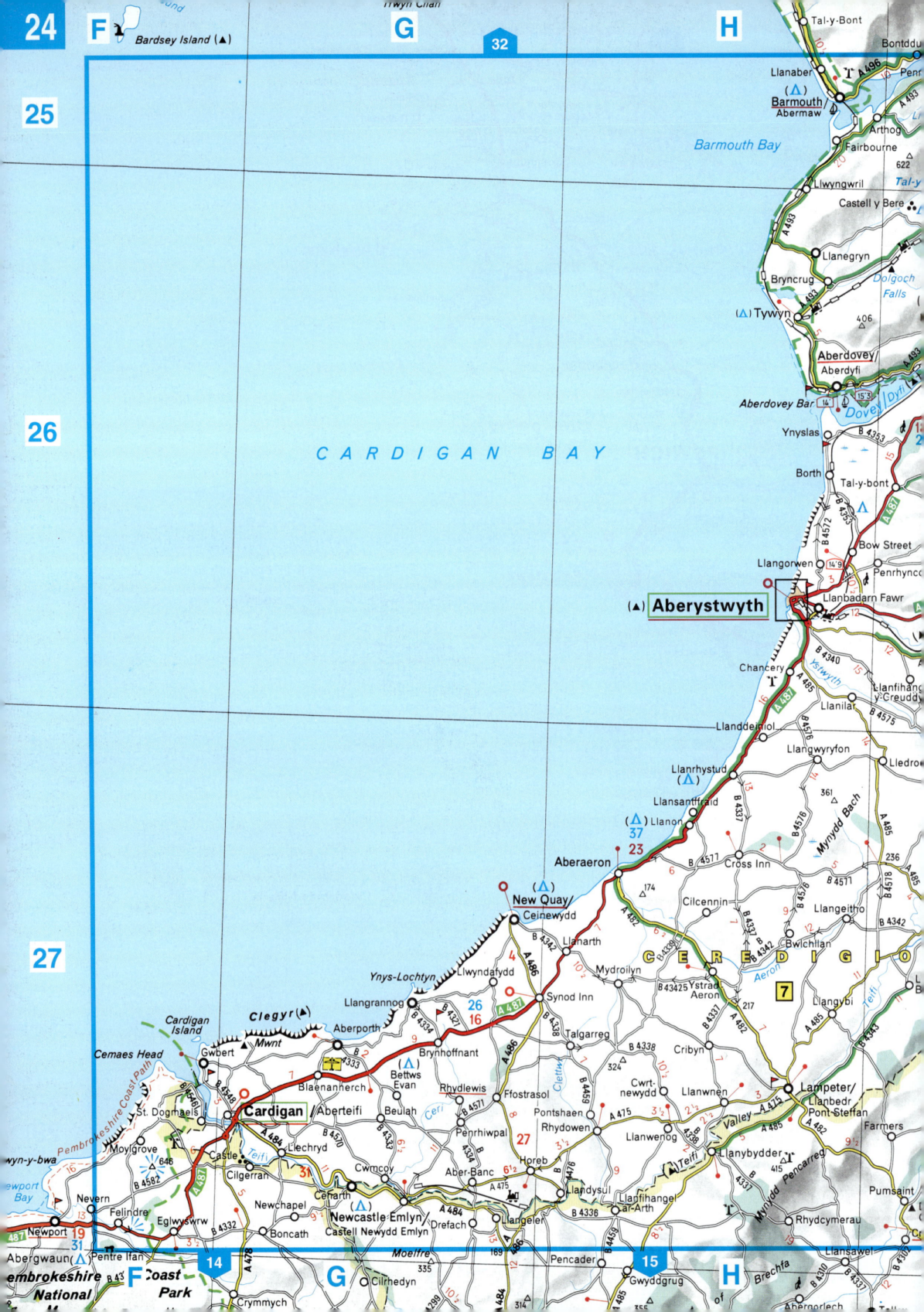

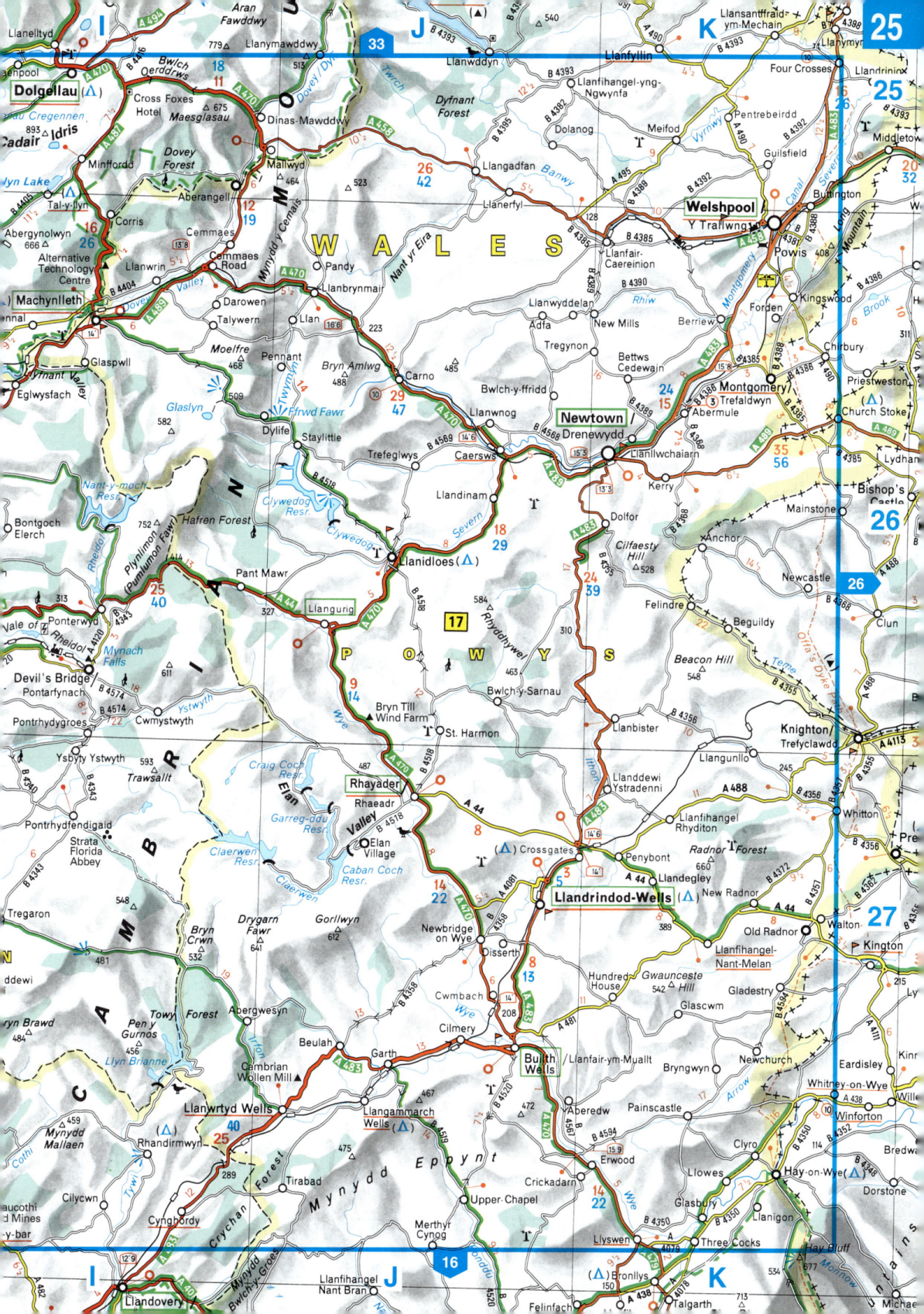

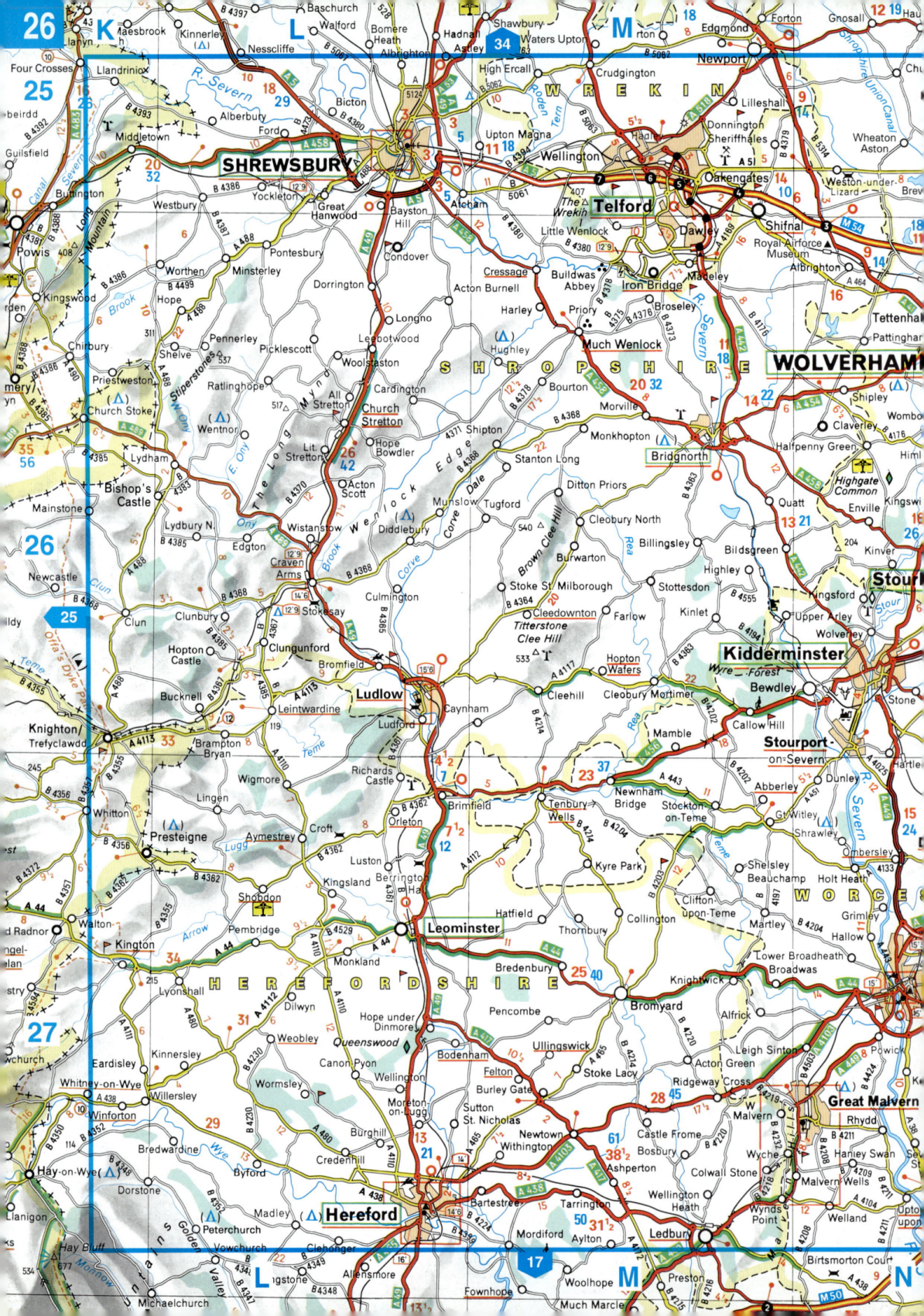

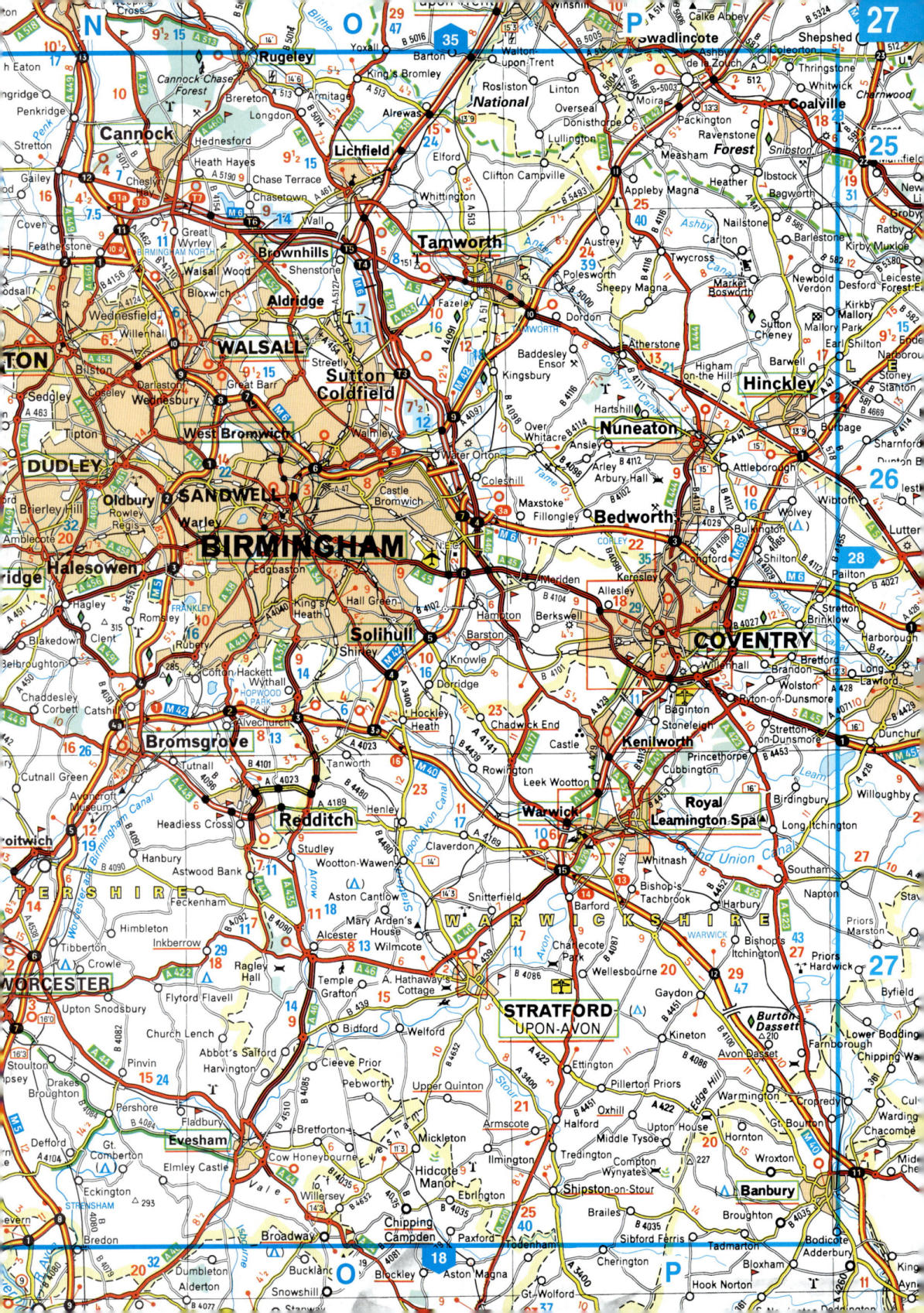

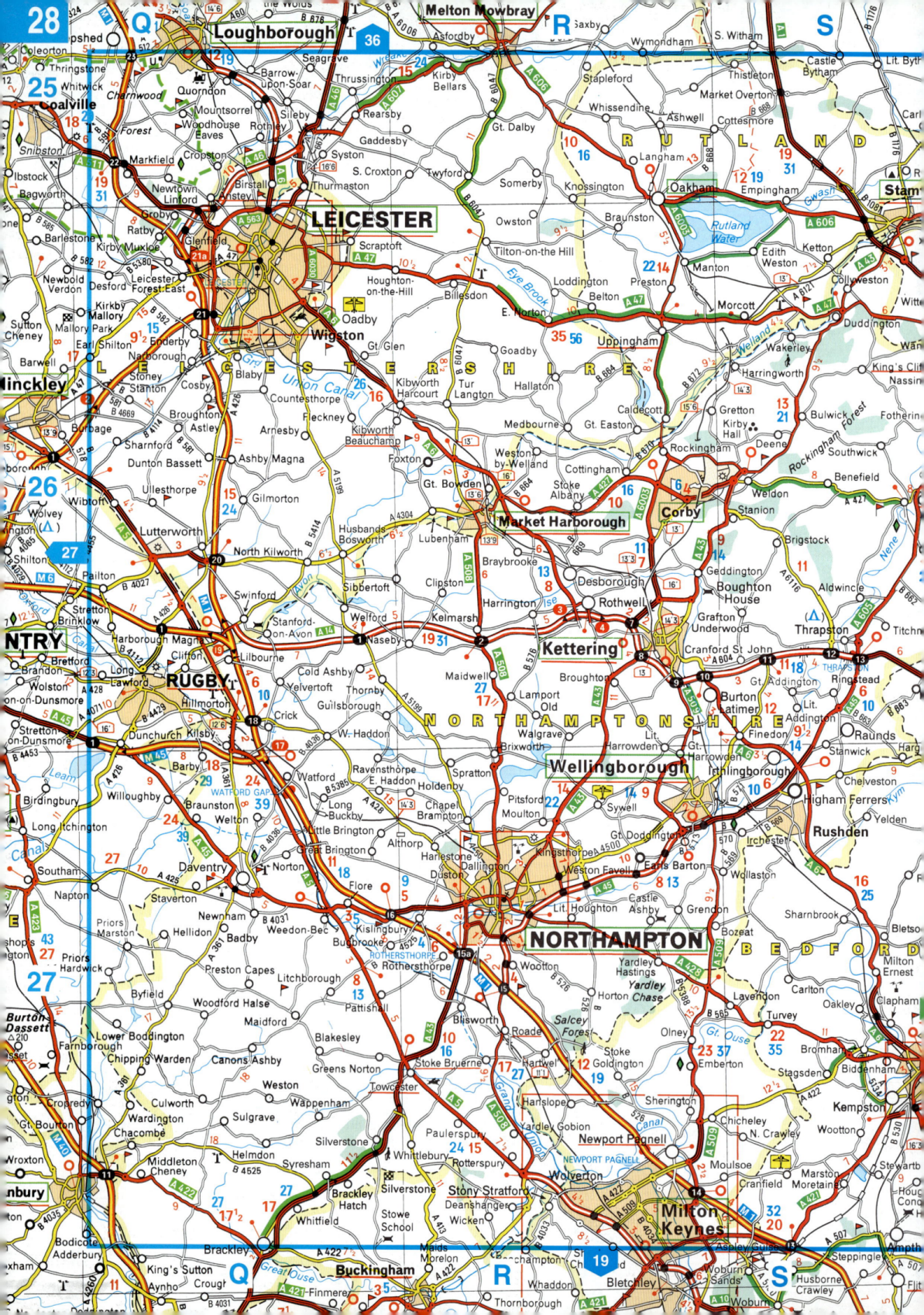

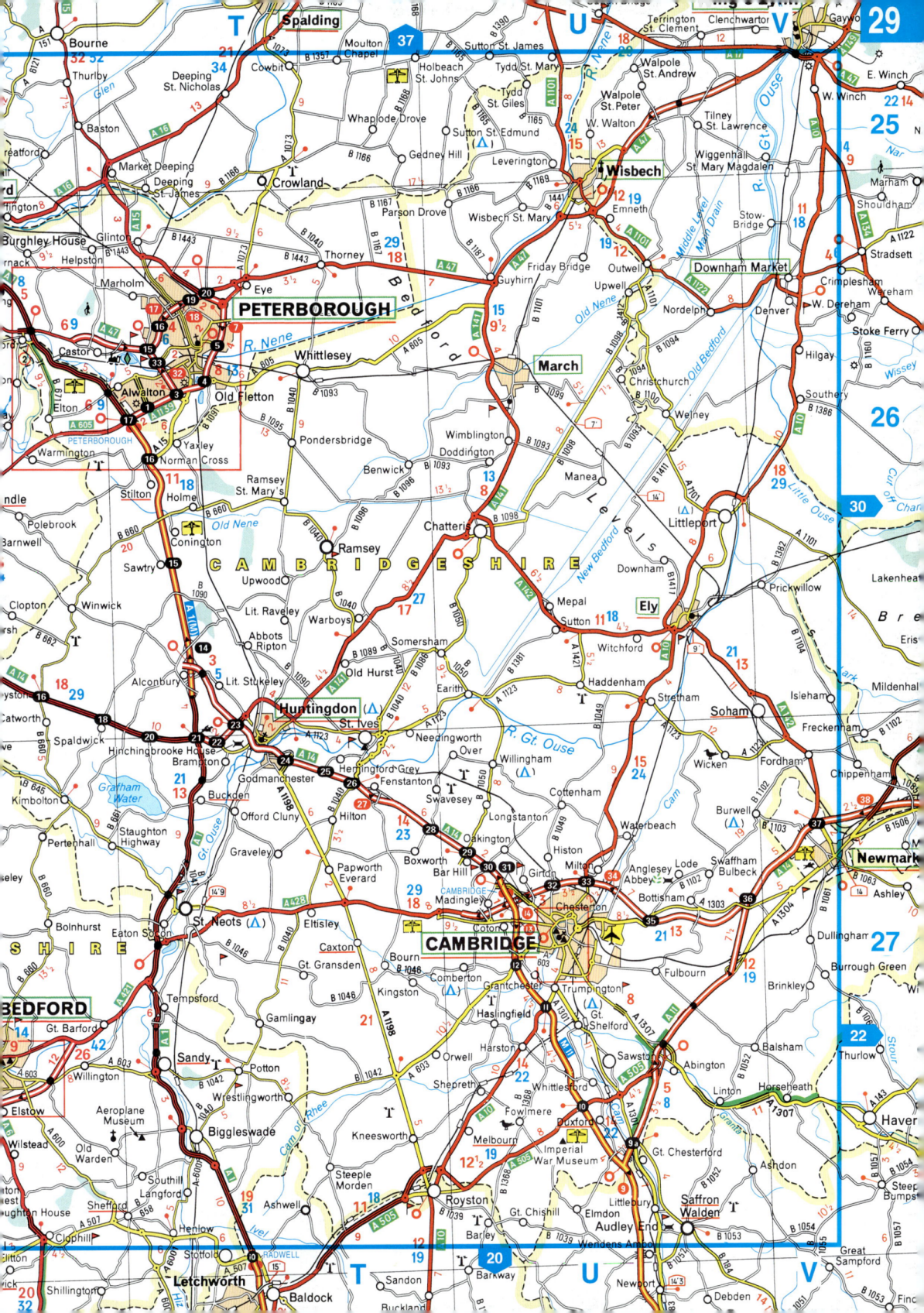

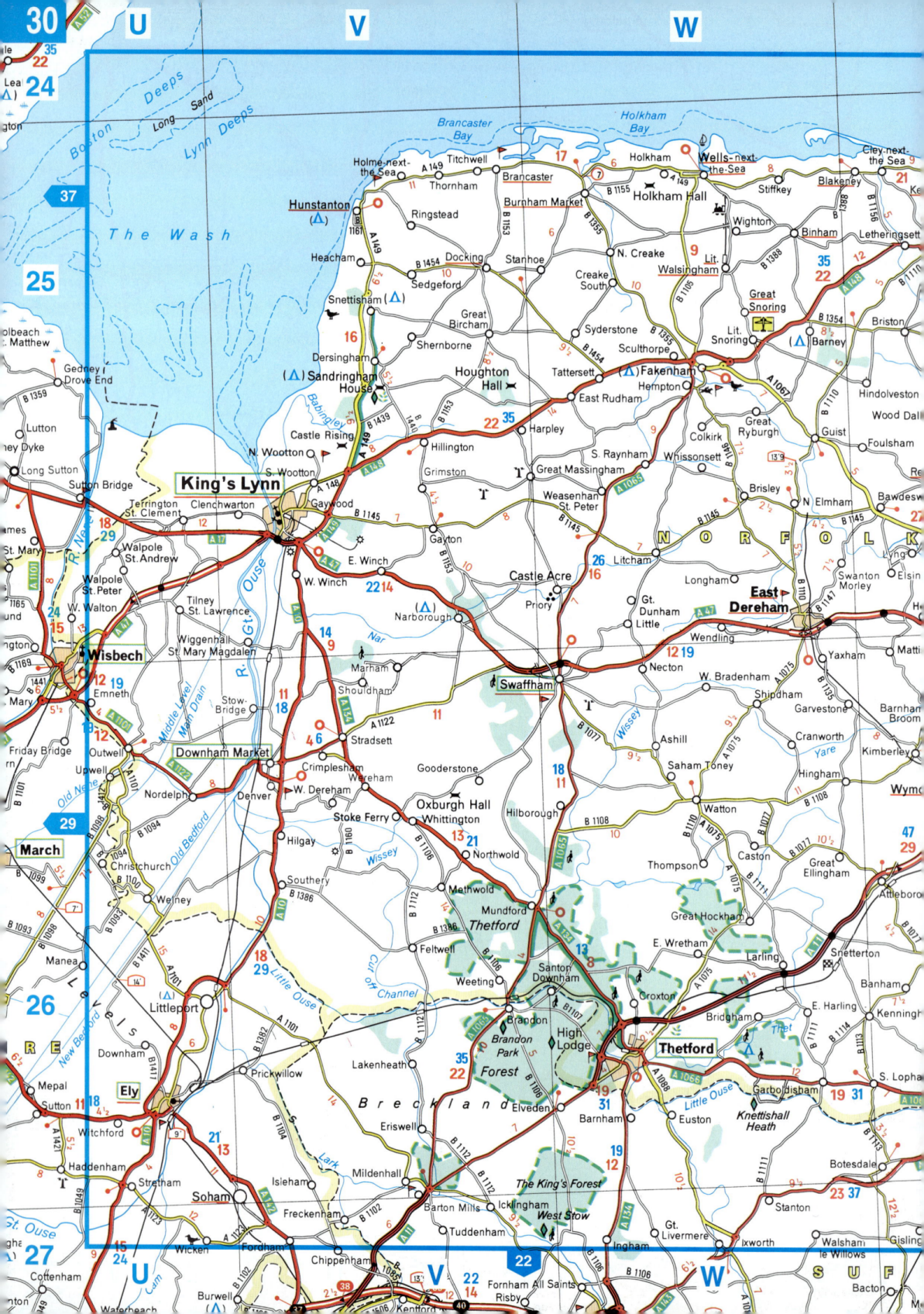

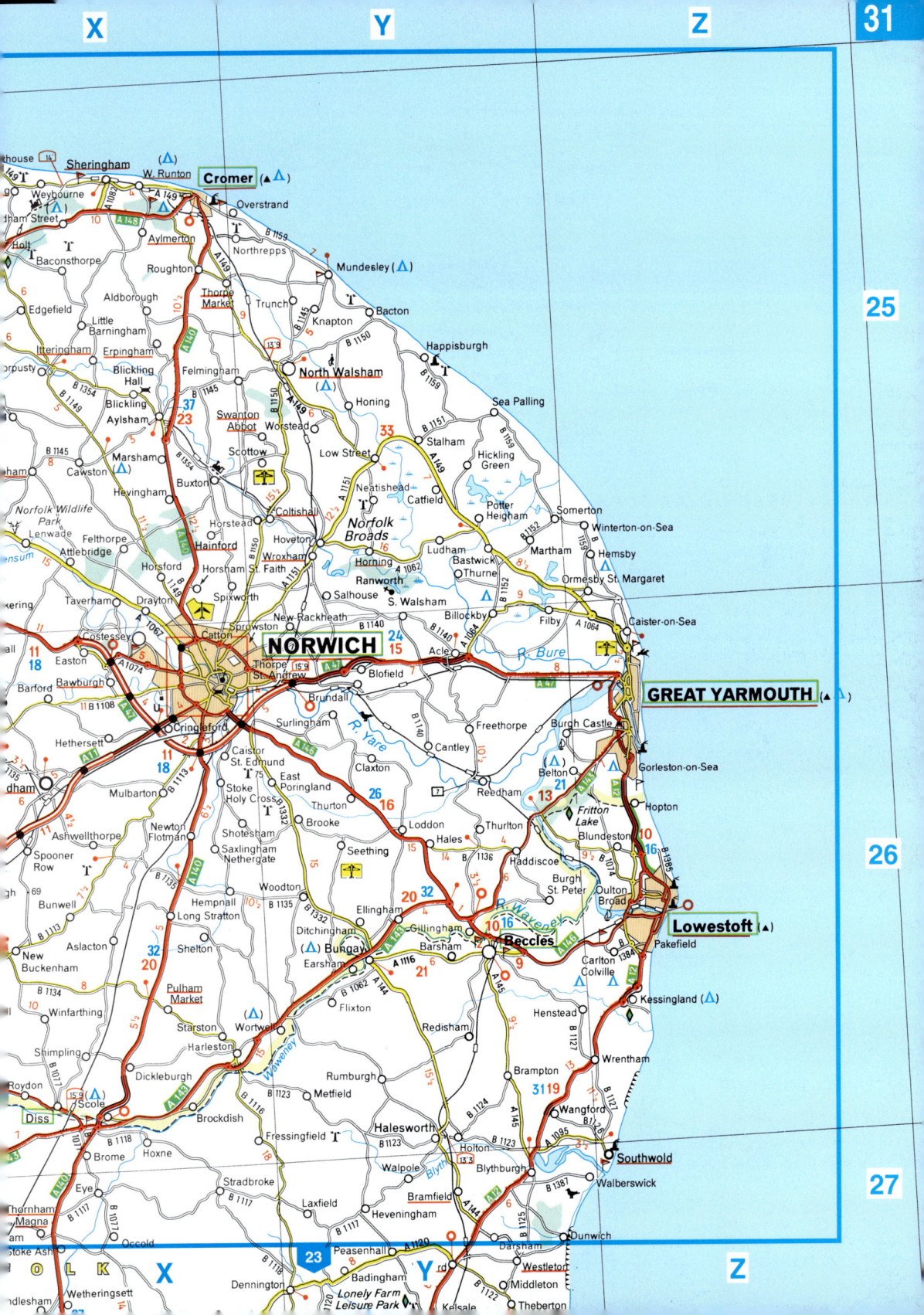

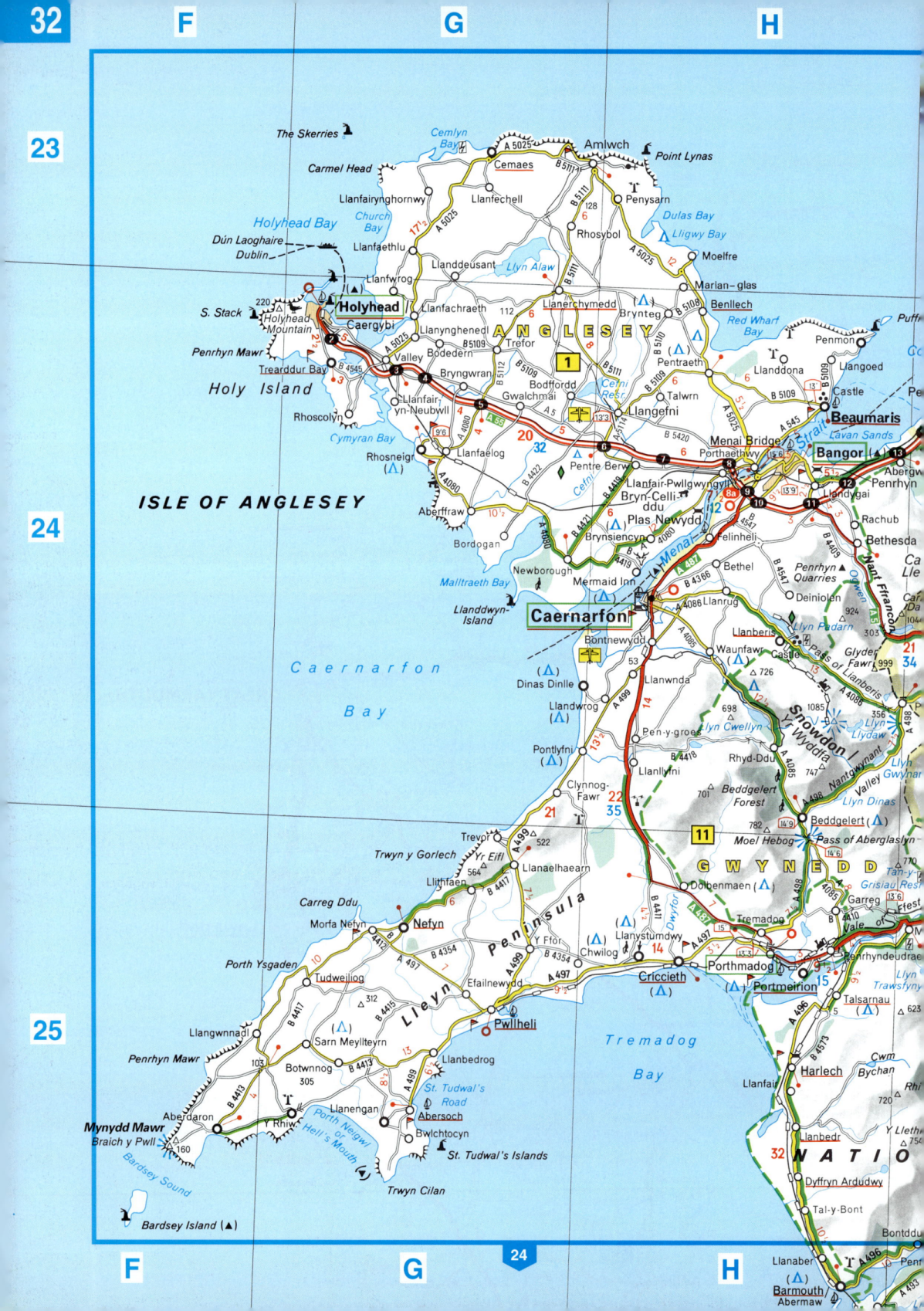

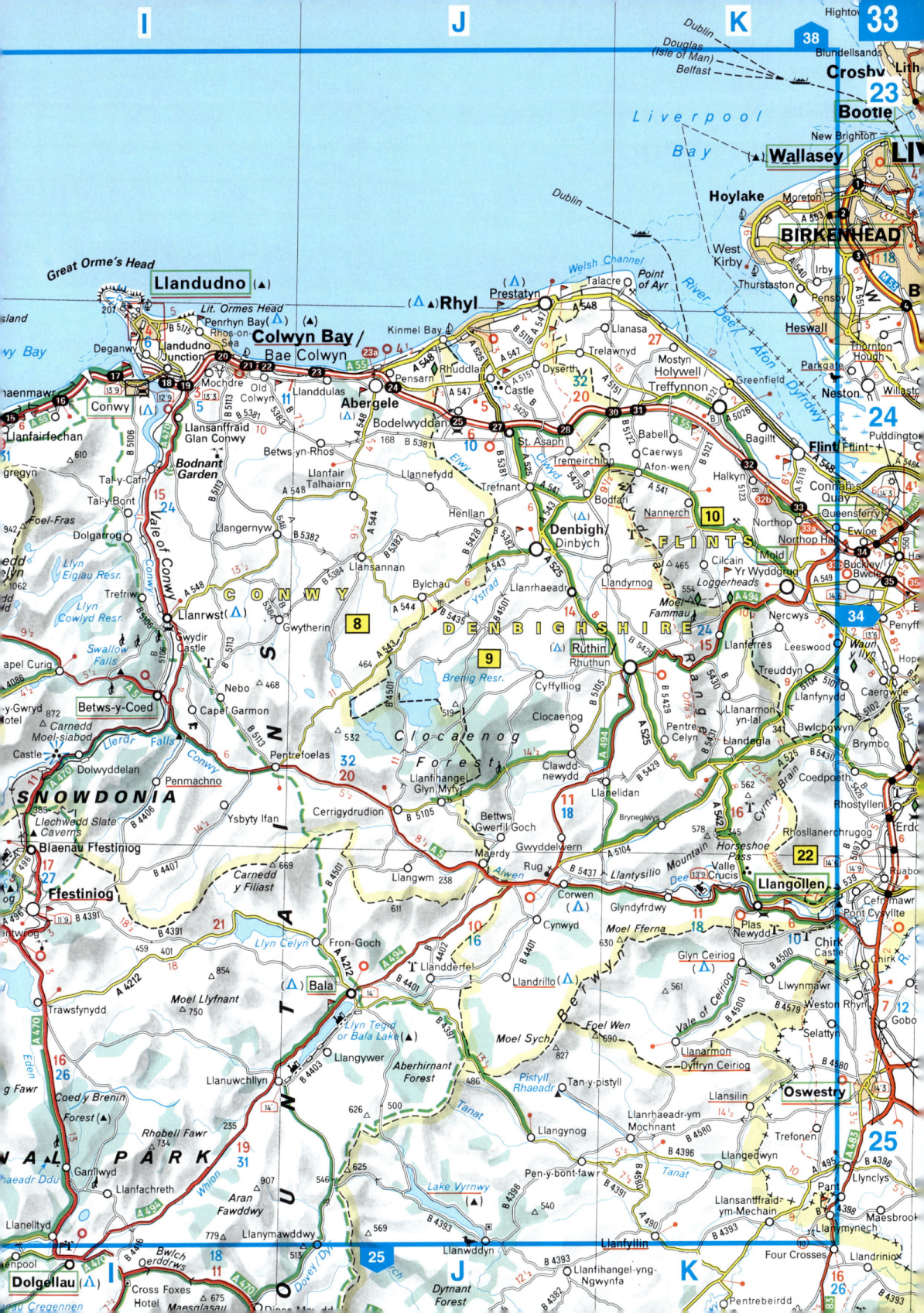

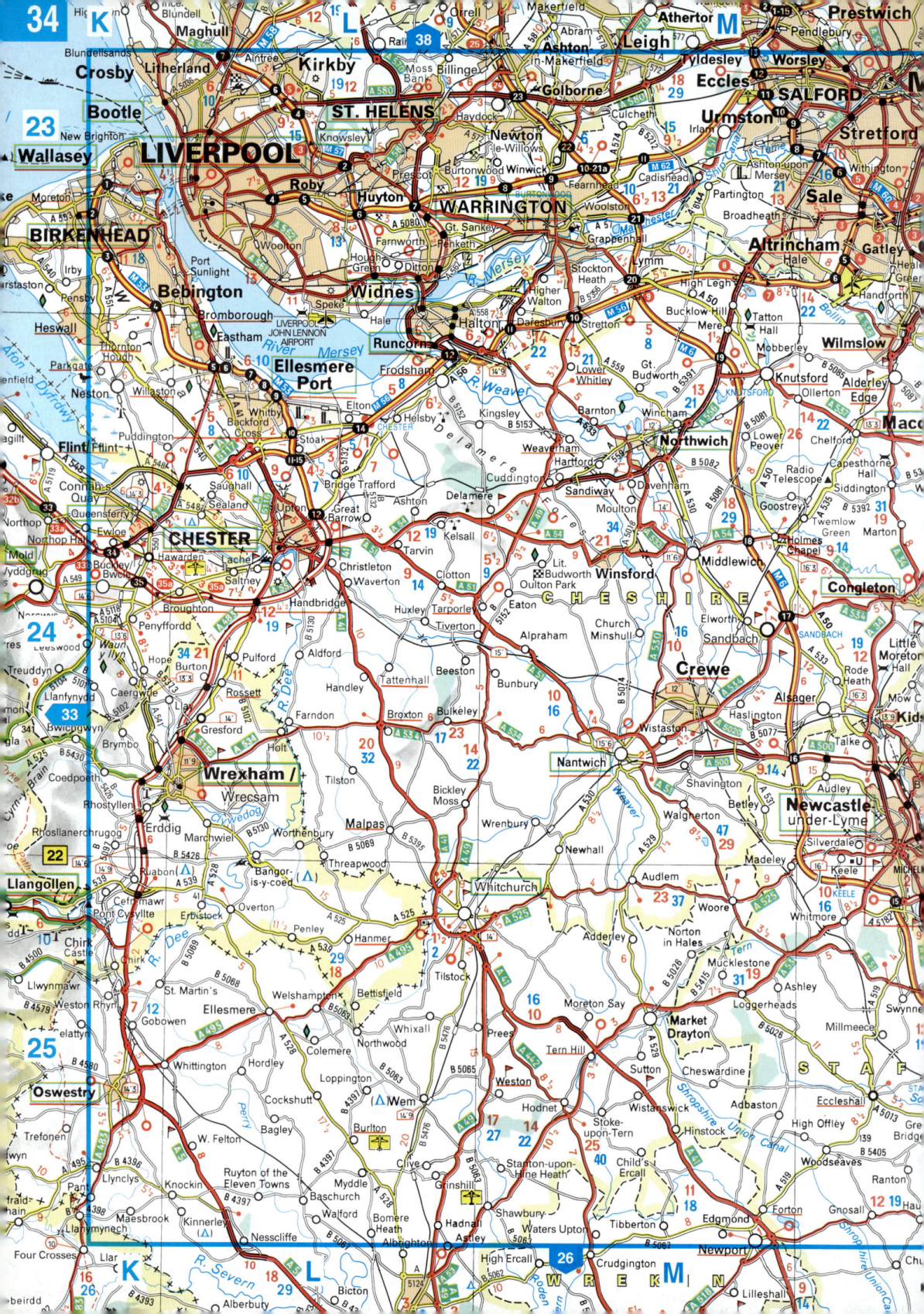

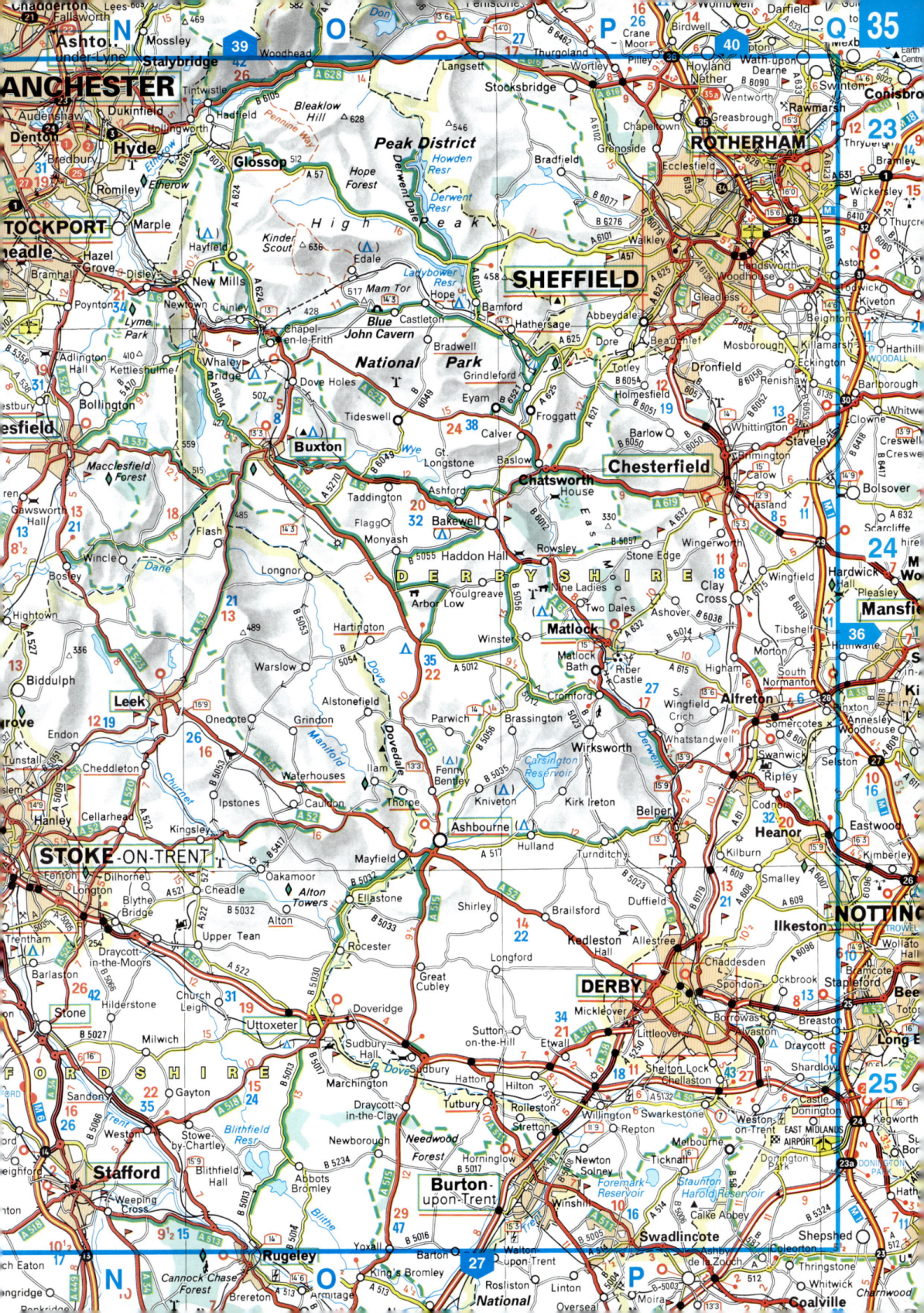

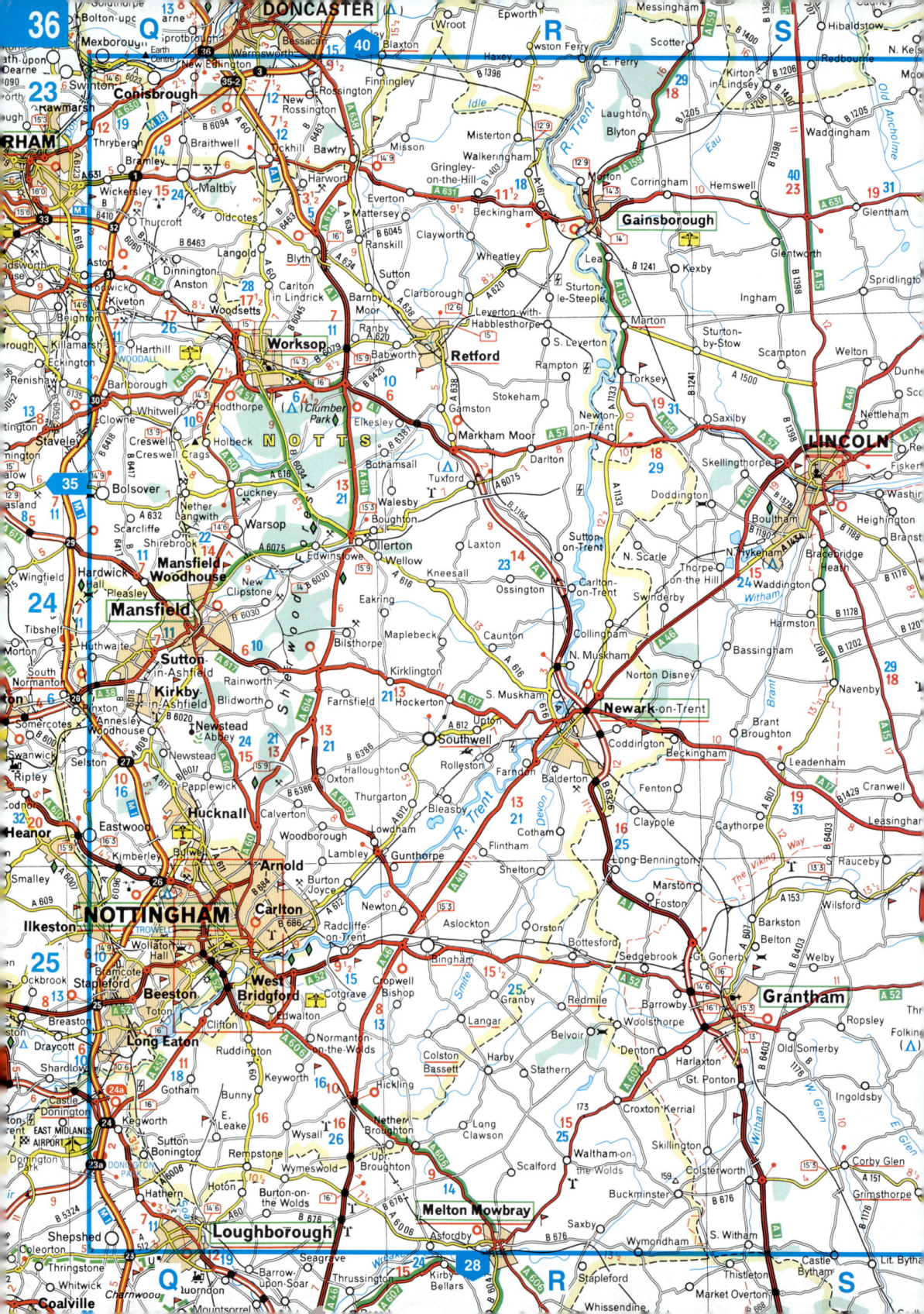

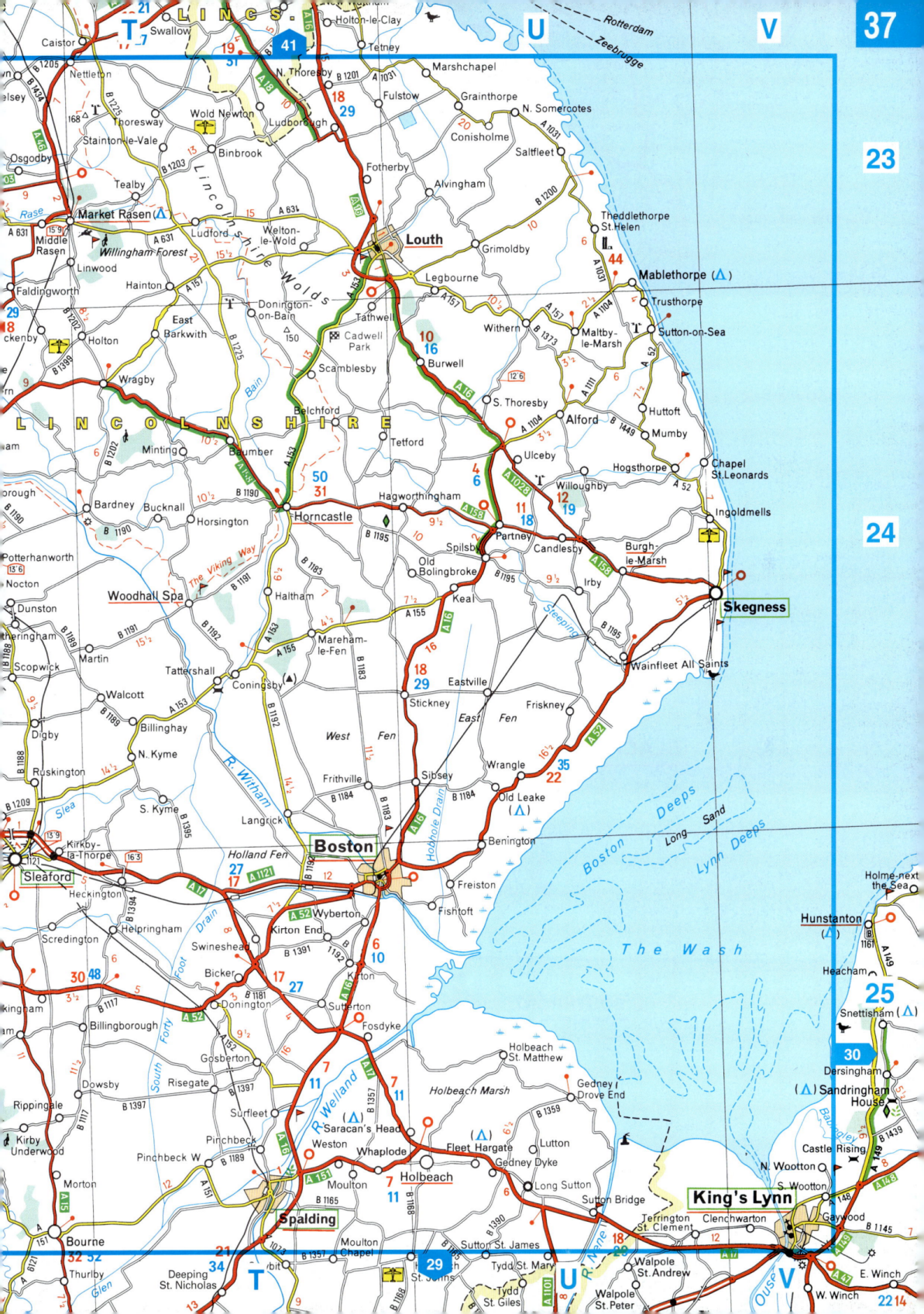

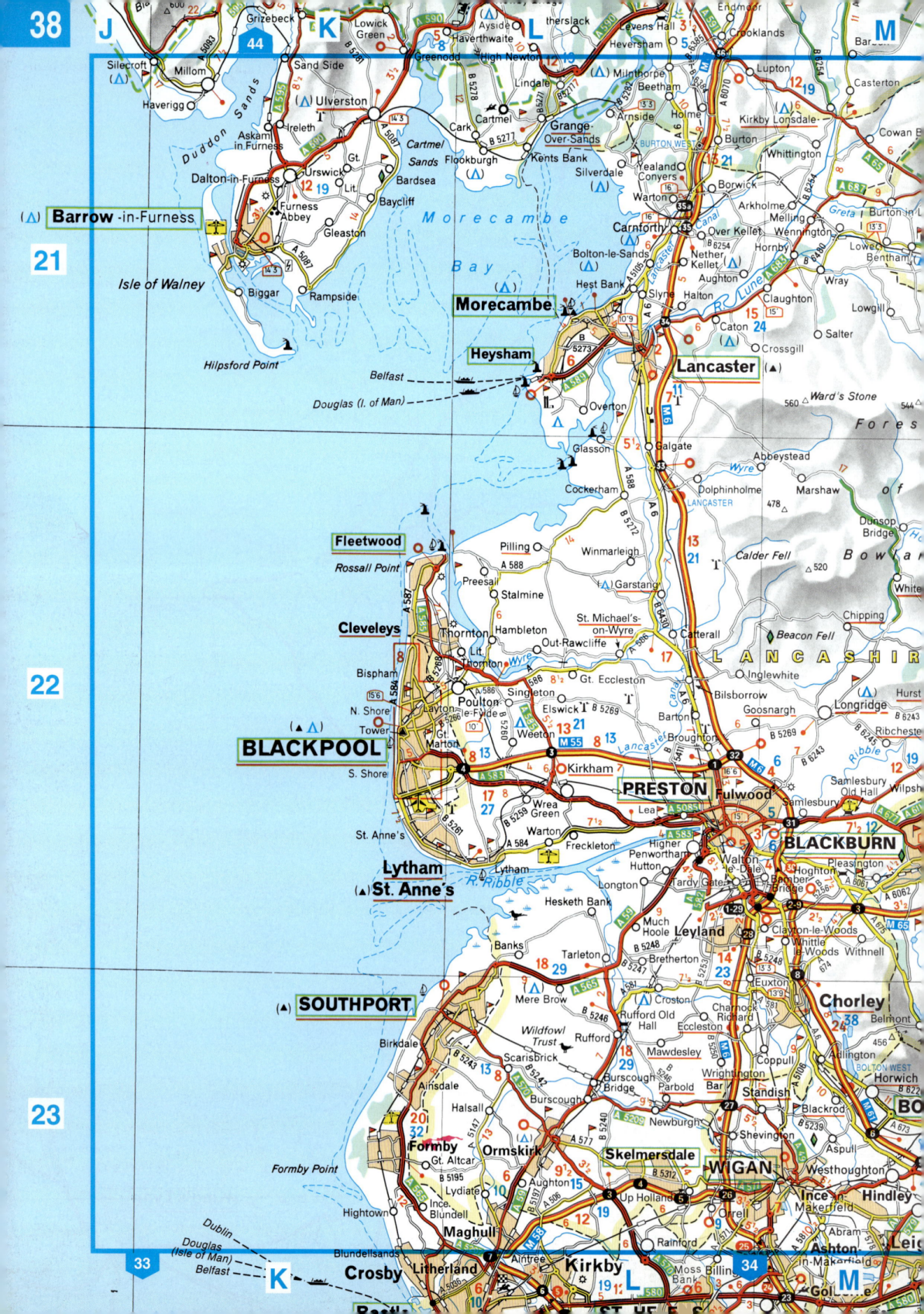

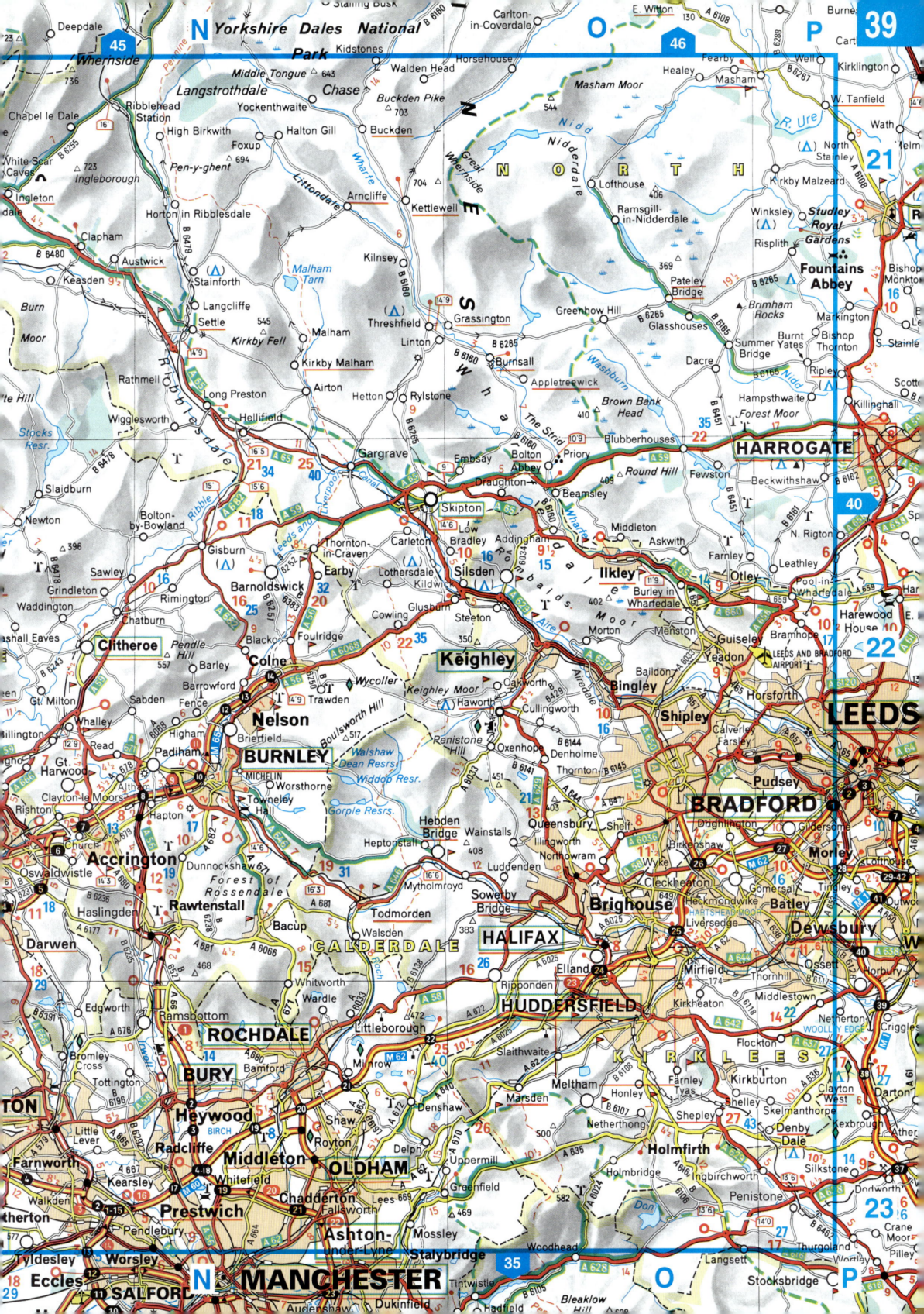

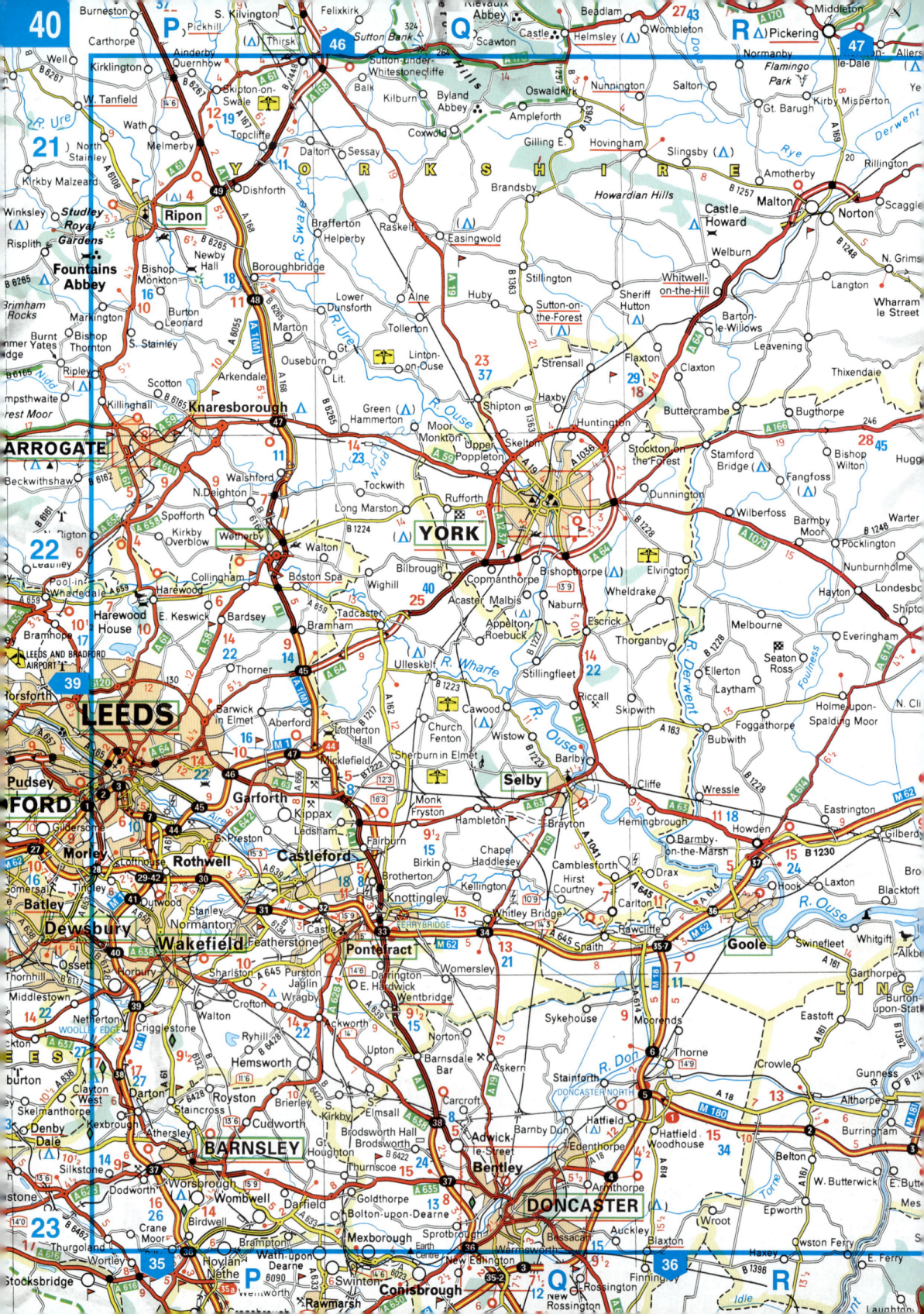

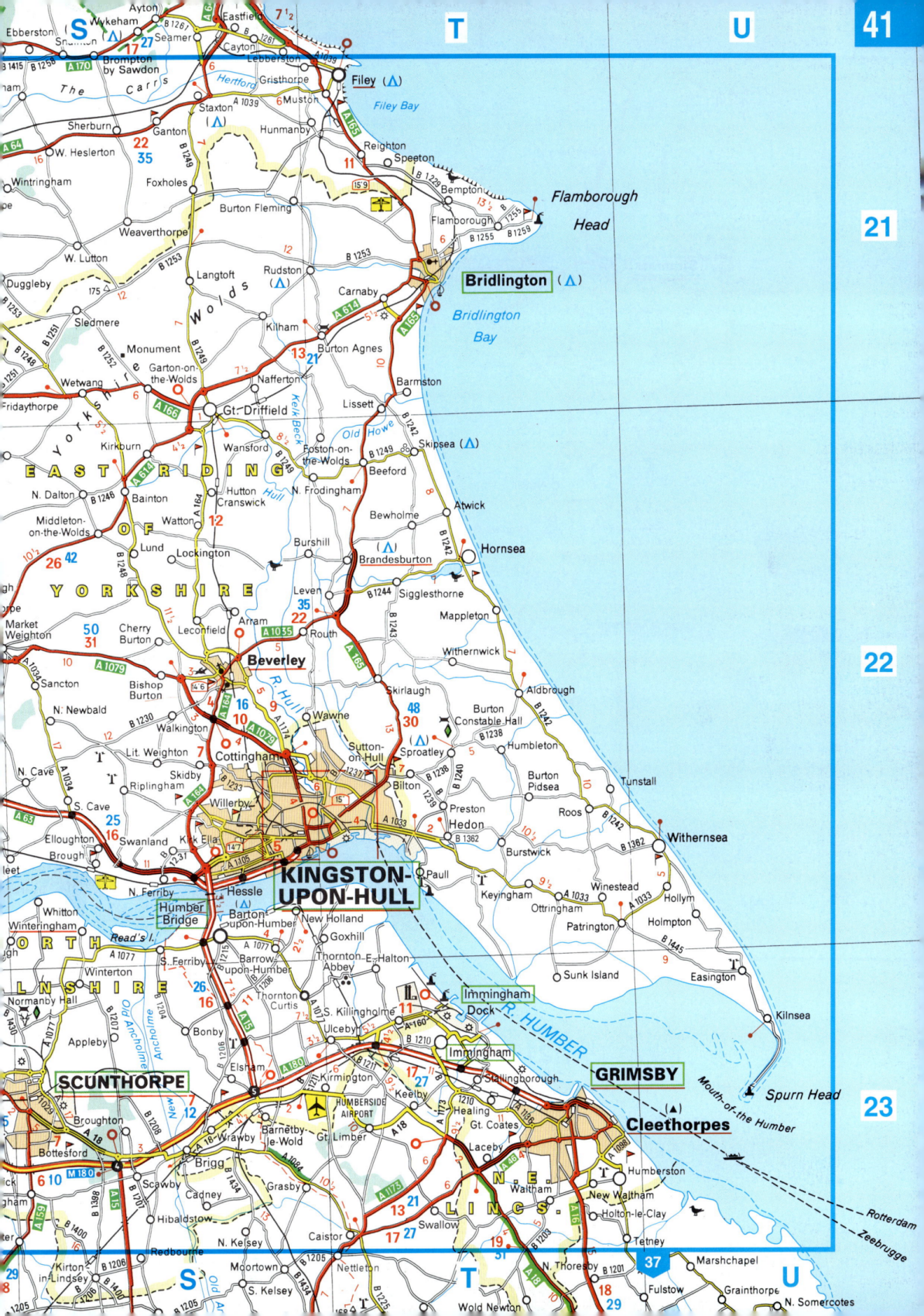

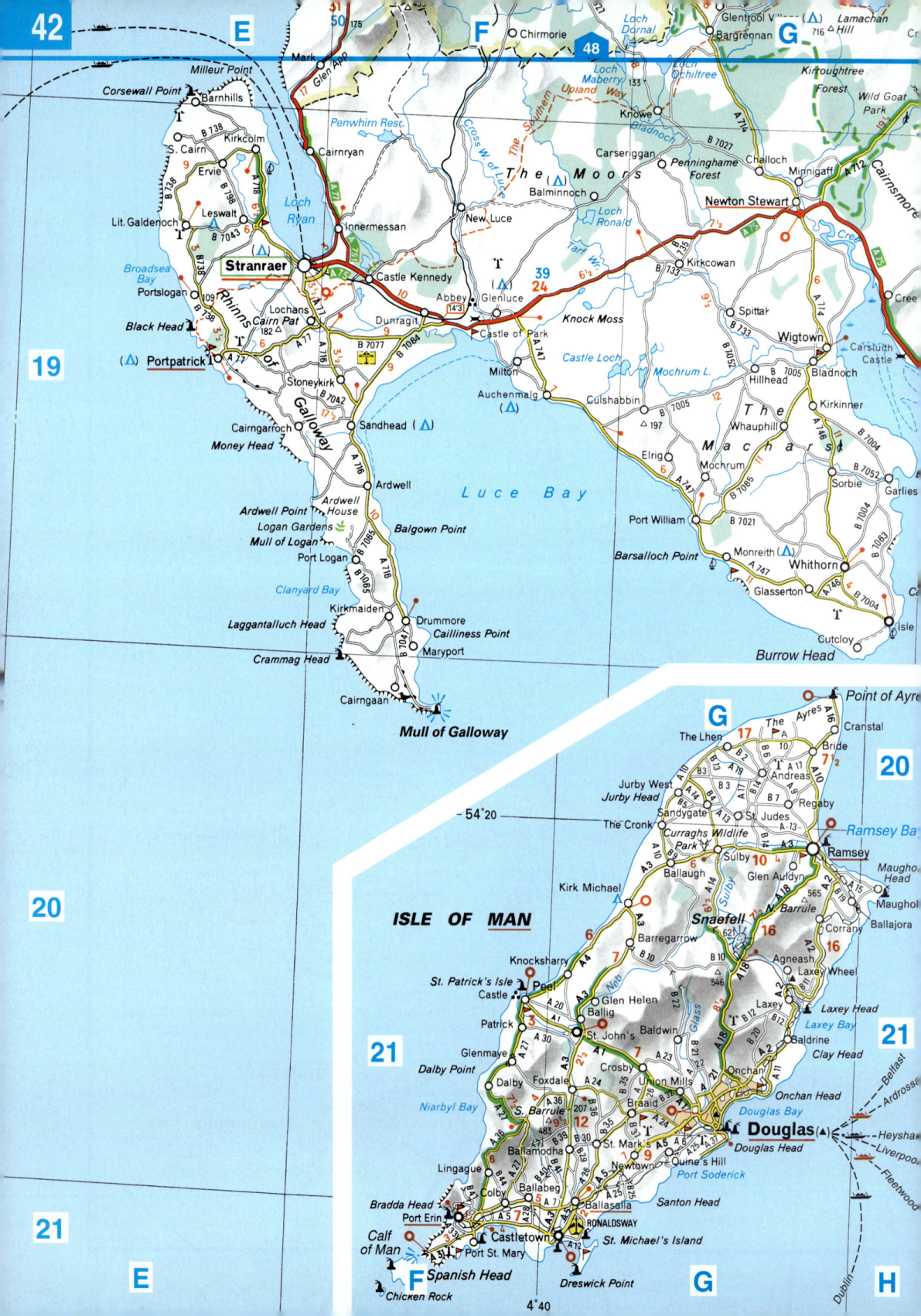

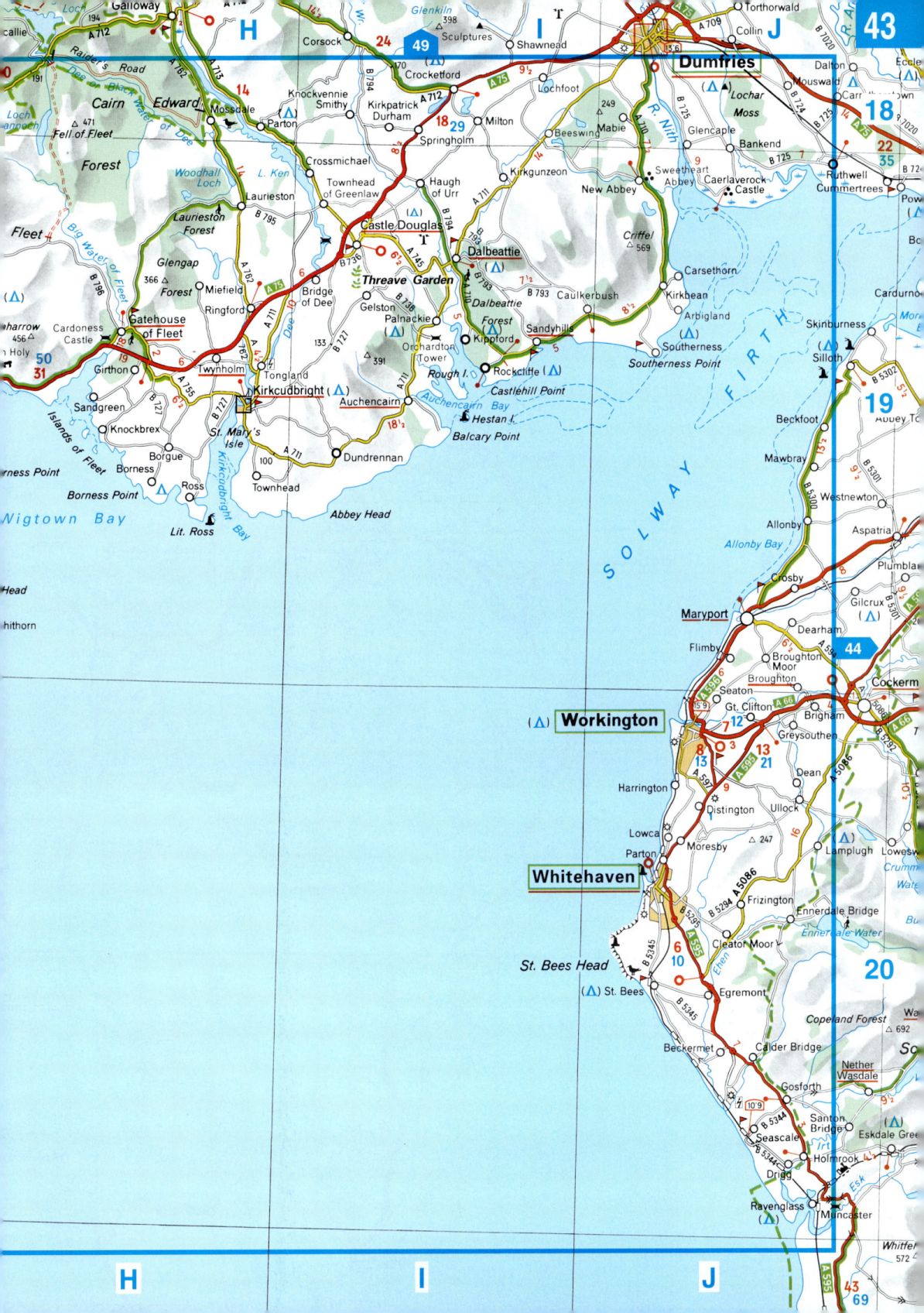

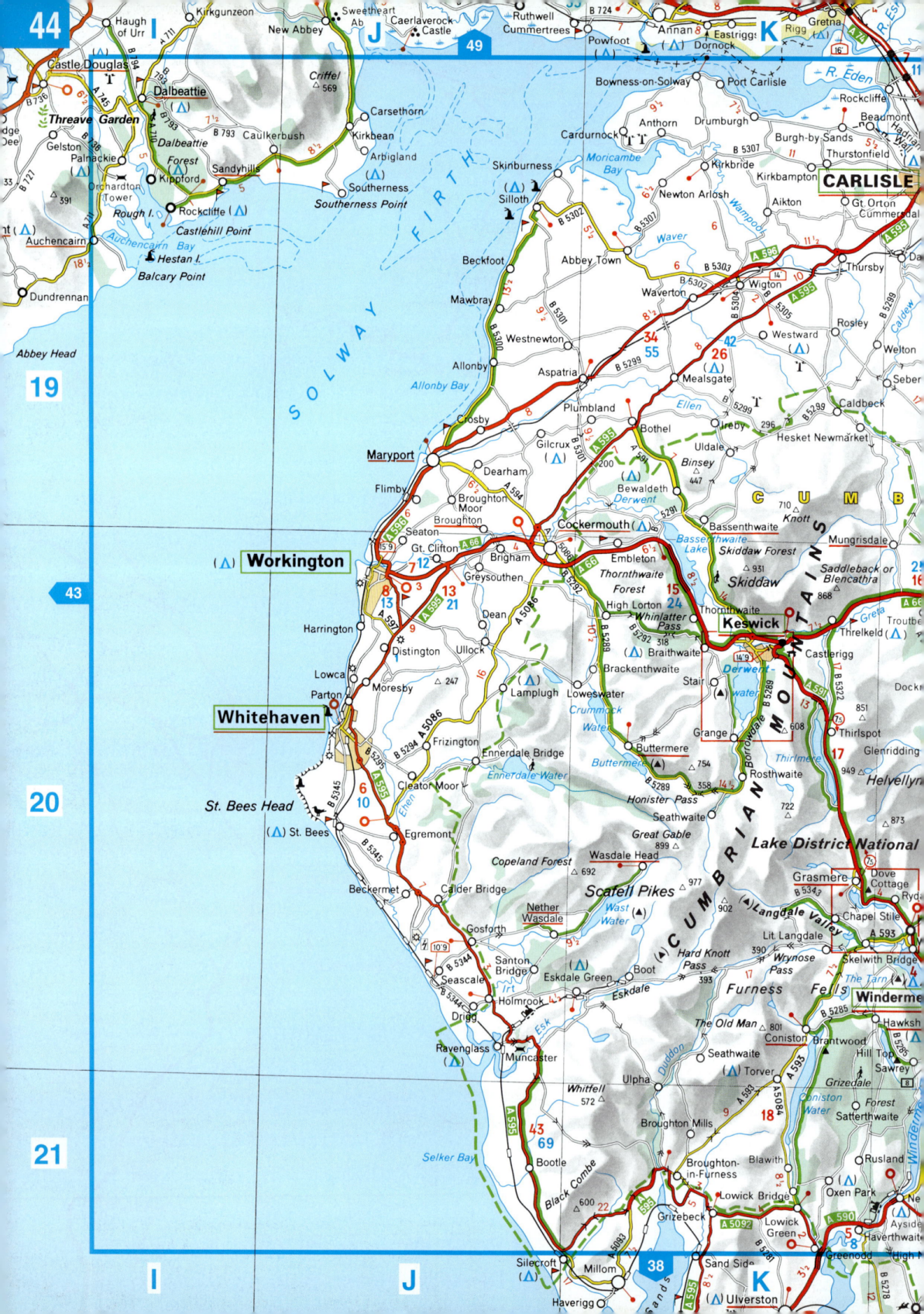

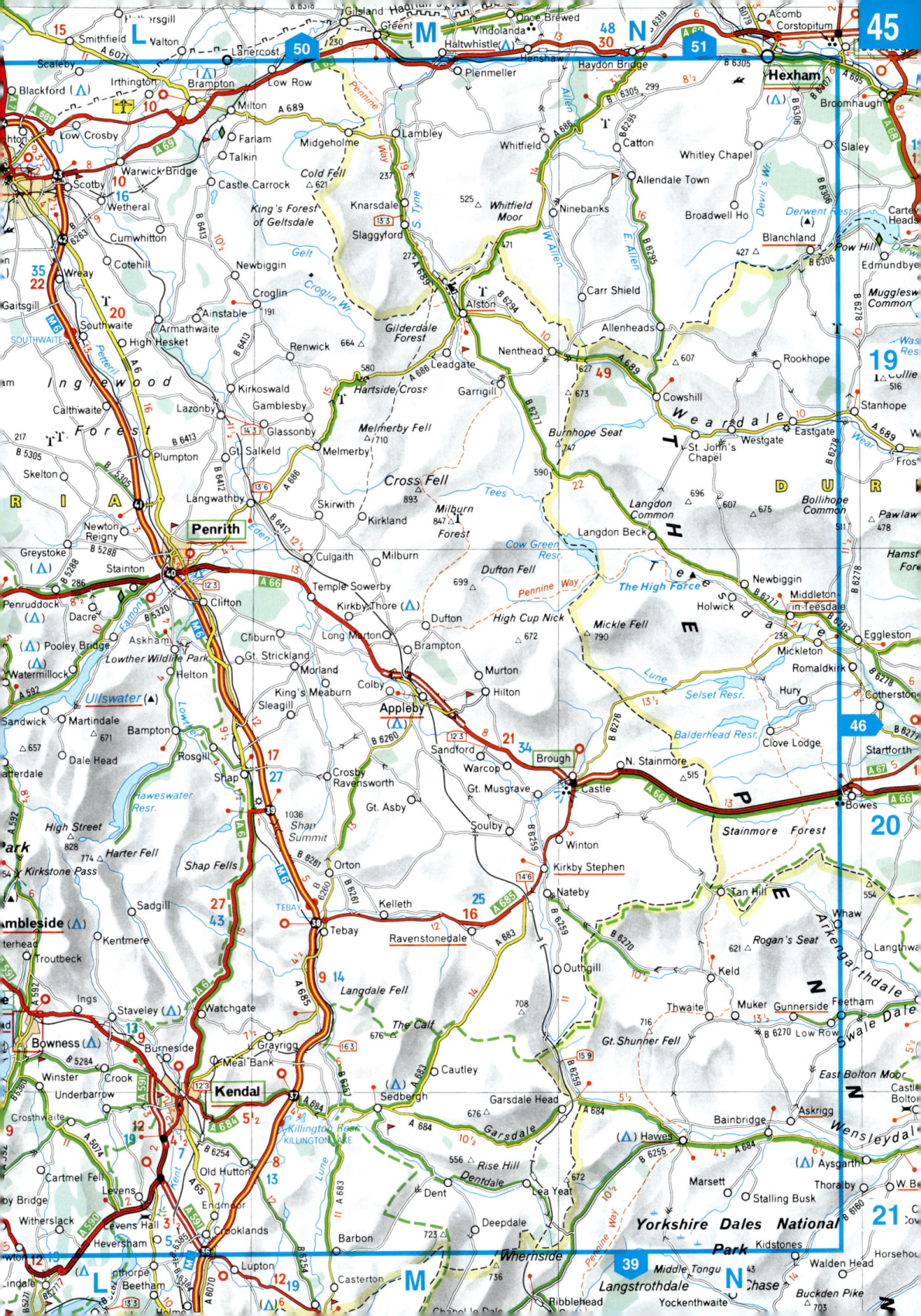

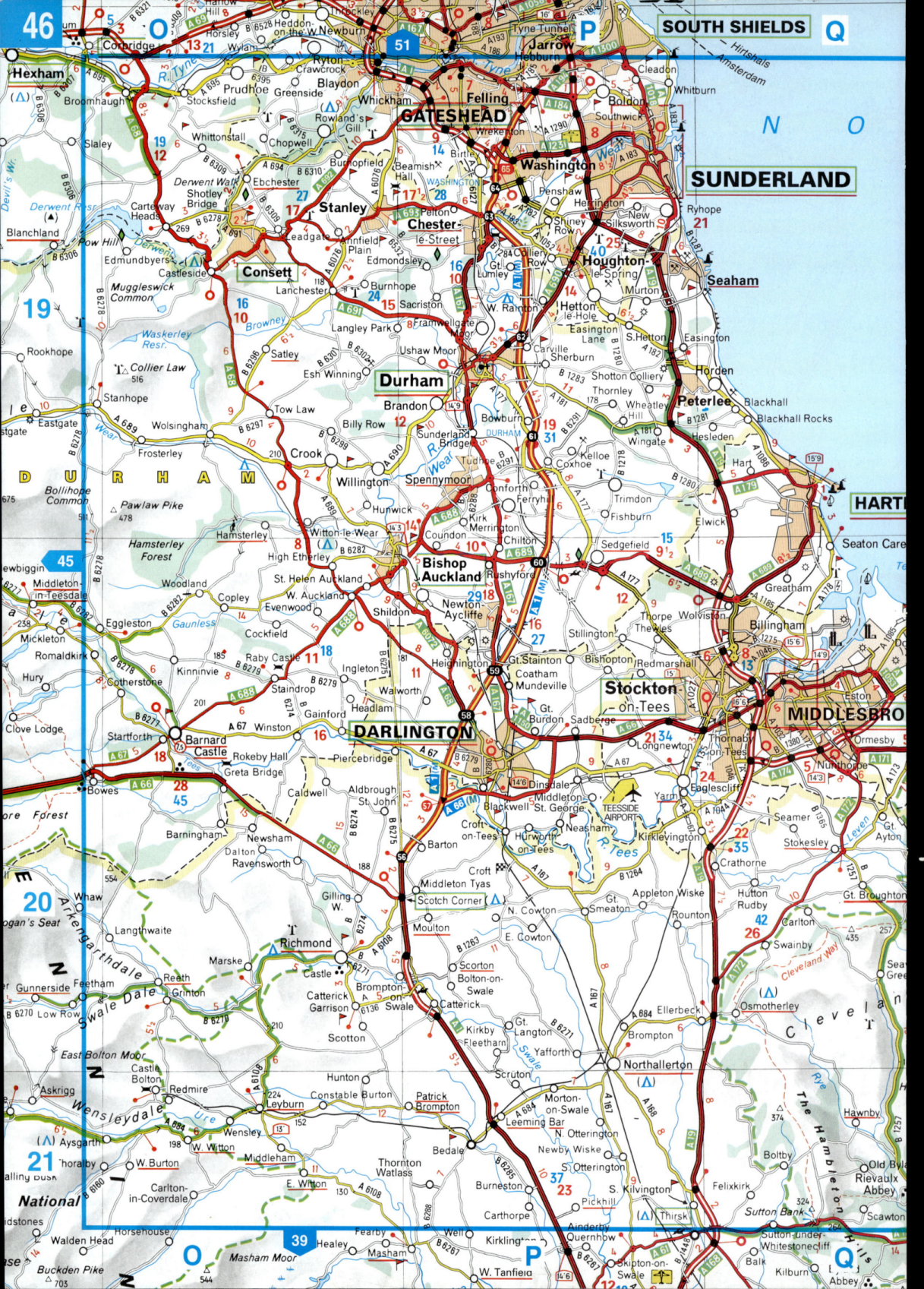

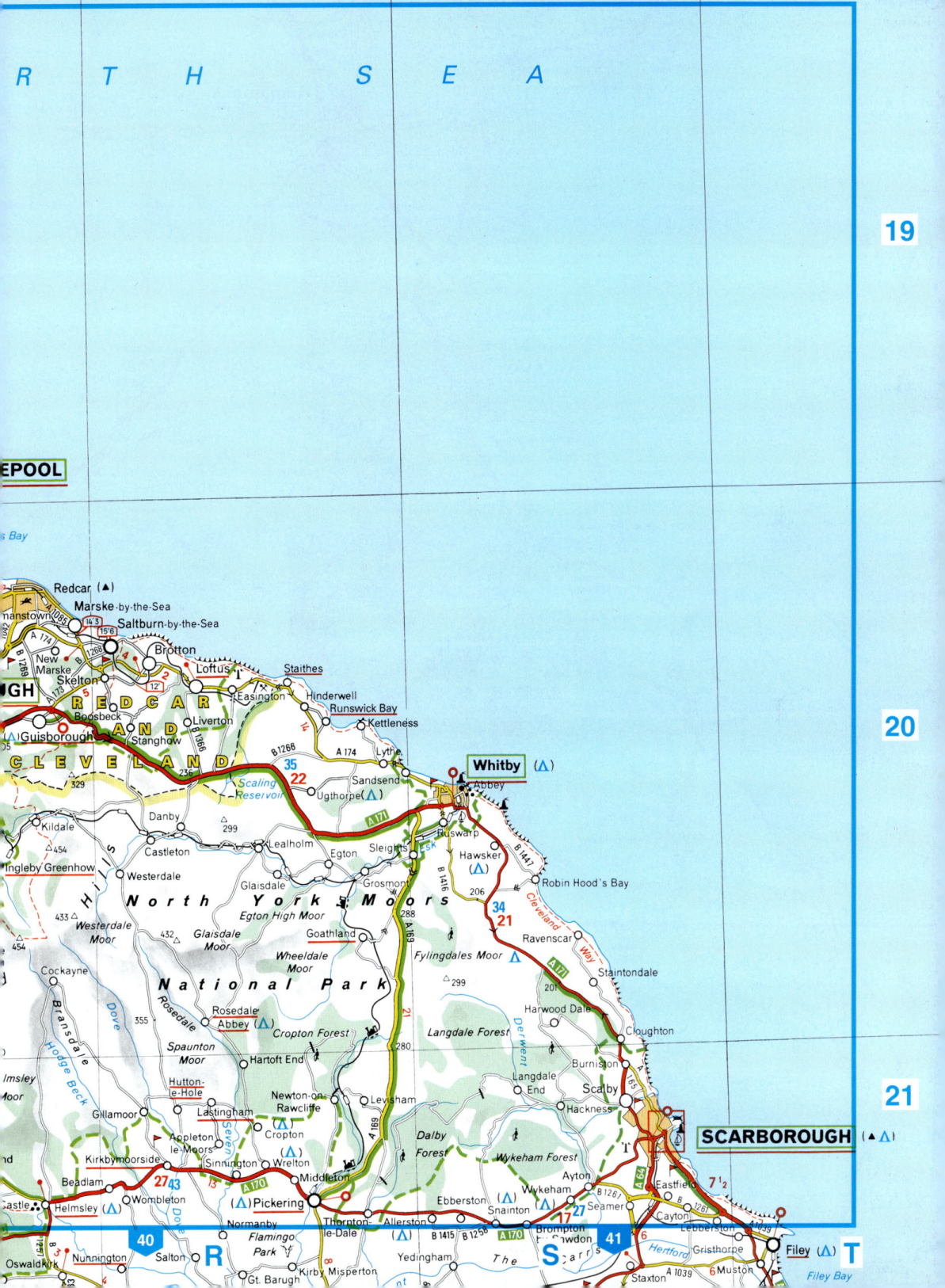

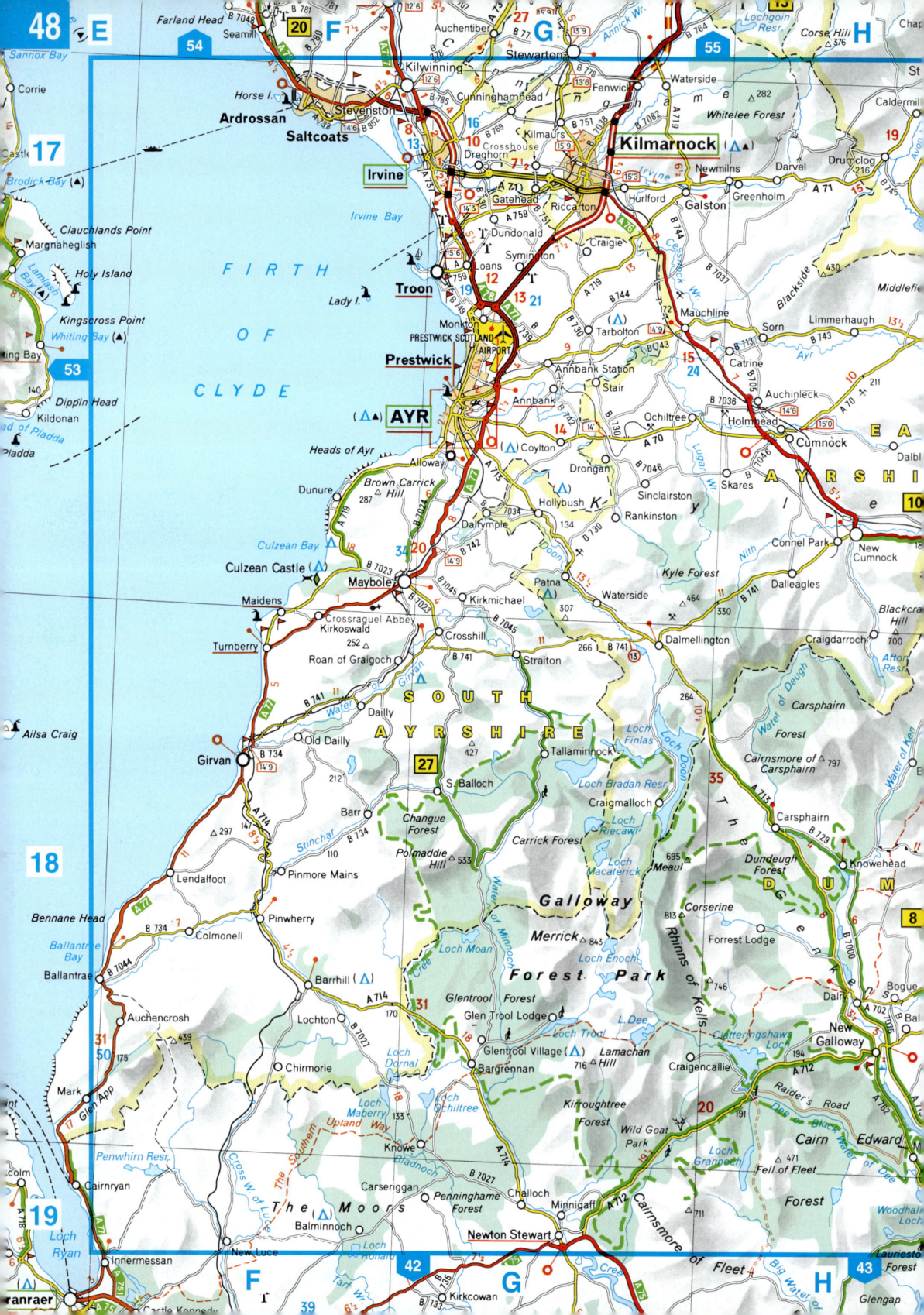

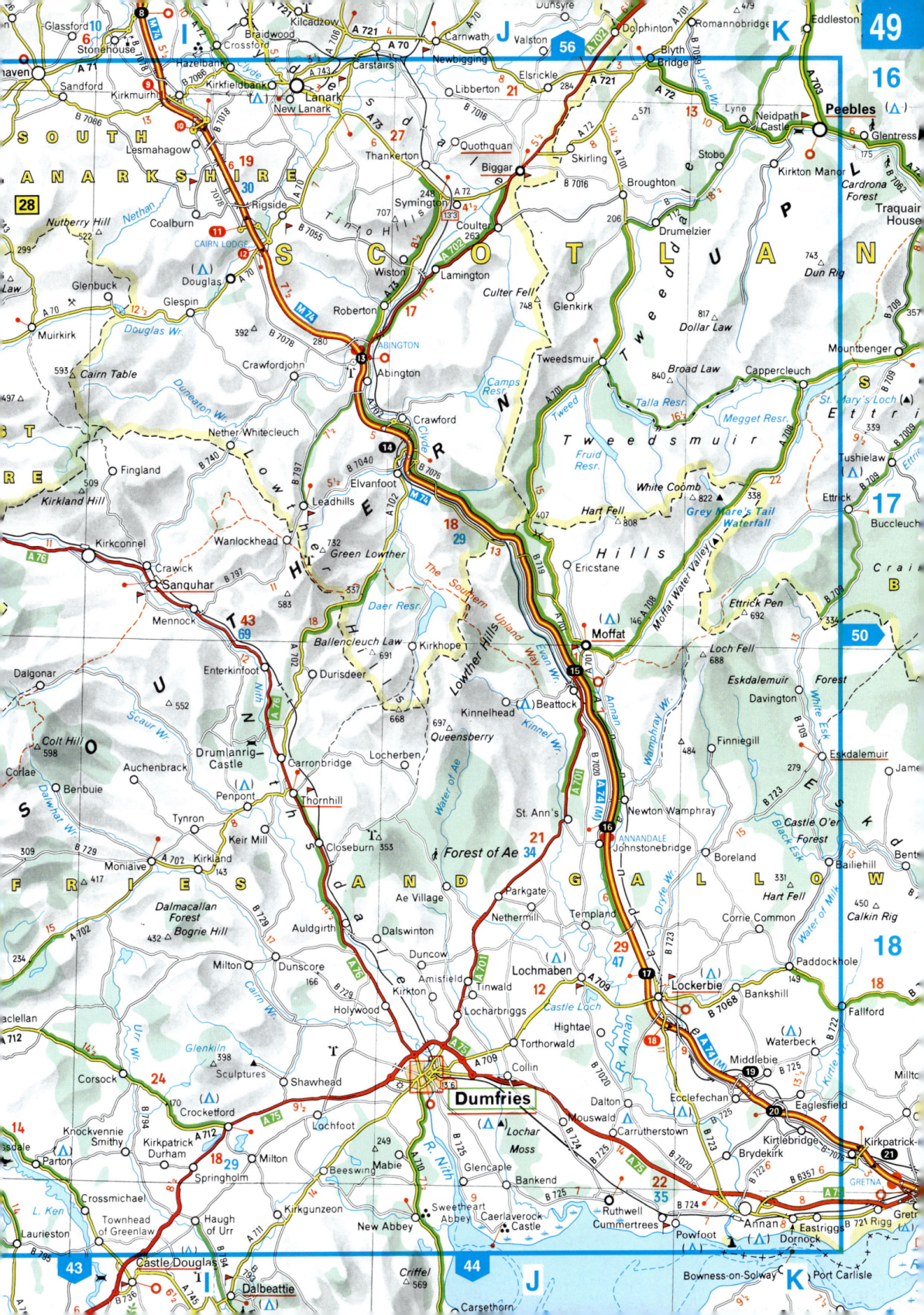

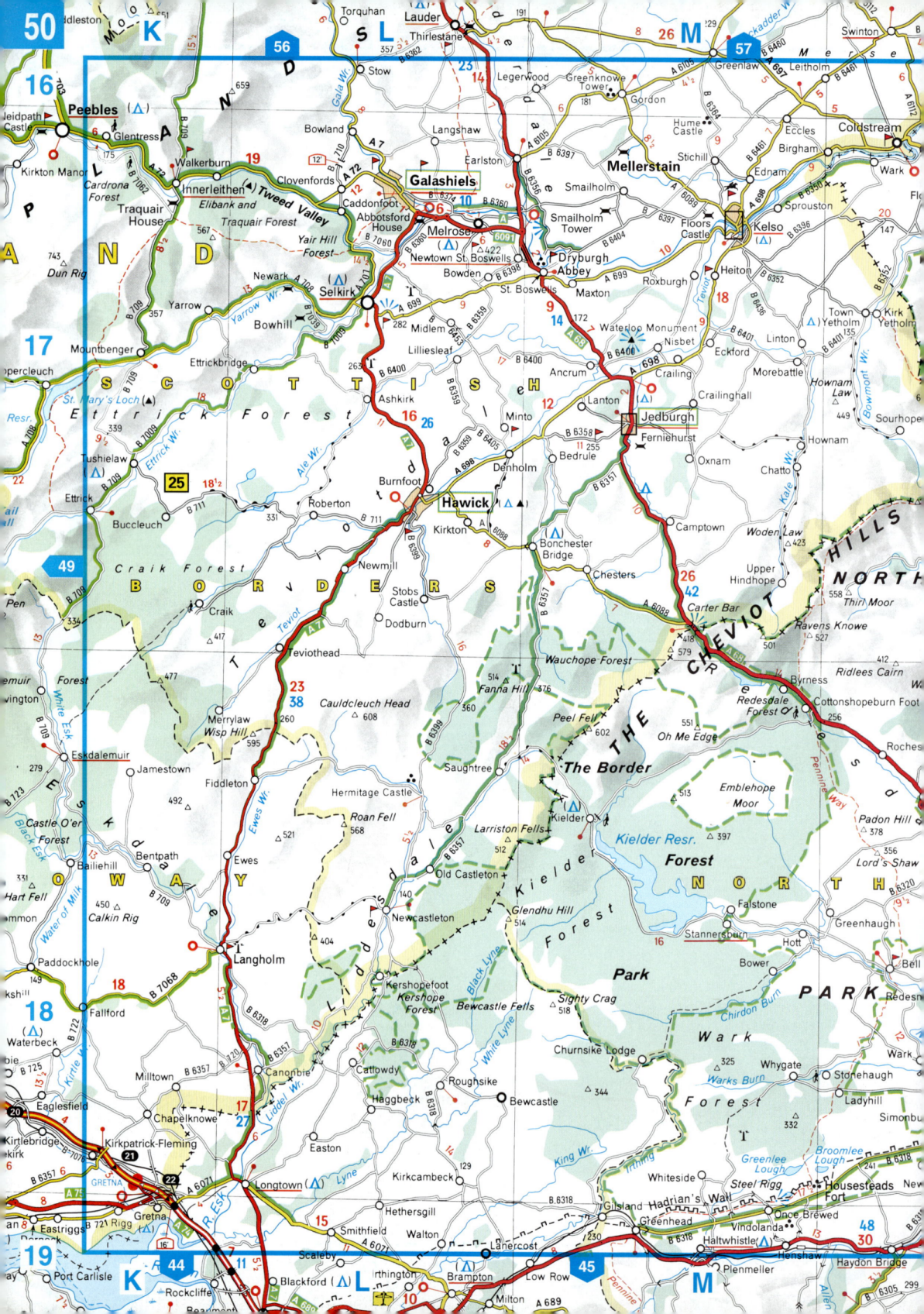

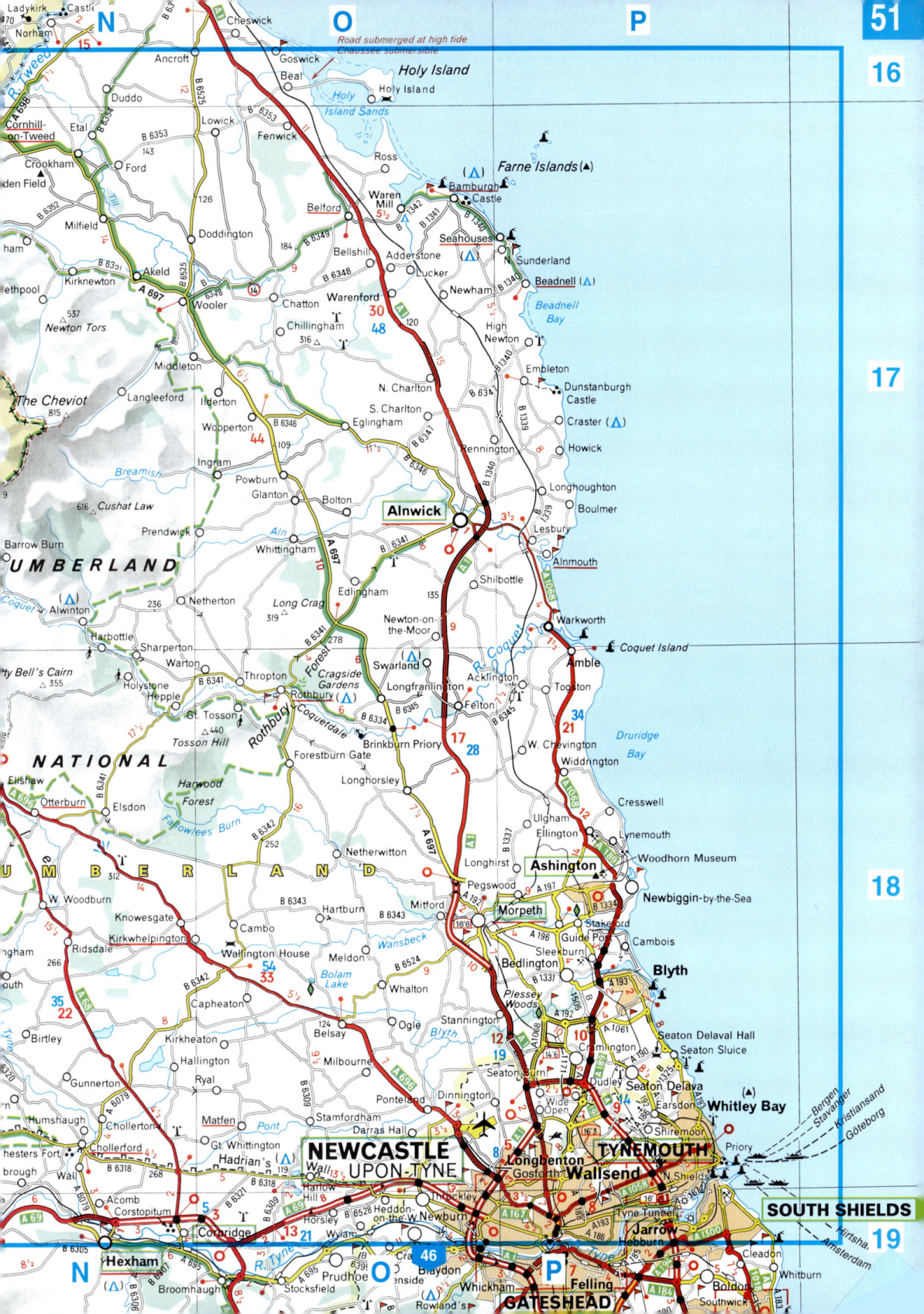

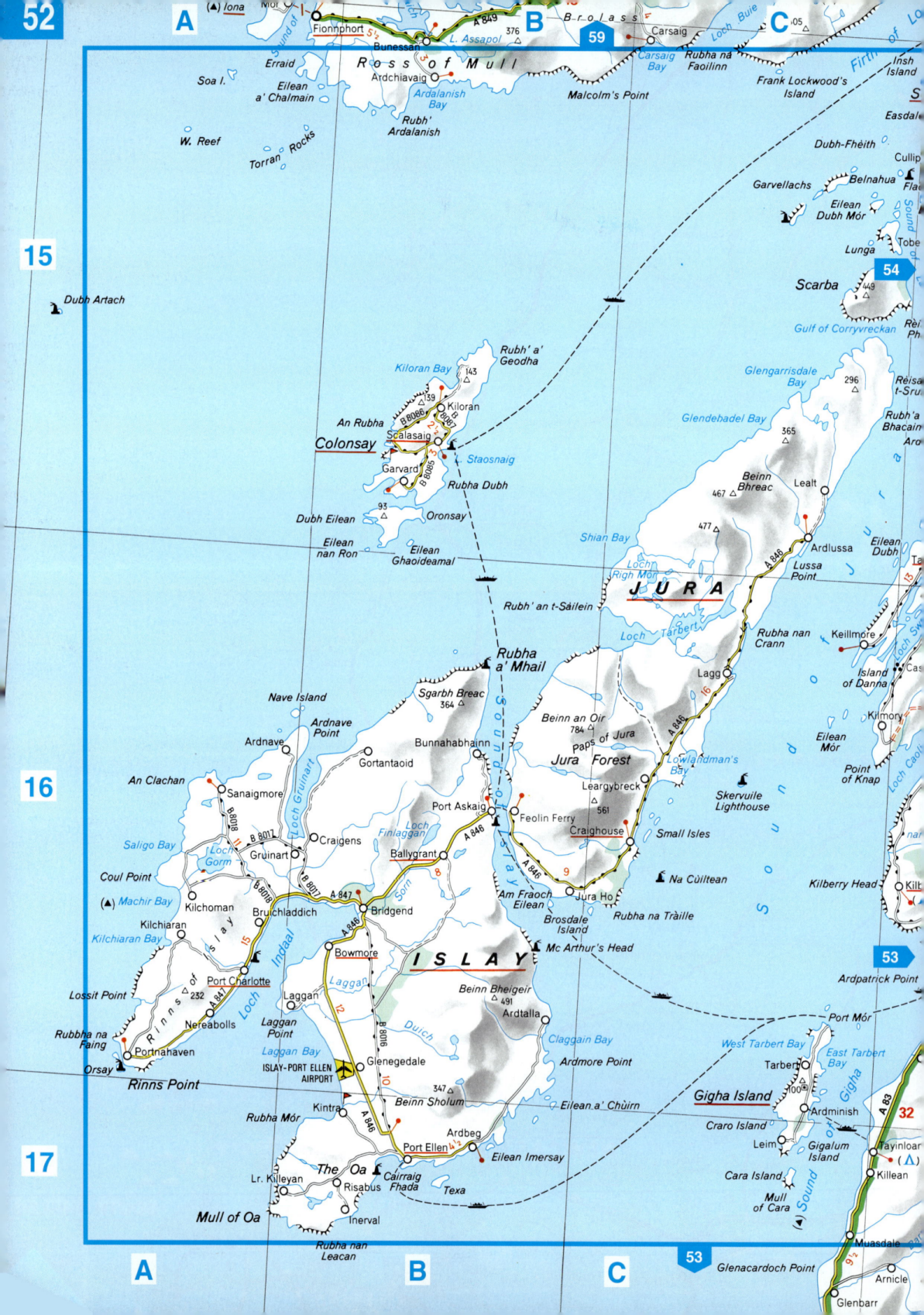

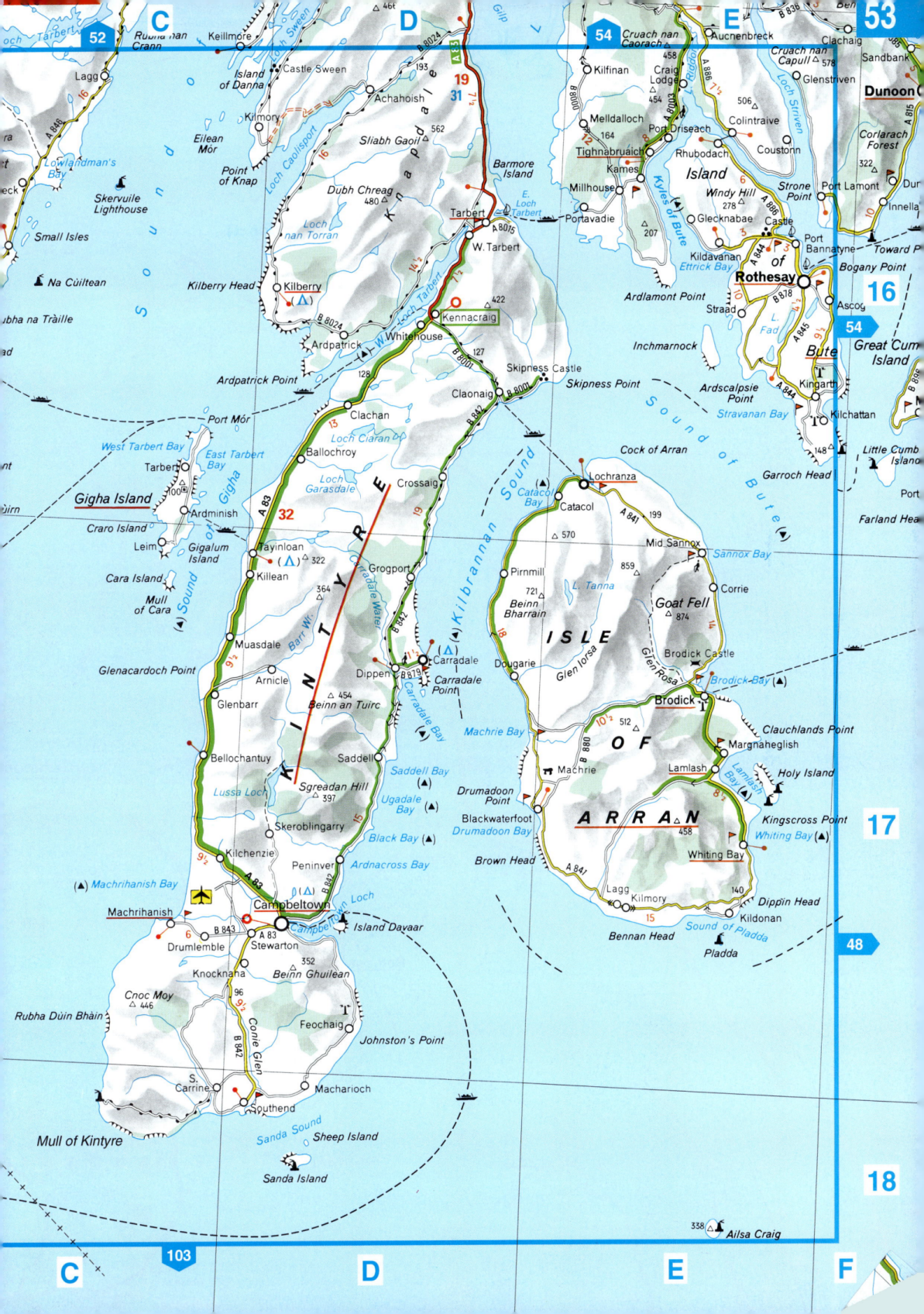

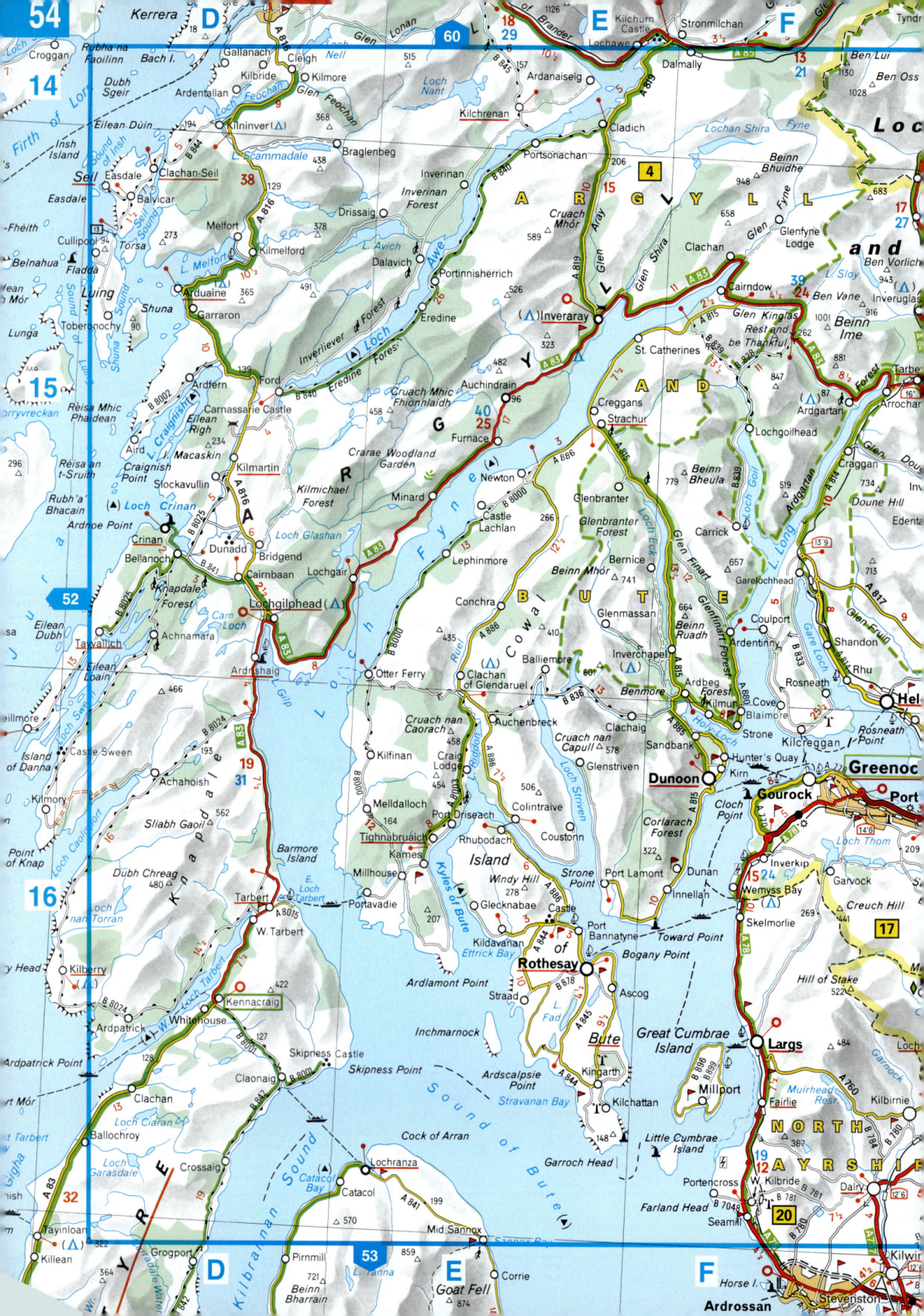

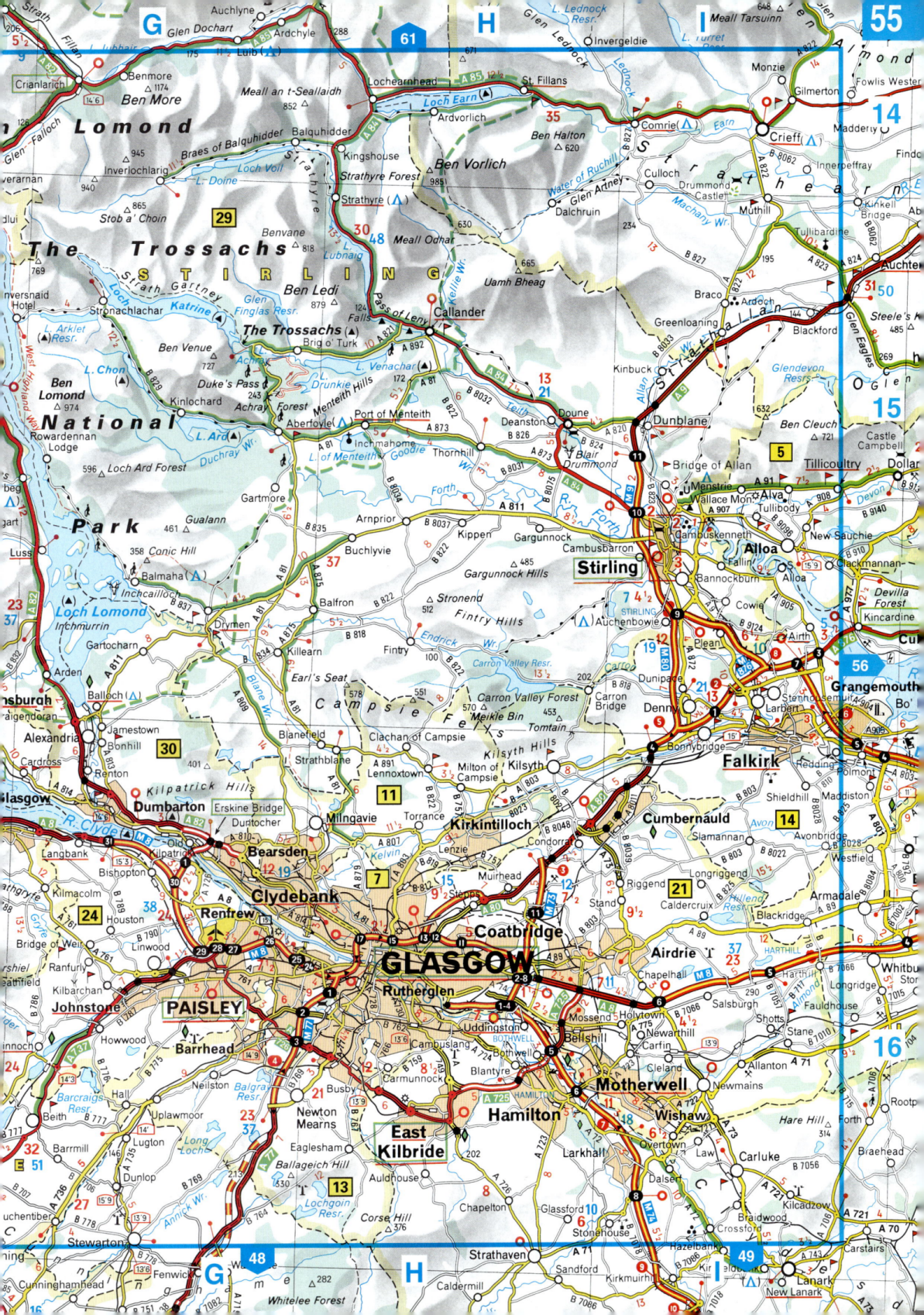

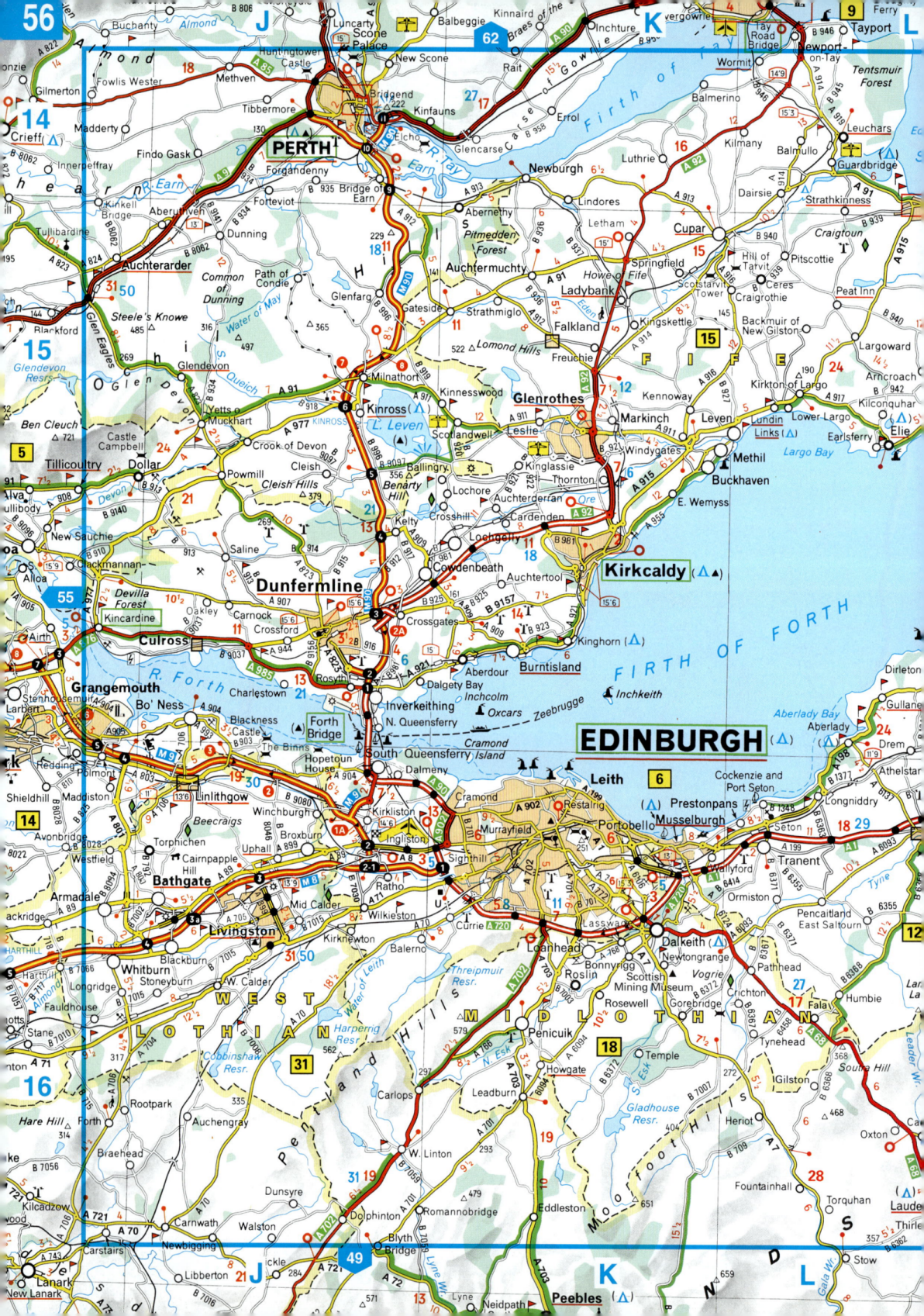

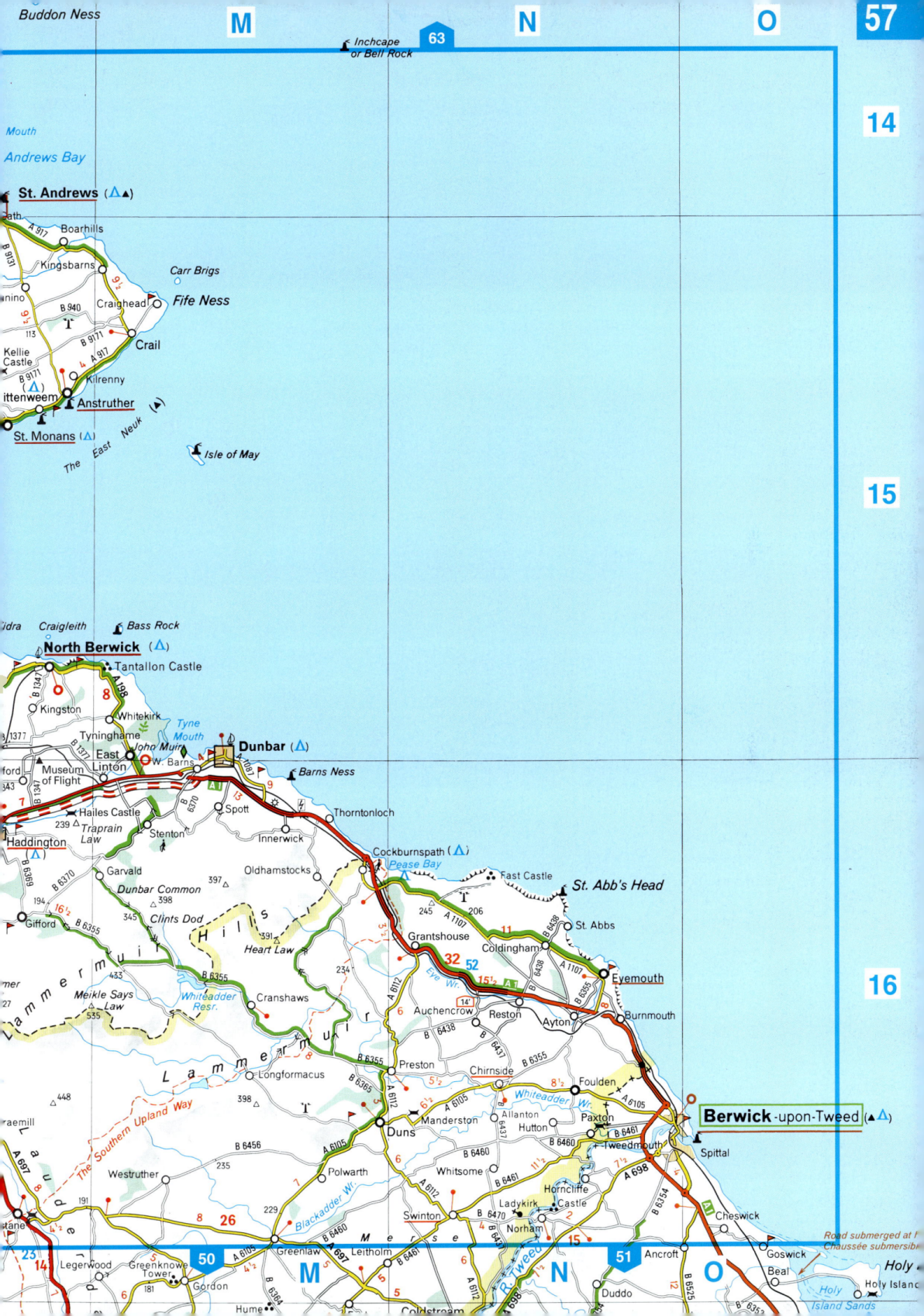

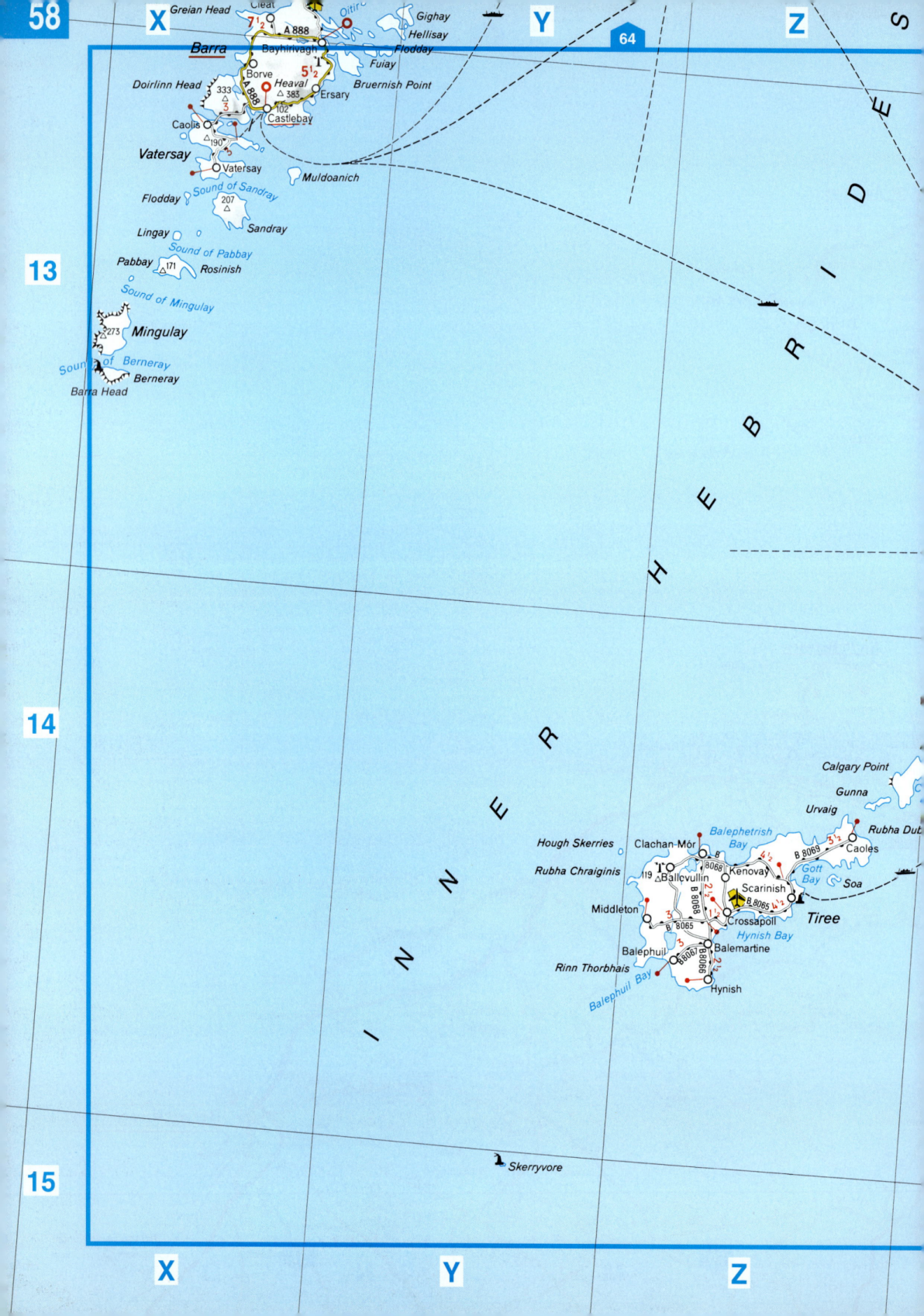

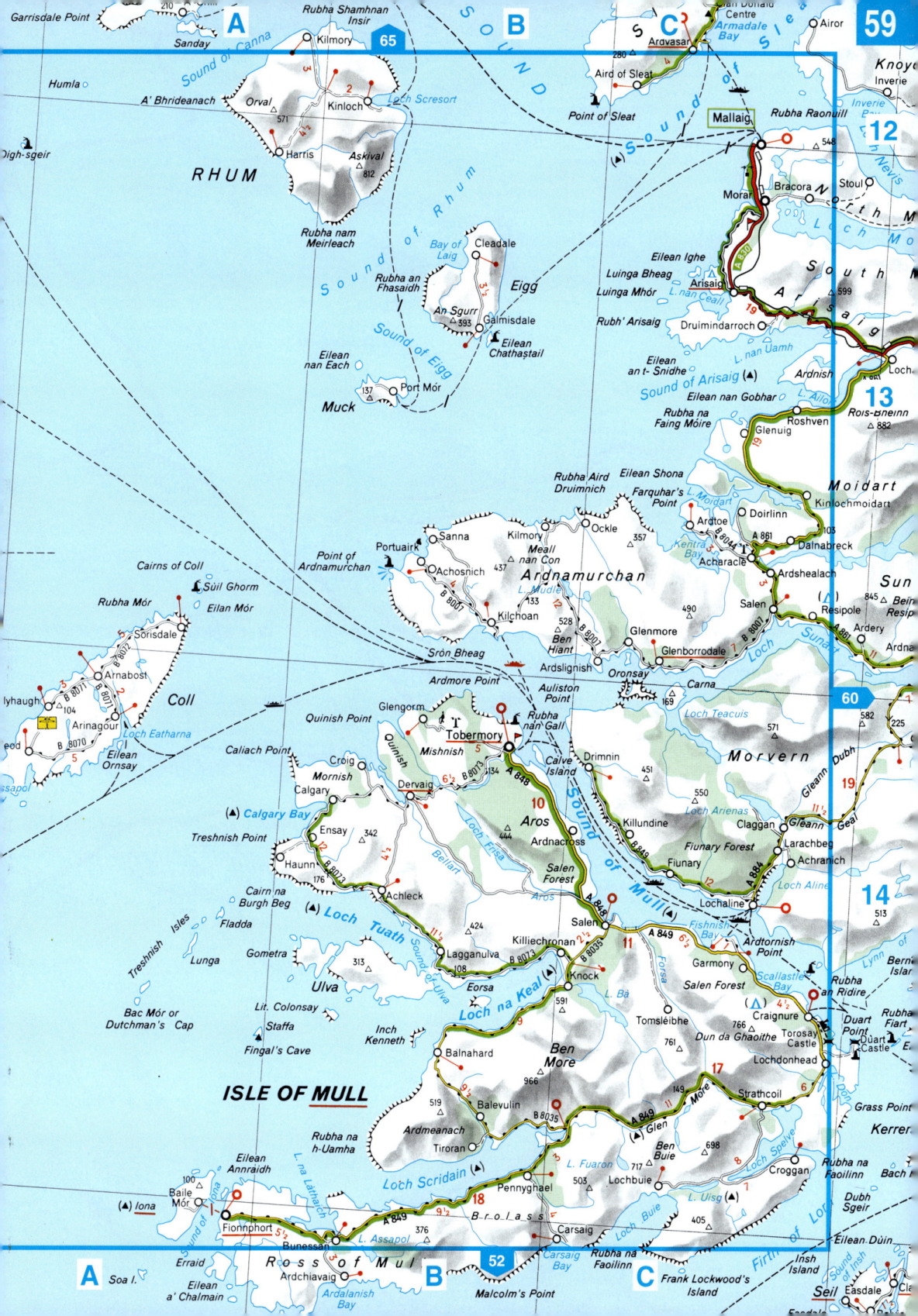

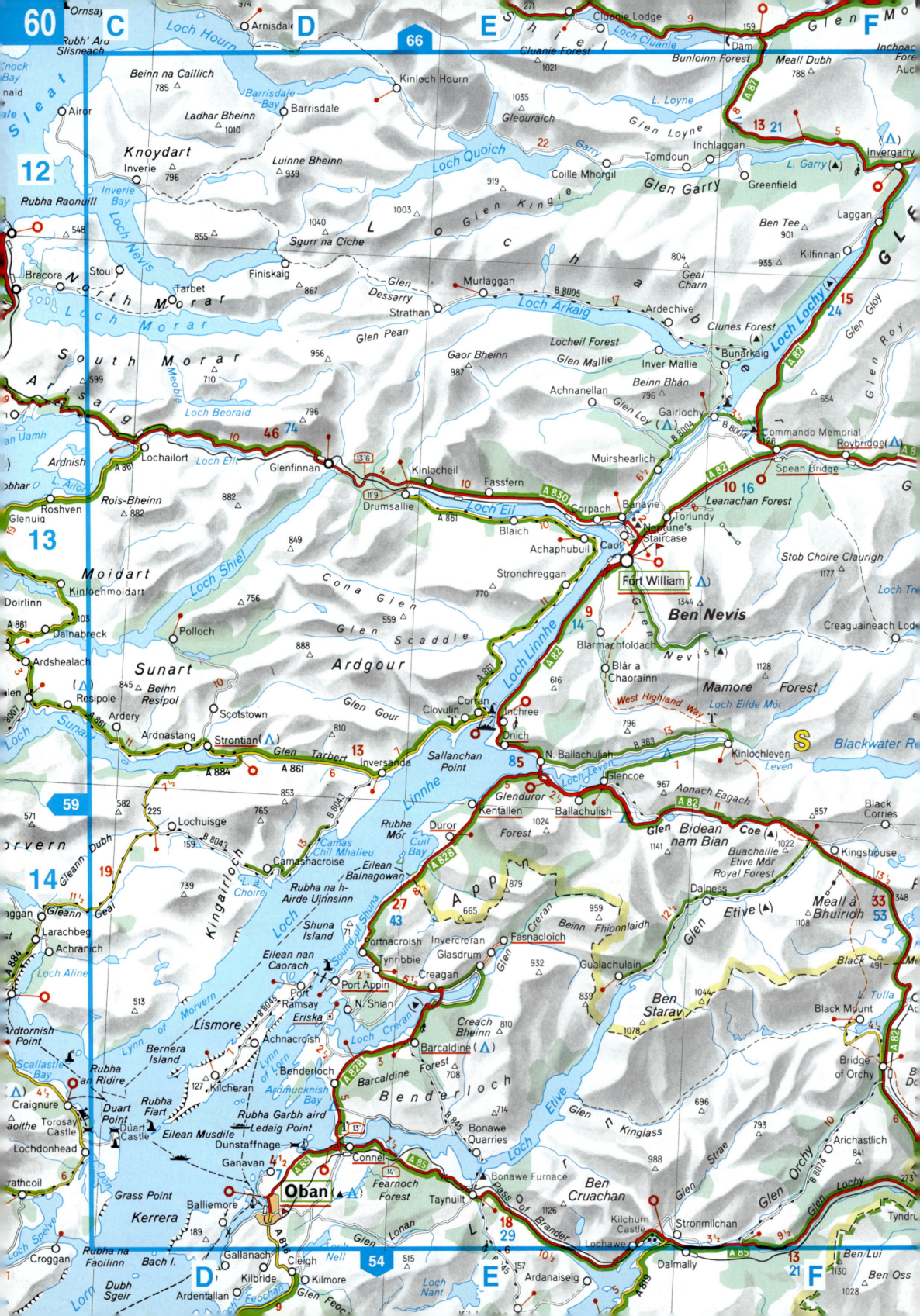

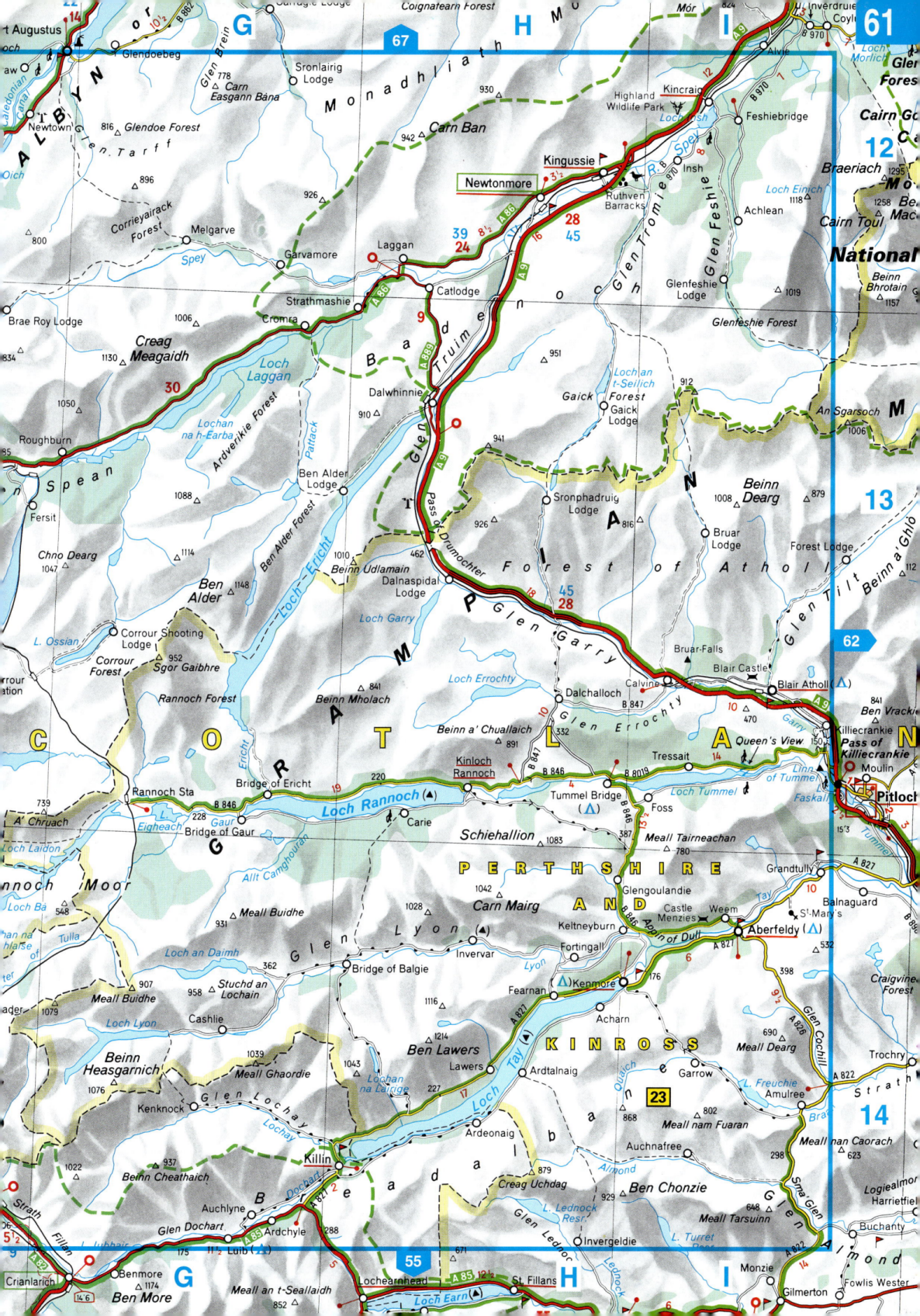

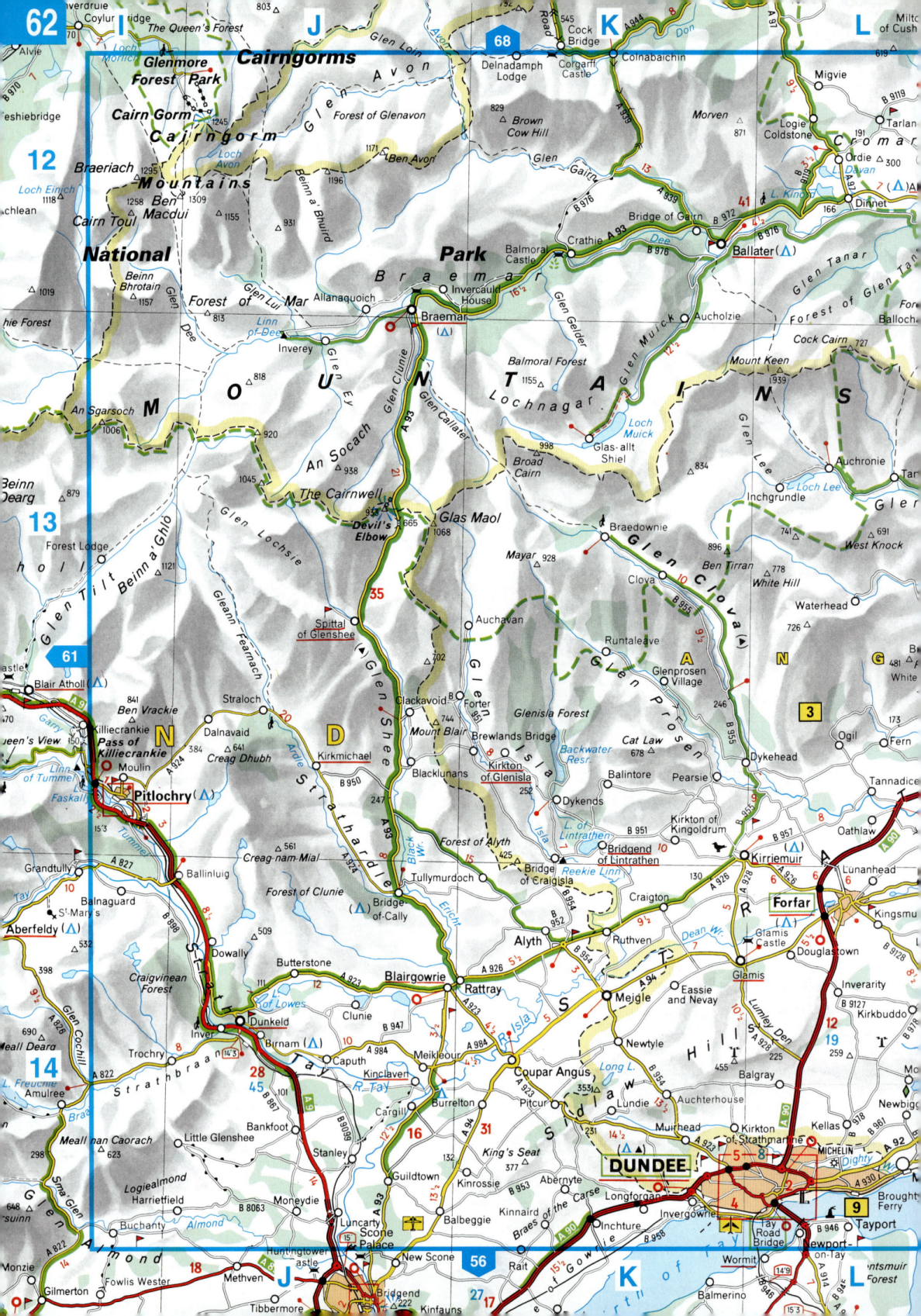

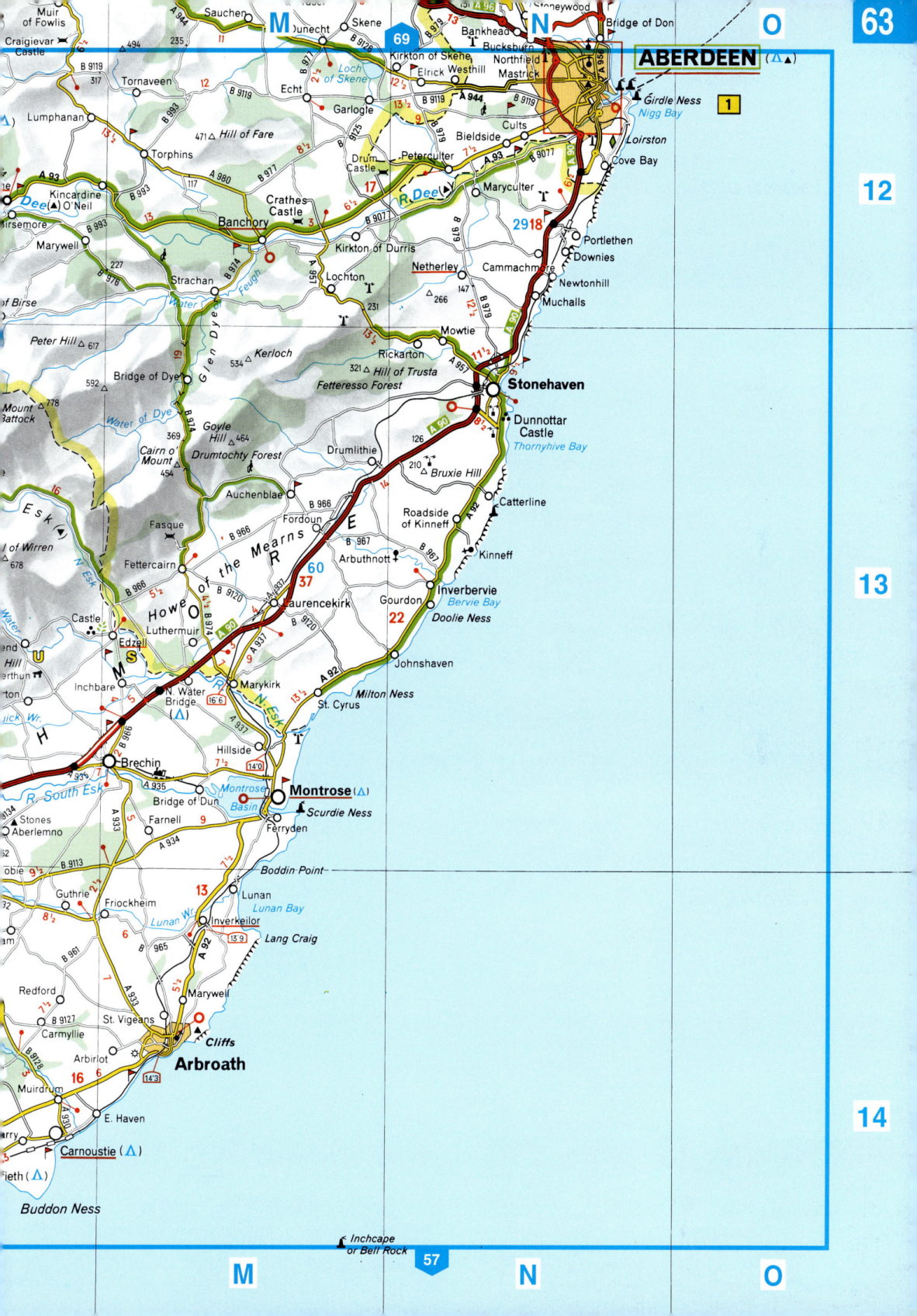

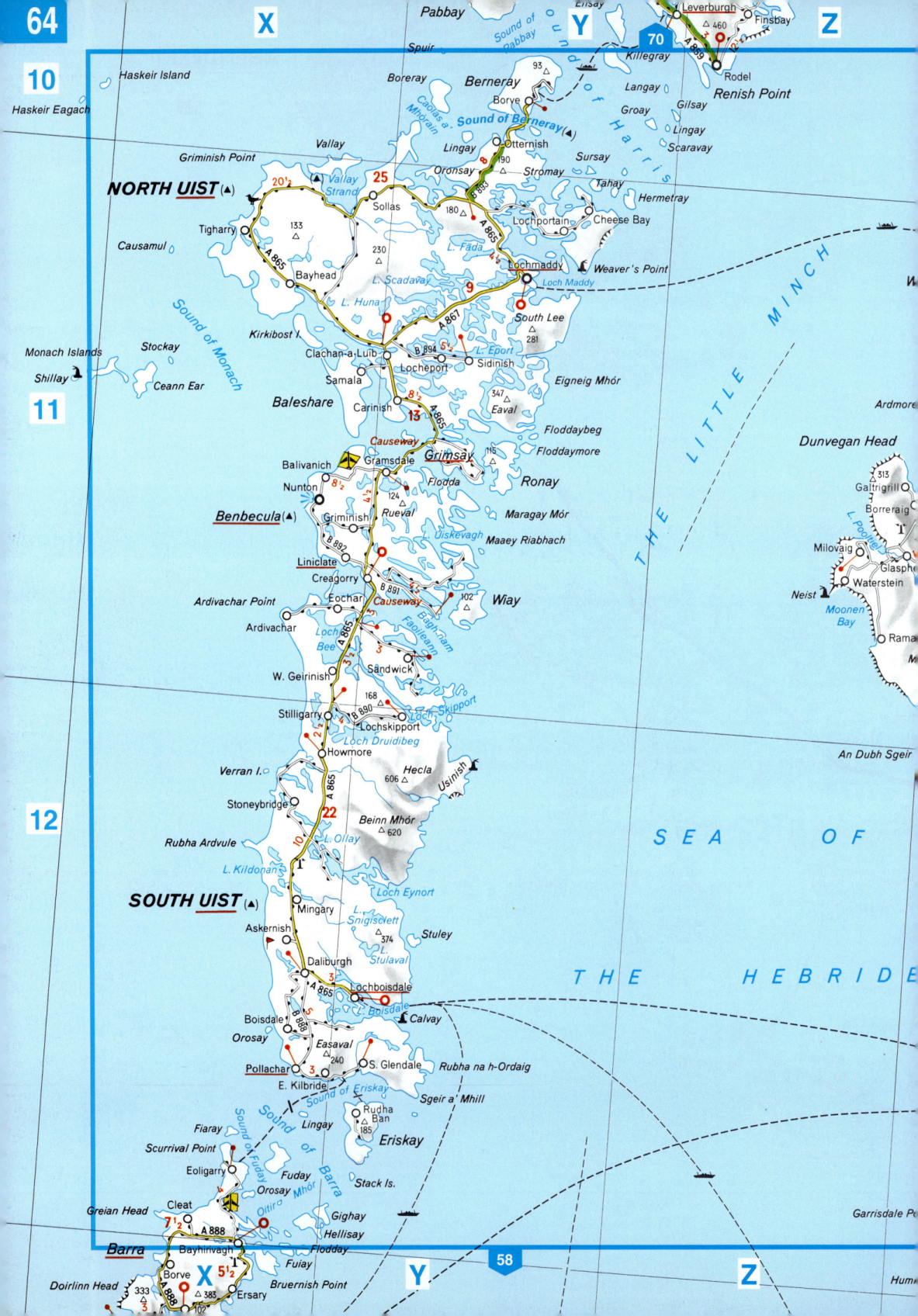

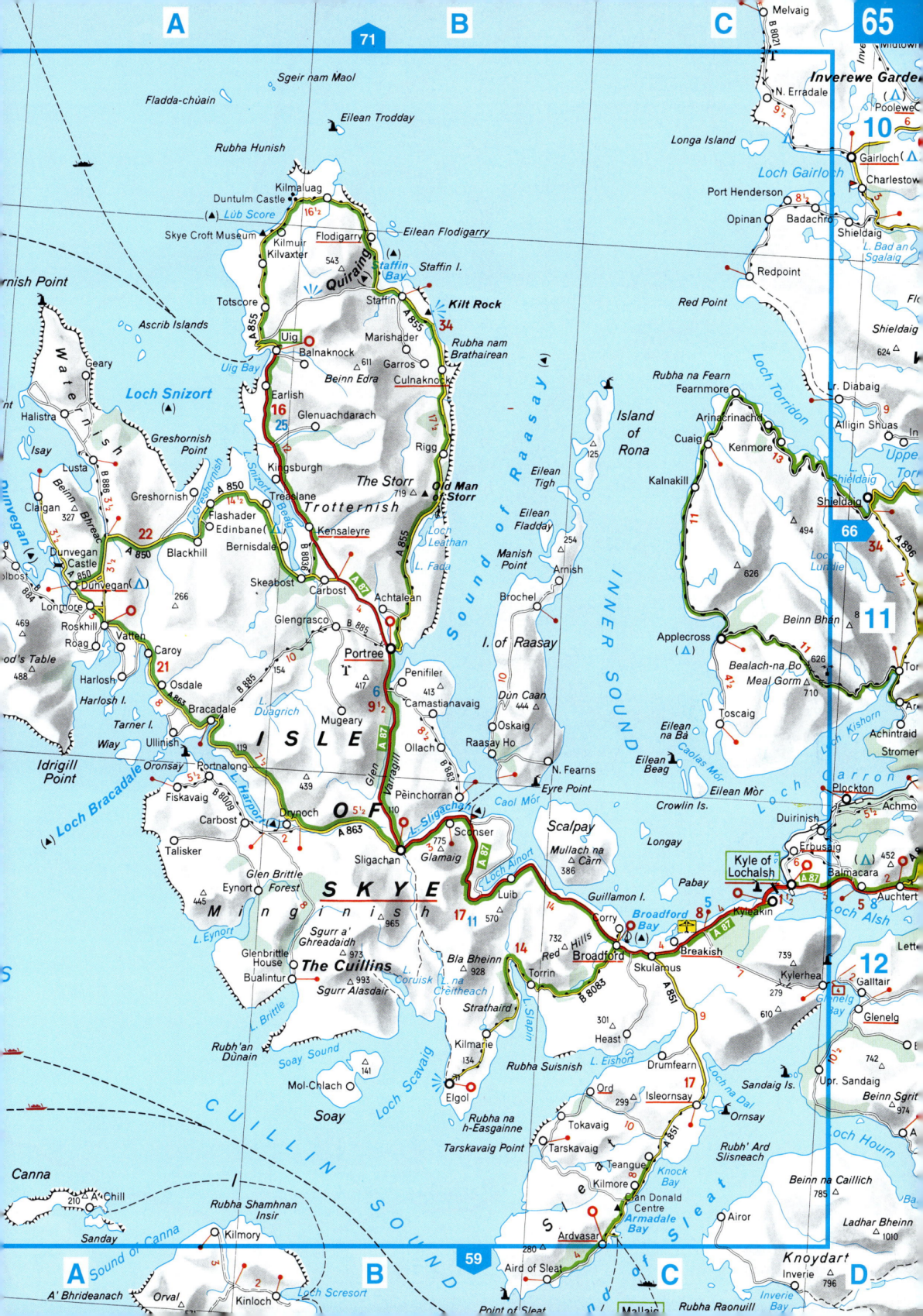

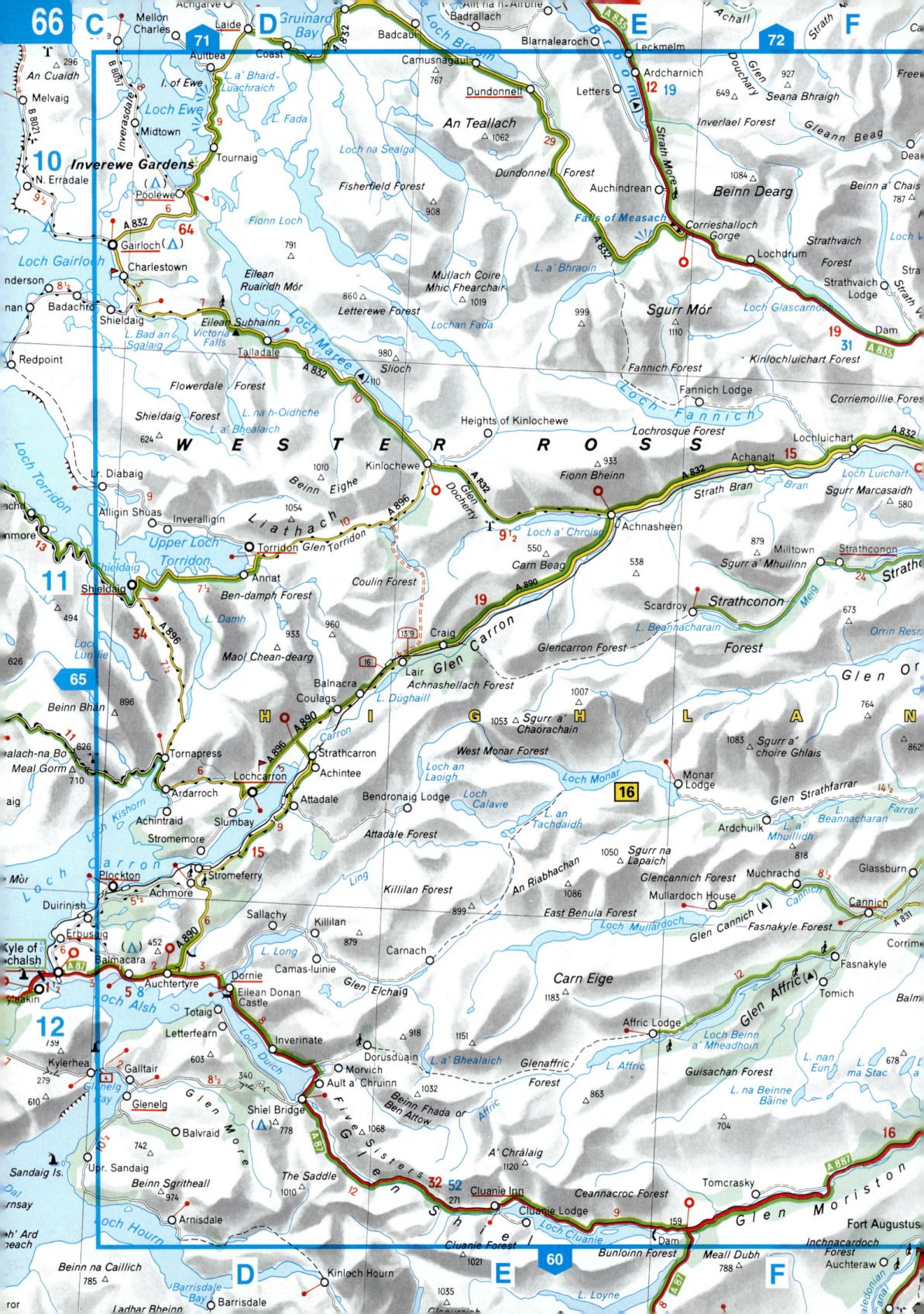

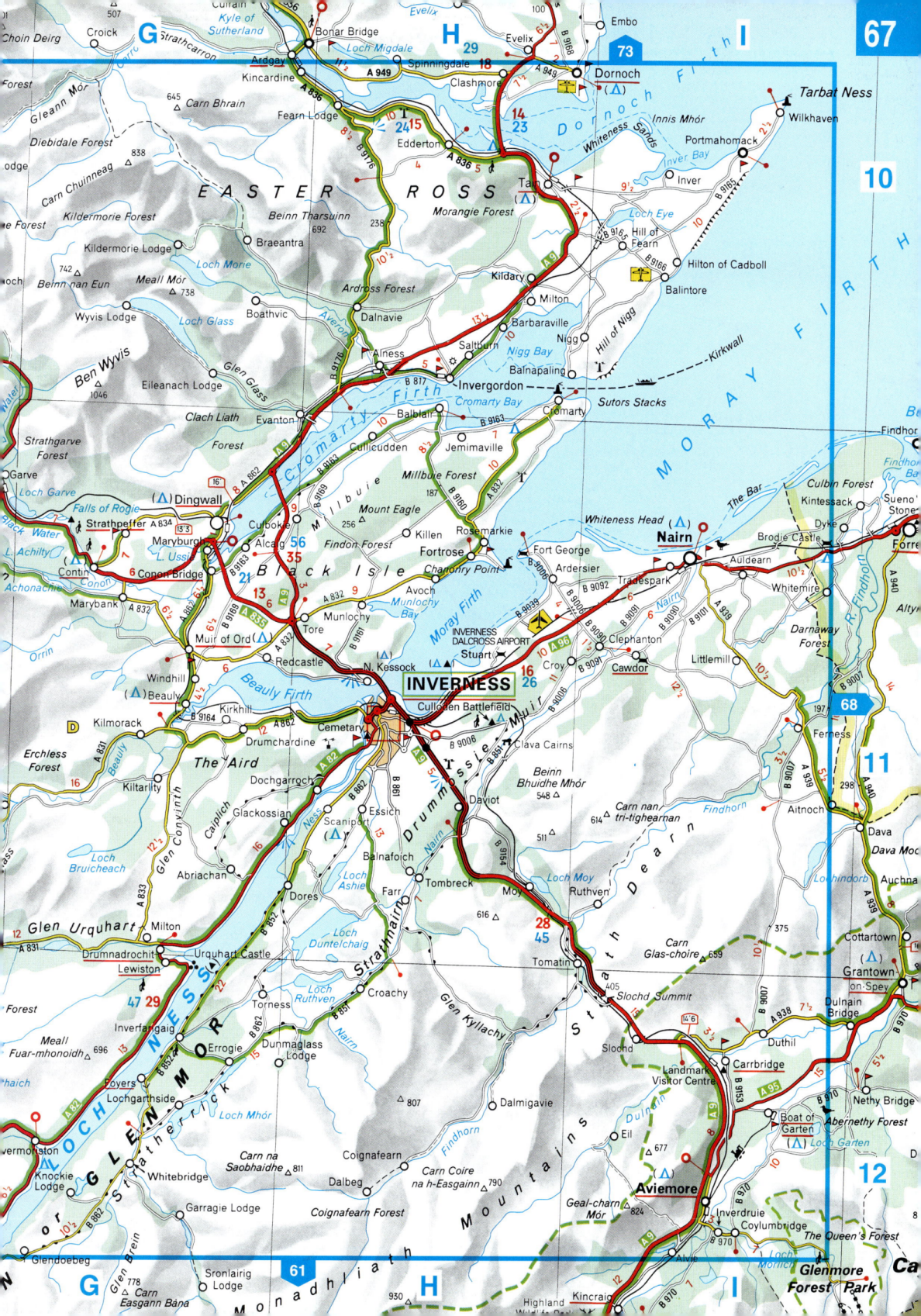

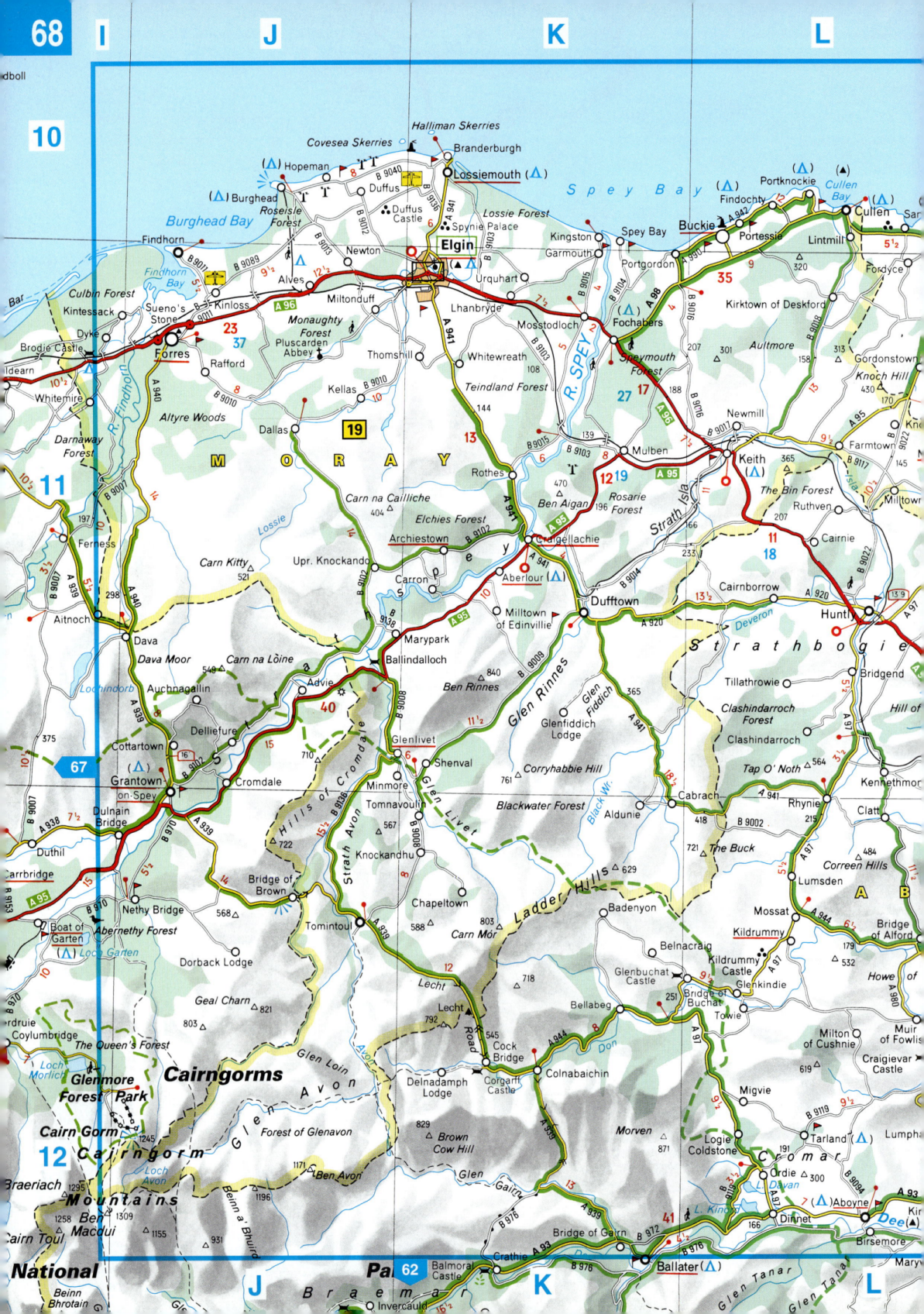

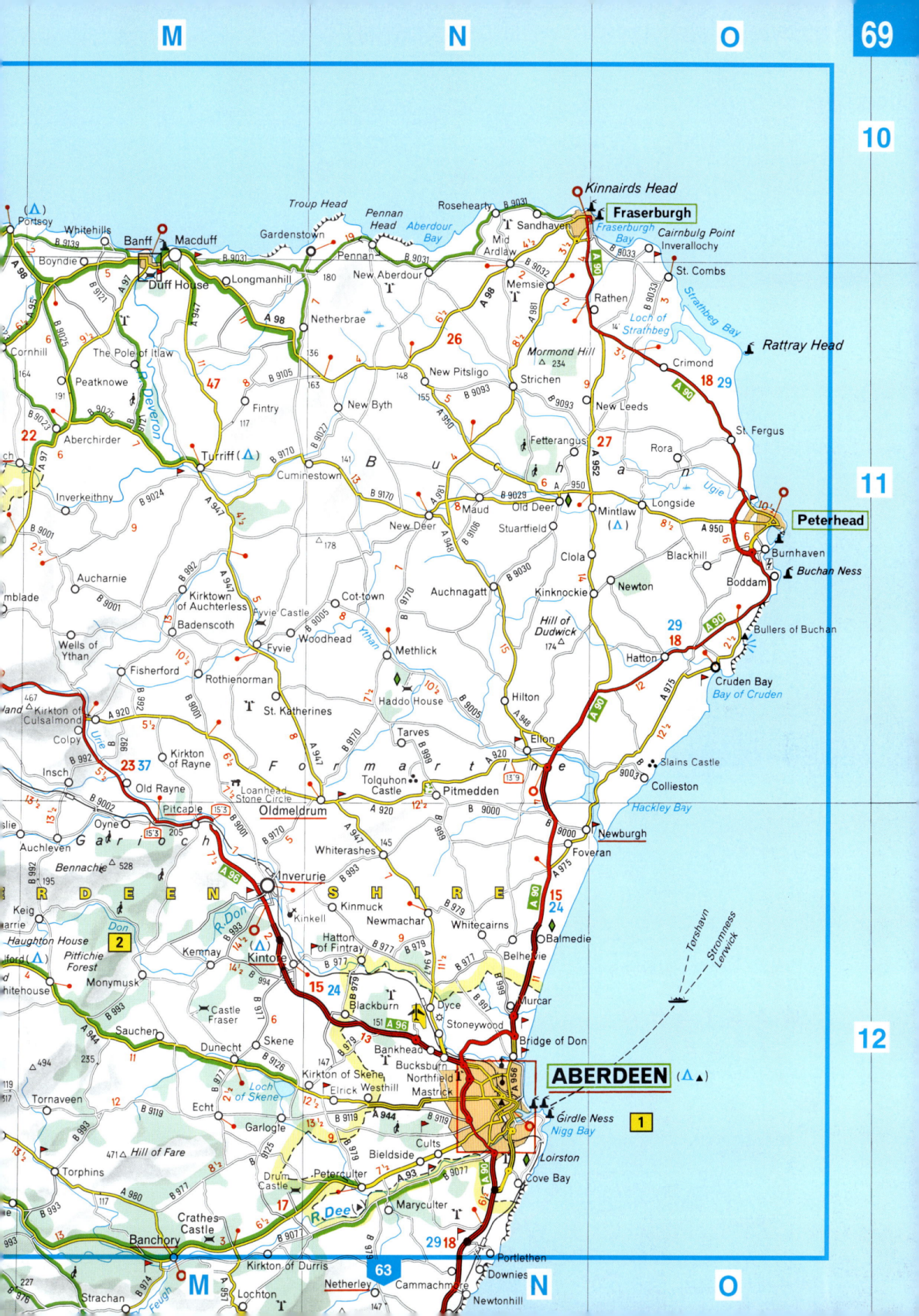

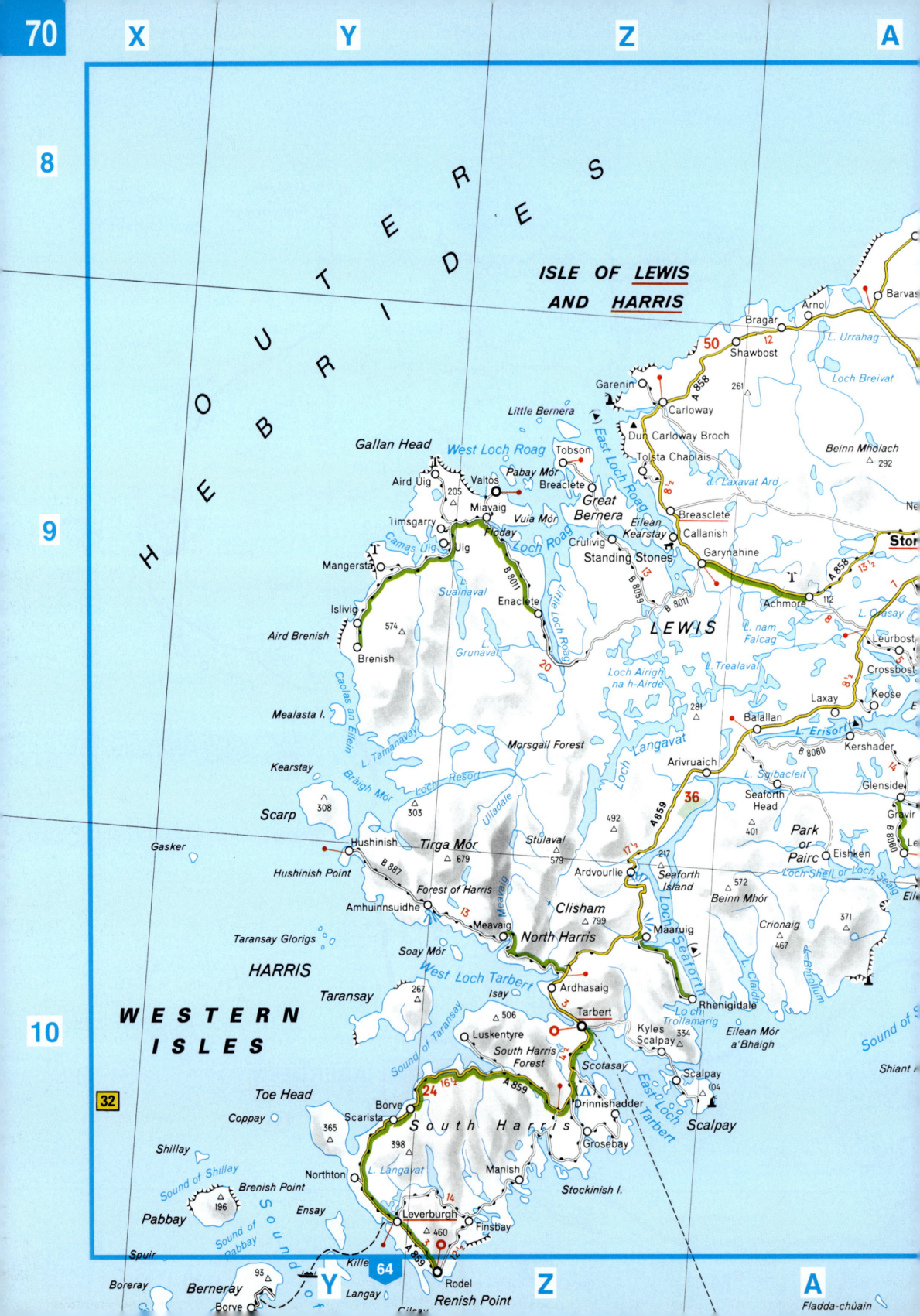

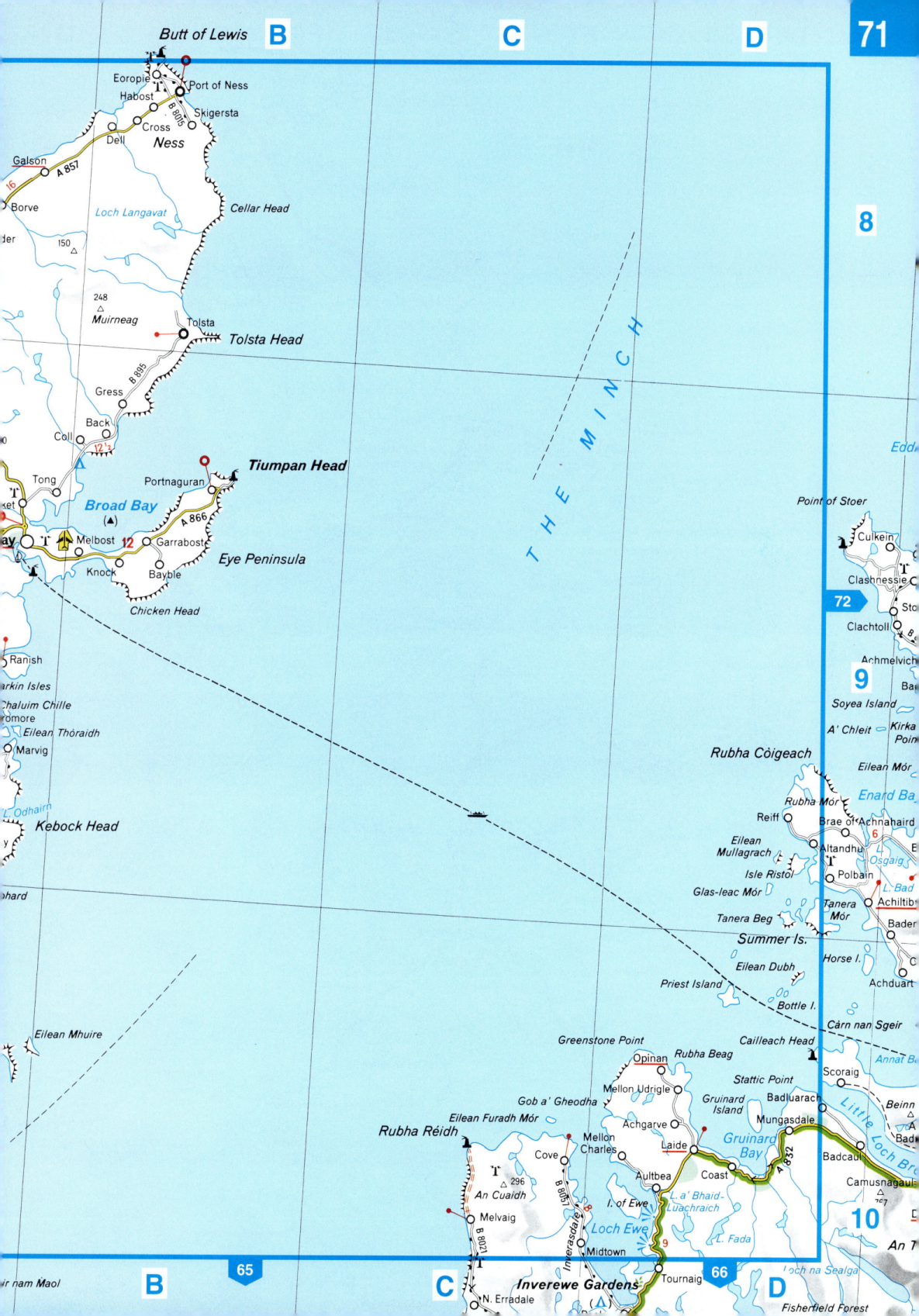

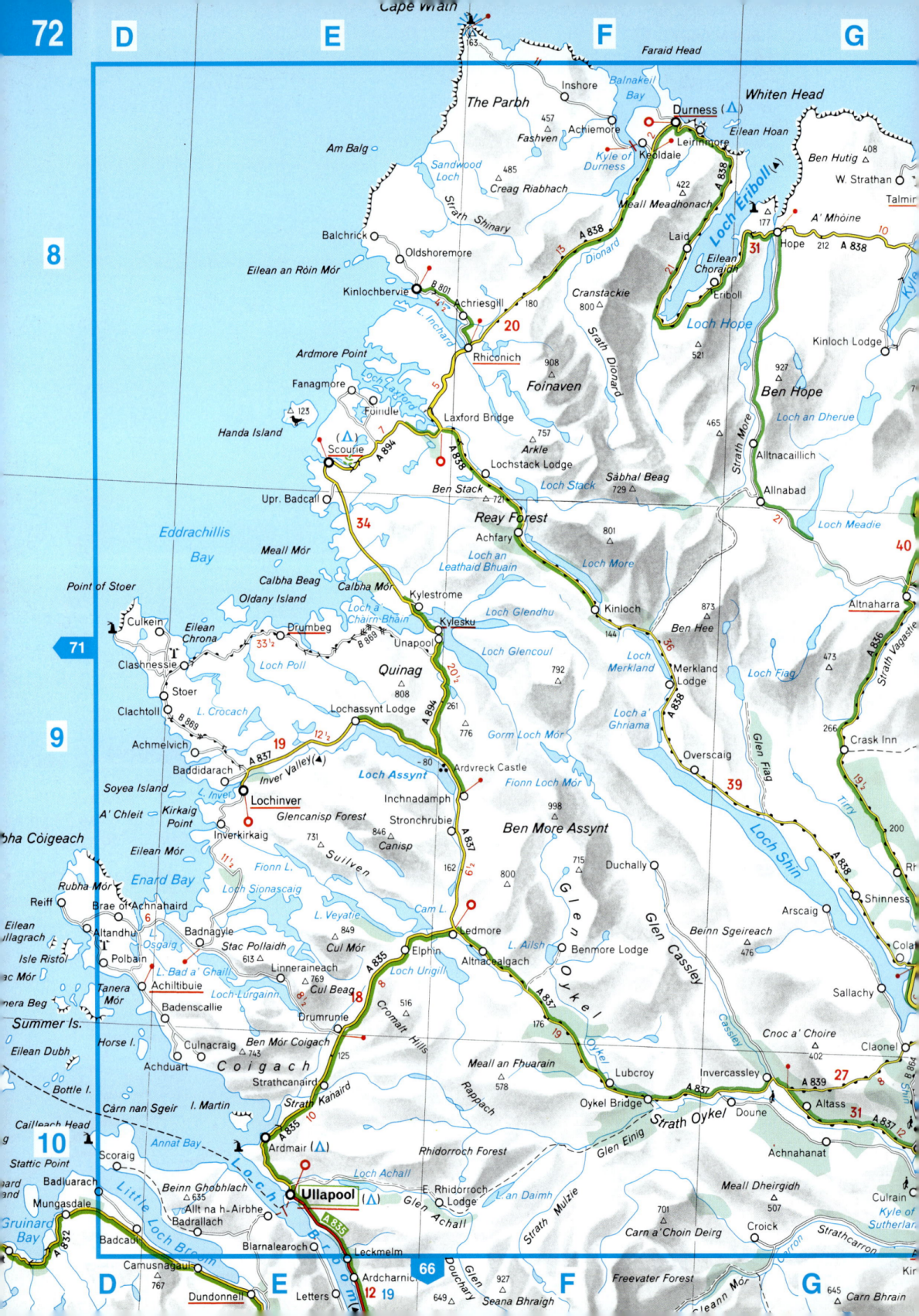

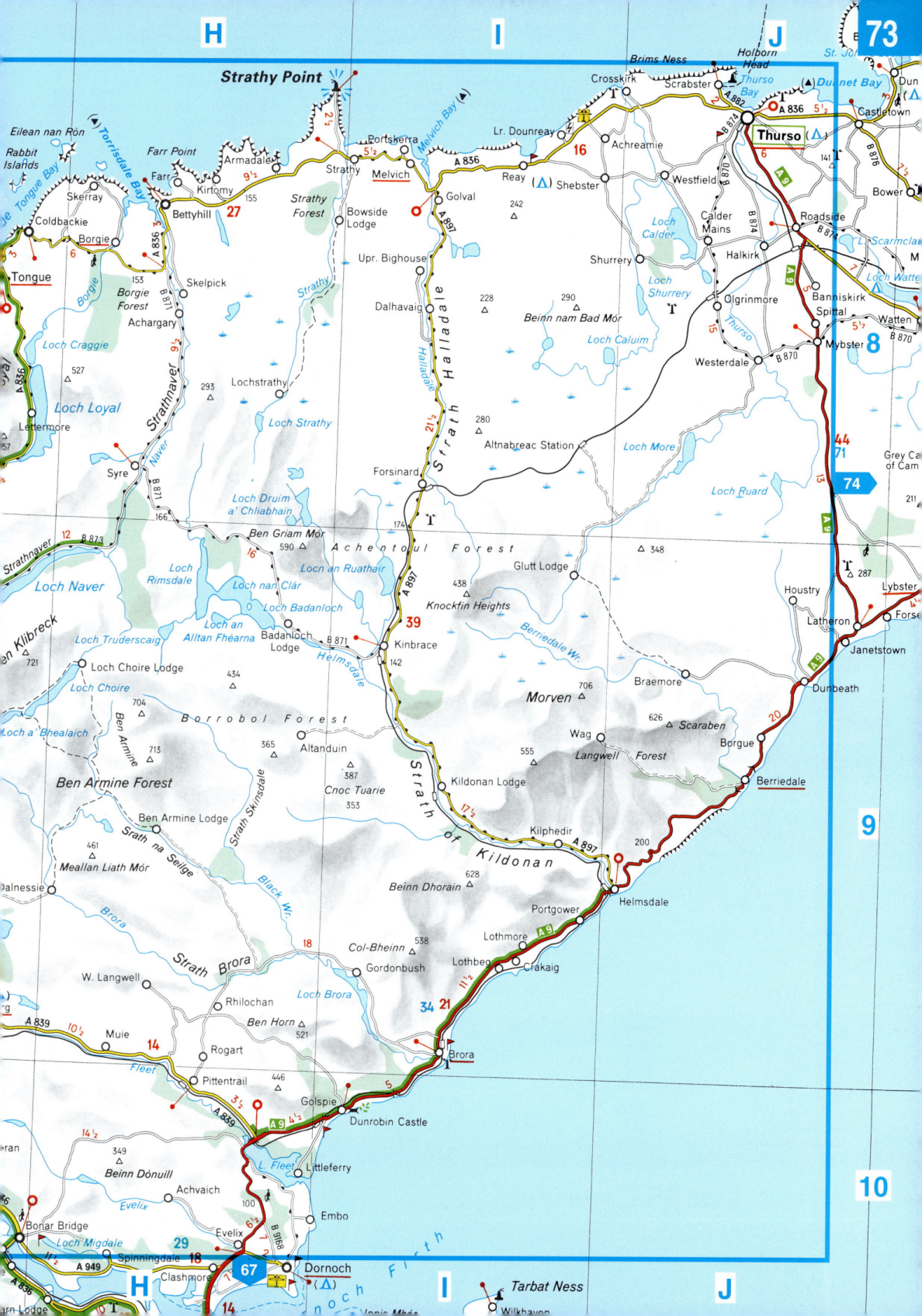

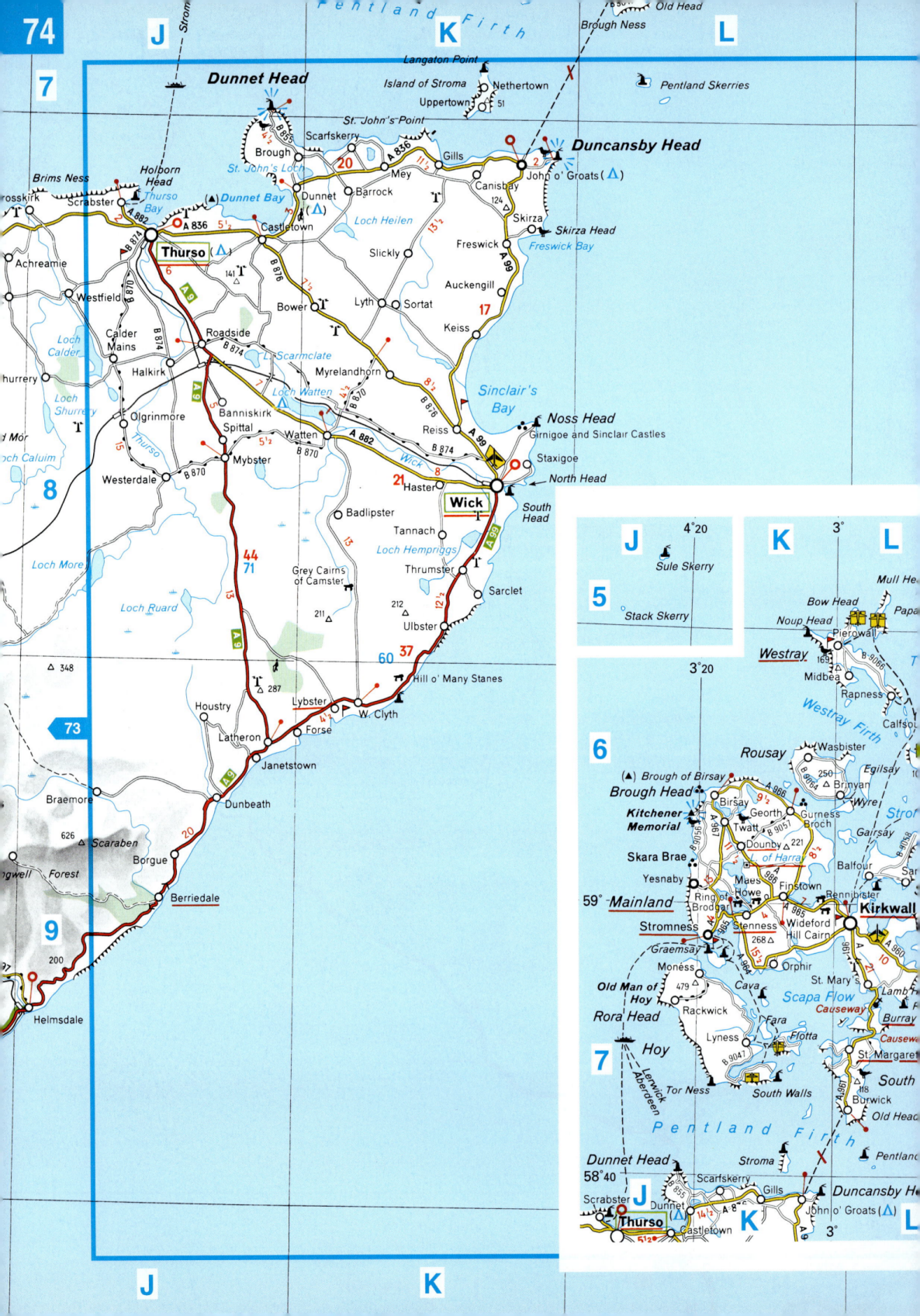

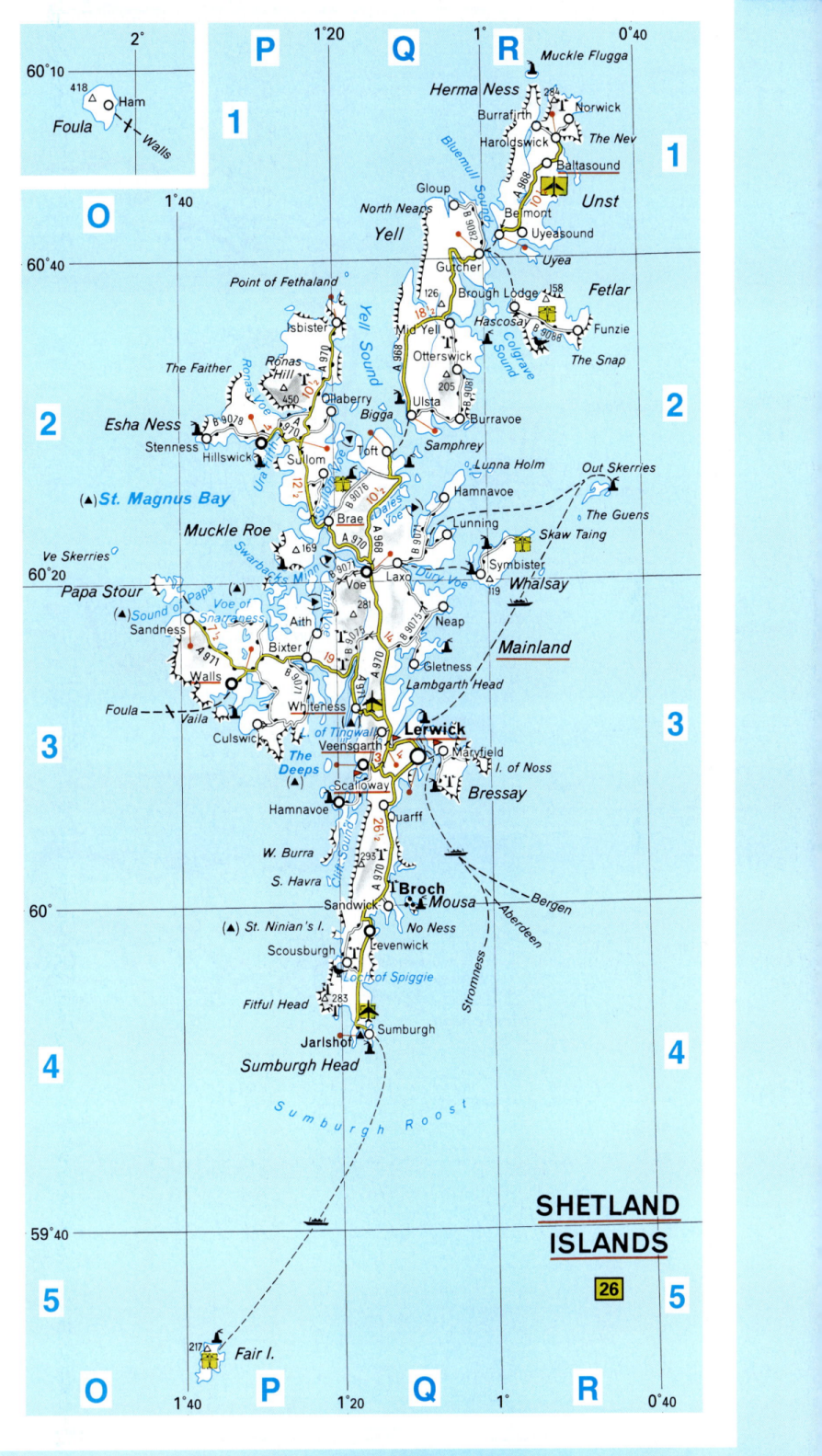
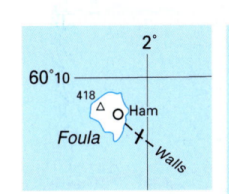
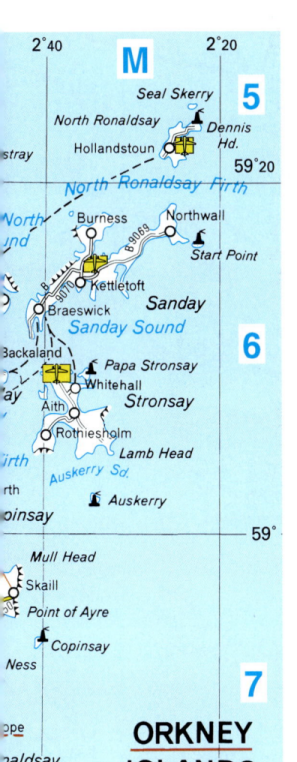

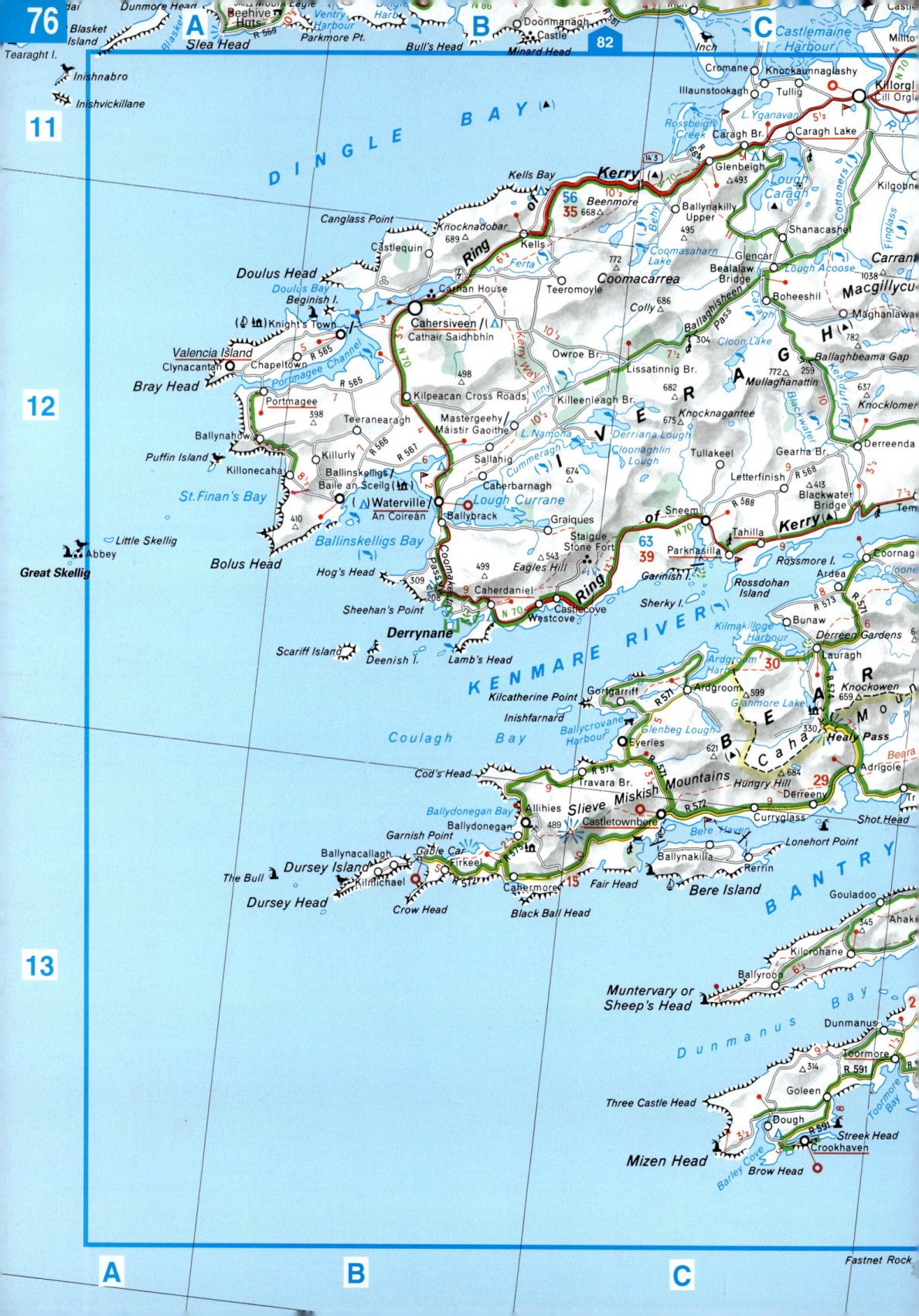

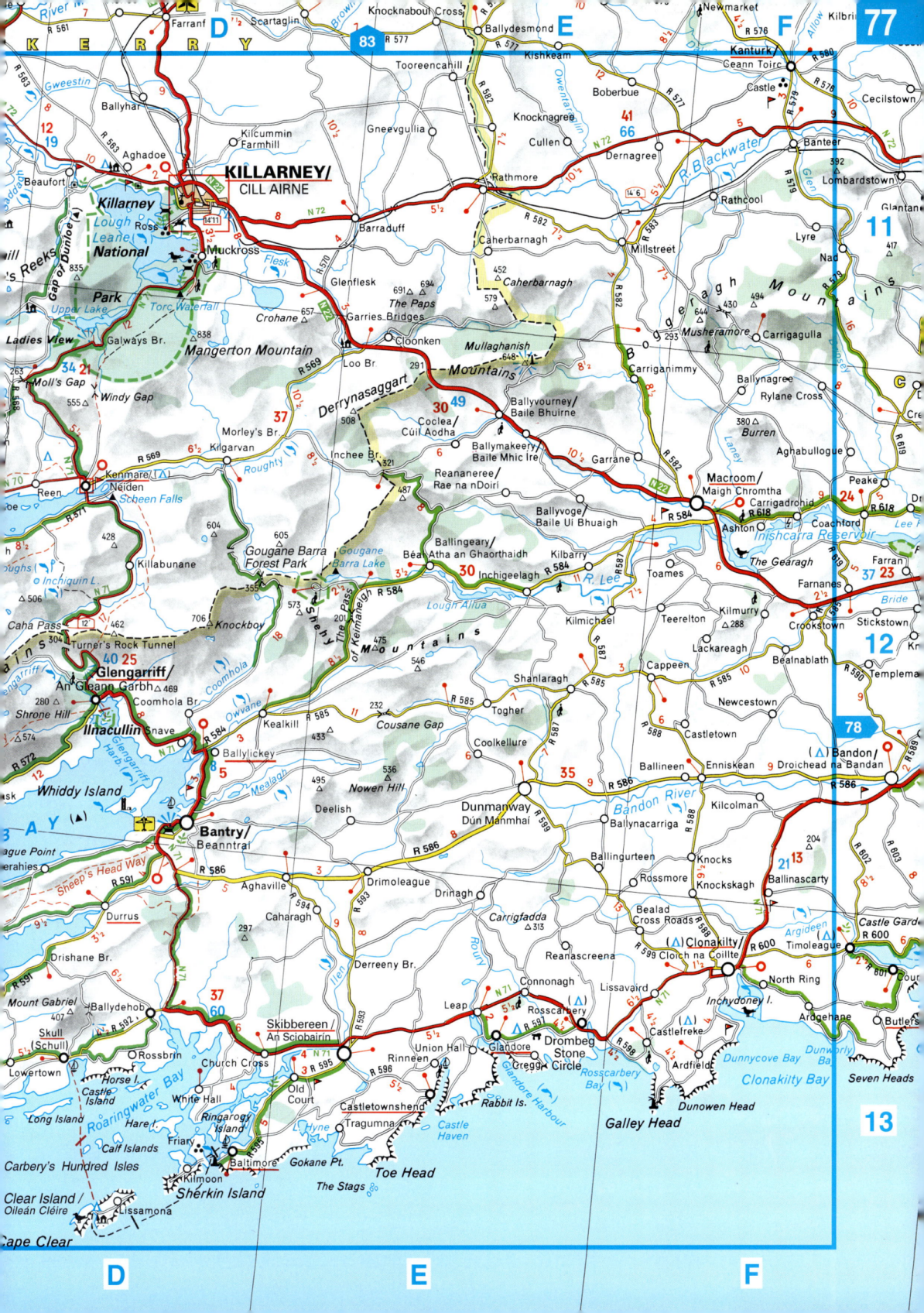

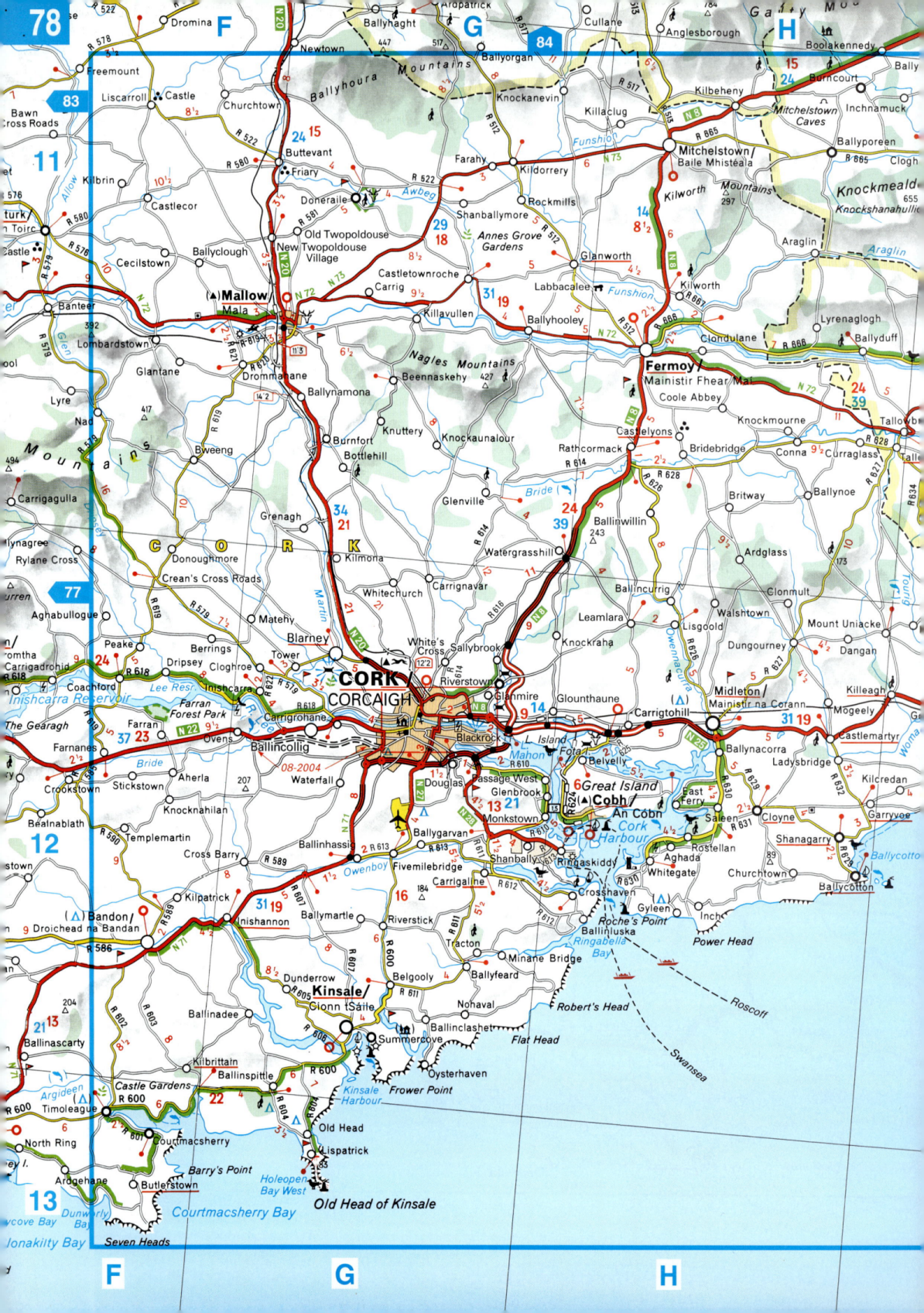

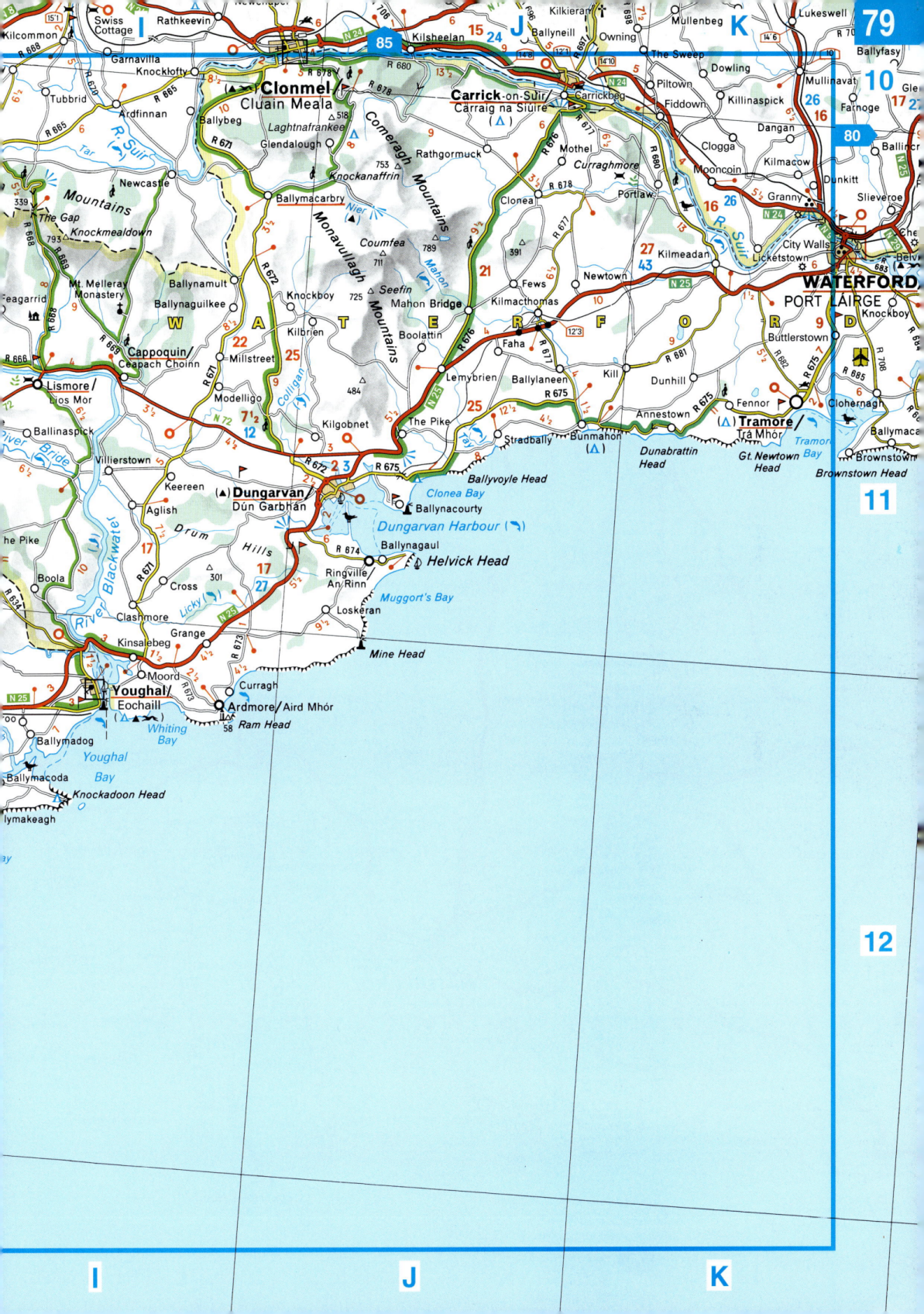

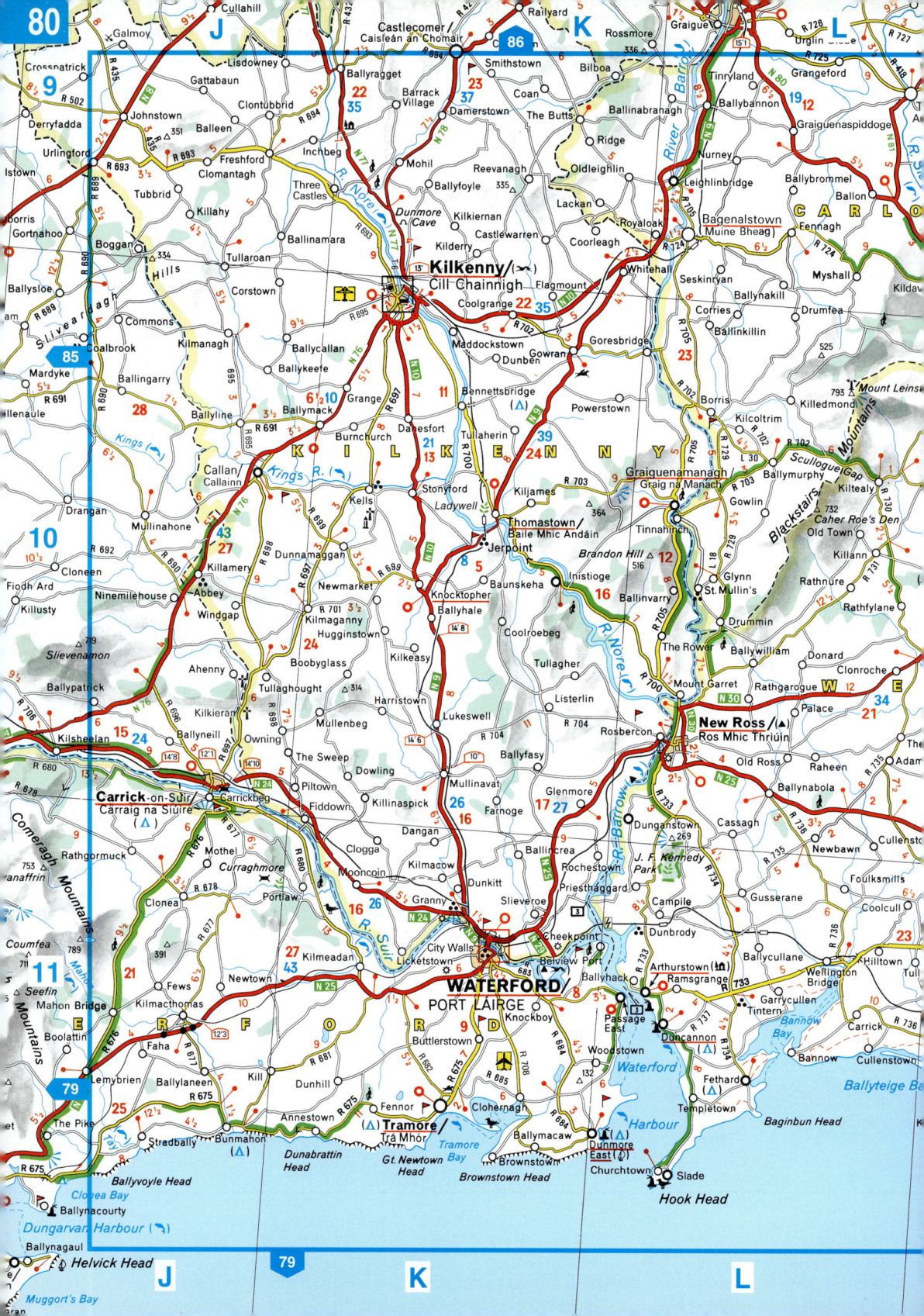

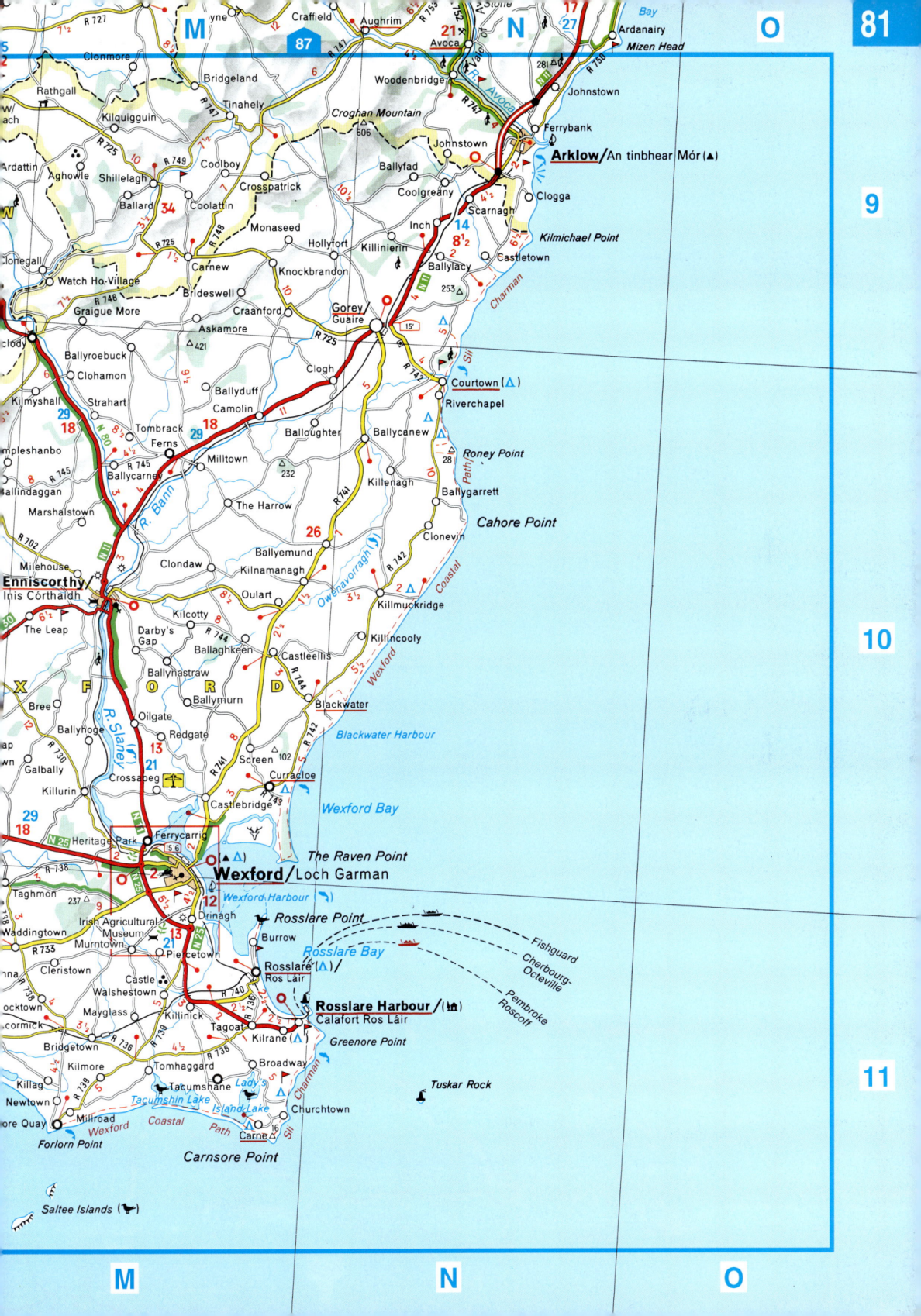

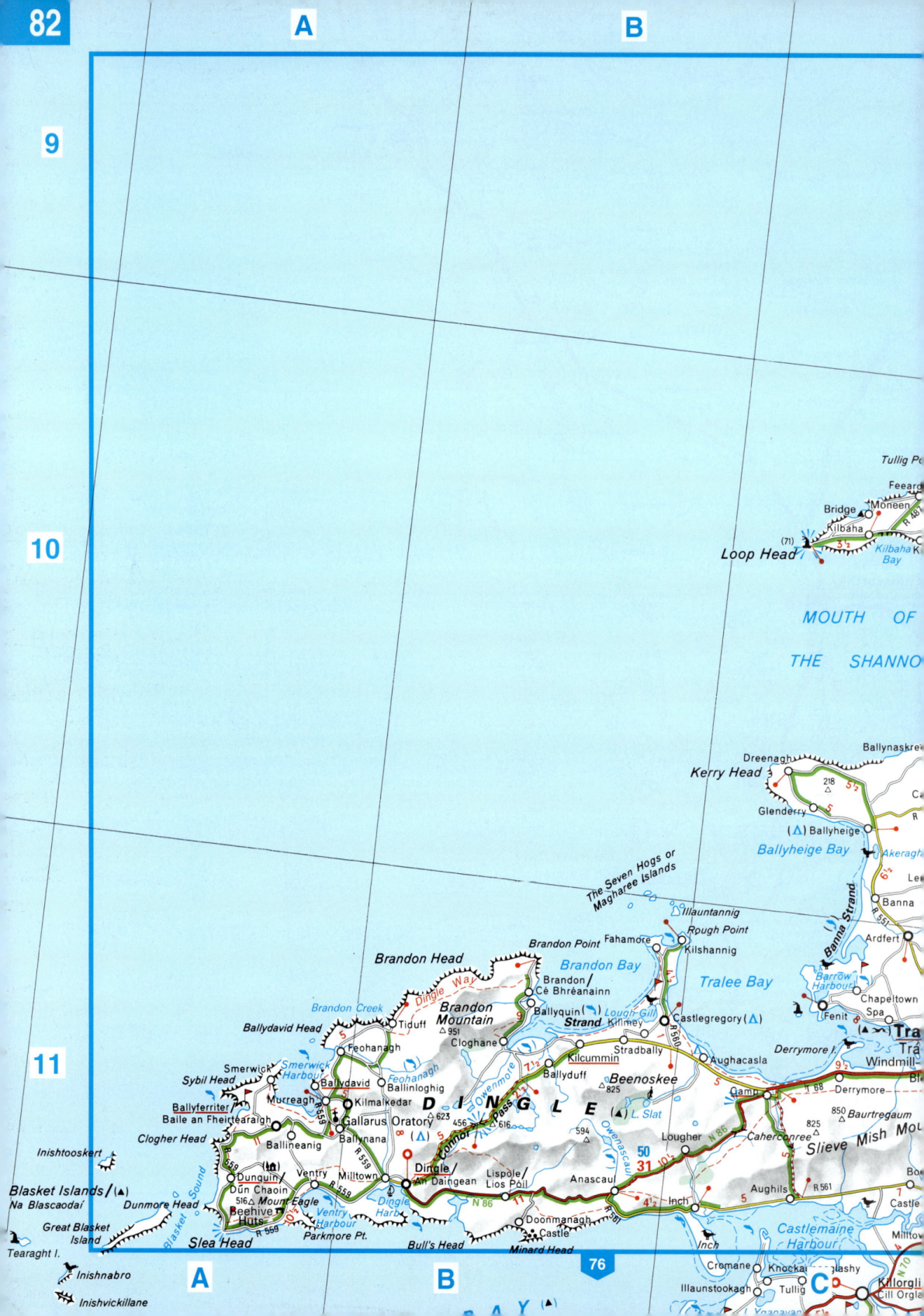

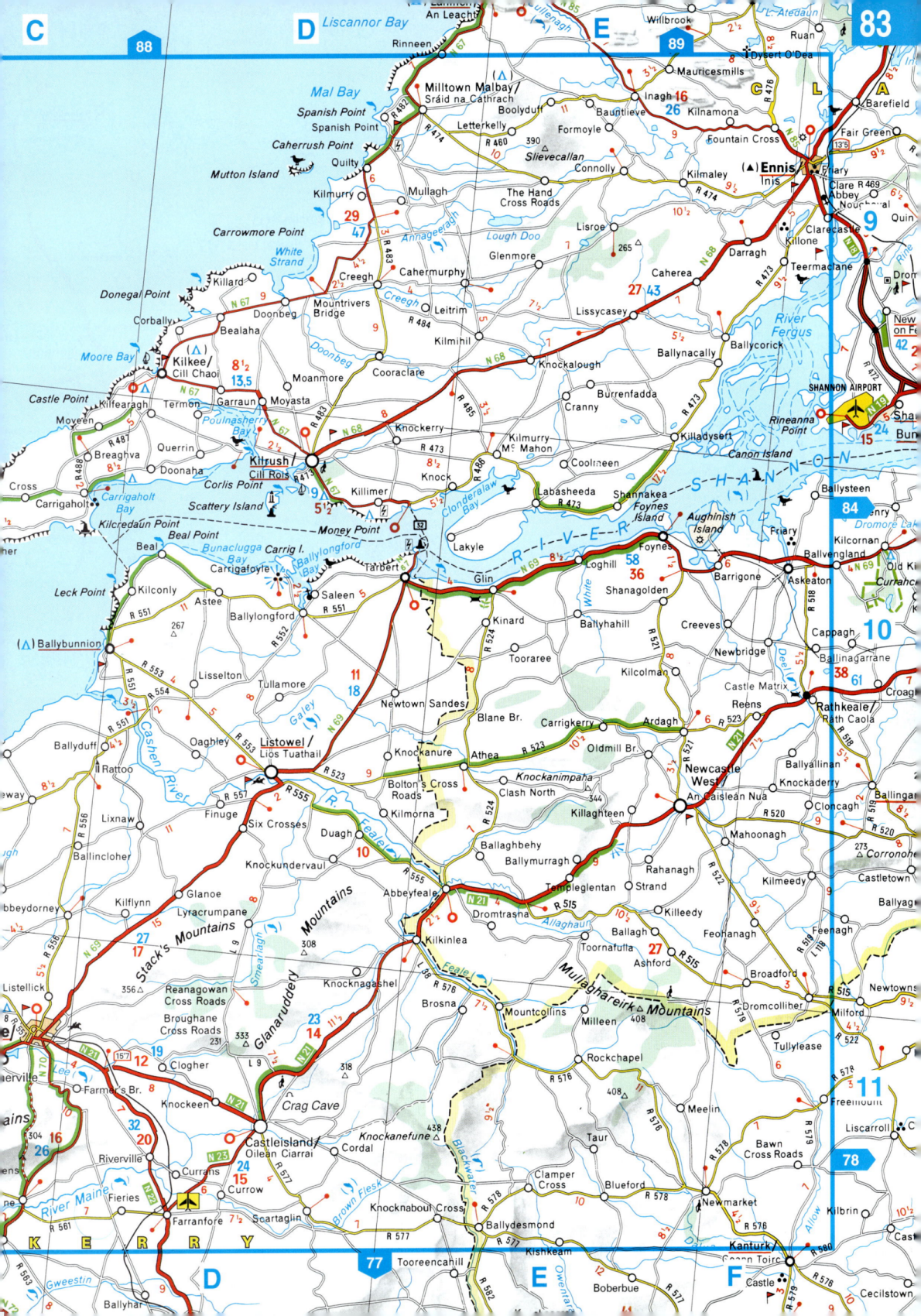

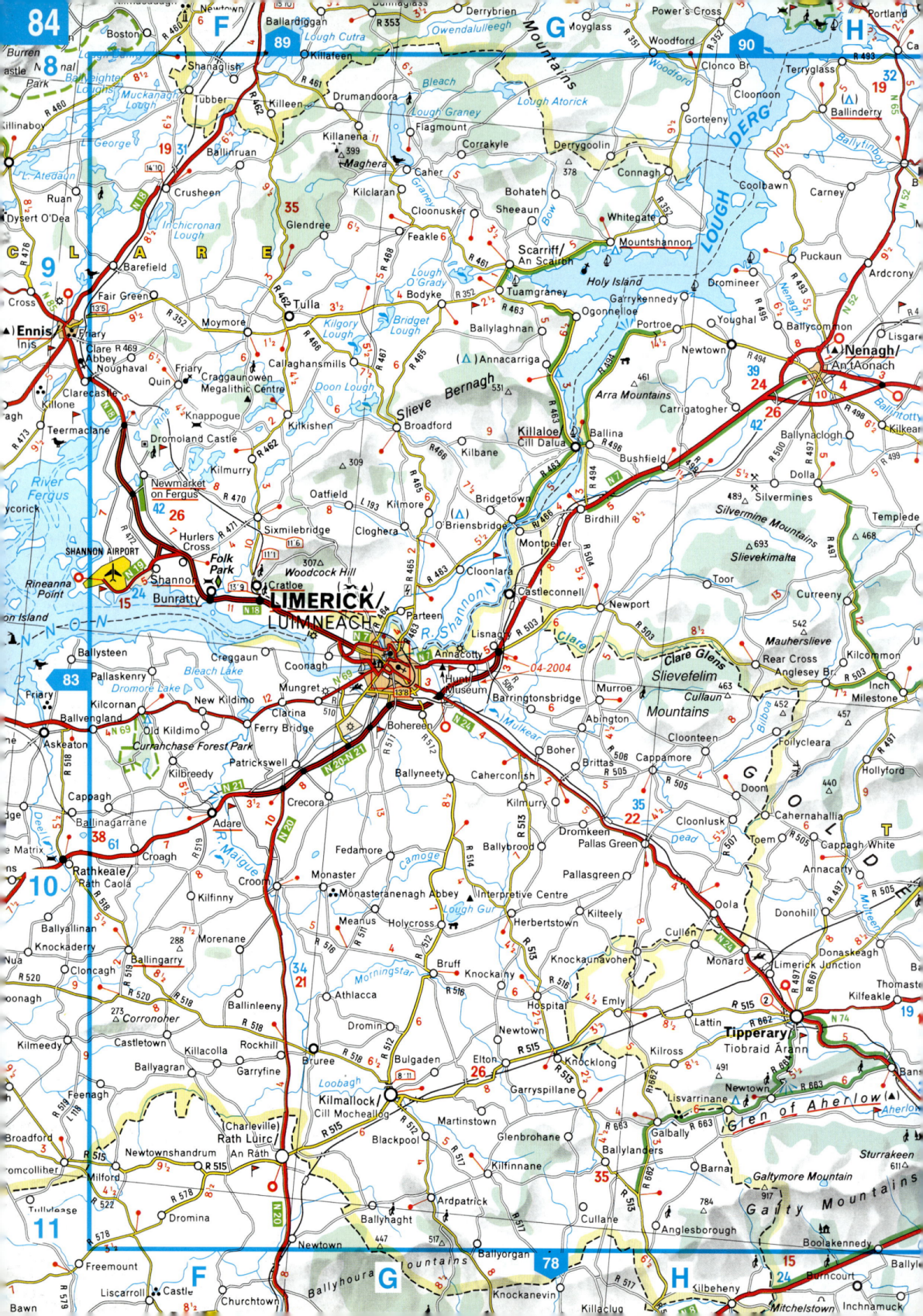

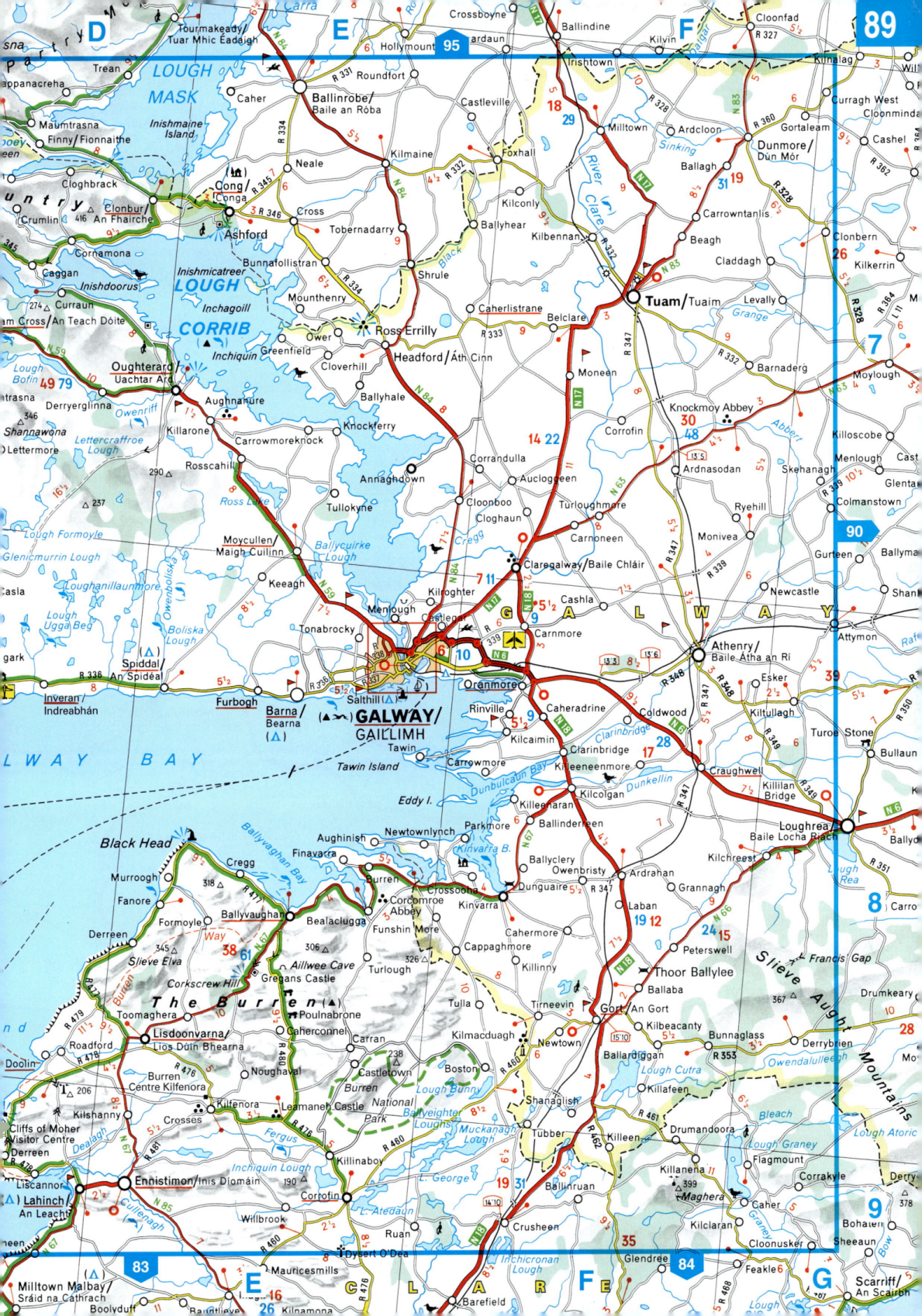

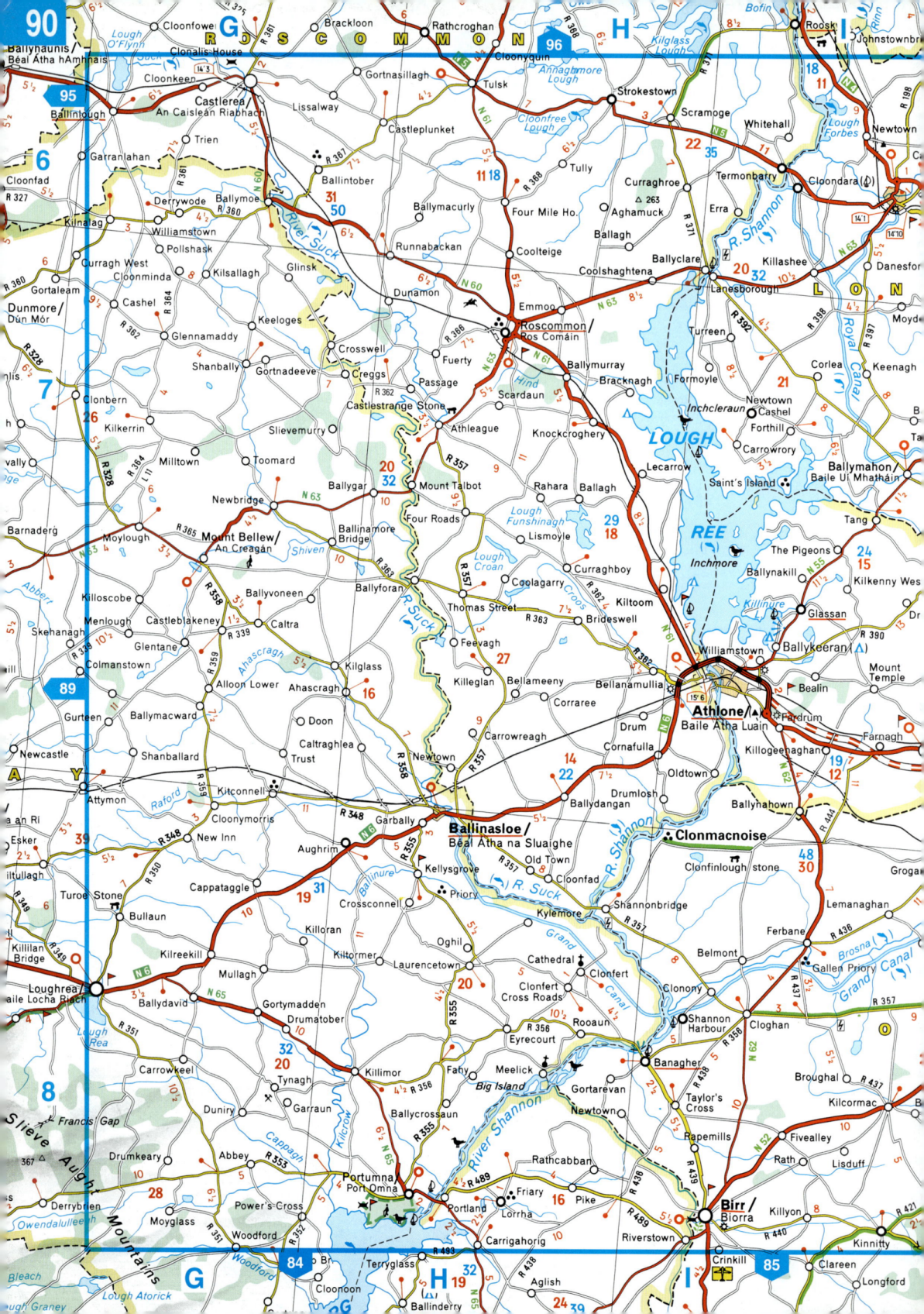

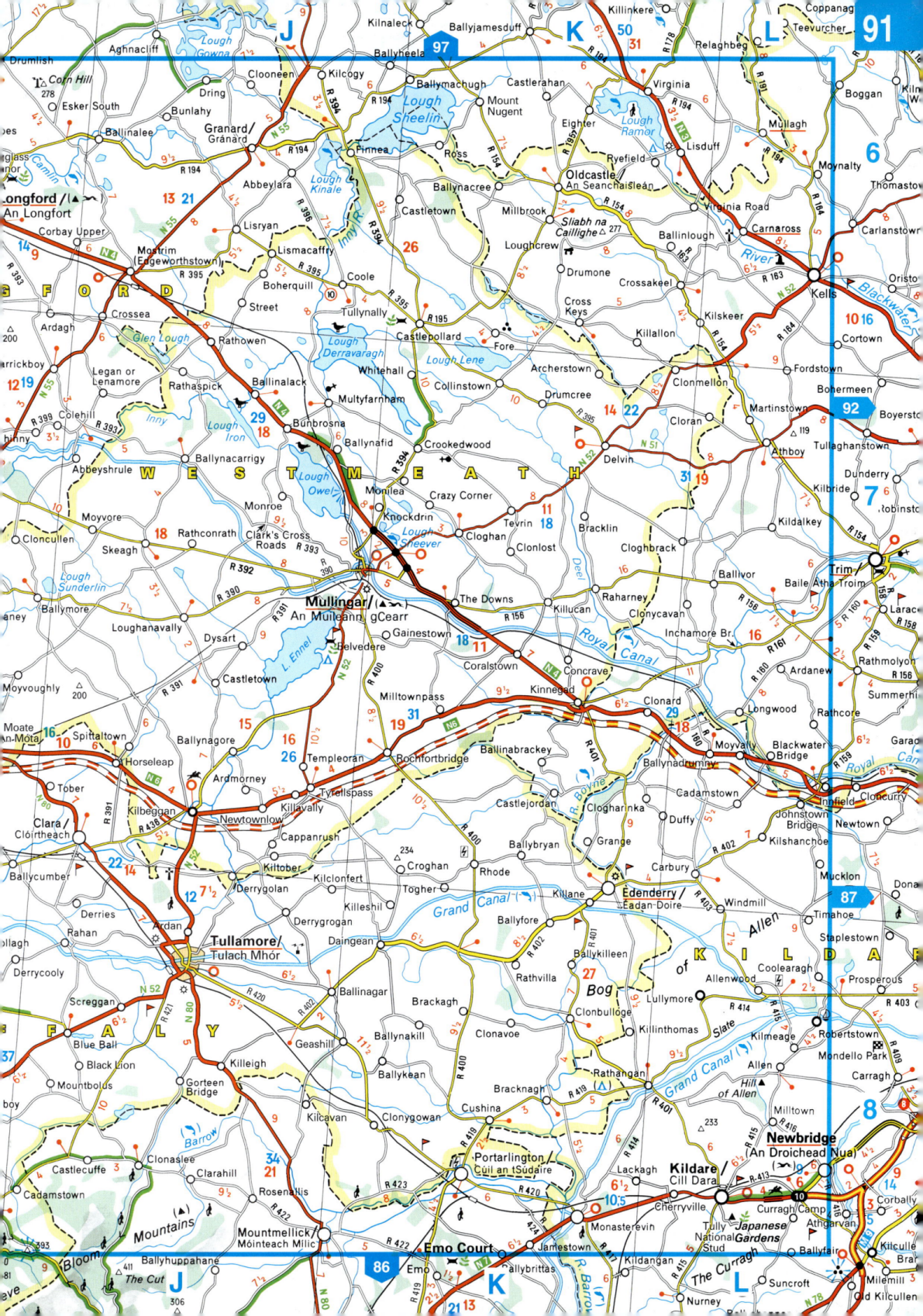

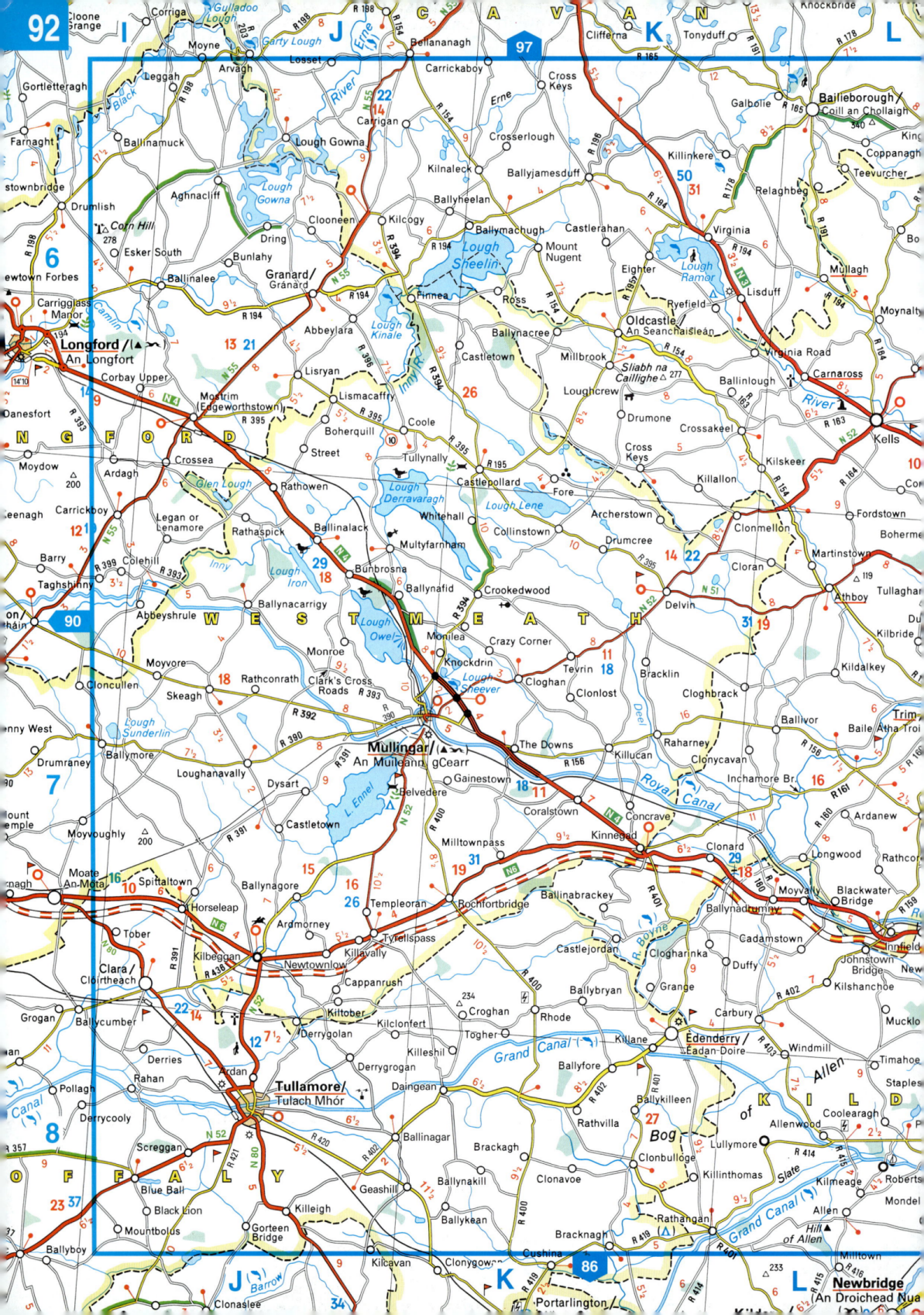

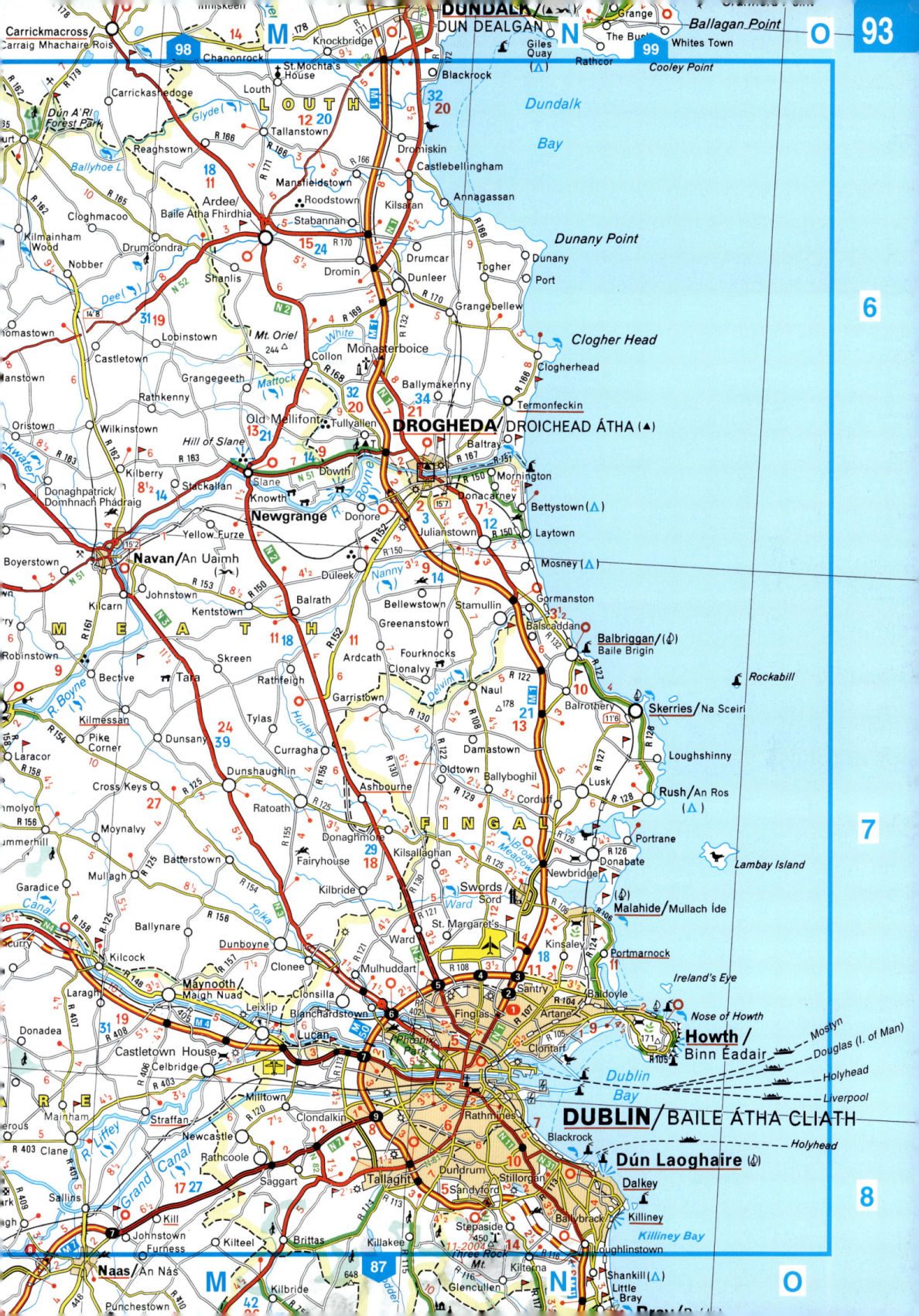

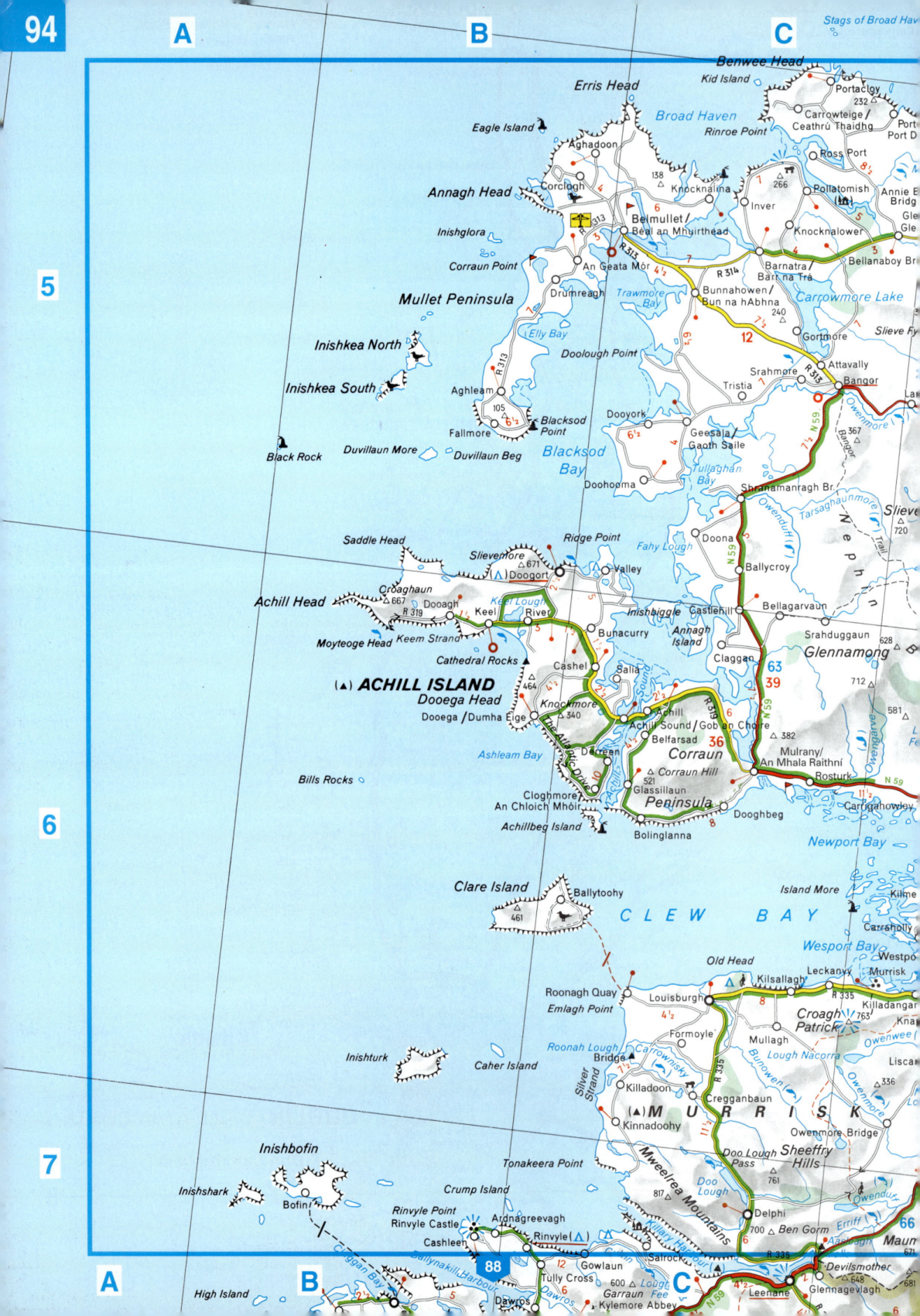

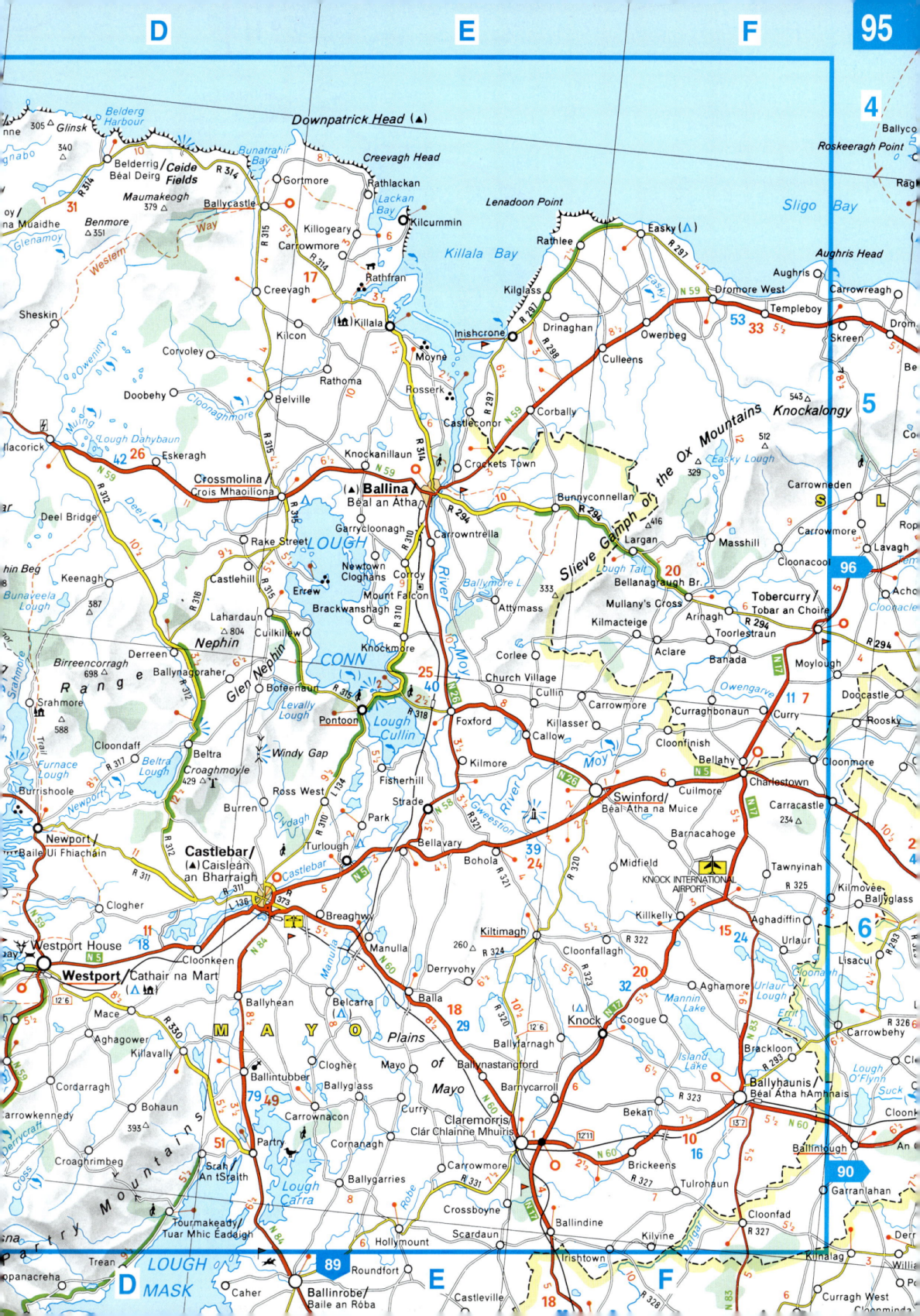

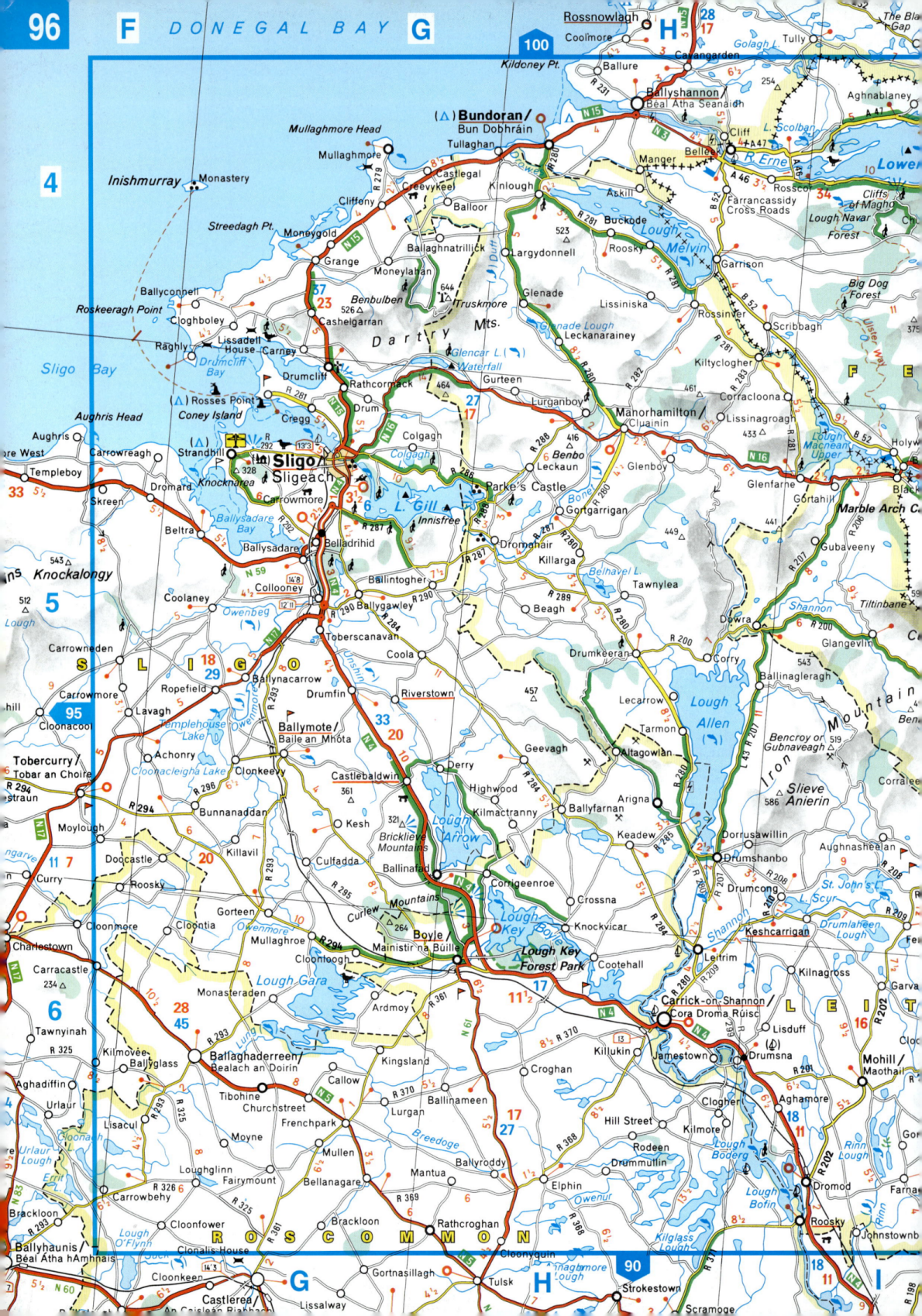

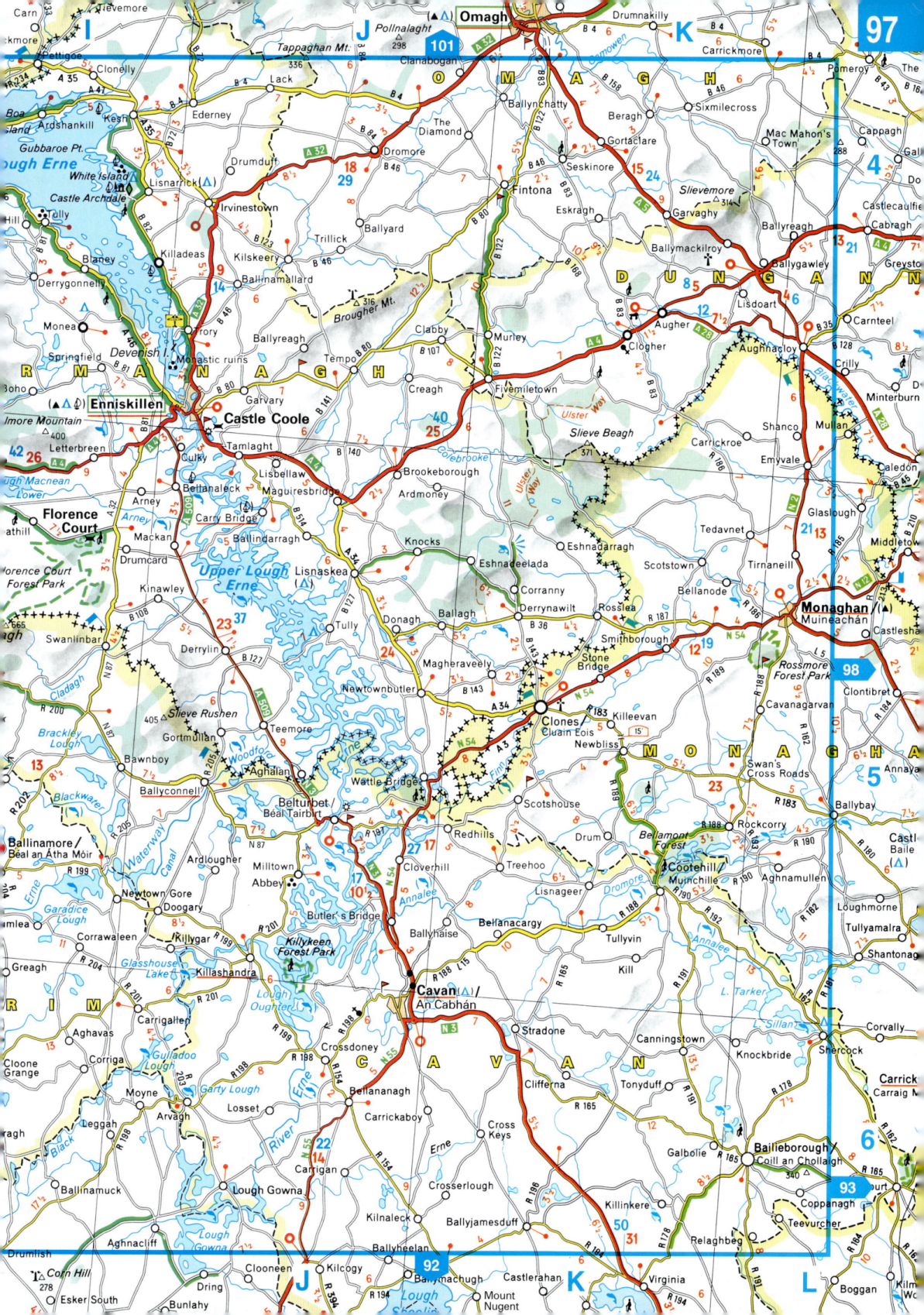

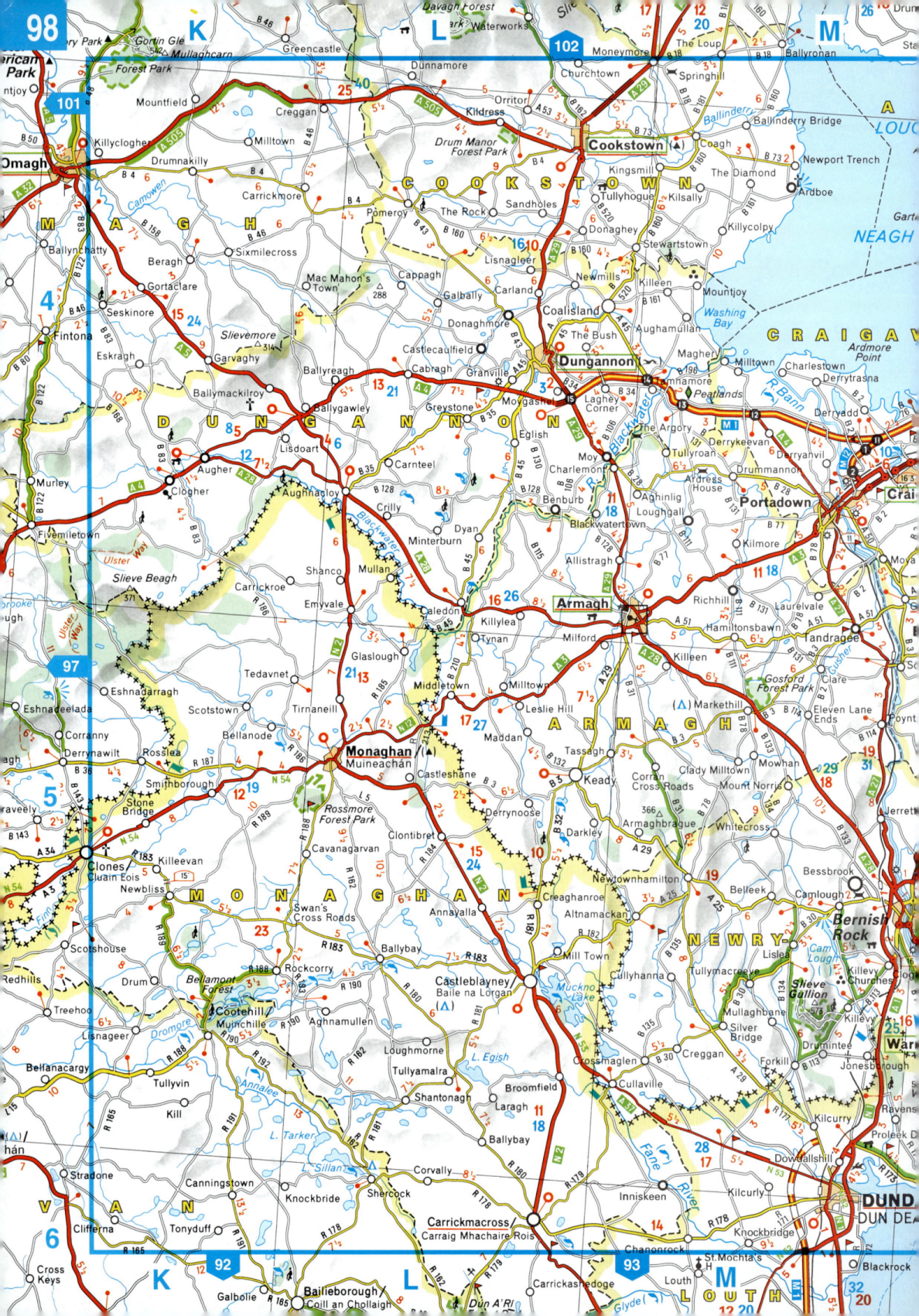

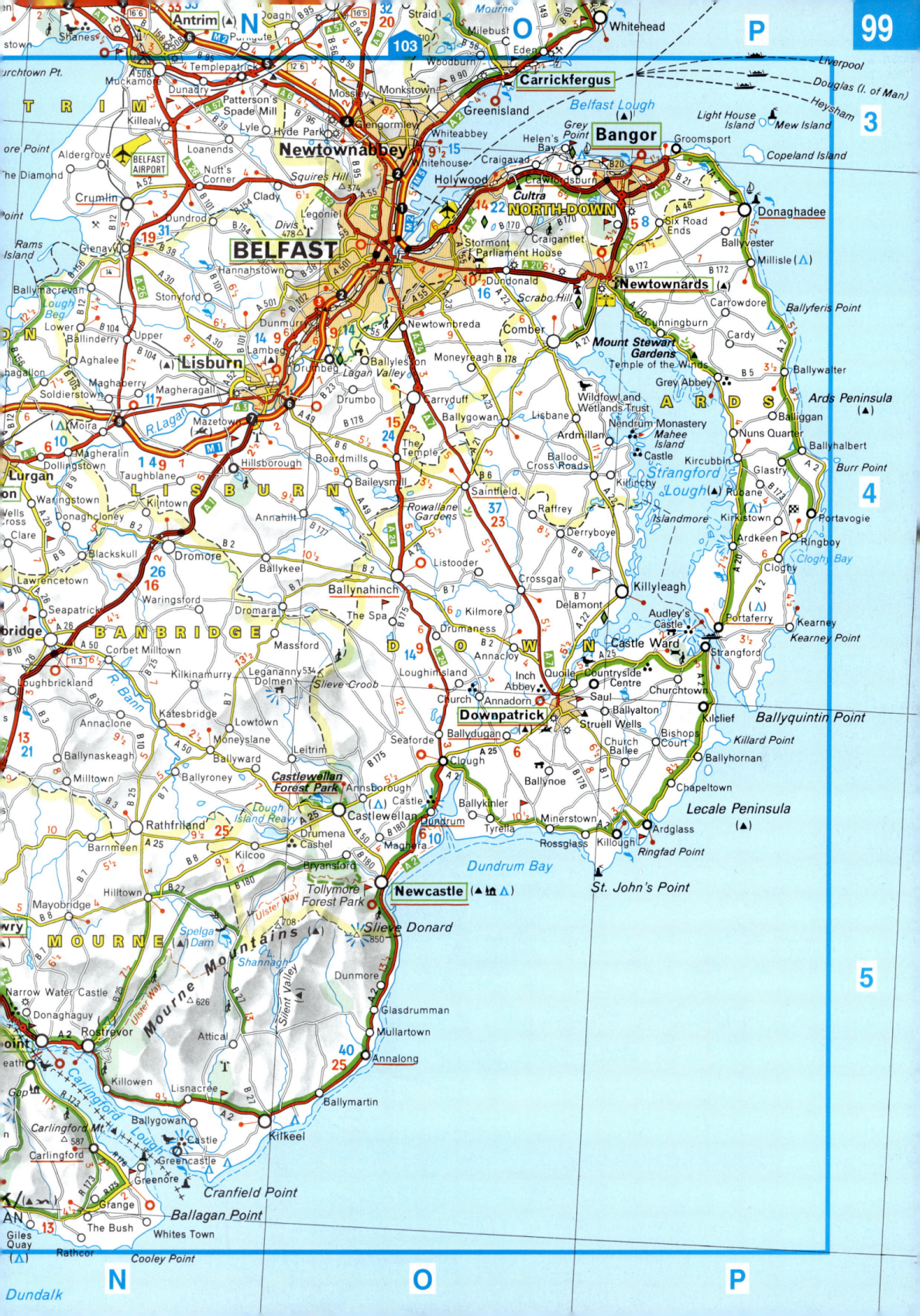

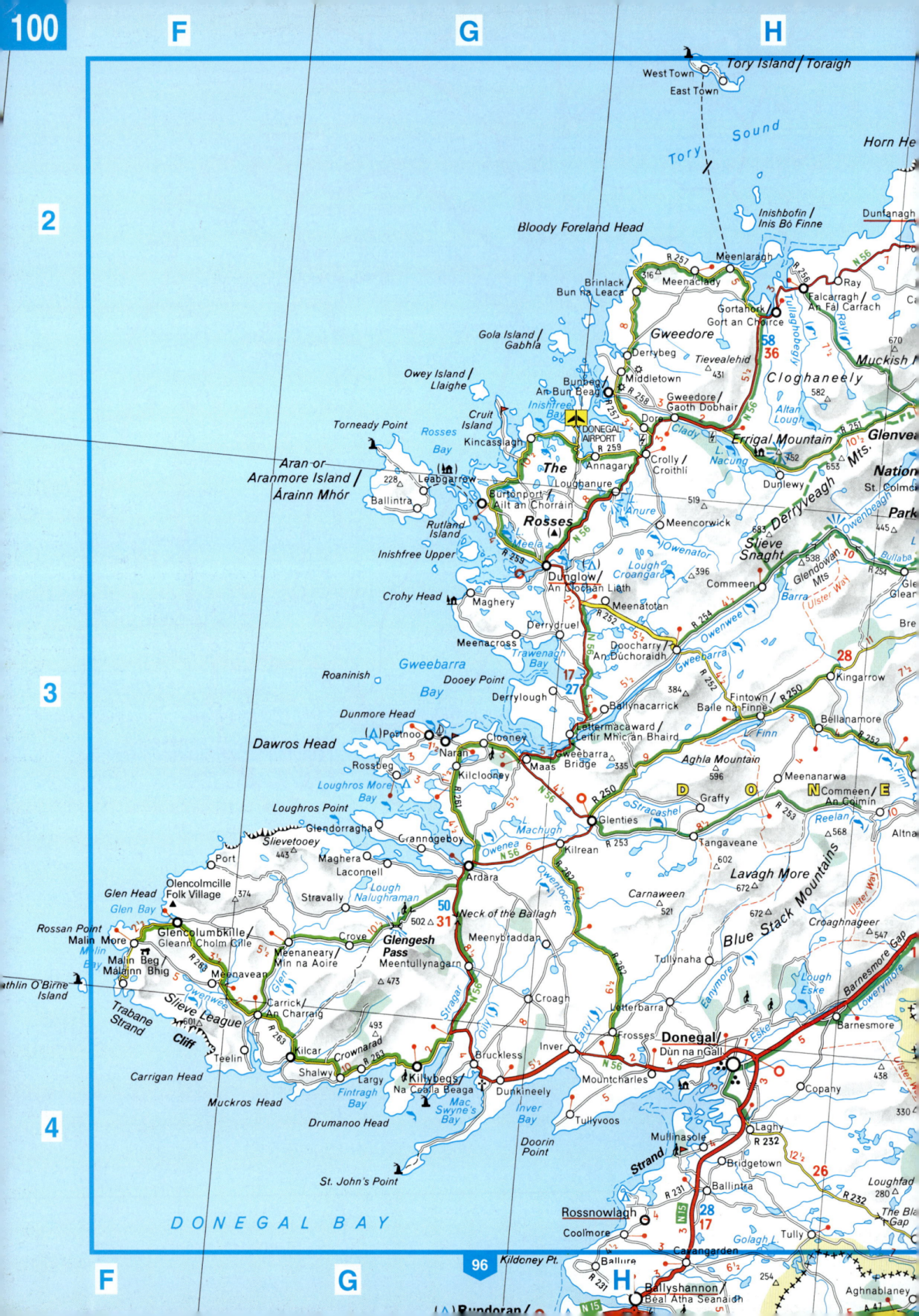

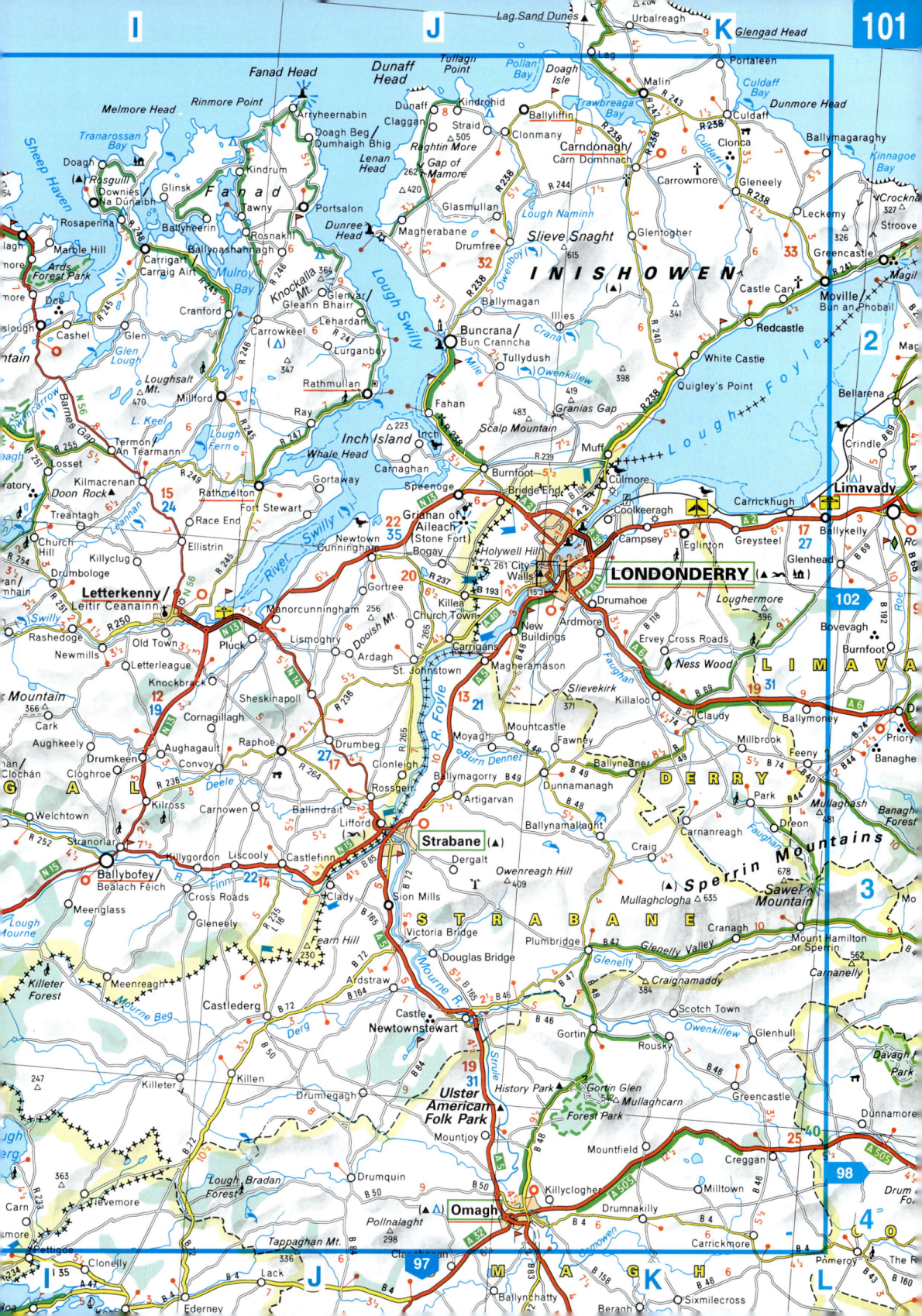

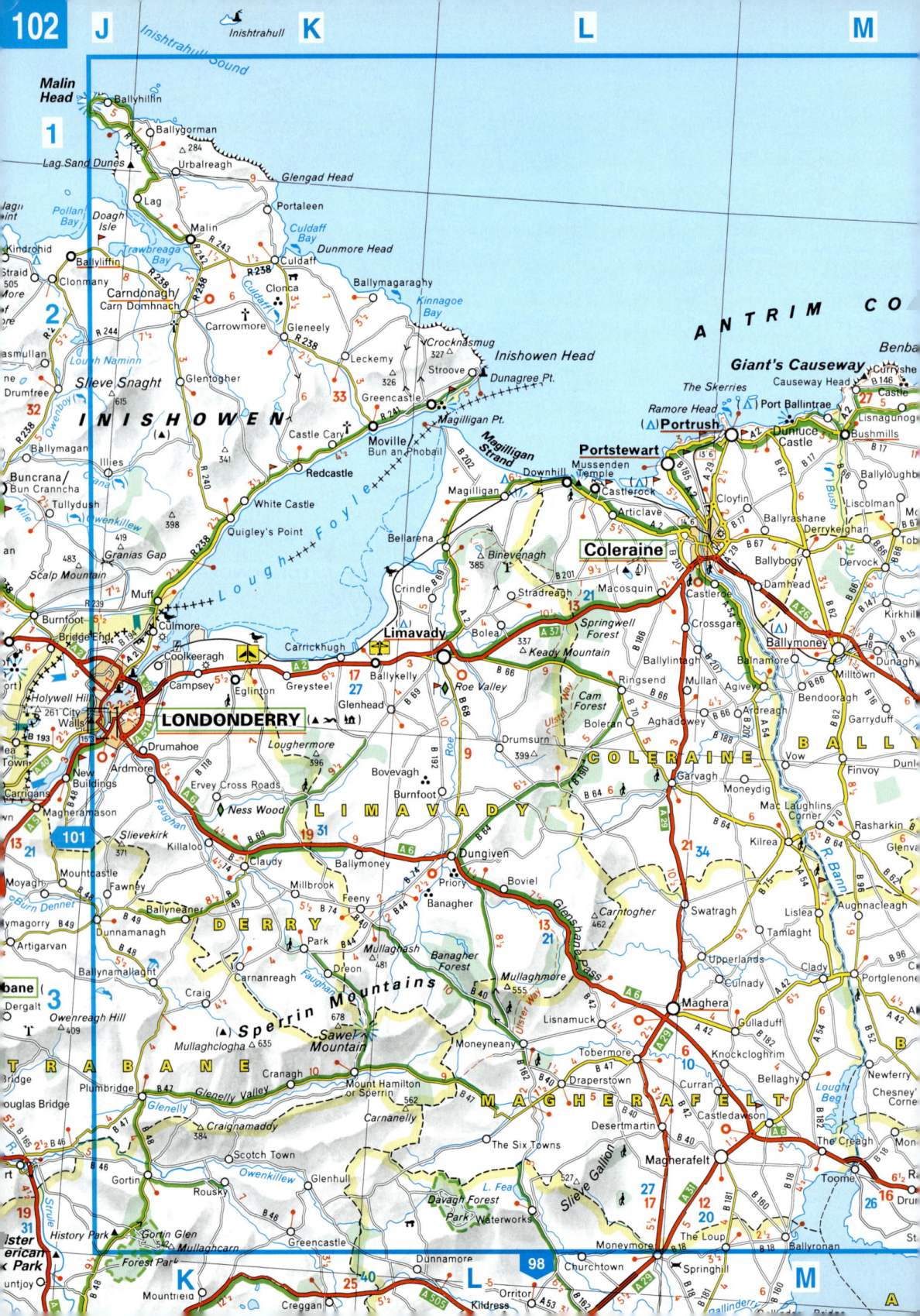

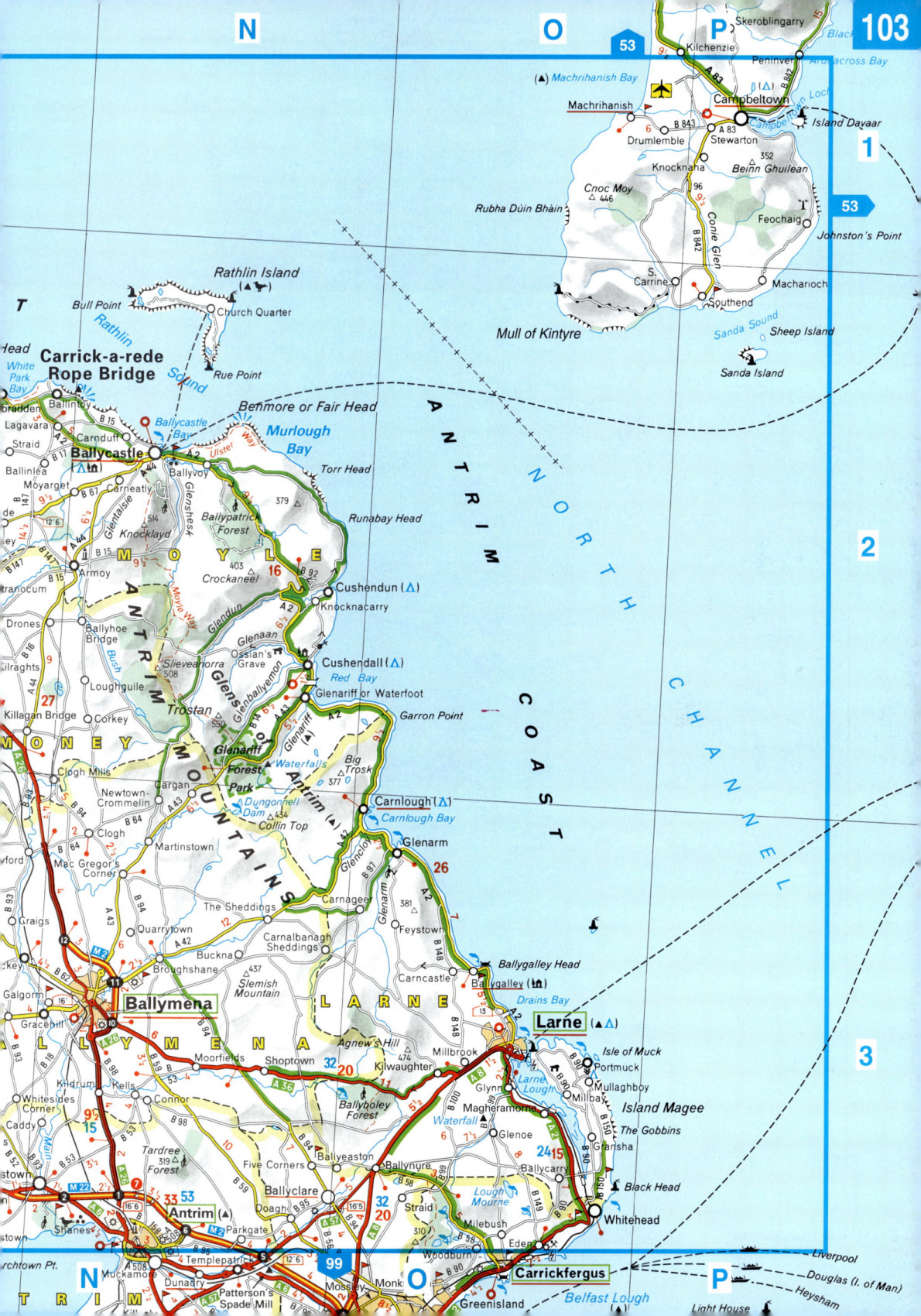

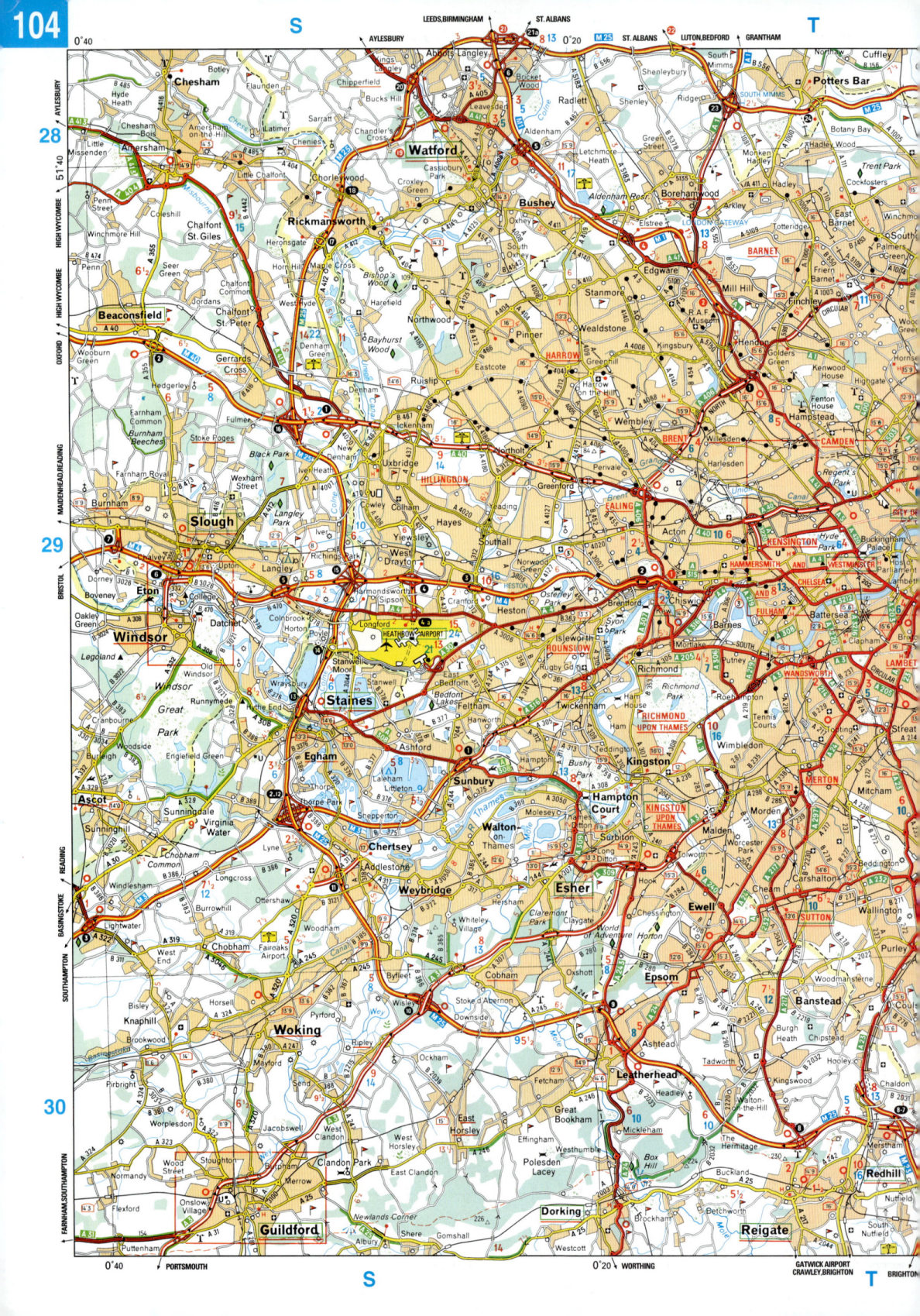

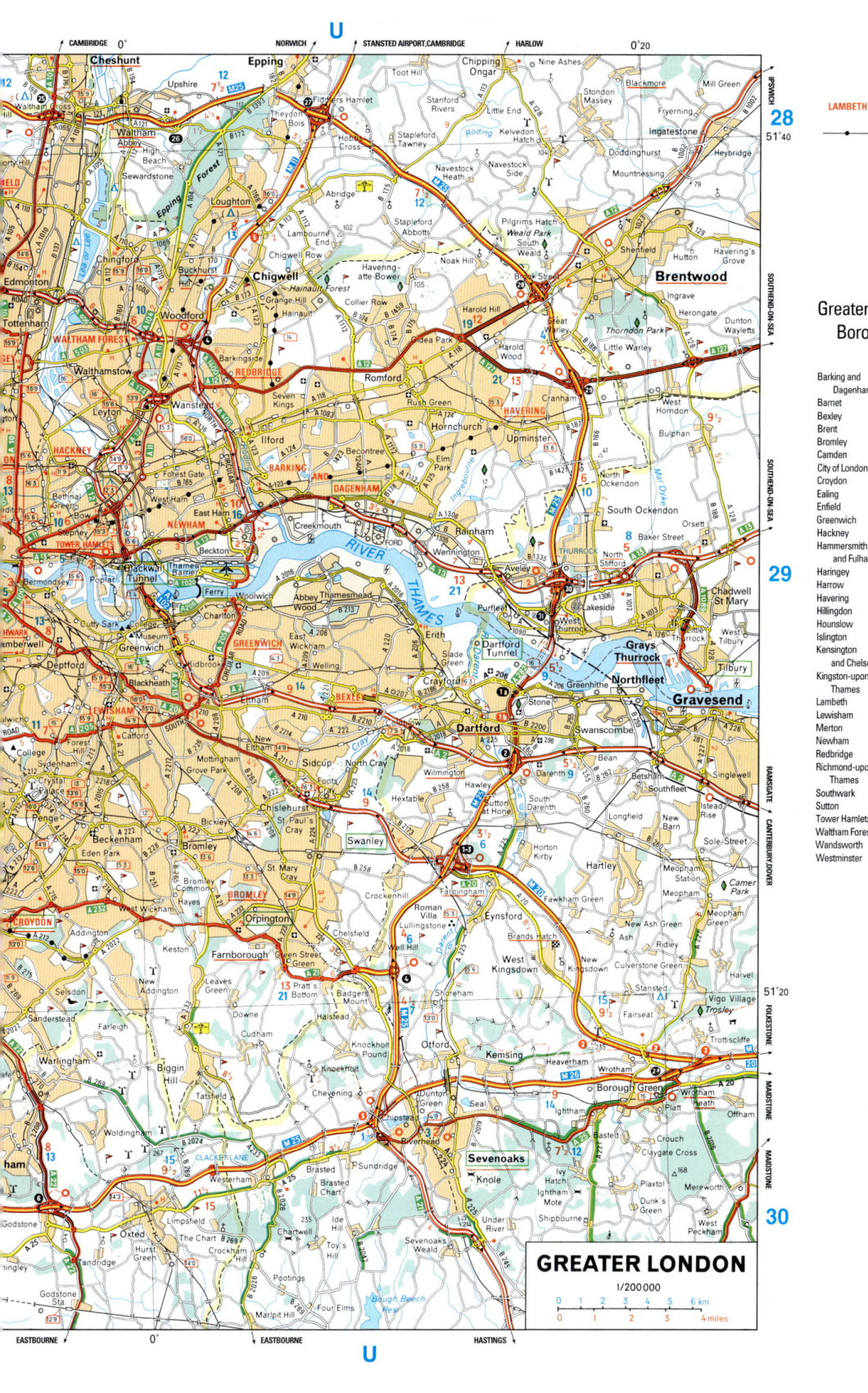

Eochair

Bóithre

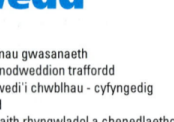

Mótar bealach - Limistéar seirbhíse
Carbhealach dúbailte le saintreithe mótarbhealaigh
Acomhal mótarbhealaigh : iomlán - teoranta
Vimhreacha ceangal
Lionra idirnáisiúnta agus náisiúnta bóithre
Bóthar dir réigiúnach nach bhfuil chomh plódaithe
Bóthar nuadheisithe - gan réitíú
Cosán - Conair mharcaíochta / Cosán marcaíochta
Mótarbealach, bóthar á dhéanamh
(an dáta oscailte sceidealta, mas eol)

Leithead bóithre

Carrshli dhéach
4 lána - 2 leathanlána
2 lána - 2 chunglána

Fad bóthar (iomlán agus meánfhad)

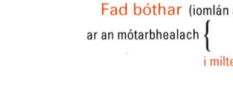

ar an mótarbhealach { Bóithre dola / Saor ó dhola
i mílte - i gciliméadair
ar an mbóthar

Aicmiú oifigiúil bóithre

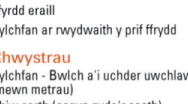

Mótarshlí - GB : Príomhbealach
IRL : Bóithre eile ,
Príomhbóithre agus fobhóithre náisiúnta
Ceann scríbe ar ghréasán bóithre príomha

Constaicí

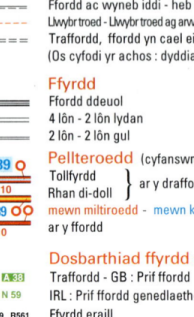

Timpeall - Bearnas agus a airde os cionn leibhéal na mara (i méadair)
Fána ghéar (suas treo an gha)
IRL : Bealach deacair nó baolach
Bóthar cúng le hionaid phasála (in Albain)
Crosaire comhréidh:
iarnród ag dul, faoi bhóthar, os cionn bóthar
Bóthar toirmeasctha - Bóthar faoi bhearnaní
Bacainn dola - Bóthar aoinsí
(Ar phríomhbóithre agus ar bhóithre réigiúnacha)
Teorainneacha airde (faoi 15'6" IRL, faoi 16'6" GB)
Teorann Mheáchain (faoi 16 t)

Iompar

Leithead caighdeánach - Staisiún paisinéirí
Aerfort - Aerphairc
Longsheirbhísí :(Seirbhísí séasúracha : dearg)
Árthach foluaineach - Bád
Fartha (uas - ulach : tonnaí méadracha)
Coisíthe agus lucht rothar

Lóistín - Riarachán

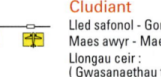

Plean baile san:
EOLAÍ DEARG
EOLAÍ UAINE
Acmhainní luaite san EOLAÍ DEARG
Teorainneacha riaracháin
Teorainn na hAlban agus teorainn na Breataine Bige
Teorainn idirnáisiúnta - Custam

Áiseanna Spóirt agus Súgartha

Machaire Gaif - Ráschúrsa
Timpeall rásaíochta - Cuan bád aeraíochta
Láthair champa , láthair charbhán
Conair mharcaíochta - Páirc thuaithe
Zú - Caomhnú nádúir - Tearmannéan mara
IRL: Lascaireacht - Brú chumann na hóige - Ráschúrsa con
Larnród thraein ghaile - Traein cábla, carr cábla, cathaoir cábla

Amhairc

Príomhradhaircanna: féach AN EOLAÍ UAINE
Bailte nó áiteanna inspéise, baill lóistín
Foirgneamh Eaglasta - Caisleán
Fothraich - Leacht meigilitheach - Pluais
Páirc, Gáirdín - Ionaid eile spéisiúla
IRL: Dunfort - Cros Cheilteach - Cloigtheach
Lárnílargas - Cothrom Radharc - Bealach Aoibhinn

Comharthaí Eile

Cáblashlí thionsclaíoch
Crann teileachumarsaide - Teach solais
Stáisiún Giniúna - Cairéal
Mianach - Tionsclaíocht
Scaglann - Aill
Páirc Fhoraoise Náisiúnta - Páirc Náisiúnta

Allwedd

Ffyrdd

Traffordd - Mannau gwasanaeth
Ffordd ddeuol â nodweddion traffordd
Cyfnewidfeyd : wedi i chwblhau - cyfyngedig
Rhifau'r cyffyrdd
Ffordd ar rwydwaith rhyngwladol a chenedlaethol
Ffordd rhyngbarthol a llai prysur
Ffordd ac wyneb iddi - heb wyneb
Llwybr troed - Llwybr troed ag arwyddion / Llwybr ceffyl
Traffordd, ffordd yn cael ei hadeiladu
(Os cyfodi yr achos : dyddiad agor disgwyliedig)

Ffyrdd

Ffordd ddeuol
4 lôn - 2 lôn lydan
2 lôn - 2 lôn gul

Pellteroedd (cyfanswm a'r rhyng-bellter)

Tollffyrdd } ar y draffordd
Rhan di-doll
mewn milltiroedd - mewn kilometrau
ar y ffordd

Dosbarthiad ffyrdd swyddogol

Trafford - GB : Prif ffordd
IRL : Prif ffordd genedlaethol a ffordd eilradd
Ffyrdd eraill
Cylchfan ar rwydwaith y prif ffyrdd

Rhwystrau

Cylchfan - Bwlch a'i uchder uwchlaw lefel y môr
(mewn metrau)
Rhiw serth (esgyn gyda'r saeth)
IRL: Darn anodd neu berygIus o ffordd
Yn yr Alban : ffordd gul â mannau pasio
Croesfan rheilffordd;
croesfan rheilffordd, o dan y ffordd, dros y ffordd
Ffordd waharddedig - Ffordd a chyfyngiadiau arni
Rhwystr Toll - Unffordd
(Ar brif ffyrdd a ffyrdd rhanbarthol)
Terfyn uchder (llai na 15'6" IRL, 16'6" GB)
Terfyn pwysau (llai na 16t)

Cludiant

Lled safonol - Gorsaf deithwyr
Maes awyr - Maes glanio
Llongau ceir :
(Gwasanaethau tymhorol : mewn coch)
llong hofran - llong
Fferi (llwyth uchaf : mewn tunnelli metrig)
Teithwyr ar droed neu feic yn unig

Llety - Gweinyddiaeth

Tref y dangosir ei chynllun yn :
THE RED GUIDE
THE GREEN GUIDE
Tref sydd â chyfeiriadiau yn y Michelin Red Guide
Ffiniau gweinyddol
Ffin Cymru , ffin yr Alban
Ffin ryngwladol - Tollau

Cyfleusterau Chwaraeon a Hamdden

Cwrs golf - Rasio Ceffylau
Rasio Carbydau - Harbwr cychod pleser
Leoedd i wersylla
Llwybr troed ag arwyddion - Parc gwlad
Parc saffari, sw - Gwarchodfa natur
IRL: Pysgota - Hostel ieuenctid - Maes rasio milgwn
Trên twristaid - Rhafffordd, car côbl, cadair esgyn

Golygfeydd

Gweler Llyfr Michelin
Trefi new fannau o ddiddordeb , mannau i aros
Adeilag eglwysig - Castell
Adfeilion - Heneb fegalithig - Ogof
Gardd, parc - Mannau eraill o ddiddordeb
IRL: Caer - Croes Geltaidd - twr crwn
Panorama - Golygfan - Ffordd dygfeydd

Symbolau eraill

Lein gêbl ddiwydiannol
Mast telathrebu- Goleudy
Gorsaf bwer - Chwarel
Mwyngloddio - Gweithgarwch diwydiannol
Purfa - Clogwyn
Parc Coedwig Cenedlaethol - Parc Cenedlaethol

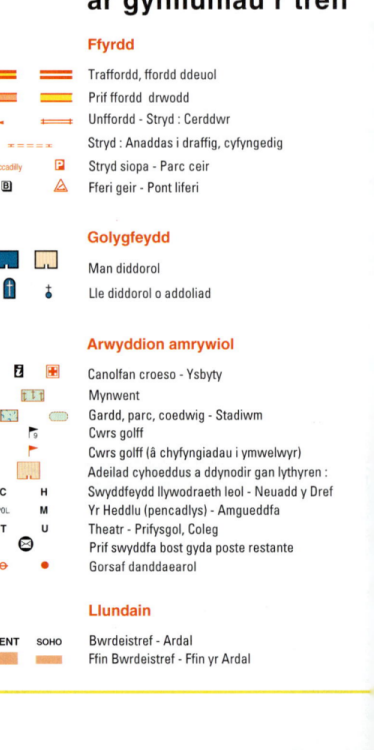

Comharthaí ar phleanna bailte

Bóithre

Mótarbhealach, carbhealach dúbailte le saintreithe mótarbheala
Príomh-thréibhealach
Bóthar aoinsli - Sráid : coisithe
Sráid : neamhoiriúnach do thrácht, ach i stáit speisiaj
Sráid siopadóireachta - Carrchlos
Bád fartha feithiclí - Droichead starrmihaidi

Ionaid inspéise

Ionad inspéise agus
Ionad inspéise adhartha

Comharthaí Eagsúla

Ionad eolais turasóireachta - Ospidéal
Reilig
Gairdín, páirc, coill - Staidiam
Galfchúrsa
Galfchúrsa (sainríalacha do chuairteoirí)
Foirgneamh poiblí curtha in iúl le litir thagartha :
Oifigí rialtais áitiúil - Halla baile
Póitíní (ceanncheathrú) - Músaem
Amharclann - Ollscoil, Coláiste
Príomhoifig phoist le poste restante
Staisiún traenach faoi thalamh

Londain

Buirg - Limistéar
Teorainn bhuirge - Teorainn limistéir

Symbolau ar gynlluniau'r trefi

Ffyrdd

Traffordd, ffordd ddeuol
Prif ffordd drwod
Unffordd - Stryd : Cerddwr
Stryd : Anaddas i draffig, cyfyngedig
Stryd siopa - Parc ceir
Fferi geir - Pont liferi

Golygfeydd

Man diddorol
Lle diddorol o addoliad

Arwyddion amrywiol

Canolfan croeso - Ysbytty
Mynwent
Gardd, parc, coedwig - Stadiwm
Cwrs golff
Cwrs golff (â chyfyngiadau i ymwelwyr)
Adeilad cyhoeddus a ddynodir gan lythyren :
Swyddfeydd llywodraeth leol - Neuadd y Dref
Yr Heddlu (pencadlys) - Amgueddfa
Theatr - Prifysgol, Coleg
Prif swyddfa bost gyda poste restante
Gorsaf danddaearol

Llundain

Bwrdeistref - Ardal
Ffin Bwrdeistref - Ffin yr Ardal

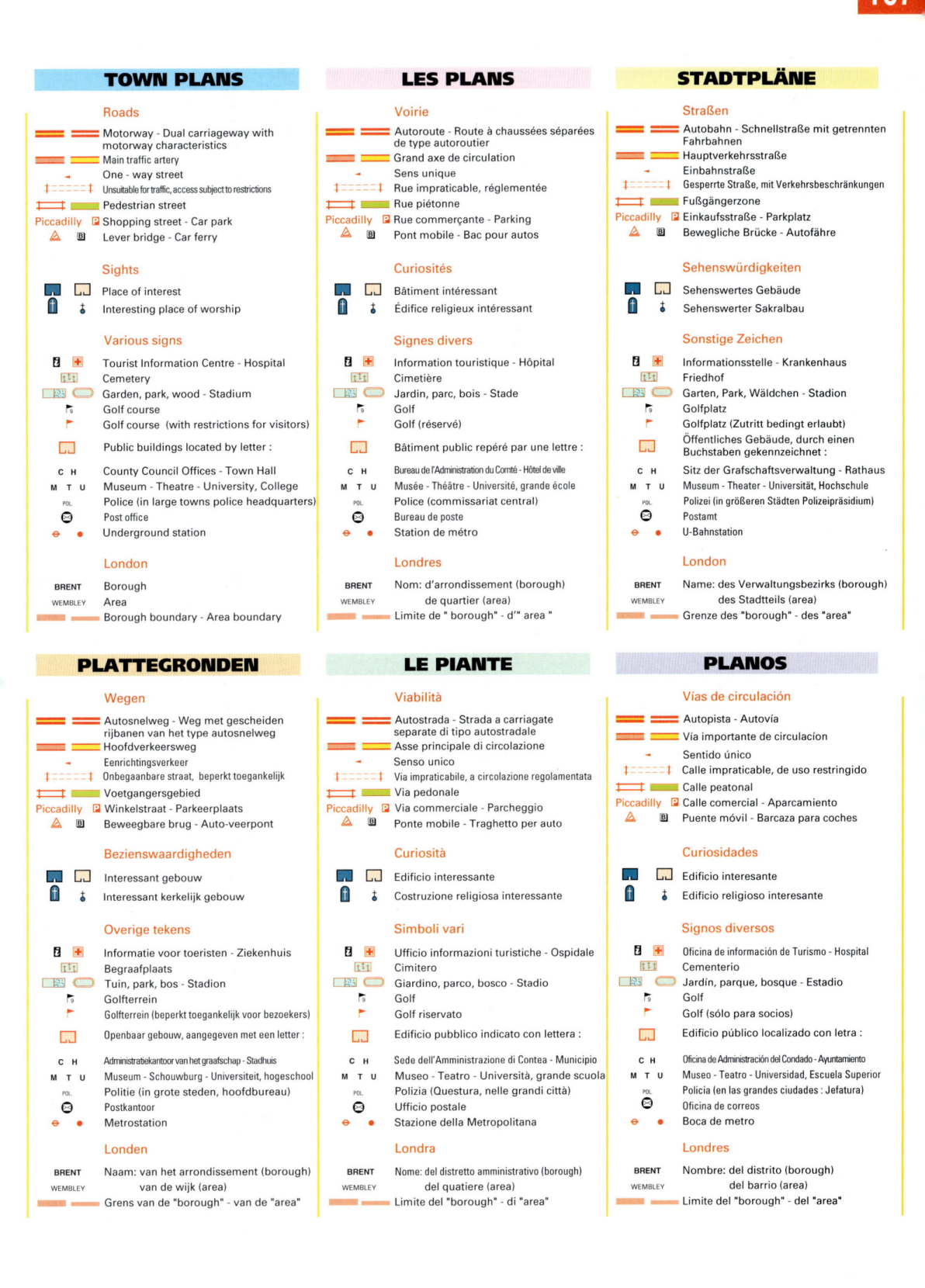

Great Britain

A

A Chill	65	A12
Abbas Combe	8	M30
Abberley	26	M27
Abbey	13	X30
Abbey Dore	17	L26
Abbey Town	44	K19
Abbeydale	35	P23
Abbeystead	38	L22
Abbots Bromley	35	O25
Abbots Langley	20	S28
Abbots Leigh	17	M29
Abbots Ripton	29	T26
Abbotsbury	8	M32
Abbotsford House	50	L17
Abbotskerswel	4	J32
Aber Banc	24	G27
Aberaeron	24	H27
Aberaman	16	J28
Aberangell	25	I25
Abercarn	16	K28
Abercastle	14	E28
Aberchrider	69	M11
Abercynon	16	J29
Aberdare / Aberdâr	16	J28
Aberdaron	32	F25
Aberdaugleddau /		
Milford Haven	14	E28
Aberdeen	69	N12
Aberdour	56	K15
Aberdour Bay	69	N10
Aberdovey		
Aberdyfi	24	H26
Aberedw	25	J27
Abereiddy	14	E28
Aberfeldŷ	61	H14
Aberffraw	32	G24
Aberford	40	P22
Aberfoyle	55	G15
Abergavenny / Y Fenni	16	K28
Abergele	33	J24
Abergorlech	15	H28

Abergwaun / Fishguard	14	F28
Abergwesyn	25	I27
Abergwili	15	H28
Abergwynfi	16	J29
Abergwyngregyn	32	H24
Abergynolwyn	25	I26
Aberhonddu / Brecon	16	J28
Aberlady	56	L15
Aberlemno	63	L13
Aberlour	68	K11
Abermaw / Barmouth	24	H25
Abermule	25	K26
Abernethy	56	K15
Abernyte	62	K14
Aberpennar /		
Mountain Ash	16	J28
Aberporth	24	G27
Abersoch	32	G25
Aberyschan	16	K28
Abertawe / Swansea	15	I29
Aberteifi / Cardigan	24	G27
Abertillery	16	K28
Aberuthven	56	J15
Aberystwyth	24	H26
Abingdon	19	Q28
Abinger Common	11	S30
Abinger Hammer	11	S30
Abington		
(South Lanarkshire)	49	I17
Abington (Cambs.)	22	U27
Aboyne	63	L12
Abriachán	67	G11
Abridge	20	U29
Accrington	39	M22
Achahoish	53	D16
Achallader	60	F14
Achanalt	66	F11
Achaphubuil	60	E13
Acharacle	59	C13
Achargary	73	H8
Acharn	61	H14
Achduart	72	E10
Achgarve	71	D10
Achiemore	72	F8

Achiltibuie	72	D9
Achintee	66	D11
Achintraid	66	D11
Achlean	61	I12
Achleck	59	B14
Achmelvich	72	E9
Achmore	66	D11
Achnahanat	72	G10
Achnamara	53	D15
Achnamellan	60	E13
Achnasheen	66	E11
Achnashellach		
Forest	66	E11
Achonsnich	59	B13
Achranich	59	C14
Achray (Loch)	55	G15
Achreaimie	73	I8
Achriesgill	72	F8
Achtalean	65	B11
Achvaich	73	H10
Acklington	51	P18
Ackworth	40	P23
Acle	31	Y26
Acomb	51	N19
Acrise Place	13	X30
Acton Burnell	26	L26
Acton Scott	26	L26
Acton Turville	17	N29
Adbaston	34	M25
Adderbury	19	Q27
Adderley	34	M25
Adderstone	51	O17
Addingham	39	O22
Addlestone	19	S29
Adfa	25	J26
Adlington	38	M23
Adlington Hall	35	N24
Advie	68	J11
Adwick-le-Street	40	O23
Ae Village	49	J18
Ae (Forest of)	49	J18
Afan Argoed	16	J29
Affric (Glen)	66	F12
Affric Lodge	66	E12

Afon Dyfrdwy /		
Dee (River)	33	K24
Afon-wen	33	K24
Agneash	42	G21
Aikton	44	K19
Ailort (Loch)	59	C13
Ailsa Craig	42	E18
Ainsdale / Quernhow	40	P21
Ainort (Loch)	65	B12
Ainsdale	38	K23
Air Uig	70	V9
Aird of Sleat	59	C12
Aird (The)	67	G11
Airdrie	55	I16
Airigh na h-Airde (Loch)	70	Z9
Airor	65	C12
Airth	55	I15
Airton	39	N21
Aith	75	M6
Aith	75	P3
Aitnoch	67	I11
Akeld	51	N17
A La Ronde	4	J32
Albourne	11	T31
Albrighton	26	N26
Albyn or Mor (Glen)	61	F12
Alcaig	67	G11
Alcester	27	O27
Alconbury	29	T26
Aldborough	31	X25
Aldbourne	18	P29
Aldbrough	41	T22
Aldbrough Saint John	46	O20
Aldbury	19	S28
Alde (River)	23	V27
Aldeburgh	23	V27
Aldenham	20	S28
Alderbury	9	O30
Alderly Edge	34	N24
Alderney (Channel I.)	5	
Aldershot	10	R30
Alderton	18	O27
Aldford	34	L24

Aldingbourne	10	R31
Aldridge	27	O26
Aldringham	23	V27
Aldsworth	18	O28
Aldwick	68	K12
Aldwick	10	R31
Alexandria	55	G16
Alfold Crossways	10	S30
Alford (Aberdeenshire)	69	L12
Alford (Lincs.)	37	U24
Alfreton	35	P24
Alfrick	26	M27
Alfriston	11	U31
Aline (Loch)	59	C14
Alkirough	41	S22
Alkham	13	X30
Allanaquoich	62	J12
Allanton	55	I16
Allanton	57	N16
Allendale Town	45	N19
Allenheads	45	N19
Allensmore	17	L27
Allerford	7	J30
Allerton	41	S21
Allerteon	35	P25
Allhallows	21	V29
Allign Shuas	66	D11
Allington	9	O30
Allington	18	O29
Allnaharr	72	G8
Alloa	55	I15
Allonby	44	J19
Alloway	48	G17
All Stretton	26	L26
Allt na h-Airbhe	72	E10
Alltan Fhèarna (Loch an)	73	H9
Alltnacraillich	72	G8
Almond (Glen)	61	I14
Almondsbury	62	J14
Almondsbury	17	M29
Alness	67	H10
Alnmouth	51	P17
Alnwick	51	O17
Alphington	22	N27
Alphington	7	J31
Alpraham	34	M24
Alresford	22	X28
Alrewas	27	O25
Alsager	34	N24
Alsh (Loch)	66	D12
Alston	45	M19
Alstonefield	35	O24
Alswear	7	I31
Altanduin	73	H9
Altandhu	71	D9
Altarnun	3	G32
Atass	72	G10
Altham	39	N22
Althorne	21	W29
Althorpe	40	R23
Altnabreac Station	73	I8
Altnacealgach	72	F9
Altnaharra	72	G9
Alton Pancras	8	M31
Alton Priors	18	O29
Alton (Hants.)	10	R30
Alton (Staffs.)	35	O25
Alton Towers	35	O25
Altrincham	34	M23
Alum Bay	9	P31
Alva	55	I15
Alvaston	35	P25
Alvechurch	27	O26
Alvediston	9	N30
Alves	68	J11
Alvescot	18	P28
Alvie	67	I12
Alvingham	37	U23
Alwinton	51	N17
Alyth	62	K14
Amberley	10	S31
Amble	51	P18
Amblecote	27	N26
Ambleside	44	L20
Ambrosden	19	Q28
Amersham	19	S29
Amesbury	9	O30
Amhuinnsuidhe	70	Y10
Amisfield	49	J18
Amlwch	32	G23
Ammanford / Rhydaman	15	I28
Amotherby	40	R21
Ampleforth	40	Q21
Amport	9	P30
Ampthill	28	S27
Amroth	14	G28
Amulree	61	I14
An Riabhachan	66	E11
An Socach	62	J13
An Teallach	66	E10
Anchor	25	K26
Ancroft	51	O16
Ancrum	50	M17

Andover	9	P30
Andoversford	18	O28
Andreas	42	G20
Angle	14	E28
Anglesey / Ynys Môn	32	
Anglesey Abbey	22	U27
Angmering	11	S31
Annan	49	K19
Annan (River)	49	K19
Annat Bay	72	E10
Annbank	48	G17
Annbank Station	48	
Anne Hathaway's		
Cottage	27	O27
Annesley Woodhouse	36	Q24
Anfield Plain	46	O19
Ansley	27	P26
Anstey	28	O25
Anston	36	Q23
Anstruther	57	L15
Anthom	44	K19
Antony House	3	H32
Antrim Coast	75	O2
Appleton Roebuck	40	Q22
Appin	60	E14
Appleby	45	M20
Appleby	41	S23
Appleby Magna	27	P25
Applecross	65	C11
Appledore (Devon)	6	H30
Appledore (Kent)	12	W30
Appleford	19	Q29
Appleton	35	
Appleton Wiske	46	O20
Appletreewick		
Aran Fawddwy	33	I25
Arberth / Narberth	14	F28
Arbiglanol	44	I19
Arbirlot	63	M14
Arbor Low	35	O24
Arborfield	19	R29
Arbroath	63	M14
Arbury Hall	27	P26
Arbuthnott	63	N13
Archiestown	68	K11
Ard (Loch)	55	G15
Ardanaiseig	54	E14
Ardanoch	67	
Ardchamich	66	E10
Ardchavaig	52	B15
Ardchullk	66	F11
Ardclive	61	G14
Ardechive	60	E13
Arden	55	G15
Ardentallen	54	D14
Ardeonaig	61	H14
Arderseir	67	H11
Ardery	60	C13
Ardfern	54	D15
Ardgartan	55	
Ardgay	73	G10
Ardglass	75	P5
Ardgour	60	D13
Ardhasaig	70	Z10
Ardingly	11	T30
Ardington	18	P29
Ardkeen	64	X11
Ardkeen	75	P4
Ardleigh	22	W28
Ardley	19	Q28
Ardlu	54	F15
Ardlussa	52	C15
Ardmair	72	E10
Ardmore Point	65	A11
Ardnacross	59	C14
Ardnamurchan	59	B13
Ardnastang	60	D13
Ardnave	52	A16
Ardnave Point	52	B16
Ardpatrick	53	D16
Ardrisharg	54	D15
Ardrosan	48	F17
Ards Peninsula	75	P4
Ardshealaoh	59	C13
Ardslignish	59	C13
Ardtalla	52	B16
Ardtalnaig	61	H14
Ardtoe	59	C13
Ardvasar	65	C12
Ardverikie Forest	61	G13
Ardvorlich	55	H14
Ardwell	42	F19
Argyll	54	D15
Argyll Forest Park	54	F15
Arichasflich	60	F14
Arienas (Loch)	59	C14
Arileod	59	A14
Arinacrinachd	65	C11
Arinagour	59	A14
Arinivaich	70	Z9
Arisaig (Loch)	60	E13

ABERDEEN

Bon Accord Centre	Y	
Broad Street	Y	6
Castle Street	Y	7
College Street	Z	9
Craigie Loanings	Y	12
Denburn Road	YZ	14
East North Street	Y	16
George Street	Y	
Great Southern Road	Z	18

Guild Street	Z	19
Justice Street	Y	21
Millburn Street	Y	23
Rosemount Terrace	Y	25
Rosemount Viaduct	Y	26
St. Andrew Street	Y	28
St. Nicholas Centre	Y	
St. Nicholas Street	YZ	30
School Hill	Y	32
South Esplanade		
West	Z	33
South Mount Street	Y	34

Springbank Terrace	Z	36
Spring Garden	Y	36
Trinity Centre		
Trinity Quay	Z	37
Union Street	Y	
Union Terrace	Z	39
Upperkirkgate	Y	40
Victoria Street	Z	42
Waverley Place	Z	43
Wellington Place	Z	45
Woolmanhill	Y	48

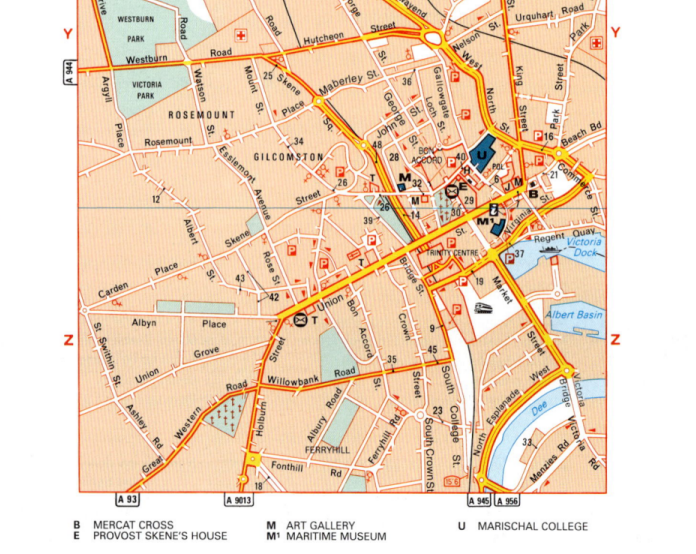

B MERCAT CROSS
E PROVOST SKENE'S HOUSE
M ART GALLERY
M¹ MARITIME MUSEUM
U MARISCHAL COLLEGE

ArK - Bar
109

BATH

Ambury BX 2	Gay Street AV	Northgate Street BVX 35
Argyle Street BV 3	Grand Parade BX 17	Old Bond Street BX 36
Bennett Street AV 4	Great Stanhope Street AV 18	Orange Grove BX 38
Bridge Street BVX 6	Green Street BV 21	Pierrepont Street BX 39
Broad Quay BX 7	Guinea Lane BV 23	Quiet Street BV 40
Chapel Row AVX 9	Henry Street BX 24	Railway Street BX 41
Charles Street AX 10	Lower Borough Walls BX 26	Russell Street AV 42
Charlotte Street AV 12	Milsom Street BV	Southgate Street BX 43
Cheap Street BX 13	Monmouth Place AVX 28	Terrace Walk BX 46
Churchill Bridge BX 14	Monmouth Street AX 30	Upper Borough Walls BX 48
Circus Place AV 16	New Bond Street BV 31	Westgate Buildings AX 49
	New Orchard Street BX 32	Westgate Street ABX 50
	Nile Street AV 34	Wood Street AV 52
		York Street BX 53

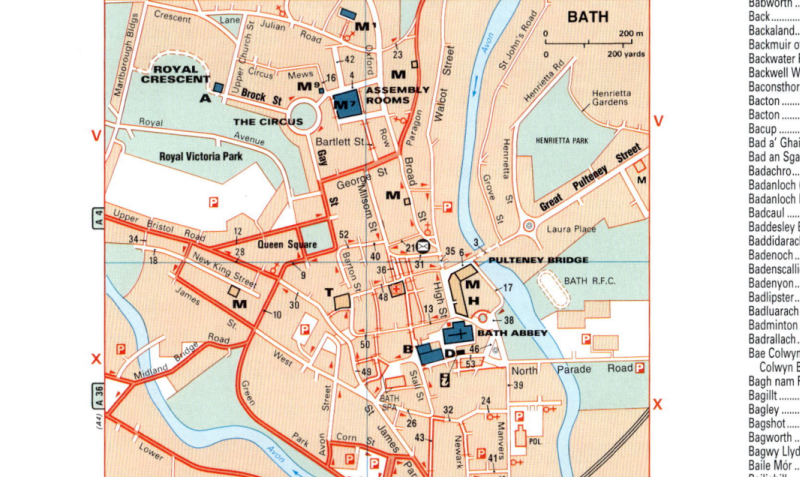

A ROYAL CRESCENT
B PUMP ROOM
D ROMAN BATHS
M1 INDUSTRIAL HERITAGE CENTRE
M7 MUSEUM OF COSTUME
M9 MUSEUM OF EAST ASIAN ART

Arkendale 40 P21
Arkengarthdale 46 O20
Arkholme 38 M21
Arklet (Loch) 55 G15
Arley 27 P26
Arlingham 17 M28
Arlington Court 6 I30
Armadale
(West Lothian) 56 I16
Armadale Bay 65 C12
Armadale (Highland) 73 H8
Armagh (County) 74 L5
Armitage 27 O25
Armthorpe 40 Q23
Arnabost 59 A14
Arncliffe 39 N21
Arncott 19 Q28
Arncroach 56 L15
Arne 9 N31
Arnesby 28 Q26
Arnicle 53 D17
Arnisdale 66 D12
Arnish 65 B11
Arnol 70 A8
Arnold 36 Q25
Arnprior 55 H15
Arnside 38 L21
Aros 59 B14
Arram 41 S22
Arran (Isle of) 53 E17
Arreton 10 Q31
Arrochar 54 F15
Arscaig 72 G9
Arundel 10 S31
Ascog 54 E16
Ascot 19 R29
Ascott House 19 R28
Ascott-under-Wychwood 18 P28
Ascrib Islands 65 A11
Asfordby 36 R25
Ash (Kent) 13 X30
Ash (Surrey) 10 R30
Ash Mill 7 I31
Ashbourne 35 O24
Ashburton 4 I32
Ashbury 18 P29
Ashby Magna 28 Q26
Ashby de la Zouch 27 P25
Ashcott 8 L30
Ashdon 29 U27
Ashford-in-the-Water
(Derbs.) 35 O24
Ashford (Kent) 12 W30
Ashford (Surrey) 20 S29
Ashie (Loch) 67 H11
Ashill 8 L31
Ashill 30 W26
Ashingdon 21 W29
Ashington (Northumb.) 51 P18
Ashington
(West Sussex) 11 S31
Ashkirk 50 L17
Ashleworth 17 N28
Ashley 6 I31
Ashley 22 V27
Ashley 34 M25
Ashley Green 19 S28
Ashmore 9 N31
Ashover 35 P24
Ashperton 26 M27
Ashreigney 6 I31
Ashtead 20 T30
Ashton 34 L24
Ashton-in-Makerfield 34 M23
Ashton Keynes 18 O29
Ashton-under-Lyne 39 N23
Ashton-upon-Mersey 34 M23
Ashurst 9 P31
Ashwell 29 T27
Ashwell 28 R25
Ashwellthorpe 31 X26
Askam in Furness 38 K21
Askern 40 Q23
Askernish 64 X12
Askerswell 8 L31
Askham 45 L20
Askrigg 45 N21
Askwith 39 O22
Aslacton 31 X26
Aslockton 36 R25
Aspatria 44 K19
Aspley Guise 28 S27
Assynt (Loch) 72 E9
Astley 34 L25
Aston 35 Q23
Aston 18 P28
Aston Magna 18 O27
Aston Clinton 19 R28
Aston Rowant 19 R28
Aston Tirrold 19 Q29
Astwood Bank 27 O27
Atcham 26 L25
Athelhampton Hall 9 N31
Athelney 8 L30
Athelstaneford 57 L16
Atherington 6 H31
Athersley 40 P23
Atherstone 27 P26
Atherton 39 M23
Atholl (Forest of) 61 H13
Attadale 66 D11
Attleborough 30 X26
Attleborough 27 P26
Attlebridge 31 X25
Atwick 41 T22
Atworth 17 N29
Aucharnie 69 M11
Auchavan 62 K13
Auchenblae 63 M13
Auchenbowie 55 I15
Auchenbrack 49 I18
Auchenbreck 54 E16
Auchencairn 43 I19
Auchencrosh 48 F18
Auchencrow 57 N16
Auchengray 56 J16
Auchenmalg 42 F19
Auchentiber 55 G16
Auchindrean 66 E10
Auchinleck 48 H17
Auchleven 69 M12
Auchlyne 61 G14
Auchnafree 61 I14
Auchnagallin 68 J11
Auchnagatt 69 N11
Aucholzie 62 K12
Auchronie 62 L13
Auchterarder 56 I15
Auchteraw 61 F12
Auchterderran 56 K15
Auchterhouse 62 K14
Auchtermuchty 56 K15
Auchtertyre 66 D12
Auckengill 74 K8
Auckley 40 Q23
Audenshaw 35 N23
Audlem 34 M25
Audley 34 N24
Audley End 22 U27
Audley's Castle 75 P4
Aughton 38 L21
Aughton (Lancs.) 38 L23
Auldearn 67 I11
Auldgirth 49 I18
Auldhouse 55 H16
Ault a' Chruinn 66 D12
Aultbea 71 D10
Aust 17 M29
Austrey 27 P26
Austwick 39 M21
Avebury 18 O29
Aveley 20 U29
Avening 18 N28
Aveton Gifford 4 I33
Aviemore 67 I12
Avoch 67 H11
Avon (Glen) 68 J12
Avon (River) 9 O31
Avon (River) (Wilts.) 9 O31
Avon (River) (R. Severn) 28 O26
Avonbridge 55 I16
Avonmouth 17 L29
Avonwick 4 I32
Awe (Loch) 54 E15
Awliscombe 7 K31
Awre 17 M28
Axbridge 8 L30
Axminster 8 L31
Axmouth 7 K31
Aylburton 17 M28
Aylesbury 19 R28
Aylesford 22 V30
Aylesham 13 X30
Aylsham 31 X25
Aylton 26 M27
Aymestrey 26 L27
Aynho 19 Q28
Ayr 48 G17
Aysgarth 46 O21
Ayside 44 L21
Ayton 47 S21
Ayton 57 N16

B

Bà (Loch) 59 C14
Babbacombe Bay 4 J32
Babcary 8 M30
Babell 33 K24
Babworth 36 R24
Back 71 B9
Backaland 74 L6
Backmuir of New Gilston 56 L15
Backwater Reservoir 62 K13
Backwell West Town 17 L29
Baconsthorpe 31 X25
Bacton 31 Y25
Bacton 22 X27
Bacup 39 N22
Bad a' Ghaill (Loch) 72 E9
Bad an Sgalaig (Loch) 66 D10
Badachro 65 C10
Badanloch (Loch) 73 H9
Badanloch Lodge 73 H9
Badcaul 72 D10
Baddesley Ensor 27 P26
Baddidarach 72 E9
Badenoch 61 H13
Badenscallie 72 E9
Badenyon 68 K12
Badlipster 74 K8
Badluarach 72 D10
Badminton 17 N29
Badrallach 72 E10
Bae Colwyn /
Colwyn Bay 33 I24
Bagh nam Faoileann 64 Y11
Bagillt 33 K24
Bagley 34 L25
Bagshot 19 R29
Bagworth 27 P25
Bagwy Llydiart 17 L28
Baile Mór 59 A15
Bailiehill 49 K18
Bainbridge 45 N21
Bainton 41 S22
Bakewell 35 O24
Bala 33 J25
Balallan 70 A9
Balbeggie 62 J14
Balblair 67 H10
Balcary Point 43 I19
Balchrick 72 E8
Balcombe 11 T30
Balderton 36 R24
Baldock 20 T28
Baldrine 42 G21
Baldwin 42 G21
Balemartine 58 Z14
Balephetrish Bay 58 Z14
Balephuil 58 Z14
Balephuil Bay 58 Z14
Balerno 56 J16
Baleshare 64 X11
Balevulin 59 B14
Balfour 74 L6
Balfron 55 H15
Balgray 62 L14
Balintore 73 I10
Balintore 62 K13
Balivanich 64 X11
Balk 40 Q21
Ballabeg 42 F21
Ballachulish 60 E13
Ballajora 42 G21
Ballamodha 42 G21
Ballantrae 48 E18
Ballasalla 42 G21
Ballater 62 K12
Ballaugh 42 G21
Ballevullin 58 Z14
Balliemore 54 E15
Balliemore 60 D14
Ballig 42 G21
Ballindarragh 74 J5
Ballingry 56 K15
Ballinluig 62 J14
Ballochan 63 L12
Ballochroy 53 D16
Ballycopeland 75 P4
Ballyhalbert 75 P4
Ballyhaugh 59 A14
Ballyquintin Point 75 P5
Ballywalter 75 P4
Balmaclellan 48 H18
Balmaha 55 G15
Balmedie 69 N12
Balminnoch 42 F19
Balmoral Castle 62 K12
Balmullo 56 L14
Balnacra 66 D11
Balnafoich 67 H11
Balnaguard 62 I14
Balnahard 59 B14
Balnakeil Bay 72 F8
Balnaknock 65 B11
Balnapaling 67 H10
Baltonsborough 8 M30
Balvicar 54 D15
Balvraid 66 D12
Bamburgh Castle 51 O17
Bamford 35 O23
Bampton (Cumbria) 45 L20
Bampton (Devon) 7 J31
Bampton (Oxon.) 18 P28
Banavie 60 E13
Banbury 27 P27
Banchory 69 M12
Bancyfelin 15 G28
Bandenscoth 69 M11
Banff 69 M10
Bangor 32 H24
Bankend 49 J18
Bankfoot 62 J14
Bankhead 69 N12
Banks 38 L22
Bankshill 49 K18
Banniskirk 74 J8
Bannockburn 55 I15
Banstead 20 T30
Banwell 17 L30
Bapchild 12 W30
Bar Hill 29 U27
Barbaraville 67 H10
Barbon 45 M21
Barcaldine 60 E14
Barcombe Cross 11 U31
Bardney 37 T24
Bardsea 38 K21
Bardsey 40 P22
Bardsey Island 32 F25
Barford 31 X26
Barford-Saint-Martin 9 O30
Barfreston 13 X30
Bargoed 16 K28
Bargrennan 48 G18
Barham 13 X30
Barking and Dagenham
(London Borough) 20 U29
Barking 22 X27
Barkston 36 S25
Barkway 20 U28
Barlaston 35 N25
Barlborough 36 Q24
Barlestone 27 P26
Barley 29 U27
Barley 39 N22
Barlow 35 P24
Barmby on the Marsh 40 R22
Barming 12 V30
Barmouth Bay 24 H25
Barmston 41 T21
Barnack 29 S26
Barnard Castle 46 O20
Barnby Moor (East Riding
of Yorks.) 40 R22
Barnby Dun 40 Q23
Barnby Moor (Notts.) 36 Q23
Barnet
(London Borough) 20 T29
Barnetby-le-Wold 41 S23
Barnham 30 W26
Barnham Broom 31 X26
Barnhill 68 J11
Barnhills 42 E18
Barningham 46 O20
Barnoldswick 39 N22
Barnsley 40 P23
Barnstaple 6 H30
Barnton 34 M24
Barnwell 28 S26
Barr 48 F18
Barra 58 X13
Barra (Sound of) 64 X12
Barra Head 58 X13
Barregarrow 42 G21
Barrhead 55 G16
Barrhill 48 F18
Barri / Barry 16 K29
Barrington 8 L31
Barrington Court 8 L31
Barrisdale 60 D12
Barrisdale Bay 60 D12
Barrmill 55 G16
Barrock 74 K8
Barrow 22 V27
Barrow Burn 51 N17
Barrow Gurney 17 L29
Barrow-in-Furness 38 K21
Barrow-upon-Humber 41 S22
Barrow-upon-Soar 28 Q25
Barrowby 36 R25
Barrowford 39 N22
Barry (Angus) 63 L14
Barry / Barri
(Vale of Glamorgan) 16 K29
Barsham 31 Y26
Barston 27 O26
Bartestree 26 M27
Barton 46 P20
Barton (Lancs.) 38 L22
Barton le Willows 40 R21
Barton-under-Needwood
(Staffs.) 27 O25
Barton in the Clay 20 S28
Barton Mills 30 V26

110 Bar – Ber

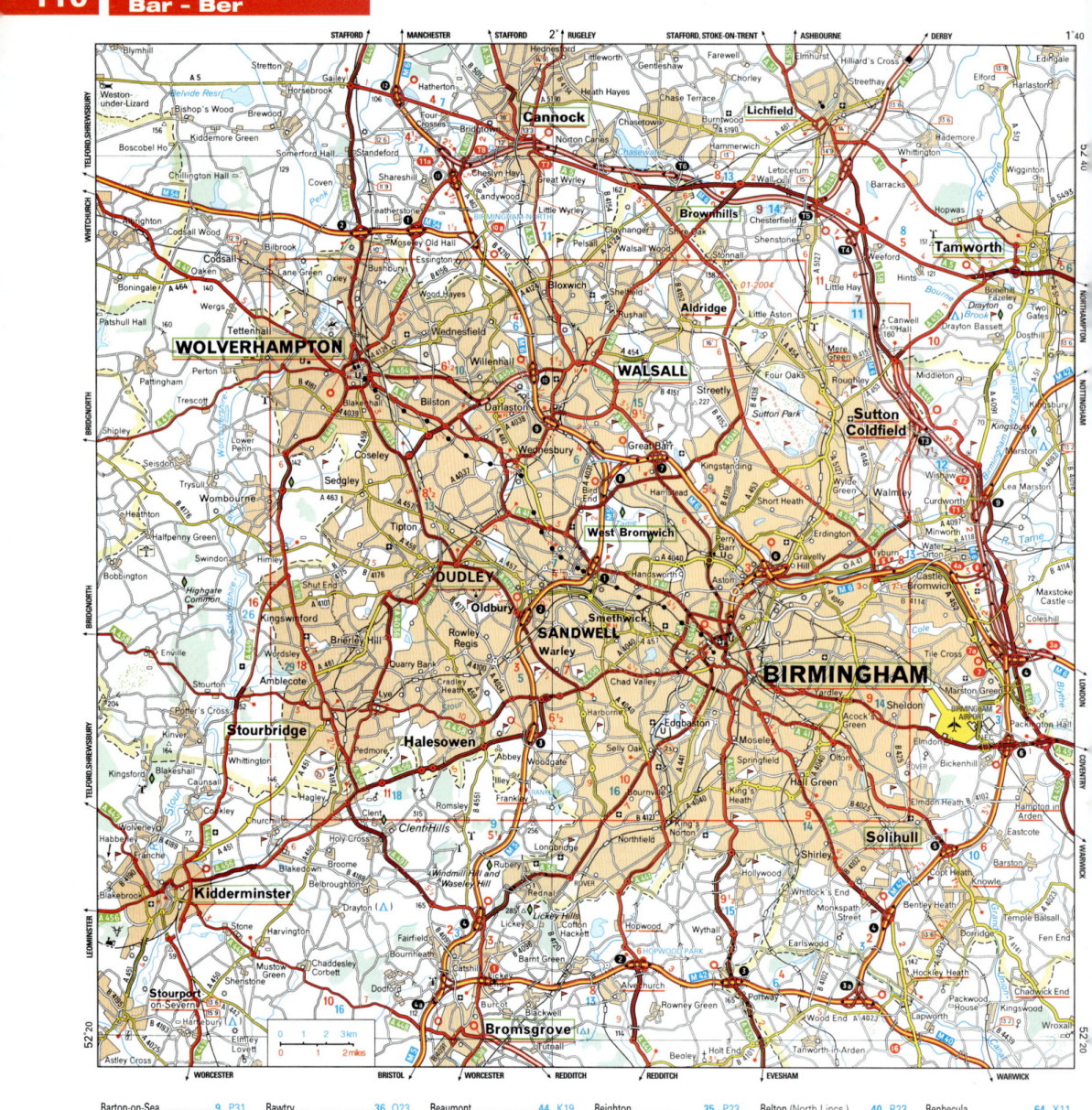

Barton-on Sea...................9	P31	Bawtry..............................36	Q23	Beaumont........................44	K19	Breighton.........................35	P23
Barton-upon-Humber........41	S22	Bayble..............................71	B9	Beaupre Castle.................16	J29	Beinn a' Mheadhoin	
Barvas..............................70	A8	Baycliff.............................38	K21	Bebington........................34	L23	(Loch)..........................66	F12
Barwell.............................27	P26	Baydon.............................18	P29	Beccles.............................31	T26	Beinn a' Ghlo...................62	H13
Barwick-in-Elmet..............40	P22	Bayford.............................64	X11	Beckfoot...........................43	J19	Beinn Dearg (Perthshire	
Baschurch........................34	L25	Bayston Hill......................25	L25	Beckingham......................36	R23	and Kinross)....................61	H13
Bashall Eaves...................39	M22	Beachampton....................19	R27	Beckington........................17	N30	Beinn Dearg (Highland)...66	F10
Basildon (Berks.)..............19	O29	Beachy Head....................11	U31	Beckley.............................12	V31	Beinn Heasgarnich...........61	G14
Basildon (Essex)...............21	V29	Beacon (The).....................2	E33	Becton..............................20	U29	Beinn Ime.........................54	F15
Basing..............................10	Q30	Beacon End......................22	W28	Beddau.............................46	F21	Beith.................................55	G16
Basingstoke......................10	Q30	Beaconsfield.....................19	S29	Beddau.............................15	J29	Belbroughton....................27	N26
Baslow.............................35	P24	Beadlam...........................47	R21	Beddgelert........................32	H24	Belchford..........................37	T24
Bass Rock.........................57	M15	Beadnell Bay....................51	P17	Beddingham......................11	U31	Belfast..............................51	P17
Bassenthwaite..................44	K19	Bedford.............................1	H31	Bedford.............................29	S27	Belleville..........................69	N12
Bassingham......................36	S24	Beal..................................51	O16	Bedford Levels..................30	T26	Bellabeg...........................69	K12
Baston..............................29	S25	Beaminster........................8	L31	Bedfordshire (County)......28	S27	Bellanaleck.......................74	M5
Bastwick...........................31	V25	Beamish Hall....................46	P19	Bedgebury Pinetum...........12	V30	Belleek (Armagh)..............74	M5
Batcombe...........................8	M31	Barnsley...........................39	Q22	Bedington.........................51	P18	Bellingham........................46	N18
Bath..................................17	M29	Bearsden..........................55	G16	Bedlinog...........................16	K28	Bellshill............................51	N16
Bathampton......................17	N29	Bearsted...........................12	V30	Bedrule.............................4	M17	Bellshill............................51	O17
Batheaston.......................17	N29	Bearsted...........................12	V30	Bedwas.............................16	K29	Belmont............................75	R1
Bathgate...........................56	J16	Beatrock..........................49	J18	Bedworth..........................27	P26	Belnacraig........................68	K12
Batley...............................39	P22	Beautchief........................35	P24	Bee (Loch)........................61	K14	Belnelhua.........................52	C15
Battle................................12	V31	Beaufort...........................16	K28	Beer...................................7	K31	Belper...............................35	P24
Baumber...........................37	T24	Beaulieu.............................9	P31	Beeston............................36	Q25	Belsay...............................51	O18
Bawburgh.........................31	X26	Beauly..............................67	G11	Beeswing..........................49	H18	Belstead............................23	X27
Bawdeswell.......................30	X25	Beauly Firth.....................67	G11	Begbroke...........................19	Q28	Belstone.............................5	G31
Bawdsey...........................23	V27	Beaumaris........................32	H24	Beguildy............................25	K26	Belton...............................28	R26

Belton (North Lincs.).........40	R23	Benbecula	
Belton House (Lincs.).........36	S25	Benbuie.............................49	N18
Belton (Norfolk).................31	Y26	Benderloch........................60	E14
Belvoir..............................R	R25	Benenden..........................12	V30
Bembridge.........................Q	Q31	Bendronaig Lodge..............66	E11
Bempton...........................41	T21	Benenden..........................12	V30
Ben Alder..........................61	G13	Bengeo..............................21	U29
Ben Alder Lodge................61	G13	Benington..........................37	T25
Ben Armine Forest..............73	H9	Benllech............................32	H24
Ben Armine Lodge..............73	H9	Benmore............................95	G14
Ben Chonzie......................61	H14	Benmore Lodge..................60	F14
Ben Cruachan....................60	F14	Benson..............................19	Q17
Ben-damph Forest..............66	D11	Bentley.............................40	R23
Ben Hope...........................2	G8	Bentley..............................50	K16
Ben Klibreck......................72	G8	Bentpath...........................50	K18
Ben Lawers........................61	H14	Benwick.............................15	
Ben Ledi............................61	G15	Beragh (Loch)....................55	G15
Ben Lomond......................55	G15	Bere Ferrets........................8	N32
Ben Loyal..........................73	G8		
Ben Macdui.......................62	H12	Ben More	
		(Argyll and Bute).........59	C14
		Ben More (Stirling)............55	G15
		Ben More Assynt................72	E9
		Ben Nevis..........................60	E13
		Ben Starav.........................60	E14
		Ben Vorlich........................55	H14
		Ben Wyvis.........................67	G10
Berkhamsted......................19	S28
Berneray (near Barra)........56	E13
Berneray	
(Inner North Uist)...........84	Y10
Bernice..............................54	E15
Bernisdale.........................65	B11

BIRMINGHAM

Albert St	MY 2	Edgbaston	
Bull Ring Centre	MY	Shopping Centre	JZ
Bull St	MY 3	George St West	JY 19
Cambridge St	KYZ 8	Great Tindal St	JZ 18
Chapel St	MY 30	Hall St	JY 29
Corporation St	MYZ	Holloway Circus	LZ 32
Dale End	MY 21	Horse Fair	LZ 28
		James Watt	
		Queensway	MY 35

Jenner's Rd	FV 36	Minories Shopping Centre MY
King Edwards Rd	JY 98	Moor Lane	MZ 44
Ladywell Walk	MZ 37	Moor St Queensway	MYZ 46
Lancaster Circus	MY 39	Morvile St	JZ 66
Lancaster St	MY 41	Museum and Art Gallery	JZ
Legge Lane	KY 52	Navigation St	LZ 49
Martineau Pl		New St	MLYZ
Shopping Centre	MY	Newhall Hill	KY
Masshouse Circus	KY 43	Newton St	MY

Paradise Circus	LYZ 56	St Chads Ringway	MY 63
Paradise Forum		St Martin's Circus	MZ 64
Shopping Centre	LY	Summer Hill Rd	JKY 76
Park St	KZ 57	Summer Hill St	KY 93
Priory Queensway	MY 69	Summer Row	KY 77
Shadwell St	LMY 70	Temple Row	MY 80
Smallbrook Queensway	LMZ 71	Waterloo St	LY 84
Snow Hill Queensway	LMY 73	Wheatley Lane	KZ 88
St Chads Circus	LY 62	William St	KZ 97

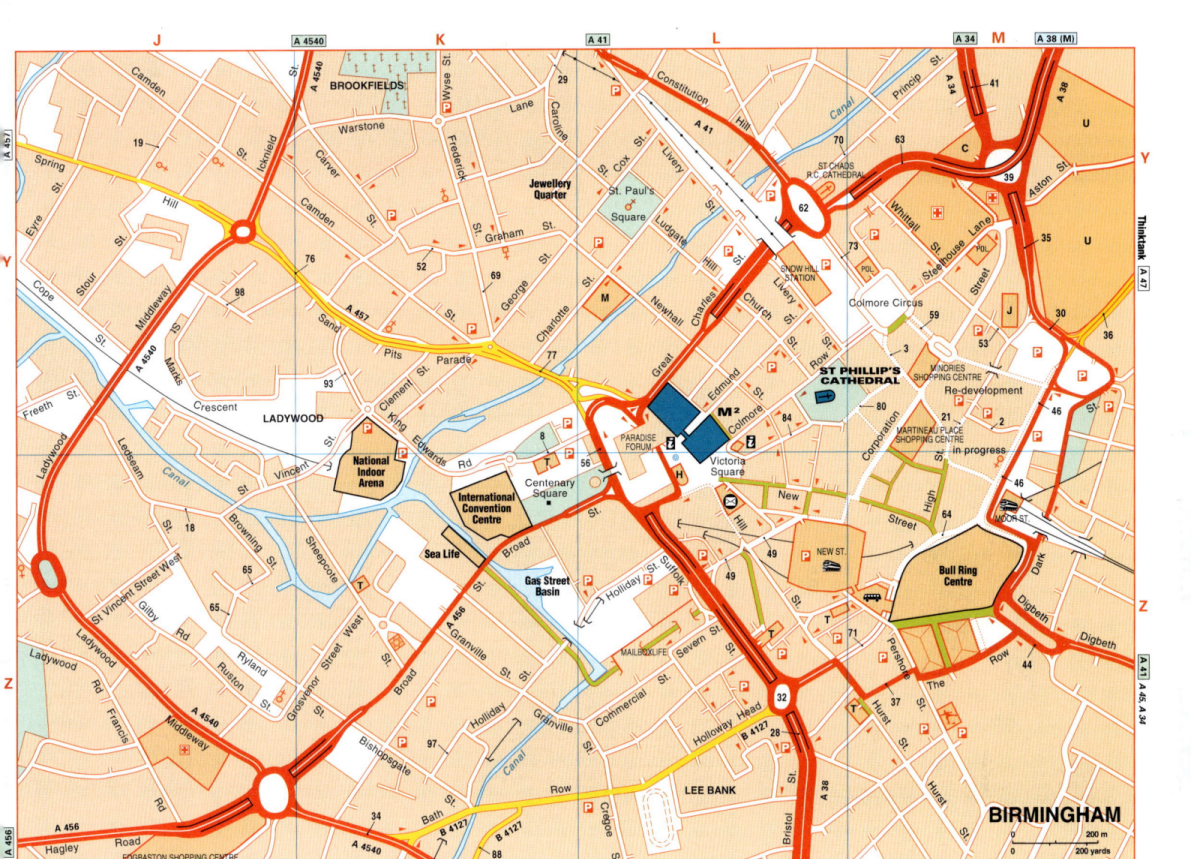

Ber - Bla

Bernish Rock	74 M5	Bexley		Billericay	21 V29	Birstall	28 Q25
Berriew	25 K26	(London Borough)	20 U29	Billesdon	28 R26	Birtley	46 P19
Berrington Hall	26 L27	Beyton	22 W27	Billingsborough	37 S25	Birtley	51 N18
Berrow	8 K30	Bhad Luachraich (Loch)	71 D10	Billinge	34 L23	Birtsmorton Court	17 N27
Berry Pomeroy	4 J32	Bhealach (Loch a')	72 G9	Billingham	46 Q20	Bisham	19 R29
Berry Head	4 J32	Bhraoin (Loch a')	66 E10	Billinghay	37 T24	Bishop Auckland	46 P20
Berry Hill	17 M28	Bhrotain (Loch)	70 A10	Billingshurst	11 S30	Bishop Burton	41 S21
Berryarbor	6 H30	Bibury	0 Q28	Billingsley	26 M26	Bishop Monkton	40 P21
Bervie Bay	63 N13	Bicester	19 Q28	Billington	33 M22	Bishop's Castle	26 L26
Berwick-Saint-John	9 N31	Bicker	37 T25	Billockby	31 Y26	Bishop's Candle	8 M31
Berwick-upon-Tweed	57 Q16	Bickington	4 I32	Billy Row	46 Q19	Bishop's Cleeve	17 N28
Berwyn	33 J25	Bickleigh	7 J31	Bilsington	12 W30	Bishop's Nympton	7 I31
Bessacarr	40 Q23	Bickleigh	4 H32	Bilsthorpe	36 Q24	Bishop's Palace	
Bessbrook	74 M5	Bicton	26 L25	Bilston	27 N26	(near St. David's)	14 E28
Bethel	32 H24	Bicton gardens	K31	Bilton	41 T22	Bishop's Palace	
Bethersden	12 V30	Biddenden	12 V30	Binfield	19 R29	(near Perth)	14 F28
Bethesda	32 H24	Biddenham	28 S27	Bingham	36 R25	Bishop's Stortford	20 U28
Betley	34 M24	Biddestone	17 N29	Bingley	39 Q22	Bishop's Tawton	6 H30
Bettsfield	34 L25	Biddulph	35 N24	Binham	30 W25	Bishop Sutton	17 M29
Bettws Evan	24 G27	Bidem nam Bian	60 E14	Binns (The)	56 J16	Bishop's Waltham	10 Q31
Bettws Gwerfil		Bideford	6 H30	Binsted	10 R30	Bishop Thornton	39 P21
Goch	33 J24	Bidford	27 O27	Birchington	13 X29	Bishop Wilton	40 R22
Bettyhill	73 H8	Bieldside	69 N12	Birdham	10 R31	Bishop's Cannings	18 O29
Betws Cedwain	25 K26	Bierton	19 R28	Birdingbury	27 P27	Bishop's Itchington	27 P27
Betws yn Rhos	33 J24	Big Corfee	48 H18	Birdswell	40 P23	Bishop's Lydeard	K30
Betws-y-Coed	33 I24	Bigbury	4 I33	Birdworld	10 R30	Bishop's Palace	14 E28
Beulah	24 G27	Bighton-y-on-Sea	4 I33	Birgham	50 N17	Bishop's Tachbrook	27 P27
Beulah	25 J27	Biggar	49 J17	Birkdale	38 K23	Bishopsteignton	4 J32
Beverley	41 S22	Biggar	38 K21	Birkenhead	33 K23	Bishopstoke	10 Q31
Beverstone	17 N29	Biggin Hill Airport	20 U30	Birkin	40 Q22	Bishopston	15 M28
Bewaldeth	44 K19	Biggleswade	29 T27	Birling Gap	11 U31	Bishopstone	18 P29
Bewcastle	50 L18	Bignor	10 S31	Birmingham	37 O26	Bishopstone	9 Q30
Bewdley	26 N26	Bildeston	22 W27	Birnam	62	Bishopthorpe	40 Q22
Bewhulme	41 T23	Bildsgreen	26 M26	Birsay	74 K6	Bishopston	55 G16
Bexhill	12 V31	Bill of Portland	5 M32	Birstmore	68 L12	Bishopton	46 P20

Bishton	17 L29	Blackridge	55 I16
Bisley	18 N28	Blackthorn	19 Q28
Bispham	38 K22	Blacktoft	40 R22
Bix	19 R29	Blackwater (River)	22 W28
Bixter	75 P3	Blackwater	10 Q31
Blaby	28 Q26	Blackwater	19 R30
Black Bay	53 D17	Blackwater Reservoir	60 F13
Black Corries	60 F13	Blackwaterfoot	53 D17
Black Down Hills	7 K31	Blackwell	16 K29
Black Isle	67 G11	Blackwood	16 K29
Black Mountain	60 F14	Bladnoch	42 G19
Black Mountains	16 K28	Bladon	19 P28
Black Notley	22 V28	Blaenannarch	24 G27
Black Torrington	6 H31	Blaenau Ffestiniog	33 I24
Black Water Valley	67 F11	Blaenavon	16 K29
Blackawton	4 I33	Blaengwrm	16 K29
Blackburn		Blaengrwach	16 K29
(Aberdeenshire)	69 N12	Blagdon	17 L30
Blackburn		Blaieh	60 F13
(West Lothian)	56 J16	Blainore	54 F16
Blackburn (Lancs.)	38 M22	Blaina	16 K29
Blackfield	9 P31	Blair Atholl	61 H13
Blackford (Perthshire		Blair Castle	61 H13
and Kinross)	1 I15	Blairgowrie	
Blackford (Cumbria)	45 L19	(Blairgowrie) (Glos.)	17 M28
Blackhall Rocks	46 Q19	Blakeney (Norfolk)	30 W25
Blackhill	45	Blakesley	28 Q27
Blackhill	46 Q19	Blamiford Forum	9 N31
Blackkunas	62 J13	Blanefield	55 H16
Blackmoor Gate	7 I30	Blair a Chaorainn	60 F13
Blackness Castle	56 J15	Blarmachfoldach	60 E13
Blacko	39 N22	Blarnalearoch	72 E10
Blackpool	38 K22	Blawith	44 K21
		Blaxton	40 R23

112 Bla - Bri

BLACKPOOL

Street	Grid
Abingdon Street	AY 2
Adelaide Street	AY 5
Caunce Street	AY 7
Church Street	AY
Clifton Street	AY 12
Cookson Street	AY 14
Deansgate	AY 15
George Street	AY 17
Grosvenor Street	AY 21
High Street	AY 22
Hounds Hill Centre	AY
King Street	AY 23
Lark Hill Street	AY 24
New Bonny Street	AY 25
Pleasant Street	AY 27
South King St	AY 36
Talbot Square	AY 39
Topping Street	AY 40

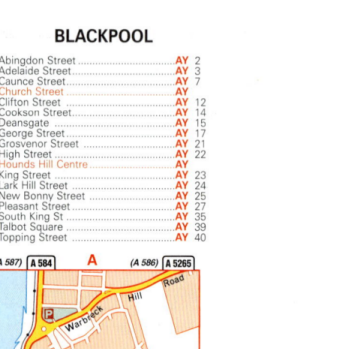

BOURNEMOUTH

Street	Grid
Branksome Wood Road	CY 9
Commercial Road	CY 13
Durley Road	CZ 17
Exeter Road	CDZ 20
Fir Vale Road	DY 23
Gervis Place	DY 24
Hinton Road	DZ 27
Lansdowne (The)	DY 28
Lansdowne Road	DY 30
Madeira Road	DY 34
Manor Road	EY 35
Meyrick Road	EYZ 36
Old Christchurch Road	DY
Post Office Road	CY 43
Priory Road	CZ 45
Richmond Hill	CY 47
Russell Cotes Road	DZ 49
St. Michael's Road	CZ 51
St. Paul's Road	EY 52
St. Peter's Road	DY 53
St. Stephen's Road	CY 55
St. Swithuns Road South	EY 56
Square (The)	CY 63
Suffolk Road	CY 67
Triangle (The)	CZ 68
Upper Hinton Road	DZ 68
West Cliff Promenade	CZ 72
Westover Road	DZ 75

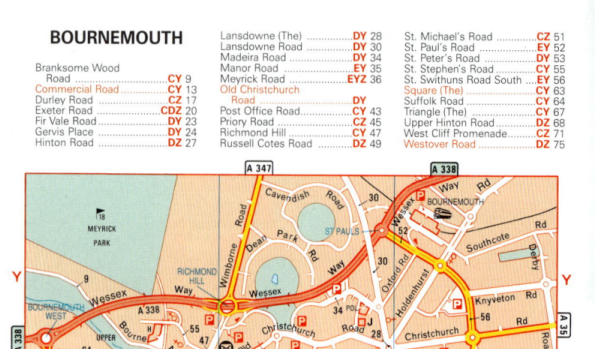

BRADFORD

Street	Grid
Bank Street	AZ 4
Broadway	BZ 8
Canal Road	BZ 10
Charles Street	BZ 13
Cheapside	BZ 14
Darley Street	AZ 18
Drewton Road	AZ 19
East Parade	BZ 22
Harris Street	BZ 23
Ivegate	AZ 25
Kirkgate Centre	AZ 26
Market Street	BZ 26
Otley Road	BZ 31
Peckover Street	BZ 32
Prince's Way	AZ 33
Stott Hill	BZ 39

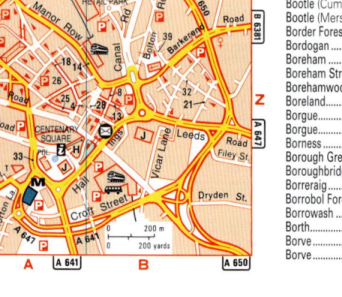

Entry	Page	Grid
Blaydon	46	O19
Bleadon	17	L30
Bleaklow Hill	35	O23
Blean	13	X30
Bleasby	36	R24
Blenheim Palace	18	P28
Bletchingdon	19	Q28
Bletchley	19	R27
Bletso	28	S27
Blewbury	19	Q29
Bickling	31	X25
Blickling Hall	31	X25
Blidworth	36	Q24
Blindley Heath	11	T30
Blisland	3	F32

Entry	Page	Grid
Blisworth	28	R27
Blithe	35	O25
Blithfield Hall	35	O25
Blithfield Reservoir	35	O25
Blockley	18	O27
Blofield	31	Y26
Bloxham	18	P27
Blue John Cavern	35	O23
Bluemill Sound	75	Q1
Blundellsands	38	K23
Blundeston	31	Z26
Blyth (Northumb.)	51	P18
Blyth (Notts.)	36	Q23
Blythburgh	31	Y27

Entry	Page	Grid
Blythe Bridge	35	N25
Blyton	36	R23
Bo' Ness	56	J15
Boarhills	57	L15
Boat of Garten	67	I12
Boathlnic	67	G10
Bocking Churchstreet	22	V28
Boddam	69	O11
Bodedern	32	G24
Bodenham	26	L27
Bodfari	33	J24
Bodfordd	32	G24
Bodham Street	31	X25
Bodiam Castle	12	V30
Bodicote	28	Q27
Bodmin	3	F32
Bodmin Moor	3	G32
Bodnant Garden	33	I24
Bognor Regis	10	R31
Bogue	48	H18
Boisdale	64	X12
Boisdale (Loch)	64	V12
Boldon	46	P19
Boldram	7	J31
Bollin (River)	34	N23
Bollington	34	N23
Bolney	11	T31
Bolnhurst	29	S27
Bolsover	36	Q24
Boltby	46	Q21
Bolton	39	M23
Bolton	51	O17
Bolton on Swale	46	P20
Bolton Abbey	39	O22
Bolton-by-Bowland	39	N22
Bolton-le-Sands	44	L21
Bolton-upon-Dearne	40	P23
Bomere Heath	34	L25
Bonar Bridge	73	G10
Bonawe Quarries	60	E14
Bonby	41	S23
Boneath	24	G27
Bonchester Bridge	50	M17
Bonhill	55	G16
Bonnybridge	55	I16
Bonnyrigg	56	K16
Bont-faen / Cowbridge	16	J29
Bontgoch Elerch	25	I26
Bontnewydd	32	H24
Boosbeck	47	R20
Boot	44	K20
Bootle (Cumbria)	44	J21
Bootle (Merseyside)	34	K23
Border Forest Park (The)	50	M18
Bordognan	32	G24
Boreham	22	V28
Boreham Street	12	V31
Borehamwood	20	T29
Boreland	49	K18
Borgue	43	H19
Borgue	73	J9
Borness	43	H19
Borough Green	20	U30
Boroughbridge	40	P21
Borreraig	64	Z11
Borrobol Forest	73	H9
Borrowash	35	P25
Borth	24	H26
Borve	58	X13
Borve	70	Y10

Entry	Page	Grid
Borve (Barra Isle)	58	X13
Borve (Isle of Lewis)	71	A8
Borwick	38	L21
Bosbury	26	M27
Boscastle	6	F31
Boscombe	9	O31
Bosham	10	R31
Bosherston	14	F29
Bosley	35	N24
Boston	37	T25
Boston Spa	40	P22
Boswinger	3	F33
Botesdale	30	W26
Bothamsall	36	R24
Bothal	44	K19
Bothwell	55	H16
Botley	10	O31
Bottesford	36	R25
Bottisham	22	U26
Botwnnnog	32	G25
Boughton	36	Q24
Boughton House	28	R26
Boughton Street	12	W30
Boulmer	51	P17
Boultham	36	S24
Boun	33	T27
Bourn	37	S25
Bournemouth	9	O31
Bourton	18	P29
Bourton	18	P29
Bourton-on-the-Water	18	O28
Bovey Tracey	4	I32
Bovington	19	S28
Bow	7	I31
Bow Street	24	H26
Bowden	50	L17
Bower	50	M18
Bower	74	K8
Bowerchalke	9	O30
Bowes	46	N20
Bowhill	50	L17
Bowland (Forest of)	38	M22
Bowland	50	L17
Bowmore	52	B16
Bowness	45	L20
Bowness-on-Solway	45	K19
Bowood House	18	N29
Box	17	N29
Box Hill	11	T30
Boxford	22	W27
Boxford	18	P29
Boxley	12	V30
Boxworth	29	T27
Boyton	6	G31
Bozeat	28	R27
Braid	42	G21
Brabourne Lees	13	W30
Bracedale (Loch)	65	A12
Bracebridge Heath	36	S24
Brackley	28	Q27
Brackley Hatch	28	Q27
Bracknell	19	R29
Braco	55	I15
Bracora	59	C13
Bradan Resr (Loch)	48	G18
Bradfield	19	G29
Bradfield	39	P23
Bradfield	39	O22
Bradford	7	K31

Entry	Page	Grid
Bradford Abbas	8	M31
Bradford-on-Avon	17	N29
Brading	10	Q31
Bradninch	7	J31
Bradpole	8	L31
Bradwell	35	O24
Bradwell-on-Sea	22	W28
Bradworthy	6	G31
Brae	75	P2
Brae of Achnahaird	72	D9
Brae Roy Lodge	61	F13
Braeantra	67	G10
Braedownie	62	K13
Braehead	56	J16
Braemar	62	I12
Braemore	73	J9
Braeriach	62	I12
Braeswick	75	L6
Brafferton Helperby	40	Q21
Bragar	70	A8
Braglenbeg	53	D15
Braich y Pwll	32	F25
Braidwood	55	I16
Braigh Mor	59	I09
Brailes	27	P27
Brailsford	35	P25
Braintree	22	V28
Braisfield	9	P30
Braithwaite	44	K20
Bramcote	36	Q25
Bramfield	31	Y27
Bramford	23	X27
Bramhall	35	N23
Bramham	40	P22
Bramhope	39	P22
Bramley	10	R30
Bramley (South Yorks.)	36	Q23
Bramley (Surrey)	10	S30
Brampton	45	M20
Brampton Bryan	26	L26
Brampton (Cambs.)	29	T27
Brampton (Cumbria)	45	L19
Brampton (Rotherham.)	40	P23
Brampton (Suffolk)	31	Y26
Brancaster	30	V25
Branderburgh	68	K10
Brandesburton	41	T22
Brandon (Durham)	46	P19
Brandon (Suffolk)	30	U26
Brandsby	40	Q21
Branscombe	7	K31
Bransford	27	M27
Bransgore	9	O31
Branston	36	S24
Brant Broughton	36	S24
Brassington	35	P24
Bratton	9	N30
Bratton Clovelly	6	H31
Bratton Fleming	6	I30
Braughing	20	U28
Braunston	28	R26
Braunston	28	Q27
Braunstone	28	Q27
Braunton	6	H30
Braybrooke	28	R26
Brayford	7	I30
Bray-on-Thames	19	R29
Bray Shop	3	G32
Brayton	40	Q22
Bracalete	70	Z9
Breadalbane	61	G14

Entry	Page	Grid
Breage	2	D33
Bream	17	M28
Breamore House	19	O31
Brean	17	K30
Brean	17	L30
Breasciete	70	Z9
Breastion	35	Q25
Brechin	63	M13
Breckland	30	V26
Brecon / Aberhonddu	16	J28
Brecon Beacons National Park	16	J28
Bredbury	35	N23
Brede	12	V31
Bredentbury	26	M27
Bredgar	12	W30
Bredon	27	N27
Bredwardine	26	L27
Bremhill	18	N29
Brenchley	12	V30
Brendon Hills	7	J30
Brenig Reservoir	33	J24
Brenish	70	Y9
Brent London Borough	20	T29
Brent Knoll	8	L30
Brent Pelham	21	U28
Brentwood	20	U29
Brenzett	13	W31
Brereton	27	O25
Bressay	75	Q3
Bretford	27	P27
Bretherton	38	L22
Brevsham	?	
Brewlands Bridge	62	I13
Brewood	27	N25
Bride	42	G20
Bridestowe	6	H31
Bridge	10	S30
Bridge of Alford	68	K11
Bridge of Allan	55	I15
Bridge of Avon	68	J11
Bridge of Balgie	61	G14
Bridge of Buchat	68	J12
Bridge of Craigisla	62	K13
Bridge of Dee	62	I13
Bridge of Don	69	L11
Bridge of Dun	63	L13
Bridge of Dye	63	K12
Bridge of Earn	56	J14
Bridge of Erricht	61	G13
Bridge of Gaim	62	I12
Bridge of Gaur	61	F14
Bridge of Orchy	60	F14
Bridge of Weir	55	G16
Bridge Trafford	34	L24
Bridgemary	10	Q31
Bridgend	53	D15
Bridgend	16	J29
Bridgend (Perthshire and Kinross)	56	J14
Bridgenorth	16	J29
Bridgend (Islay)	52	B16
Bridgend of Lintrathen	62	K13
Bridgerule	6	G31
Bridgham	30	V26
Bridgnorth	26	M26
Bridgwater	8	L30

Bri - Bro

BRIGHTON AND HOVE

Adelaide Crescent	**AY**	2
Brunswick Place	**AY**	3
Brunswick Square	**AYZ**	4
Chatham Place	**BX**	6
Churchill Square Shopping Centre	**BYZ**	

Denmark Road	**BY**	7	Marlborough Place	**CY**	21
East Street	**CZ**	8	Montpelier Place	**BY**	22
Gladstone Terrace	**CX**	12	North Street	**CZ**	
Gloucester Place	**CY**	13	Old Steine	**CZ**	23
Gloucester Road	**CY**	14	Pavilion Parade	**CZ**	26
Goldsmid Road	**BX**	15	Richmond Place	**CY**	27
Grand Junction Road	**CZ**	16	Richmond Terrace	**CX**	28
London Road	**CX**		St. George's Place	**CX**	30
			St. Peter's Place	**CX**	31

Terminus Road	**BCX**	32
Upper Lewes Road	**CX**	33
Waterloo Place	**CX**	39
Western Road	**ABY**	
York Place	**CY**	42

B ST. BARTHOLOMEW'S
M BRIGHTON MUSEUM AND ART GALLERY

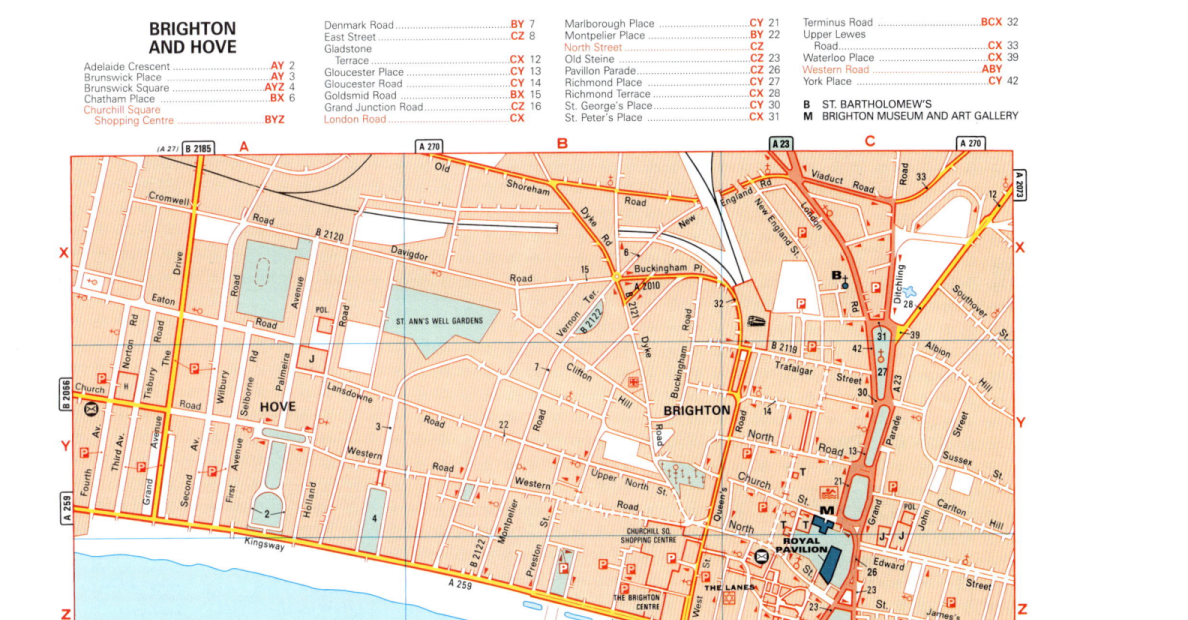

BRISTOL

Bedminster Parade	CZ 5
Broad Quay	CYZ 13
Broad St.	CY 14
Broadmead	DY
College Green	CZ 30
College St.	CYZ 32
Colston Avenue	CY 33
Fairfax St.	CDY 35
Frog Lane	CY 37
Galleries (The) Shopping Centre	DY
Haymarket	DY 38
High St.	CDY 39
Horse Fair (The)	DY
Lower Castle St.	DY 43
Marlborough St.	CDY 46
Merchant St.	DY 47
Narrow Plain	DY 50
Nelson St.	CY 51
North St.	DY 52
Old Market St.	DY 54
Pile St.	CY
Passage St.	DY 55
Quay St.	CY 58
Queen Charlotte St.	CZ 60
Redcliffe Mead Lane	DZ 61
Rupert St.	CY 65
St. Augustine's Parade	CY 66
Temple Gate	DZ 75
Trenchard St.	CY 77
Wine St.	DY 80

M³ HARBOURSIDE INDUSTRIAL MUSEUM
Q MERCHANT SEAMEN'S ALMSHOUSES
S¹ ST. STEPHEN'S CITY
T THEATRE ROYAL

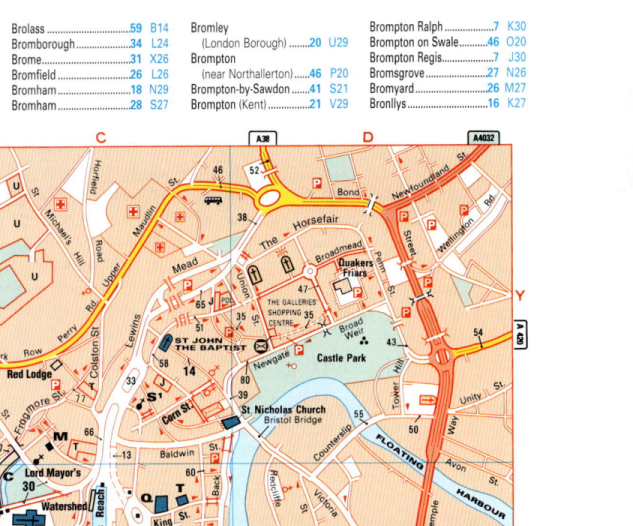

Bridlington	41	T21	Brochel	65	B11	Brodick Bay	53	E17
Bridport	8	L31	Brockenhurst	9	P31	Brodie Castle	67	I11
Brierfield	39	N22	Brockley	17	L29	Brodsworth	40	Q23
Brierley	40	P23	Brockworth	18	N28	Brodsworth		
Brierley Hill	27	N26	Brodick	53	E17	Hall	40	Q23
Brigg	41	S23	Brodick Castle	53	E17	Brokenborough	18	N29
Brigham	44	J20				Bronham	28	S27

Broloss	59	B14	Bromley			Brompton Ralph	7	K30
Bromborough	34	L24	(London Borough)	20	U29	Brompton on Swale	46	O20
Brome	31	X26	Brompton			Brompton Regis	7	J30
Bromfield	26	L26	(near Northallerton)	46	P20	Bromsgrove	27	N26
Bromham	18	N29	Brompton-by-Sawdon	41	S21	Bromyard	26	M27
Bronham	28	S27	Brompton (Kent)	21	V29	Bronllys	16	K27

Brighouse	39	O22
Brighstone	9	P32
Brightling	12	V31
Brightlingsea	21	X28
Brighton	11	T31
Brightwell	19	Q29
Bignstock	28	S26
Brill	19	Q28
Brimfield	26	L27
Brimham Rocks	39	O21
Brimington	35	P24
Brimpsfield	18	N28
Brimpton	19	Q29
Brinkburn Priory	51	Q18
Brinkley	22	V27
Brinklow	27	P26
Brinkworth	18	O29
Brinyan	74	L6
Brisley	30	W25
Brislington	17	M29
Bristol	17	M29
Briston	30	X25
Briton Ferry	15	I29
Brittle (Loch)	65	B12
Brittwell Salome	19	Q29
Brixham	4	J32
Brixton	4	H32
Brixworth	28	R27
Brize Norton	18	P28
Broad Bay	71	B9
Broad Blunsdon	18	O29
Broad Chalke	9	O30
Broad Haven	14	E28
Broad Hinton	18	O29
Broad Law	49	J17
Broad Oak	12	V31
Broadbridge Heath	11	S30
Broadclyst	7	J31
Broadford	65	C12
Broadlands	9	P31
Broadmayne	8	M31
Broadstairs	13	Y29
Broadstone	9	O31
Broadwas	26	M27
Broadway	27	O27
Broadwell Ho	45	N19
Broadwey	8	M32
Broadwindsor	8	L31
Broadwoodwidger	6	H31
Broch of Gurness	49	J17

114 Bro - Car

CAMBRIDGE

Bridge Street Y 2
Corn Exchange Street Z 6
Downing Street Z 7
Free School Lane Z 12
Grafton Centre Y
Hobson Street Y 14
King's Parade Z 15
Lion Yard Centre Z
Madingley Rd Y 16
Magdalene St. Y 17
Market Hill Z 18
Market Street Y 19
Milton Road Y 20
Newmarket Road Y 21
Northampton Street Y 22
Parker Street Z 23
Peas Hill Z 25
Pembroke Street Z 26
Petty Cury Z 27
Rose Crescent Y 28
St. Andrew's St. Z 30
St John's Street Y 31
Short Street Y 32
Sidney Street Y 34
Trinity Street Y 36
Trumpington Road Z 37
Wheeler Street Z 39

COLLEGES

CHRIST'S Y A
CLARE Z B
CORPUS CHRISTI Z G
DARWIN Z D
DOWNING Z E
EMMANUEL Z F
GONVILLE AND CAIUS Y G
HUGUES HALL Z K
JESUS Y K
KING'S Z
LUCY CAVENDISH Y O
MAGDALENE Y N
PEMBROKE Z N
PETERHOUSE Z O
QUEENS' Z
ST CATHARINE'S Z R
ST EDMUNDS HOUSE Y U
ST JOHN'S Y
SIDNEY SUSSEX Y P
TRINITY Y
TRINITY HALL Y V

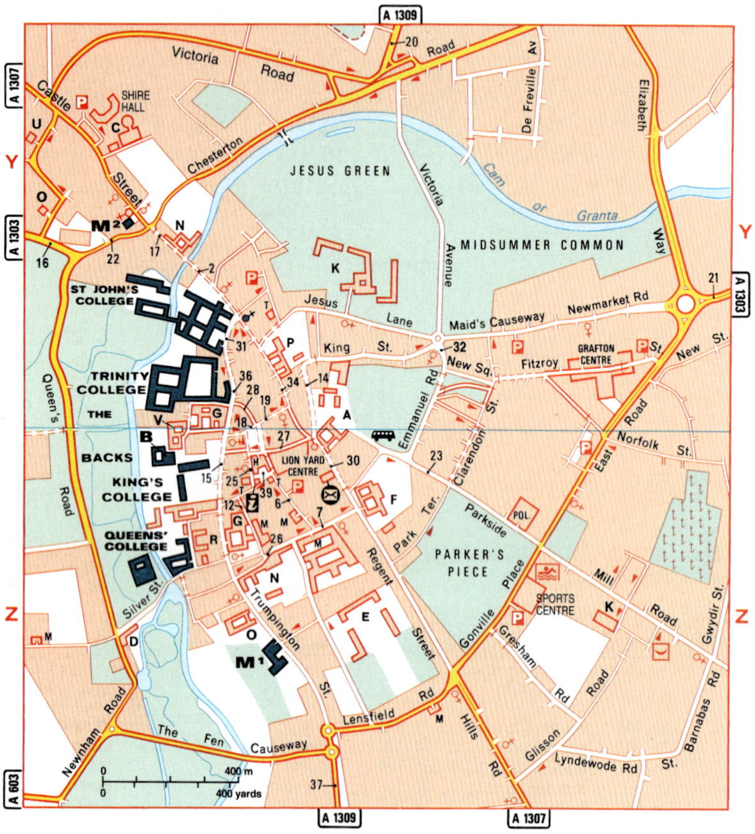

M1 FITZWILLIAM MUSEUM
M2 KETTLE'S YARD

Brook 12 W30
Brooke 31 Y26
Brookeborough 74 J5
Brookmans Park 20 T28
Broom (Loch) 72 E10
Broomfield 7 K30
Broomfield 22 V28
Broomfleet 41 S22
Broomhaugh 46 O19
Brora 73 H9
Broseley 26 M26
Brotherton 40 Q22
Brotton 47 R20
Brough 45 N20
Brough 41 S22
Brough 74 J8
Brough Head 74 J6
Brough Lodge 75 R2
Brough of Birsay 74 J6
Broughton (Cumbria) 44 J19
Broughton 34 L24
Broughton 49 J17
Broughton (North Lincs.) 41 S23
Broughton (Hants.) 9 P30
Broughton (Lancs.) 38 L22
Broughton Mills 44 K21
Broughton Moor 44 J19
Broughton (Northants.) 28 R26
Broughton (Oxon.) 27 P27
Broughton Poggs 18 P28
Broughton-in-Furness 44 K21
Broughty Ferry 62 L14
Brownhills 27 O26
Brownsea Island 9 O31
Broxbourne 20 T28
Broxburn 56 J16
Bruar Lodge 61 I13
Bruichladdich 52 A16
Brundall 31 Y26
Brushford 7 J30
Bruton 8 M30
Brydekirk 49 K18
Brymbo 34 K24
Brympton d'Evercy 8 L31
Brynamman 15 I28
Brynbuga / Usk 17 L28
Bryncethin 16 J29
Bryneglwys 33 K24
Bryngwran 32 G24
Bryngwyn 25 K27
Bryn-Henllan 14 F27
Brynhoffnant 24 G27
Brynmawr 16 K28
Brynsiencyn 32 H24
Brynteg 32 H24
Bualintur 65 B12
Bubwith 40 R22
Buccleuch 50 K17
Buchanty 62 I14
Buchlyvie 55 H15
Buckden (Cambs.) 29 T27
Buckden (North Yorks.) 39 N21
Buckfast 4 I32
Buckfast Abbey 4 I32
Buckfastleigh 4 I32
Buckhaven 56 K15
Buckhorn Weston 8 M30
Buckie 68 L10
Buckingham 28 R27
Buckinghamshire (County) 19 R28
Buckland Brewer 6 H31
Buckland Dinham 8 M30
Buckland (Herts.) 20 T28
Buckland (Oxon.) 18 P28
Buckland Abbey 3 H32
Buckland Newton 8 M31
Buckland St Mary 7 K31
Bucklan-in-the-Moor 4 I32
Bucklebury 19 Q29
Bucklers Hard 9 P31
Buckley / Bwcle 34 K24
Buckminster 36 R25
Bucknall 37 T24
Bucknell 26 L26
Bucks green 11 S30
Bucksburn 69 N12
Bude 6 G31
Budleigh Salterton 4 K32
Bugbrooke 28 Q27
Bugle 3 F32
Bugthorpe 40 R21
Buildwas Abbey 26 M26
Builth Wells / Llanfair-ym-Muallt 25 J27
Bulford 9 O30
Bulkeley 34 L24
Bulkington 27 P26
Bulwell 36 Q24
Bulwick 28 S26
Bunarkaig 60 F13
Bunessan 59 B15
Bungay 31 Y26
Bunnahabhainn 52 B16
Bunny 36 Q25
Buntingford 20 T28
Burbage (Leics.) 27 P26
Burbage (Wilts.) 18 O29
Burchett's Green 19 R29
Bures 22 W28
Burford 18 P28
Burgess Hill 11 T31
Burgh-by-Sands 44 K19
Burgh Castle 31 Y26
Burgh-le-Marsh 37 U24
Burghead 68 J10
Burghfield 19 Q29
Burghill 26 L27
Burghley House 29 S26
Burgh-Saint-Peter 31 Y26
Burham 12 V30
Burley 9 O31
Burley-in-Wharfedale 39 O22
Burlton 34 L25
Burneside 45 L20
Burneston 46 P21
Burnfoot 50 L17
Burnham 19 S29
Burnham Market 30 W25
Burnham-on-Crouch 21 W29
Burnham-on-Sea 8 L30
Burnhaven 69 O11
Burnhope 46 O19
Burniston 47 S21
Burnley 39 N22
Burntisland 56 K15
Burrafirth 75 R1
Burravoe 75 Q2
Burray 74 L7
Burrelton 62 K14
Burringham 40 R23
Burrington 6 I31
Burrington 17 L30
Burrough Green 22 V27
Burrow Head 42 G19
Burry Port / Porth Tywyn 15 H28
Burscough 38 L23
Burscough Bridge 34 L23
Burshill 41 S22
Bursledon 10 Q31
Burslem 35 N24
Burstwick 41 T22
Burton 38 L21
Burton 9 O31
Burton 34 L24
Burton Agnes 41 T21
Burton Bradstock 8 L31
Burton Constable Hall 41 T22
Burton Fleming 41 S21
Burton in Lonsdale 38 M21
Burton Joyce 36 Q25
Burton Latimer 28 R26
Burton Leonard 40 P21
Burton Pidsea 41 T22
Burton-upon-Stather 40 R23
Burton-upon-Trent 35 O25
Burwarton 26 M26
Burwash 12 V31
Burwell (Cambs.) 22 U27
Burwell (Lincs.) 37 U24
Bury 39 N23
Bury 10 S31
Bury St Edmunds 22 W27
Busby 55 H16
Buscot 18 P28
Bushey 20 S29
Bute (Kyles of) 54 E16
Bute (Island of) 54 E16
Bute (Sound of) 54 E16
Butleigh 8 L30
Butley 23 Y27
Butt of Lewis 71 B8
Buttercrambe 40 R21
Buttermere 44 K20
Butterstone 62 J14
Buttington 25 K25
Buxted 11 U31
Buxton (Derbs.) 35 O24
Buxton (Norfolk) 31 X25
Bwcle / Buckley 34 K24
Bwlch 16 K28
Bwlch y Ffridd 25 J26
Bwlchgwyn 33 K24
Bwlchllan 24 H27
Bwlch Oerddrws 25 I25
Bwlch-y-Groes 15 I28
Bwlch-y-Sarnau 25 J26
Byfield 28 Q27
Byfleet 19 S30
Byland Abbey 40 Q21
Byrness 50 M18

C

Cabrach 68 K12
Cadair Idris 25 I25
Caddington 20 S28
Caddonfoot 50 L17
Cadhay 7 K31
Cadishead 34 M23
Cadnam 9 P31
Cadney 41 S23
Cadwell Park 37 T24
Caerau 16 J29
Caerdydd / Cardiff 16 K29
Caerffili / Caerphilly 16 K29
Caerfyrddin / Carmarthen 15 H28
Caergwrle 34 K24
Caergybi / Holyhead 32 G24
Caerlaverock Castle 49 J19
Caerleon 17 L29
Caernarfon 32 H24
Caernarfon Bay 32 G24
Caerphilly / Caerffili 16 K29
Caersws 25 J26
Caerwent 17 L29
Caerwys 33 K24
Cailliness Point 42 F19
Cairn Edward Forest 48 H18
Cairn Gorm 62 J12
Cairn Table 49 H17
Cairn Toul 62 I12
Cairnborrow 68 L11
Cairndow 54 F15
Cairngaan 42 F20
Cairngarroch 42 E19
Cairnie 68 L11
Cairnpapple Hill 56 J16
Cairnryan 42 E19
Cairnsmore of Carsphairn 48 H18
Cairnsmore of Fleet 42 G19
Cairraig Fhada 52 B17
Caister-on-Sea 31 Z26
Caistor 41 T23
Calbourne 9 P31
Caldbeck 44 K19
Caldecott 28 R26
Calder (Loch) 73 J8
Calder Mains 74 J8
Calder Bridge 44 J20
Caldercruix 55 I16
Calderdale 39 N22
Caldermill 48 H17
Caldey Island 14 F29
Caldwell 46 O20
Calf of Man 42 F21
Calfsound 74 L6
Calgary 59 B14
Calgary Bay 59 B14
Caliach Point 59 B14
Calke Abbey 35 P25
Callander 55 H15
Callater (Glen) 62 J13
Callington 3 H32
Calne 18 N29
Calow 35 P24
Calstock 3 H32
Calthwaite 45 L19
Calvay 64 Y12
Calver 35 P24
Calverton 36 Q24
Calvine 61 I13
Cam 22 U27
Cam Loch 72 E9
Camas Chil Mhalieu 60 D14
Camas-luinie 66 D12
Camasnacroise 60 D14
Camastianavaig 65 B11
Camber 12 W31
Camberley 19 R30
Camblesforth 40 Q22
Cambo 51 O18
Cambois 51 P18
Camborne 2 E33
Cambrian Mountains 25 I27
Cambridge 29 U27
Cambridgeshire (County) 29 T26
Cambusbarron 55 I15
Cambuskenneth 55 I15
Camden (London Borough) 20 T29
Camelford 3 F32
Camlough 74 M5
Cammachmore 63 N12
Campbeltown 53 D17
Campsie Fells 55 H15
Camptown 50 M17
Campville 27 P25
Camrose 14 E28
Camusnagaul 66 E10
Candlesby 37 U24
Canewdon 21 W29
Canisbay 74 K8
Canna 65 A12
Cannich 66 F11
Cannich (Glen) 66 F11
Cannington 7 K30
Cannock 27 N25
Canonbie 50 L18
Canons Ashby 28 Q27
Canterbury 13 X30
Cantley 31 Y26
Canvey Island 21 V29
Caol 60 E13
Caolas a' Mhòrain 64 Y10
Caoles 58 Z14
Caolis 58 X13
Caolisport (Loch) 53 D16
Cape Cornwall 2 C33
Cape Wrath 72 E8
Capel 11 T30
Capel Curig 33 I24
Capel Garmon 33 I24
Capel Le Ferne 13 X30
Capel St Mary 23 X27
Capel-y-Ffin 16 K28
Capesthorne Hall 34 N24
Capheaton 51 O18
Cappercleuch 49 K17
Caputh 62 J14
Cara Island 53 C17
Carbis Bay 2 D33
Carbost 65 A12
Carbost 65 B11
Cardenden 56 K15
Cardiff / Caerdydd 16 K29
Cardigan / Aberteifi 24 G27
Cardigan Bay 24 G26
Cardington 26 L26
Cardinham 3 G32
Cardross 55 G16
Cardurnock 44 K19
Carew 14 F28
Carfraemill 56 L16
Cargill 62 J14
Carhampton 7 J30
Carie 61 H13
Carinish 64 Y11
Carisbrooke 10 Q31
Cark 38 L21
Carlbt 28 S25
Carleen 2 D33
Carleton 39 N22
Carlisle 44 L19
Carlops 56 J16
Carloway 70 Z9
Carlton 27 P26
Carlton 28 S27
Carlton 46 Q20
Carlton (Notts.) 36 Q25
Carlton (South. Yorks.) 40 Q22
Carlton Colville 31 Z26
Carlton in Lindrick 36 Q23
Carlton-on-Trent 36 R24
Carluke 55 I16
Carmarthen / Caerfyrddin 15 H28
Carmel Head 32 G23
Carmunnock 55 H16
Carmyllie 63 L14
Carn Ban 61 H12
Carn Coire na h-Easgainn 67 H12
Carn Eige 66 E12
Carn Glas-choire 67 I11
Carn Mairg 61 H14
Carnaby 41 T21
Carnach 66 E12
Carnassarie Castle 53 D15
Carnedd Llewelyn 33 I24
Carnforth 38 L21
Carno 25 J26
Carnock 56 J15
Carnoustie 63 L14
Carnwath 56 J16
Carr Shield 45 N19
Carradale 53 D17
Carradale Bay 53 D17
Carrbridge 67 I12
Carrick 54 F15
Carrick Roads 2 E33
Carron 68 K11
Carron Bridge 55 H15
Carron (Loch) 65 C11
Carrutherstown 49 J18
Carsaig 59 C15
Carse of Gowrie 56 K14
Carseriggan 42 G19
Carsethorn 44 J19
Carsluith 42 G19
Carsphairn 48 H18
Carstairs 56 I16
Carterton 18 P28
Carterway Heads 46 O19
Carthew 3 F32
Carthorpe 46 P21
Cartmel 38 L21
Carville 46 P19

CANTERBURY

Beercart Lane .... YZ 2
Borough (The) .... Y 4
Burgate .... Y
Butchery Lane .... Y 5
Guildhall Street .... Y 6
High Street .... Y 8
Lower Bridge Street .... Z 9
Lower Chantry Lane .... Z 10
Mercery Lane .... Y 12
Palace Street .... Y
Rhodaus Town .... Z 13
Rosemary Lane .... Z 14
St. George's Place .... Z 16
St. George's Street .... Z 17
St. Margaret's Street .... YZ 18
St. Mary's Street .... Z 19
St. Radigund's Street .... Y 21
St. Peter's Street .... Y 20
Upper Bridge Street .... Z 23
Watling Street .... Z 25
Whitefriars Street .... Z 27

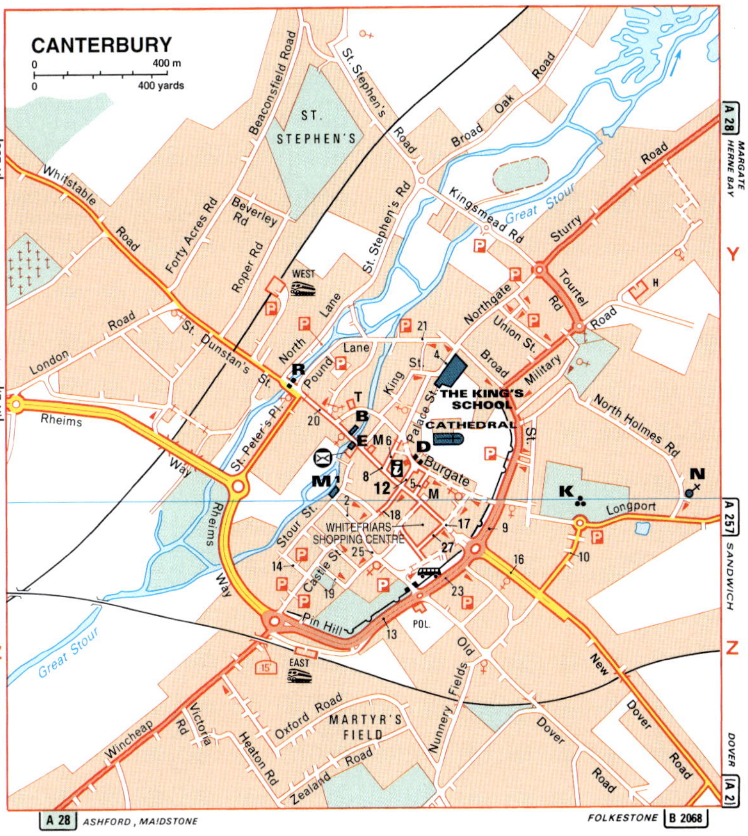
CANTERBURY
0 400 m
0 400 yards
A 290 WHITSTABLE
A 28 MARGATE HERNE BAY
A 2 (M 2) LONDON
A 257 SANDWICH
A 2 DOVER
A 28 ASHFORD, MAIDSTONE
FOLKESTONE B 2068
ST. STEPHEN'S
MARTYR'S FIELD
THE KING'S SCHOOL
CATHEDRAL
WHITEFRIARS SHOPPING CENTRE
Great Stour
Whitstable Road
London Road
Rheims Way
Beaconsfield Road
St. Stephen's Road
Broad Oak Road
Kingsmead Rd
Sturry Road
Tourtel Rd
Northgate
Military Rd
North Holmes Rd
Longport
Forty Acres Rd
Beverley Rd
Roper Rd
St. Dunstan's St.
North Lane
Pound Lane
St. Peter's Pl.
Palace St.
Burgate
Stour St.
Castle St.
Pin Hill
Old Dover Road
New Dover Road
Oxford Road
Wincheap
Nunnery Fields
Victoria Rd
Heaton Rd
Zealand Road
WEST
EAST
POL.

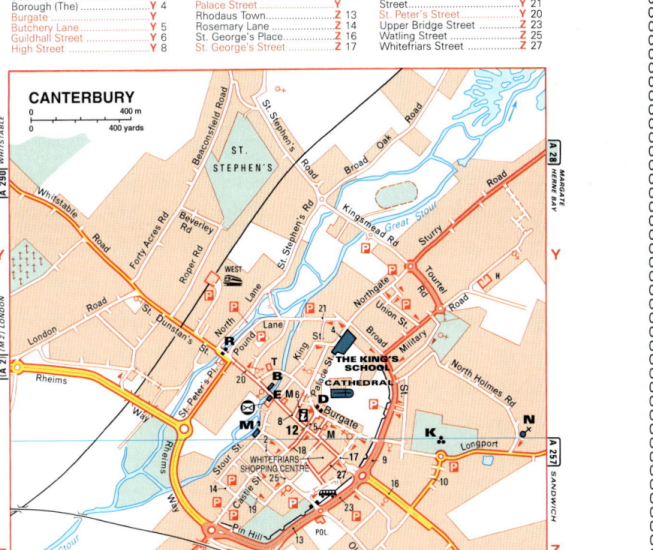

A CHRIST CHURCH GATE	E HOSPITAL OF ST. THOMAS THE MARTYRS, EASTBRIDGE	M[1] POOR PRIESTS H
B KING'S SCHOOL		N ST. MARTIN'S CHURCH
D WEAVERS	K ST. AUGUSTINE'S ABBEY	R WEST GATE

Cas-Gwent / Chepstow 17 M29
Cashlie 61 G14
Casnewydd / Newport 17 L29
Cassington 18 P28
Cassley (Glen) 72 F9
Castell-Nedd / Neath 15 I29
Castell Newydd Emlyn / Newcastle Emlyn 24 G27
Castell-y-Rhingyll 15 H28
Castle Acre 30 W25
Castle Ashby 28 R27
Castle Bolton 46 O21
Castle Bytham 28 S25
Castle Campbell 56 I15
Castle Cary 8 M30
Castle Combe 17 N29
Castle Donington 35 P25
Castle Douglas 43 I19
Castle Drogo 4 I31
Castle Eaton 18 O29
Castle Fraser 69 M12
Castle Frome 26 M27
Castle Hedingham 22 V28
Castle Howard 40 R21
Castle Kennedy 42 F19
Castle Lachlan 54 E15
Castle Loch 42 F19
Castle Rising 30 V25
Castlebay 58 X13
Castleford 40 P22
Castlemartin 14 E29
Castlerigg 44 K20
Castleton 16 K29
Castleton (North Yorks.) 47 R20
Castleton (Derbs.) 35 O23
Castletown 74 J8
Castletown 42 G21
Castleward House 75 P4
Caston 30 W26
Catacol 54 E16
Catacol Bay 53 D16
Caterham 11 T30
Catfield 31 Y25
Catlodge 61 H12
Caton 38 L21
Catrine 48 H17
Caterall 38 L22
Catterick 46 P20
Catterick Garrison 46 O20
Catterline 63 N13
Cattistock 8 M31
Catton 31 X26
Catton 45 N19
Catworth 29 S26
Cauldcleuch Head 50 L18
Cauldon 35 O24
Caulkerbush 43 I19
Cautley 45 M20
Cava 74 K7
Cavendish 22 V27
Caversfield 19 Q28
Caversham 18 R29
Cawdor 67 I11
Cawood 40 Q22
Caynham 26 M26
Caythorpe 36 S24
Cayton 47 S21
Ceall (Loch nan) 59 C13
Cefn-Coed-y-cymmer 16 J28
Cefn Bryn 15 H29
Cefn-mawr 34 K25
Cefn-y-Pant 14 G28
Ceinewydd / New Quay 24 G27
Ceiriog (Vale of) 33 K25
Cemaes 32 G23
Cemaes Head 14 F27
Cemmaes 25 I26
Cemmaes road 25 I26
Cenarth 24 G27
Ceres 56 L15
Cerne Abbas 8 M31
Cerrigydrudion 33 J24
Chacewater 2 E33
Chacombe 28 Q27
Chadderton 39 N23
Chaddesden 35 P25
Chadlington 18 P28
Chadwell St Mary 20 V29
Chagford 4 I31
Chailey 11 T31
Chàirn Bhain (Loch a') 72 E9
Chalfont St Giles 19 S29
Chalfont St Peter 19 S29
Chalford 18 N28
Chalgrove 19 Q29
Challacombe 7 I30
Challoch 42 G19
Challock 12 W30
Chambercombe Manor 6 H30
Chandler's Ford 9 P31
Channel Islands 5
Chapel Brampton 28 R27
Chapel-en-le-Frith 35 O24
Chapel Haddlesey 40 Q22
Chapel le Dale 39 M21
Chapel St Leonards 37 V24
Chapel Stile 44 K20
Chapelhall 55 I16
Chapelknowe 50 K18
Chapelton 55 H16
Chapeltown 75 P5
Chapeltown 35 P23
Chapeltown 68 K12
Chapmanslade 8 N30
Chard 8 L31
Chardstock 8 L31
Charfield 17 M29
Charing 12 W30
Charlbury 18 P28
Charlecote Park 27 P27
Charleston Manor 11 U31
Charlestown 3 F33
Charlestown 66 C10
Charlton 18 N29
Charlton Horethorne 8 M30
Charlton Musgrove 8 M30
Charlton on Otmoor 19 Q28
Charlton Kings 18 N28
Charlton Marshall 9 N31
Charlwood 11 T30
Charminster 8 M31
Charmouth 8 L31
Charney Basset 18 P29
Charsfield 23 X27
Chartham 13 X30
Chartridge 19 S28
Chartwell 11 U30
Chastleton 18 P28
Chatburn 39 M22
Chatham 21 V29
Chatsworth House 35 P24
Chatteris 29 U26
Chatto 50 M17
Chatton 51 O17
Chawleigh 7 I31
Cheadle (Gtr. Mches.) 35 N23
Cheadle (Staffs.) 35 O25
Checkendon 19 Q29
Cheddar 8 L30
Cheddar Gorge 8 L30
Cheddington 19 S28
Cheddleton 35 N24
Chedington 8 L31
Chedworth 18 O28
Cheese Bay 64 Y11
Chelford 34 N24
Chellaston 35 P25
Chelmsford 22 V28
Cheltenham 18 N28
Chelveston 28 S27
Chelwood Gate 11 U30
Chepstow / Cas-Gwent 17 L29
Cherhill 18 O29
Cherington 18 N28
Cherington 18 P27
Cheriton 10 Q30
Cheriton Fitzpaine 7 J31
Cheriton Bishop 4 I31
Cherry Burton 41 S22
Chertsey 19 S29
Cherwell (River) 19 Q28
Cheselbourne 8 M31
Chesham 19 S28
Chesham Bois 19 S28
Cheshire (County) 34 M24
Cheshunt 20 T28
Chesil Beach 8 M32
Cheslyn Hay 27 N26
Chester 34 L24
Chester-le-Street 46 P19
Chesterfield 35 P24
Chesters 50 M17
Chesters Fort 51 N18
Chesterton 19 Q28
Chesterton 29 U27
Cheswardine 34 M25
Cheswick 57 O16
Cheviot (The) 51 N17
Cheviot Hills (The) 50 M17
Chew Stoke 17 M29
Chew Magna 17 M29
Chewton Mendip 8 M30
Chicheley 28 R27
Chichester 10 R31
Chickerell 8 M32
Chicklade 9 N30
Chiddingfold 10 S30
Chiddingly 11 U31
Chiddingstone 11 U30
Chideock 8 L31
Chieveley 19 Q29
Chigwell 20 U29
Chilcompton 8 M30
Child Okeford 8 N31
Childrey 18 P29
Child's Ercall 34 M25
Chilham 12 W30
Chillingham 51 O17
Chilmark 9 N30
Chiltern Hills 19 R29
Chilton 19 Q29
Chilton 46 P20
Chilton Folia 18 P29
Chippenham 18 N29
Chippenham 22 V27
Chipping 38 M22
Chipping Campden 27 O27
Chipping Norton 18 P28
Chipping Ongar 20 U28
Chipping Sodbury 17 M29
Chipping Warden 28 Q27
Chirbury 25 K26
Chirk 34 K25
Chirk Castle 33 K25
Chirmorie 48 F18
Chirnside 57 N16
Chirton 18 O30
Chiseldon 18 O29
Chislet 13 X30
Chiswell Green 20 S28
Chitterne 9 N30
Chittlehamholt 6 I31
Chittlehampton 6 I30
Chobham 19 S29
Choire (Loch) 73 H9
Cholderton 9 O30
Cholesbury 19 S28
Chollerton 51 N18
Cholsey 19 Q29
Chon (Loch) 55 G15
Chopwell 46 O19
Chorley 38 M23
Chorleywood 19 S29
Christchurch 9 O31
Christchurch 29 U26
Christian Malford 18 N29
Christleton 34 L24
Christow 4 J32
Chroisg (Loch a') 66 E11
Chudleigh 4 J32
Church 39 M22
Church Crookham 10 R30
Church Eaton 26 N25
Church Fenton 40 Q22
Church Knowle 9 N32
Church Leigh 35 O25
Church Lench 27 O27
Church Minshull 34 M24
Church Stoke 26 K26
Church Stretton 26 L26
Churcham 17 M28
Churchdown 18 N28
Churchill (North Somerset) 17 L29
Churchill (Oxon.) 18 P28
Churchingford 7 K31
Churnet 34 N24
Churnsike Lodge 50 M18
Churston Ferrers 4 J32
Churt 10 R30
Chwilog 32 H25
Cieeve Prior 27 O27
Cifynydd 16 K29
Cilcain 33 K24
Cilcennin 24 H27
Cilgerran 24 G27
Cilmery 25 J27
Cilrhedyn 15 G28
Cilybebyll 15 I28
Cilycwn 25 I27
Cinderford 17 M28
Cirencester 18 O28
City of London (London Borough) 20 T29
Clachaig 54 E16
Clachan 53 D16
Clachan 54 F15
Clachan Mór 58 Z14
Clachan of Campsie 55 H16
Clachan of Glendaruel 54 E15
Clachtoll 72 E9
Clackavoid 62 J13
Clackmannan 55 I15
Clacton-on-Sea 21 X28
Claggain Bay 52 B16
Claggan 59 C14
Claidh (Loch) 70 A10
Claigan 65 A11
Clandon Park 10 S30
Clanfield 10 Q31
Claonel 72 G9
Clapham (Beds.) 28 S27
Clapham (North Yorks.) 39 M21
Clapton-in-Gordano 17 L29
Clàr (Loch nan) 73 H9
Clarbeston Road 14 F28
Clare 22 V27
Clashindarroch 68 L11
Clashmore 67 H10
Clashnessie 72 E9
Clatt 68 L12
Clatteringshaws (Loch) 48 H18
Clauchlands Point 53 E17
Clavering 20 U28
Claverley 26 N26
Claverton Manor 17 N29
Clawdd-newydd 33 J24
Clawton 6 G31
Claxton 40 R21
Claxton 31 Y26
Clay Cross 35 P24
Claydon 23 X27
Claydon House 19 R28
Claypole 36 R24
Clayton 11 T31
Clayton-le-Moors 39 M22
Clayton West 39 P23
Cleadale 59 B13
Cleadon 46 P19
Cleat 64 X12
Cleator Moor 44 J20
Cleckheaton 39 O22
Cleedownton 26 M26
Cleehill 26 M26
Cleethorpes 41 T23
Cleeve Abbey 7 J30
Clehonger 26 L27
Cleigh 59 D14
Clenchwarton 30 V25
Clent 27 N26
Cleobury Mortimer 26 M26
Cleobury North 26 M26
Clephanton 67 I11
Clevedon 17 L29
Clevedon-Court 17 L29
Cleveland Hills 46 Q20
Cleveleys 38 K22
Cley Next the Sea 30 X25
Cliburn 45 M20
Cliffe 21 V29
Cliffe 40 R22
Clifton 28 Q26
Clifton 36 Q25
Clifton 45 L20
Clifton Hampden 19 Q29
Clifton-upon-Teme 26 M27
Clipston 28 R26
Clisham 70 Z10
Clitheroe 39 M22
Clive 34 L25
Cliveden House 19 R29
Clocaenog 33 J24
Clocaenog Forest 33 J24
Cloghy 75 P4
Clola 69 O11
Clophill 29 S27
Clopton 29 S26
Closeburn 49 I18
Clotton 34 L24
Clouds Hill 8 N31
Cloughton 47 S20
Clova 62 K13
Clova (Glen) 62 K13
Clove Lodge 45 N20
Clovelly 6 G31
Clovenfords 50 L17
Clovulin 60 E13
Clowne 36 Q24
Cluanie Loch 66 E12
Cluanie Lodge 66 E12
Clumber Park 36 Q24
Clun 26 K26
Clunbury 26 L26
Clunes Forest 60 F13
Clungunford 26 L26
Clunie 62 J14
Clutton 17 M30
Clwydian Range 33 K24
Clydach 15 I28
Clyde (Firth of) 48 F17
Clyde (River) 49 I16
Clydebank 55 G16
Clydesdale 49 I16
Clyffe Pypard 18 O29
Clynnog-Fawr 32 G24
Clyro 25 K27
Clyst Honiton 7 J31
Clyst Hydon 7 J31
Clytha 17 L28
Clywedog Resr 25 J26
Coalburn 49 I17
Coaley 17 N28
Coalville 27 P25
Coast 71 D10
Coatbridge 55 H16
Coates 18 N28
Cobham 20 S30
Cock Bridge 68 K12
Cockayne 47 Q20
Cockburnspath 57 M16
Cockenzie and Port Seton 56 L16
Cockerham 38 L22
Cockermouth 44 J20
Cockfield 22 W27
Cockfield 46 O20
Cocking 10 R31
Cockshutt 34 L25
Coddington 36 R24
Codford St Mary 9 N30
Codicote 20 T28
Codnor 35 P24
Codsall 27 N26
Coe (Glen) 60 F14
Coed y Brenin Forest 33 I25
Coedpoeth 34 K24
Coggeshall 22 W28
Coigach 72 E10
Coignafearn 67 H12
Coignafearn Forest 67 H12

116 Coi - Cre

CARDIFF/CAERDYDD

Capitol Centre	BZ
Castle Street	BZ 9
Cathays Terrace	BY 10
Central Square	BZ 12
Church Street	BZ 14
City Hall Road	BY 15
College Road	BY 20
Corbett Road	BY 21

Customhouse Street	BZ 23
David Street	BZ 25
Duke Street	BZ 26
Dumfries Place	BY 28
Greyfriars Road	BY 29
Guildford Street	BZ 30
Hayes (The)	BZ 32
High Street	BZ
King Edward VII Avenue	BY 36
Lloyd George Avenue	BZ 38
Mary Ann Street	BZ 39
Moira Terrace	BZ 42

Nantes (Boulevard de)	BY 44
Queen Street	BZ
Queens Arcade	
Shopping Centre	BZ 54
St. Andrews Place	BY 56
St. David's Centre	BZ
St. John Street	BZ 58
St. Mary Street	BZ
Station Terrace	BZ 61
Stuttgarter Strasse	BZ
Tresillian Way	BZ 67

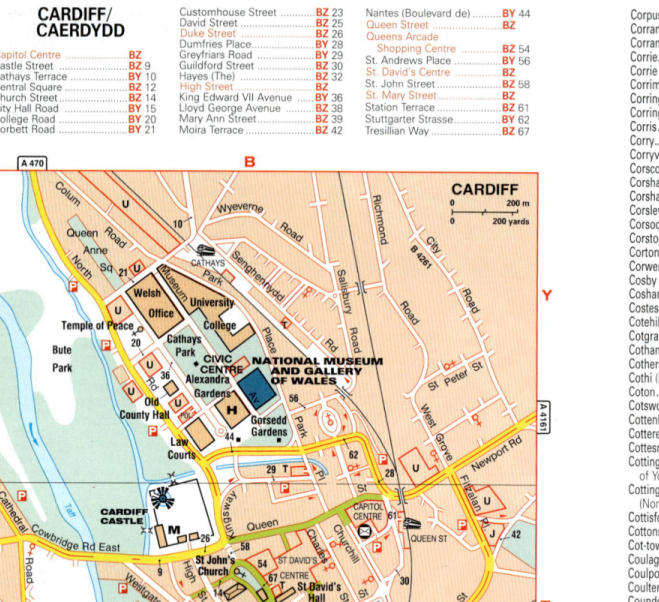

CoileMhorgil	60	E12	Combe Florey	7	K30	Coquet (River)	51	N17
Colaboll	72	G9	Combeinteignhead	4	J32	Corbridge	45	N19
Colbost	65	A11	Combe Martin	6	H30	Corby	28	R26
Colby	42	F21	Comberton	29	U27	Corby Glen	36	S25
Colby	45	M20	Combe Saint-Nicholas	8	L31	Corfe Mullen	9	N31
Colchester	22	W28	Combwich	7	K30	Corfe Castle	9	N32
Cold Ash	19	O29	Come-to-Good	2	E33	Corgaff Castle	68	K12
Cold Ashby	28	Q26	Compton	10	S30			
Cold Ashton	17	M29	Compton Abdale	18	O28			
Cold Fell	45	M19	Compton Bassett	18	O29			
Cold Norton	22	W28	Compton (Berks.)	19	O29			
Coldbackie	73	G8	Compton Dando	17	M29			
Colden Common	10	Q31	Compton (West Sussex)	10	R31			
Coldingham	57	N16	Compton Castle	4	J32			
Coldstream	50	N17	Compton Wynyates	27	P27			
Colebrooke	7	I31	Comrie	55	I14			
Coleford (Glos.)	17	M28	Cona Glen	60	D13			
Coleford (Somerset)	8	M30	Condira	54	E15			
Colemere	34	L25	Condicote	18	O28			
Coleorton	27	P25	Condover	26	L26			
Coleshill	27	O26	Conforth	46	P19			
Coleshill	18	P29	Congleton	34	N24			
Colgrave Sound	75	R2	Congresbury	17	I29			
Colkirk	30	W25	Coningsby	37	T24			
Coll	59	A14	Conington	29	T26			
Coll	71	B9	Conisbrough	36	O23			
Colliery Row	46	P19	Coniston	44	K20			
Collieston	69	O11	Connah's Quay	34	K24			
Collin	49	J18	Connel	60	D14			
Collingbourne Ducis	9	P30	Connel Park	48	H17			
Collingbourne Kingston	18	P30	Conon Bridge	67	G11			
Collingham (Notts.)	36	R24	Consett	46	O19			
Collingham			Constantine Bay	2	E32			
(West Yorks.)	40	P22	Contin	67	G11			
Collington	26	M27	Conwith (Glen)	67	G11			
Collyweston	28	S26	Conway Falls	33	I24			
Colmonell	48	F18	Conwy	33	I24			
Coln (River)	18	O28	Conwy (River)	33	I24			
Colnabaichin	68	K12	Conwy (Vale of)	33	I24			
Colne	39	N22	Cooden Beach	12	V31			
Colne (River)	21	X28	Cookham	19	R29			
Colonsay	52	B15	Coolham	11	S31			
Colpy	69	M11	Coombe Bissett	9	O30			
Colsterworth	36	S25	Copnock	23	X27			
Coltishall	31	Y25	Copford	22	W28			
Colwall Stone	26	M27	Copley	46	O20			
Colwinston	16	J29	Copmanthorpe	40	Q22			
Colwyn Bay /			Copplestone	4	I31			
Bae Colwyn	33	I24	Coppull	38	M23			
Colyton	7	K31	Copthorne	11	T30			

Corhampton	10	Q31	Corpusty	31	X25	Coylumbridge	67	I12
Cornhill	69	L11	Corran	60	E13	Crackington Haven	6	G31
Cornhill-on-Tweed	50	N17	Corrany	42	G21	Craithole	3	H32
Cornwall (County)	3	G32	Corrie	53	E17	Craggan	54	F15
Cornwood	4	I32	Corrie Common	49	K18	Cragside Gardens	51	O18
Cornworthy	4	J32	Crimony	66	F11	Crai	16	J28
Corpach	60	E13	Corringham	21	V29	Craig	66	E11
			Corringham	36	R23	Craig Lodge	54	E16
			Corris	25	I26	Craig-y-nos	15	I28
			Corry	65	C12	Craigdarroch	48	H18
			Corryvreckan (Gulf of)	52	C15	Craigellachio	68	K11
			Corscombe	8	L31	Craigencallie	48	G18
			Corsham	18	N29	Craigendoran	54	F16
			Corsham Court	18	N29	Craigens	52	B16
			Corsley Heath	8	N30	Craighead	57	M15
			Corsock	49	I18	Craighouse	52	C16
			Corstopitum	51	N19	Craigie	48	G17
			Corton	9	N30	Craigievar Castle	68	L12
			Corwen	33	J25	Craigmalloch	48	G18
			Corby	28	O26	Craignall (Loch)	54	G15
			Cosby	10	Q31	Craignure	59	C14
			Costesey	31	X26	Craigrotnie	56	K15
			Cotehill	45	L19	Craigtom	62	K14
			Cotgrave	36	Q25	Craik	50	K17
			Cotham	36	R24	Crail	57	M15
			Cotherstone	46	O20	Crailing	50	M17
			Cothi (River)	15	H28	Crailinghall	50	M17
			Coton	29	U27	Craikig	73	I9
			Cotswold Wildlife Park	18	O28	Cramlington	51	P18
			Cottenham	29	U27	Cramond	56	K16
			Cottered	20	T28	Cranborne	9	O31
			Cottesmore	28	S25	Cranbrook	12	V30
			Cottingham (East Riding			Crane Moor	40	P23
			of Yorks.)	41	S22	Cranford Saint John	28	S26
			Cottingham			Cranleigh	11	S30
			(Northants.)	28	R26	Cranmore	8	M30
			Cottisford	19	Q28	Cranshaws	57	M16
			Cottonshopeburn Foot	50	M18	Cranstal	42	G20
			Cot-town	69	N11	Cranwell	36	S24
			Coulags	66	D11	Cranworth	30	W26
			Coulport	54	F15	Crask Inn	72	G9
			Coulter	49	J17	Crasher	51	P17
			Coundon	46	P20	Crathes Castle	69	M12
			Countesthorpe	28	Q26	Crathie	62	K12
			Coupar Angus	62	K14	Crathorne	46	O20
			Coupland	54	E16	Craven Arms	26	L26
			Cove	54	F15	Crawcrook	46	O19
			Cove	71	C10	Crawford	49	J17
			Cove Bay	69	N12	Crawfordjohn	49	I17
			Coventry	27	P26	Crawlck	49	I17
			Coverack	2	E33	Crawley (Hants.)	9	P30
			Cow Honeybourne	27	O27	Crawley (West Sussex)	11	T30
			Cowal	54	E15	Crawley Down	11	T30
			Cowan Bridge	38	M21	Creag Meagaidh	61	G13
			Cowbit	29	T25	Creggan	60	E14
			Cowbridge / Bont-faen	16	J29	Creagory	64	V11
			Cowdenbeath	56	K15	Creake South	30	W25
			Cowdray House	10	R31	Credenhill	26	L27
			Cowes	10	Q31	Crediton	7	J31
			Cowes (Isle of Wight)	10	Q31	Creech Saint Michael	7	K30
			Cowfold	11	T31	Creetown	42	G19
			Cowie	55	I15	Creggans	54	E15
			Cowling	39	N22	Crean (Loch)	60	D14
			Coxheath	12	V30	Cressage	26	L26
			Coxhoe	46	P19	Cresswell	14	F28
			Coxwold	40	Q21	Cresswell	51	P17
			Coylton	48	G17	Creswell	36	Q24
						Crewe	34	M24

CARLISLE

Annetwell Street	AY 2
Botchergate	BZ
Bridge Street	AY 3
Brunswick Street	BZ 4
Castle Street	BY 6
Cecil Street	BZ 6
Charlotte Street	AZ 7
Chiswick Street	BY 8

Church Street	AY 10
Eden Bridge	BY 12
English Street	BY 13
Lowther Street	BY 15
Port Road	BY 16
St. Mary's Gate	BY 17
Scotch Street	BY 19
Spencer Street	BY 20
Tait Street	BZ 21
The Lanes Shopping Centre	BY

Victoria Viaduct	ABZ 24
West Tower Street	BY 26
West Walls	ABY 27
Wigton Road	AZ 29

A TITHE BARN
E CATHEDRAL

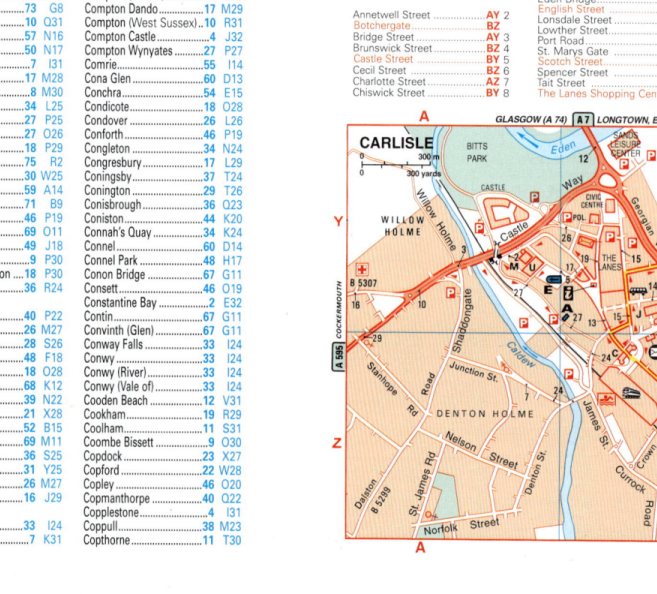

Cre - Dai

CHESTER

Boughton	B 2
Bridge Street	B 3
Eastgate Street	B 7
Forum Shopping Centre	B
Frodsham Street	B 9

Grosvenor Park Road	B 10
Grosvenor Street	B 12
Handbridge	B 13
Little St John Street	B 19
Liverpool Road	B 21
Lower Bridge Street	B 23
Nicholas Street	B 25

Northgate Street	B 26
Parkgate Road	B 28
Pepper Street	B 30
St John Street	B 32
St. Martins Way	B 33
Vicar's Lane	B 40
Watergate Street	B (M 56)

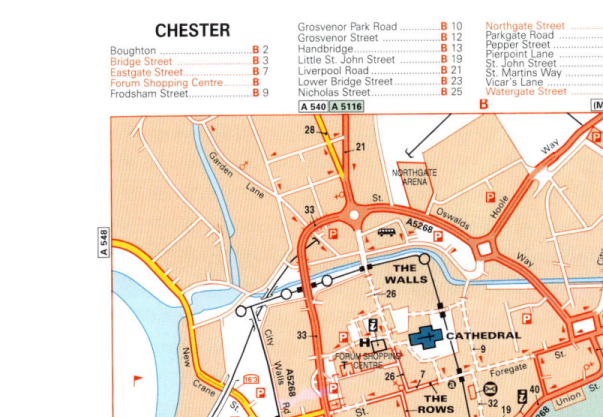

A OLD CATHEDRAL
M¹ MUSEUM OF BRITISH ROAD TRANSPORT

COVENTRY

Bayley Lane	AV 3	Hales Street	AV 17
Bishop Street	AV 4	High Street	AV 22
Broadgate	AV 6	Hornington Road	AV 23
Burgess	AV 7	Jordan Well	AV 26
Central Six Retail Park		Leicester Row	AV 29
Shopping	AV	Light Lane	AV 30
Corporation Street	AV	Little Park Street	AV 31
Earl Street	AV 10	Precincts Shopping	AV
Fairfax Street	AV 12	Primrose Hill Street	AV 34
Far Gosford Street	AV 13	Queen Victoria Road	AV 35
Gosford Street	AV 15	St. Johns (Ringway)	AV 38
Greyfriars Lane	AV 16	St. Nicholas	
		(Ringway)	AV 39
		Swanswell (Ringway) AV 40

Trinity Street	AV 41
Upper Well Street	AV 43
Vecqueray Street	AV 45
Victoria Street	AV 46
Warwick Road	AV 49
White Street	AV 41
Windsor Street	AV 52
White Friars	
(Ringway)	AV 54

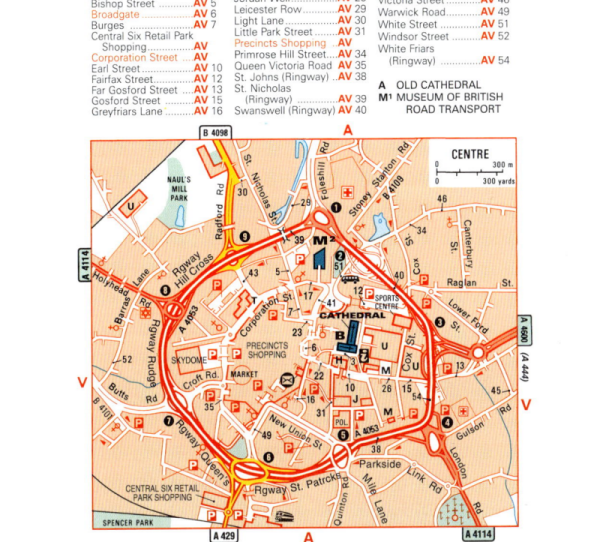

DERBY

Albert Street	Z 2	Liversage St.	Z 26
Babington Lane	Z 3	Market Place	YZ 27
Bold Lane	Z 4	Midland Road	Z 29
Bradshaw Way	Z 6	Morledge	Z
Calvert Road	Y 7	Mount Street	Z
Charnwood Street	Z 9	Normanton Road	Z 34
Corn Market	Z	Queen Street	Z
Corporation Street	YZ 14	St. Mary's Gate	Z
Duffield Road	Y 17	St. Peter's Street	Z
Eagle Shopping		Sacheverel Street	Z 40
Centre	Z	Stafford Street	Z 42
East Street	Z 2	Wardwick	Z 50
Full Street	Y 19		
Iron Gate	Z 22		
Jury Street	M¹ 23	**M¹** MUSEUM AND ART GALLERY
King Street	Y 25	**M²** ROYAL CROWN
		DERBY MUSEUM

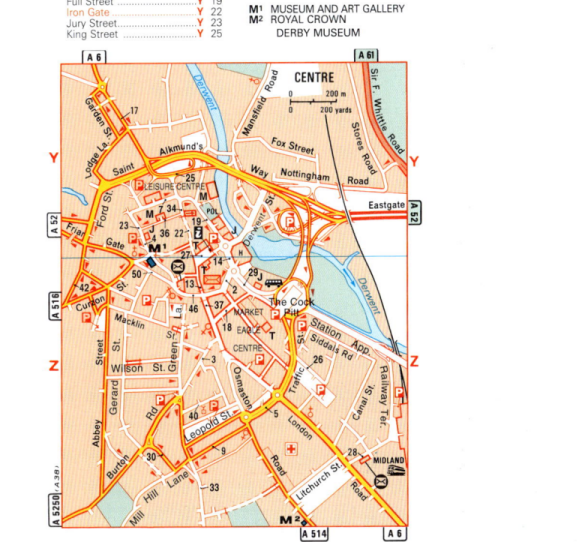

Crewkerne	8 L31	Crockham Hill	11 U30	Cromore	71 A9
Crianlarich	55 G14	Croes-goch	14 E28	Cromra	61 G13
Cribyn	24 H27	Croesyceillog	17 L29	Crondall	10 R30
Criccieth	32 H25	Croft	26 L27	Crook	46 O19
Crich	35 P24	Croft	45 P20	Crook	45 L20
Crichton	56 L16	Croft-on-Tees	46 P20	Crook of Devon	56 J15
Crick	28 O26	Crofty	15 H29	Crookham	51 N17
Crickadam	25 K27	Croggan	59 C14	Crookham Village	10 R30
Cricket St Thomas	8 L31	Croglin	45 M19	Crooklands	45 L21
Crickhowell	16 K28	Crock	72 G10	Cropredy	28 O25
Cricklade	18 O29	Croig	59 B14	Cropton	28 O25
Crickley Hill	18 N28	Cromalt Hills	72 E9	Cropwell Bishop	36
Crieff	55 I14	Cromar	68 L12	Crosby	34 K23
Crimond	69 O11	Cromarty	67 H10	Crosby	42 G21
Crimplesham	30 V26	Cromary	67 H10	Crosby	45 M20
Crinian	54 D15	Cromarty Firth	67 H11	Crosby Ravensworth	45 M20
Crinan (Loch)	54 D15	Cromdale	68 J11	Croscombe	8 M30
Cringleford	31 X26	Cromdale (Hills of)	68 J12	Cross	71 B8
Croachly	67 H12	Cromer	31 X25	Cross Fell	45 M19
Crockerford	49 I18	Cromford	35 P24	Cross Hands	15 H28

Cross Inn	24 H27	Crosskeys	16 K29	Culnacraig	72 E10
Crossaig	53 D16	Crosskirk	73 J8	Culrain	72 G10
Crossapoll	58 Z14	Crossmaglen	74 M5	Culross	56 J15
Crossbost	70 A9	Crossmichael	43 I19	Culshabbin	42 G19
Crossford	55 I16	Crossraguel Abbey	48 F18	Culswic	75 P3
Crossgates	56 J15	Crossways	8 N31	Culter Fell	49 J17
Crossgill	38 L21	Croston	38 L23	Cults	69 N12
		Crouch (River)	21 W29	Culzean Castle	48 F17
(South Ayrshire)	48 G18	Croughton	19 O28	Cumbernauld	55 I16
Crosshill (Fife)	56 K15	Crowborough	11 U30	Cumbria (County)	44 K19
Crosshouse	48 G17	Crowcombe	7 K30	Cumbrian
		Crow Hill	17 M28	Mountains	44 K20
		Crowhurst	12 V31	Cuminestown	69 N11
		Crowland	29 T25	Cummersdale	44 L19
		Crowle	40 R23	Cummertrees	49
		Crowle	27 N27	Cumnock	48 H17
		Crowlin Island	65 C11	Cumnor	18 P28
		Crowmarsh Gifford	19 Q29	Cumwhitton	45 L19
		Crowthorne	19 R29	Cunninghamhead	48 G17
		Croxley Green	20 S29	Cupar	56 K15
		Croxton	30 W26	Curbridge	18 P28
		Croxton Kerrial	36 R25	Curdridge	10 Q31
		Croy	67 H11	Currie	56 K16
		Croyde	8 H30	Curry Rivel	8 L30
		Croydon		Cutcloy	42 G19
		(London Borough)	20 T29	Cutnall green	27 N27
		Cruden Bay	69 O11	Cuxton	21 V29
		Cuddington	26 M25	Cwm	16 K28
		Crudwell	18 N29	Cwm Bychan	32 H25
		Crug-y-bar	24 I27	Cwm Taf	16 J28
		Crulivig	70 A9	Cwmafan	15 I29
		Crymymch	14 G28	Cwmaman	18 I28
		Crynant	15 I28	Cwmbach	14 G28
		Cuaig	65 C11	Cwmbach	16 J28
		Cubbington	27 P27	Cwmbach	25 J27
		Cubert	2 E32	Cwmbran	17 L29
		Cuckfield	11 T30	Cwmcarn	16 K29
		Cucklington	8 M30	Cwmcoy	24 G27
		Cuckney	36 Q24	Cwmllynfell	15 I28
		Cuddington	34 M24	Cwmystwyth	25 I26
		Cuddington	19 R28	Cwndaad	15 G28
		Cudworth	40 P23	Cwnfelin Boeth	14 G28
		Cuffley	20 T28	Cwrt-Newydd	24 H27
		Cutxham	19 Q29	Cydweli / Kidwelly	15 H28
		Cullicudden	67 H11	Cyffylliog	33 J24
		Cullin Sound	65 B12	Cymmer	16 J29
		Cullins (The)	65 B12	Cymyran Bay	32 G24
		Culbokie	67 G11	Cynwyl Elfed	15 H28
		Culdrose	2 E33
		Culgaith	45 M20
		Culkein	72 D9	**D**
		Cullen	68 L10
		Cullen Bay	68 L10
		Cullingworth	39 O22	Dacre	39 O21
		Cullipool	54 D15	Dacre	45 L20
		Culloch	55 I14	Daglingworth	18 N28
		Cullompton	7 J31	Daily	48 F18
		Culmington	26 L26	Dairsie (Loch an)	61 G14
		Culmstock	7 K31	Dairsie or Osnaburgh	56 L14

118 Dal - Dre

DOVER

Bench Street 3
Biggin Street 4
Cannon Street 5
Castle Street 6
Charlton Green 7
High Street
King Street 13
Ladywell, Park Street 15
London Road 17
Pencester Road
Priory Road 18
Priory Street 19
Queen St. 20
Worthington Street 25

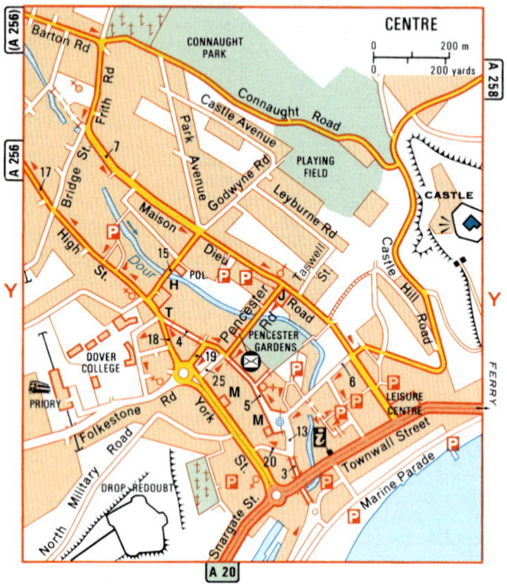

DURHAM

Alexander Crescent A 2
Castle Chare A 3
Court Lane B 5
Elvet Bridge B 6
Elvet Crescent B 7
Flass Street A 8
Framwelgate Bridge B 10
Framwelgate Waterside B 12
Gilesgate B 14
Grove Street A 15
High Street B 16
Market Place B 17
Millburngate B 19
Neville Street A 20
Potters Bank A 21
Providence Row B 21
Saddler Street B
Silver Street B 24
Sutton Street A 25

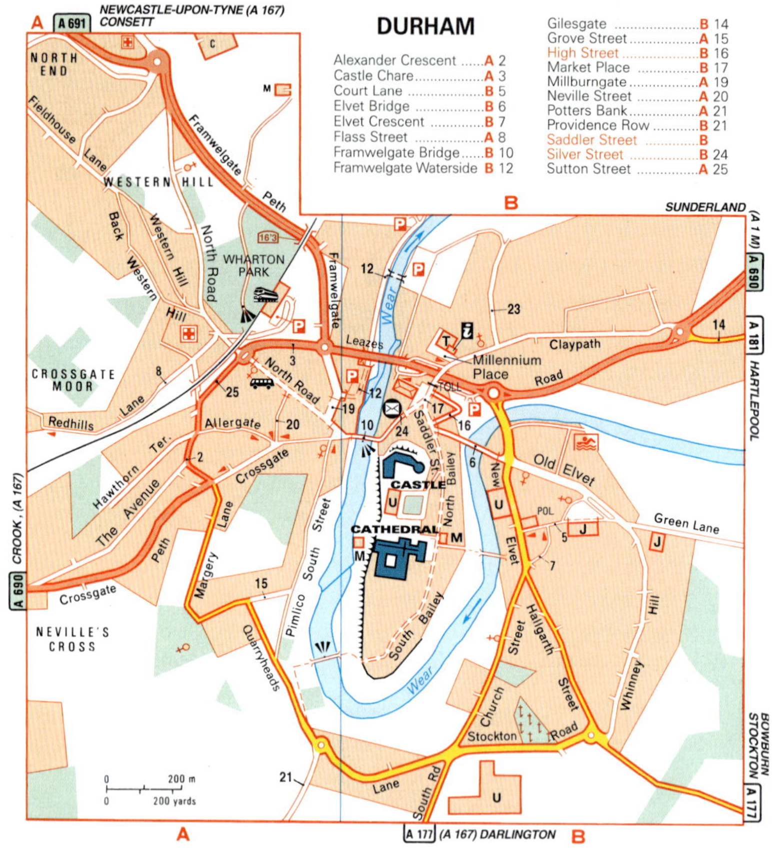

Dalavich 54 E15
Dalbeattie 43 I19
Dalbeg 67 H12
Dalblair 48 H17
Dalby 42 F21
Dalchalloch 61 H13
Dalchruin 55 H15
Dale 14 E28
Dale Head 45 L20
Dalgonar 49 H18
Dalham 22 V27
Dalhavaig 73 I8
Daliburgh 64 X12
Dalkeith 56 K16
Dallas 68 J11
Dalleagles 48 H17
Dallington 12 V31
Dallington 28 R27
Dalmally 54 F14
Dalmellington 48 G18
Dalmeny 56 J16
Dalmigavie 67 H12
Dalnabreck 59 C13
Dalnaspidal Lodge 61 H13
Dalnavaid 62 J13
Dalnavie 67 H10
Dalness 60 F14
Dalry (North Ayrshire) 54 F16
Dalry (Dumfries and Galloway) 48 H18
Dalrymple 48 G17
Dalston 44 L19
Dalswinton 49 I18
Dalton (Dumfries and Galloway) 49 J18
Dalton (North Yorks.) 40 P21
Dalton in Furness 38 K21
Damerham 9 O31
Damh (Loch) 66 D11
Dan-yr-Ogof 15 I28
Danbury 22 V28
Danby 47 R20
Dane 34 N24
Danehil 11 U30
Darenth 20 U29
Darfield 40 P23
Darlington 46 P20
Darowen 25 I26
Darras Hall 51 O18
Darrington 40 Q22
Darsham 23 Y27
Dartford 20 U29
Dartford Tunnel 20 U29
Dartington 4 I32
Dartmeet 4 I32
Dartmoor National Park 4 I32
Dartmouth 4 J32
Darton 40 P23
Darvel 48 H17
Darwen 39 M22
Datchet 19 S29
Datchworth 21 T28
Dava 68 J11
Daventry 28 Q27
Davidstow 3 G32
Davington 49 K18
Daviot 67 H11
Dawley 26 M26
Dawlish 4 J32
Deal 13 Y30
Dean 44 J20
Dean Forest Park 17 M28
Deanich Lodge 66 F10
Deanston 55 H15
Dearham 44 J19
Debden 20 U28
Deben (River) 23 X27
Debenham 23 X27
Deddington 19 Q28
Dedham 21 W28
Dee (River) (Scotland) 69 N12
Dee / Afon Dyfrdwy (River) (Wales) 33 K24
Deene 28 S26
Deepcut 19 R30
Deepdale 45 M21
Deeping-Saint-James 29 T25
Deeping St Nicholas 29 T25
Deeps (The) 75 P3
Defford 27 N27
Deiniolen 32 H24
Delabole 3 F32
Delamere 34 M24
Delamere Forest 34 L24
Dell 71 B8
Dellifure 68 J11
Delnadamph Lodge 68 K12
Delph 39 N23
Denbigh / Dinbych 33 J24
Denby Dale 39 P23
Denchworth 18 P29
Denham 19 S29
Denholm 50 L17
Denmead 10 Q31
Dennington 23 Y27
Denny 55 I15
Dent 45 M21
Denton 35 N23
Denton 36 R25
Denver 30 V26
Derby 35 P25
Derbyshire (County) 35 O24
Deri 16 K28
Derrylin 74 J5
Dersingham 30 V25
Dervaig 59 B14
Derwent (River) (R. Ouse) 40 R22
Derwent (River) (R. Trent) 35 P24
Derwent (River) (R. Tyne) 46 O19
Derwent Dale 35 O23
Derwent Reservoir (Derbs.) 35 O23
Derwent Reservoir (Northumb.) 45 N19
Derwent Water 44 K20
Desborough 28 R26
Desford 28 Q26
Detling 12 V30
Devauden 17 L28
Deveron (River) 69 M11
Devil's Beef Tub 49 J17
Devil's Bridge / Pontarfynach 25 I26
Devil's Elbow 62 J13
Devil's Punch Bowl 10 R30
Devizes 18 O29
Devon (County) 4 J31
Devonport 3 H32
Dewsbury 39 P22
Dherue (Loch an) 72 G8
Dial Post 11 S31
Dickleburgh 31 X26
Didcot 19 Q29
Diddlebury 26 L26
Digby 37 S24
Dilhorne 35 N25
Dilton Marsh 8 N30
Dilwyn 26 L27
Dinas 14 F27
Dinas Powys 16 K29
Dinas Dinlle 32 G24
Dinas Head 14 F27
Dinas-Mawddwy 25 I25
Dinbych / Denbigh 33 J24
Dinbych-y-pysgod / Tenby 14 F28
Dingwall 67 G11
Dinnet 68 L12
Dinnington 36 Q23
Dinnington 51 O18
Dinsdale 46 P20
Dinton 9 O30
Diptford 4 I32
Dirleton 57 L15
Dishforth 40 P21
Diss 31 X26
Disserth 25 J27
Distington 44 J20
Ditcheat 8 M30
Ditchingham 31 Y26
Ditchley Park 18 P28
Ditchling 11 T31
Ditton Priors 26 M26
Doc Penfro / Pembroke Dock 14 F28
Docherty (Glen) 66 E11
Dochgarroch 67 H11
Docking 30 V25
Dockray 45 L20
Dodburn 50 L17
Doddington (Cambs.) 29 U26
Doddington (Kent) 12 W30
Doddington (Lincs.) 36 S24
Doddington (Northumb.) 51 O17
Dodington 17 M29
Dodman Point 3 F33
Dodworth 40 P23
Doirlinn 59 C13
Dolanog 25 J25
Dolbenmaen 32 H25
Dolfor 25 K26
Dolgarrog 33 I24
Dolgellau 25 I25
Dolgoch Falls 24 I26
Dollar 56 I15
Dolphinholme 38 L22
Dolton 6 H31
Don (River) 40 Q23
Don (River) 68 K12
Donagh 74 J5
Donaghadee 75 P4
Doncaster 40 Q23
Donhead-Saint-Andrew 9 N30
Donhead-Saint-Mary 9 N30
Donington 37 T25
Donington Park Circuit 35 P25
Donington-on-Bain 37 T24
Donisthorpe 27 P25
Donnington (Berks.) 19 Q29
Donnington (Salop) 26 M25
Donyatt 8 L31
Doon (Loch) 48 G18
Dorback Lodge 68 J12
Dorchester (Dorset) 8 M31
Dorchester (Oxon.) 19 Q29
Dordon 27 P26
Dore 35 P24
Dores 67 H11
Dorking 11 T30
Dormans Land 11 U30
Dormanstown 47 Q20
Dornie 66 D12
Dornoch 67 H10
Dornoch Firth 67 H10
Dornock 49 K19
Dorrington 26 L26
Dorset (County) 8 M31
Dorstone 26 K27
Dorusduain 66 D12
Douchary (Glen) 66 F10
Dougarie 53 D17
Douglas (South Lanarkshire) 49 I17
Douglas (Isle of Man) 42 G21
Douglastown 62 L14
Dounby 74 K6
Doune 55 H15
Doune 72 G10
Dove (River) 35 O24
Dove Cottage 44 K20
Dove Holes 35 O24
Dovedale 35 O24
Dover 13 X30
Dovercourt 23 X28
Doveridge 35 O25
Dovey / Dyfi (River) 24 I26
Dowally 62 J14
Dowdeswell 18 N28
Dowlish Wake 8 L31
Down Ampney 18 O28
Downderry 3 G32
Downham 29 U26
Downham Market 30 V26
Downies 63 N12
Downton 9 O31
Dowsby 37 S25
Doynton 17 M29
Drakes Broughton 27 N27
Draughton 39 O22
Drax 40 R22
Draycott 35 P25
Draycott-in-the-Clay 35 O25
Draycott-in-the-Moors 35 N25
Drayton (Norfolk) 31 X25
Drayton (Oxon.) 19 Q29
Drayton-Saint-Leonard 19 Q29
Drefach 15 H28

DUNDEE

Bell Street 6
City Quay
City Square 7
Commercial Street 8
East Marketgait 15
High Street 17
Meadowside 23
Murraygate 25
Nethergate 26
Overgate Centre
Reform Street 35
St. Andrews Street 36
South Union Street 39
Trades Lane 41
Ward Road 42
Wellgate Centre
West Bell Street 43
West Marketgait 44

A THE FRIGATE UNICORN
B DISCOVERY POINT

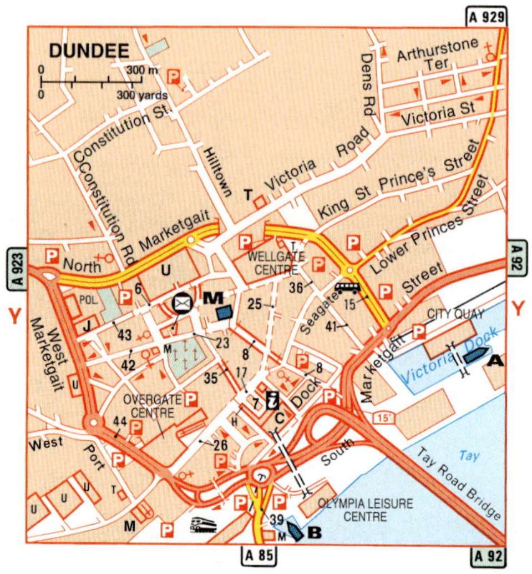

Dre - Eas

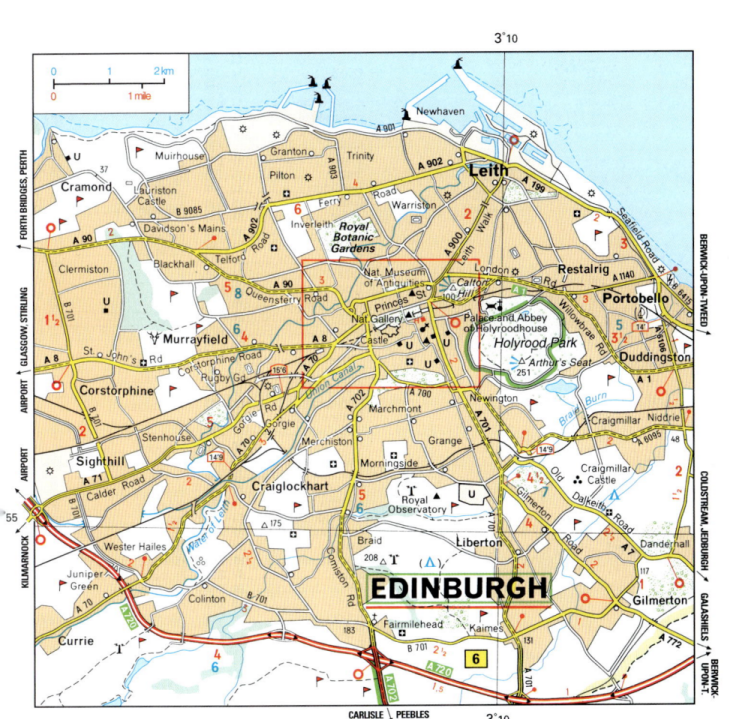

Dufton	45	M20		Duntelchaig (Loch)	67	H11
Duggleby	41	S21		Dunton bassett	28	Q26
Duich (Loch)	66	D12		Dunure	48	F17
Duirinish	65	C12		Dunvegan	65	A11
Duke's Pass	55	G15		Dunvegan (Loch)	65	A11
Dukinfield	35	N23		Dunvegan Castle	65	A11
Dullingham	22	V27		Dunvegan Head	64	Z11
Dulnain Bridge	68	J12		Dunwich	31	Y27
Duloe	3	G32		Durdle Door	8	N32
Dulverton	7	J30		Durham	46	P19
Dumbarton	55	G16		Durham (County)	45	N19
Dumbleton	18	Q27		Durisdeer	49	I18
Dumfries	49	J18		Durlston Head	9	O32
Dun Carloway Broch	70	29		Durness	72	F8
Dunan	54	F16		Durrington	9	O30
Dunbar	57	M15		Dursley	17	M28
Dunbeath	74	J9		Dury Voe	75	Q2
Dunblane	55	I15		Duston	28	R27
Duncansby Head	74	K8		Duffil	67	I12
Dunchurch	28	Q28		Dutford	29	U27
Duncow	49	J18		Dyce	69	N12
Duncton	10	S31		Dyfi / Dovey (River)	24	I26
Dundee	62	K14		Dyke	68	I11
Dundonald	48	G17		Dykehead	62	K13
Dundrennan	43	I19		Dykends	62	K13
Dundry	17	M29		Dylife	25	I26
Dunecht	69	M12		Dymchurch	13	W30
Dunfermline	56	J15		Dymock	17	M29
Dungeness	13	W31		Dyrham	17	M29
Dunholme	36	S24		Dyrham Park	17	M29
Dunino	57	L15		Dysерth	33	J24
Dunipace	55	I15				
Dunkeld	62	J14				
Dunkey Beacon	7	J30		**E**		
Dunkeswell	7	K31				
Dunkirk	17	N29		Eaglescliffe	46	P20
Dunley	26	N27		Eaglesfield	49	K18
Dunlop	55	G16		Eaglesham	55	H16
Dunnamaglass Lodge	67	H12		Eakring	36	R24
Dunnet	74	I8		Ealing		
Dunnet Bay	74	J8		(London Borough)	20	T29
Dunnet Head	74	J7		Earba		
Dunning	56	J15		(Lochan na h-)	61	G13
Dunnington	40	R22		Earby	39	N22
Dunnockshaw	39	N22		Eardisland	26	K27
Dunnottar Castle	63	N13		Earl Shilton	27	Q26
Dunoon	54	F16		Earl Soham	23	X27
Dunragit	42	F19		Earl Stronham	23	X27
Dunrobin Castle	67	I10		Earley Winnersh	19	R29
Duns	57	M16		Earls Barton	28	R27
Duns Tew	18	P28		Earls Barton	22	W28
Dunscore	49	I18		Earls Colne	22	W28
Dunsford	10	S30		Earlsferry	56	L15
Dunsford	4	Q31		Earlston	50	L17
Dunsop Bridge	38	M22		Earn (Loch)	55	I15
Dunstable	19	S28		Earn (River)	61	H14
Dunstaffnage Castle	60	D14		Earn (River)	56	K14
Dunstanburgh Castle	51	P17		Earsdon	51	P18
Dunster	7	J30		Earsham	31	Y26
Dunston	37	S24		Eartham	10	S31
Dunstone	4	I32		Easdale	54	D15
Dunsyre	56	J16		Easebourne	10	R31

Drefach	24	G27	Droxford	10	Q31	
Dreghorn	48	G17	Druidbeg (Loch)	64	Y12	
Drem	56	L15	Druim a Chliaibhain			
Drenewydd / Newtown	25	K26	(Loch)	73	H8	
Dreswick Point	42	G21	Druimindаrroch	59	C13	
Driffield	18	O28	Drum Castle	69	M12	
Drigg	44	J20	Drumbeg	72	E9	
Drimmin	59	C14	Drumblade	69	L11	
Drinishader	70	Z10	Drumburgh	44	K19	
Drissaig	54	E15	Drumchardine	67	G11	
Droitwich	27	N27	Drumclog	48	H17	
Dronfield	35	P24	Drumelzier	49	J17	
Drongan	48	G17	Drumfearn	65	C12	

Drumlaning Castle	49	I18	Drygarn Fawr	25	J27	
Drumlemble	53	C17	Drymen	55	G15	
Drumlithie	63	M13	Drynoch	65	B12	
Drummond Castle	55	I14	Duchally	72	F9	
Drummore	42	F19	Ducklington	18	P28	
Drummossie Muir	67	H11	Duddingston	28	S26	
Drumnadrochit	67	G11	Duddo	51	N16	
Drumrunie	72	E9	Dudley	27	N26	
Drumsallie	60	D13	Dudley	51	P18	
Drumtochty Forest	63	M13	Duff House	69	M11	
Druridge Bay	51	P18	Duffield	35	P25	
Drybrook	17	M28	Dufftown	68	K11	
Dryburgh Abbey	50	M17	Duffus	68	J10	

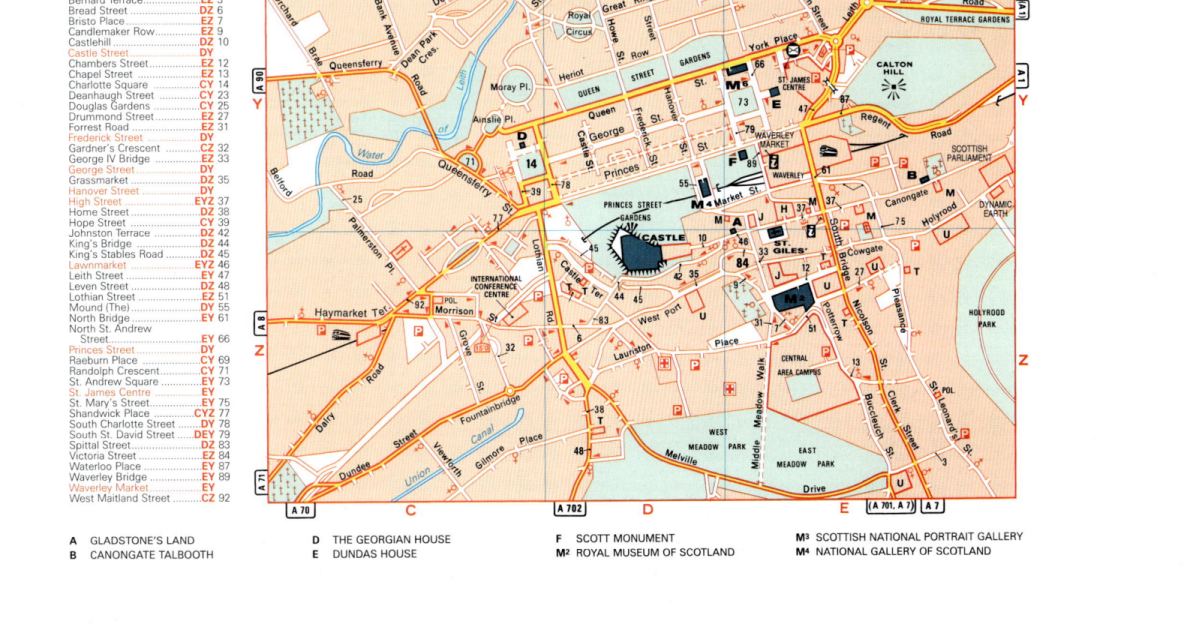

EDINBURGH CENTRE

Bernard Terrace	EZ	3
Bread Street	DZ	6
Bristo Place	EZ	7
Candlemaker Row	EZ	9
Castlehill	DZ	10
Castle Street	DY	
Chambers Street	EZ	12
Chapel Street	EZ	13
Charlotte Square	CY	14
Deanhаugh Street	CY	23
Douglas Gardens	CY	25
Drummond Street	EZ	27
Forrest Road	EZ	31
Frederick Street	DY	
Gardner's Crescent	EZ	32
George IV Bridge	EZ	33
George Street	DY	
Grassmarket	DZ	36
Hanover Street	DY	
High Street	EYZ	37
Home Street	DZ	38
Hope Street	CY	39
Johnston Terrace	DZ	42
King's Bridge	DZ	44
King's Stables Road	DZ	45
Lauriston	EYZ	46
Leith Street	EY	47
Leven Street	DZ	48
Lothian Street	EZ	51
Mound (The)	DY	55
North Bridge	EY	61
North St. Andrew		
Street	EY	66
Princes Street	DY	
Raeburn Place	CY	69
Randolph Crescent	CY	71
St. Andrew Square	EY	73
St. James Centre	EY	
St. Mary's Street	EY	75
Shandwick Place	CYZ	77
South Charlotte Street	DY	78
South St. David Street	DEY	79
Spittal Street	DZ	83
Victoria Street	EZ	84
Waterloo Place	EY	87
Waverley Bridge	EY	89
Waverley Market	EY	
West Maitland Street	CZ	92

A	GLADSTONE'S LAND
B	CANONGATE TALBOOTH
D	THE GEORGIAN HOUSE
E	DUNDAS HOUSE
F	SCOTT MONUMENT
M²	ROYAL MUSEUM OF SCOTLAND
M³	SCOTTISH NATIONAL PORTRAIT GALLERY
M⁴	NATIONAL GALLERY OF SCOTLAND

Eas - Fes

EXETER

Alphington Rd	Z 2
Barnfield Rd	Z 3
Castle St.	Y 13
Cathedral Close Walk	YZ 14
Cowick St.	Z 15

Edmund St.	Z 18
Fore St.	Z
Guildhall Shopping Centre	Y
Harlequins Shopping Centre	Z
High St.	Y
King St.	Z 22
Mary Arches St.	Z 26
Mint (The)	Z 28

New Bridge St.	Z 31
Palace Gate	Z 36
Paul St.	Y 37
Preston St.	Z 40
Quay Hill	Z 45
Queen's Terrace	Y 46
St. Martin's Lane	Y 48
Stepcote Hill	Z 50

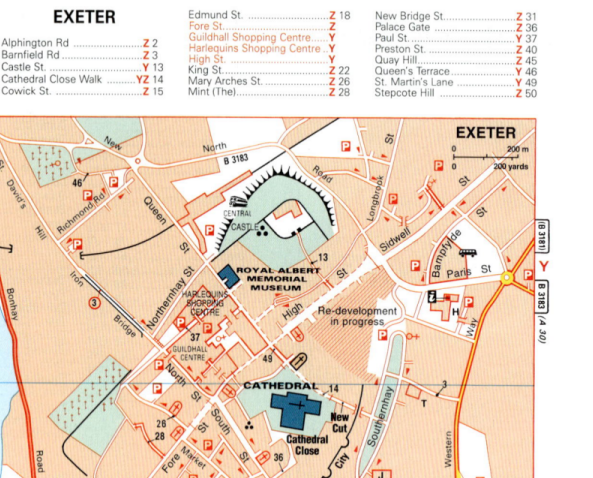

Easington	46	P19	East-Challow	18	P29	Eden Project	3	F32	Elan Village	25	J27
Easington	19	O28	Eastchurch	21	W29	Edenbridge	11	U30	Elcho	56	J14
Easington	47	U23	East-Coker	8	M31	Eden (River)	44	K19	Elgin	68	J8
Easington	47	R20	Eastdean	11	U31	Edentaggart	54	F15	Elgol	65	G12
Easington Lane	46	P19	Easter Ross	67	G10	Edenthorpe	40	O23	Elham	13	X30
Easingwold	40	O21	Easter-Compton	17	M29	Edgefield	31	X25	Elie	56	L15
Eassie and Nevay	62	K14	Eastergate	10	S31	Edgmond	34	M25	Eling	9	P31
East Aberthaw	16	J29	Eastfield	47	S21	Egerton	26	L26	Elkeslev		
East Barkwith	37	T24	Eastgate	45	N19	Edinbane	65	A11	Elkstone	18	N28
East Bergholt	21	X28	East-Grafton	18	P29	Edinburgh	56	K16	Elland	39	O22
East Brent	8	L30	East-Halton	41	T23	Edington	9	N30	Ellel	35	O25
East Budleigh	4	K32	Eastham	34	L24	Edith Weston	28	S26	Ellerbeck	46	P20
East Butterwick	40	R23	Easington	17	N28	Edlesborough	19	S28	Ellerton	40	R22
East Chinnock	8	L31	East-Knoyle	9	N30	Edingham	51	O17	Ellesmere	34	L25
East Cowes	10	O31	Eastleach	18	O28	Edmondsley	46	P19	Ellesmere Port	34	L24
East Cowton	46	P20	Eastleigh	9	P31	Edmundbyres	46	O19	Ellingham	31	Y26
East Dereham	30	W25	East-Malling	12	V30	Edwalton	36	Q25	Ellington	51	P18
East Ferry	36	R23	Eastoft	40	R23	Edwinstowe	36	Q24	Ellon	69	N11
East Glen (River)	36	S25	Easton	50	L18	Edyston	26	L26	Elloughton	41	S22
East Grinstead	11	T30	Easton (Dorset)	5	M32	Edzell	63	M13	Elmdon	29	U27
East Hagbourne	19	Q29	Easton (Norfolk)	31	X26	Efailnewydd	32	G25	Elmley Castle	27	N27
East Hanney	18	P29	Easton-Grey	18	N29	Egerton	12	W30	Elmore	17	N28
East Hardwick	40	O22	Easton-in-Gordano	17	L29	Eggerness Point	42	G19	Elmstead		
East Harling	30	W26	Easton-Royal	18	O29	Eggleston	46	N20	Market	22	W28
East Haven	63	L14	East-Poringland	31	Y26	Egham	19	S29	Elmswell	22	W27
East Hedred	18	P29	Eastriggs	49	K19	Eglisay	74	L6	Elphin	72	E9
East Hoathly	11	U31	Eastrington	40	R22	Eglingham	51	O17	Elrick	69	N12
East Horsley	11	S30	East-Rudham	30	W25	Egloskerrv	3	G32	Elrig	42	G19
East Huntspill	8	L30	Eastry	13	X30	Eglwys Brewis	16	J29	Elsdon	51	N18
East Ilsley	19	O29	East-Saltoun	56	L16	Eglwysfach	25	I26	Elsenham	20	U28
East Keswick	40	P22	Eastville	37	U24	Eglwysyrw	14	F27	Elsham	41	S23
East Kilbride	55	H16	East-Winch	30	V25	Egremont	44	J20	Elstrickie	49	J16
East Kilbride	64	X12	Eastwood	36	Q24	Egton	47	R20	Elstead	10	R30
East Knoyle	9	N30	East-Woodhay	18	P29	Eigg	59	B13	Elstree	20	T29
East Lambrook	8	L31	East-Wretham	30	W26	Eigheach (Loch)	61	G13	Elswick	44	L22
East Leake	36	Q25	Eaton	34	M24	Eight Ash Green	22	W28	Eltisley	29	T27
East Linton	57	M16	Eaton Bray	19	S28	Eil	67	H12	Elton	29	S26
East Loch Roag	70	Z9	Eaton Socon	29	T27	Eil (Loch)	60	E13	Elvedon	30	V26
East Loch Tarbet	70	Z10	Ebbw Vale / Glyn Ebwy	16	K28	Eilde Mòr (Loch)	60	F13	Elvington	40	R22
East Loon	3	G32	Ebchester	46	O19	Eilean a' Chalmain	52	A15	Elwick	46	Q19
East Lulworth	8	N32	Ebrington	27	O27	Eilean Beag	65	C11	Elworth	34	M24
East Markham	36	R24	Eccles	50	M17	Eilean Chathastiail	59	B13	Ely	29	U26
East Meon	10	Q31	Ecchinsweil	19	Q29	Eilean Donan Castle	66	D12	Emberton	28	R27
East Midlands			Ecclesfechan	49	K18	Eilean Fladgarry	65	B10	Embleton	51	P17
Airport	36	O25	Eccles	34	M23	Eilean Mhuire	71	A10	Embleton	44	K20
East Moor	35	P24	Eccleshall	34	N25	Eilean Mòr	65	C11	Embo	73	I10
East Norton	28	R26	Echt	69	M12	Eilean Mullagrach	72	D9	Embsay	39	O22
East Portlemouth	4	I33	Eckford	50	M17	Eilean na Ba	65	C11	Emerth	29	U26
East Riddlesden Lodge	72	F10	Eckington (Worc.)	27	N27	Eilean nan Each	59	B13	Empingham	28	S26
East Sussex (County)	11	U30	Eckington (Derbs.)	35	P24	Eilean Trodday	65	B10	Emsworth	10	R31
East Tisted	10	R30	Edale	35	O23	Eileanach Lodge	67	F10	Enaclete	70	Z9
East Wemyss	56	K15	Eday	74	L6	Eilt (Loch)	60	D13	Enard Bay	72	D9
East Wittering	10	R31	Eddleston	56	K16	Eishken	70	A9	Enderby	28	Q26
East Witton	46	O21	Edderton	67	H10	Eishort (Loch)	65	C12	Endmoor	45	L21
Eastbourne	11	U31	Eddrachillis Bay	72	E9	Elan Valley	25	J27	Endon	35	N24

Enfield (London Borough)	20	T29			
Enford	9	O30	**F**		
Englefield Green	19	S29			
English Bicknor	17	M28	Fada (Loch)	64	Y11
Englishcombe	17	M29	Fair Isle		
Enham Alamein	9	P30	Fair Oak	10	O31
Enmore	7	K30	Fairbourne	24	H25
Ensay	59	B14	Fairburn	40	O22
Enstone	18	P28	Fairford	18	O28
Enterkinfoot	49	I18	Fairlie	54	F16
Enville	26	N26	Fairlight	12	V31
Eochar	64	X11	Fakenham	30	W25
Eoligarry	64	X12	Fala	56	L16
Eoropie	71	B8	Faldingworth	37	S23
Eorsa	59	B14	Falfield	17	M29
Eport (Loch)	64	Y11	Falkirk	55	K16
Epping	20	U28	Falkland	56	K15
Epping Forest	20	U29	Fallford	50	K18
Epsom	20	T30	Fallin	55	I15
Epworth	40	R23	Falmer	11	T31
Erdine	54	E15	Falmouth	2	E33
Erdine Forest	54	D15	Falstone	50	M18
Eriboll	72	F8	Fangmore	72	E8
Eriboll (Loch)	72	F8	Fangfoss	40	R22
Ericht (Loch)	61	G13	Fannich (Loch)	66	E11
Erichtane	49	J17	Fannich Lodge	66	F11
Eridge Green	11	U30	Fara	74	K7
Eriska	60	D14	Fareham	10	Q31
Eriskay	64	Y12	Faringdon	18	P29
Erisort (Loch)	70	A9	Farlam	45	L19
Eriswelt	30	V26	Farleigh-Hungerford	17	N30
Ermington	4	I32	Farley	9	O30
Erne (Upper Lough)	74	J5	Farley Mount	9	P30
Erpingham	31	X25	Farlow	26	M26
Erraid	52	A15	Farmborough	17	M29
Errochtv (Loch)	61	H13	Farmers	24	I27
Errogie	67	G12	Farmtown	68	L11
Errol	56	K14	Farnborough (Hants.)	10	R30
Ersary	58	X13	Farnborough (Warw.)	27	P27
Erskine Bridge	55	G16	Farndon	36	R24
Ervie	42	E19	Farndon	34	L24
Erwood	25	K27	Farne Islands	51	P17
Esh Winning	46	O19	Farnell	63	M13
Esha Ness	75	P2	Farnham		
Esher	20	S29	(Dorset)	9	N31
Esk (Glen)	62	L13	Farnham (Surrey)	10	R30
Esk (River)	50	K19	Farnham Royal	19	S29
Eskdale	50	K18	Farningham	20	U29
Eskdalemuir	49	K18	Farnley	39	O22
Essendon	20	T28	Farnsfield	36	Q24
Essex (County)	22	V28	Farnworth	39	M23
Essich	67	H11	Farr	73	H8
Eston	46	O20	Farrington Gurney	8	M30
Etal	51	N17	Farway	7	K31
Etchilhampton	12	O30	Fasnakvle	66	F12
Etchingham	12	V30	Fasnakyle Forest	66	F11
Etherow (River)	35	N23	Fasque	63	M13
Etive (Park)	35	N23	Fasstern	60	E13
Etive (Glen)	60	F14	Fauldbouse	56	I16
Etive (Loch)	60	E14	Faversham	12	W30
Eton	19	S29	Fawley	9	P31
Ettington	27	P27	Fazeley	27	O26
Ettrick	50	K17	Fearby		Q31
Ettrick Forest	50	K17	Fearn	67	I10
Etwall	35	P25	Fearnan	61	H14
Euston	30	W26	Fearnmore	65	C11
Euxton	38	L22	Featherstone (Staffs.)	27	N26
Evanton	67	G11	Featherstone		
Evenlode	10	O28	(West Yorks.)	40	O22
Evenwood	46	O20	Feelindre	14	F27
Evercreech	8	M30	Feering	22	W28
Everingham	40	R22	Felindre	25	I28
Evershot	8	M31	Felinheli	32	H24
Eversley	19	R29	Felixkirk	46	O21
Everton	36	R23	Felixstowe	22	Y28
Evesham	27	O27	Felling	19	P19
Ewe (Isle of)	71	D10	Felpharn	35	S31
Ewell	20	T29	Felsham	22	W27
Ewelme	19	Q29	Felsted	22	V28
Ewenny	16	J29	Felthorpe		
Ewes	50	L18	Felton	50	P18
Ewhurst	11	S30	Feltwell	30	V26
Exbourne	4	I31	Fence		
Exe (River)	7	J31	Fenny Bentley	35	O24
Exebridge	7	J30	Fenstanton	29	T27
Exeter	7	J31	Fenton	36	R24
Exford	7	J30	Fenton		
Exminster	7	J31	Exmoor National Park	7	I30
Exmouth	4		Fenwick	48	
Exton		J30	Fenwick		
Eye (Cambs.)	29	T26	Feochag		
Eye (Suffolk)	31	X27	Feochan (Loch)	54	D14
Eye Peninsula	71	B8	Feock	2	E33
Eyemouth	57	N16	Feolin Ferry	52	B16
Eynort	65	A12	Fern	62	L13
Eynort (Loch) (Highland)	65	A12	Fernees	67	I11
Eynort (Loch)			Fernhurst	10	R30
(Western Isles)	64	Y12	Fernyden	63	M13
Eynsford	20	U29	Fernyhill	46	P19
Eynsham	18	P28	Ferryside	15	G28
Eye Point	65	B12	Fersit	61	F13
Eythorne	13	X30	Feshie (Glen)	61	I12

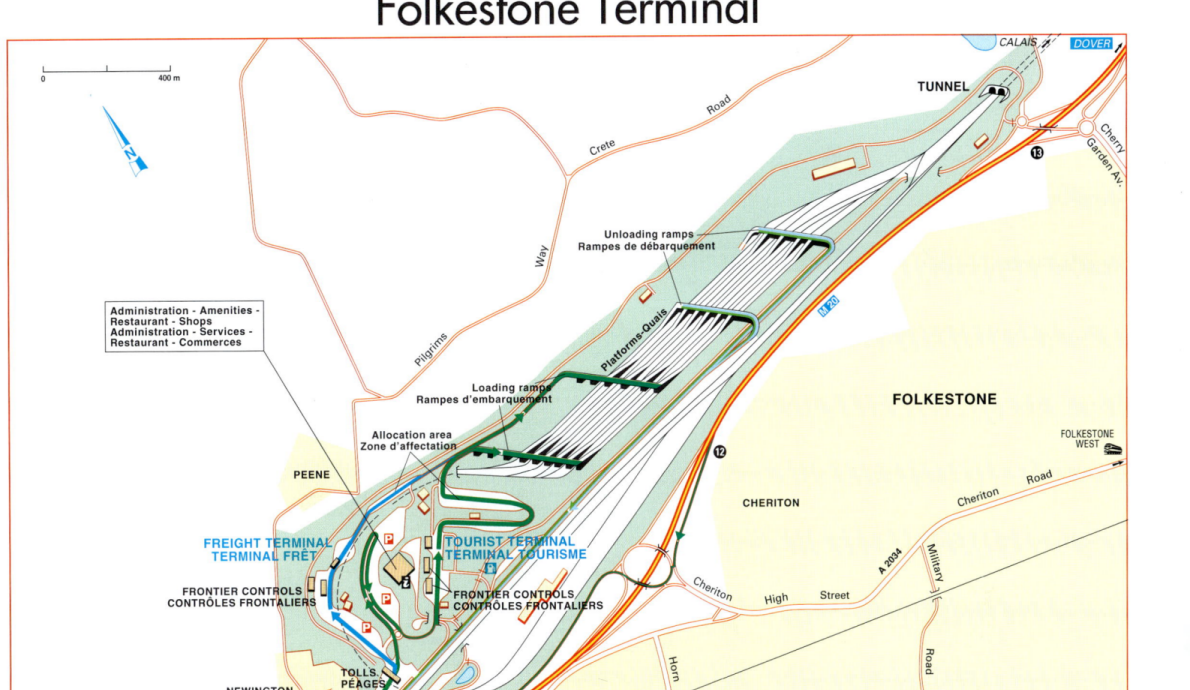

122
Gad - Gre

Terminal de Calais

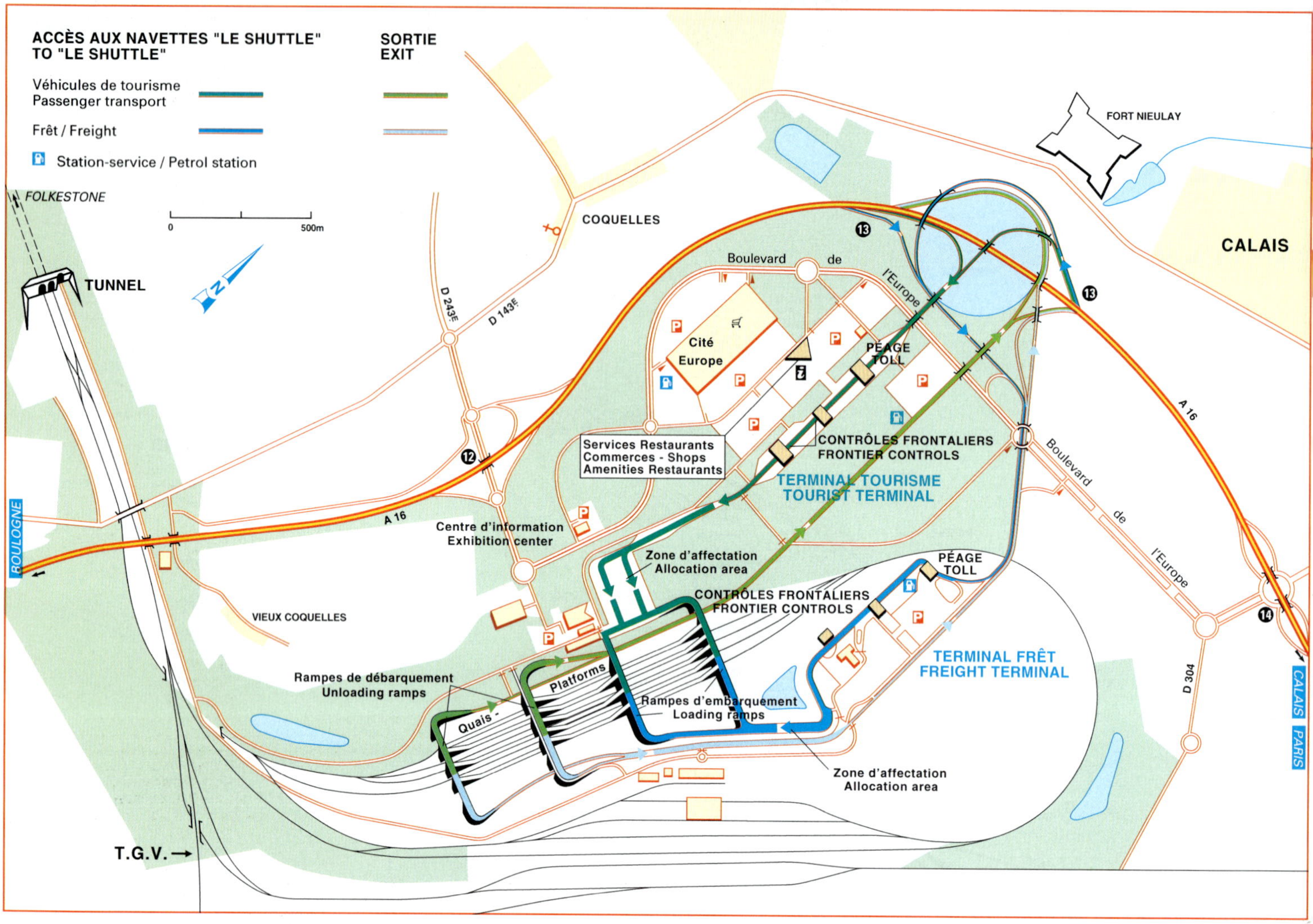
ACCÈS AUX NAVETTES "LE SHUTTLE"
TO "LE SHUTTLE"
SORTIE
EXIT
Véhicules de tourisme
Passenger transport
Frêt / Freight
Station-service / Petrol station
FOLKESTONE
0
500m
TUNNEL
COQUELLES
FORT NIEULAY
CALAIS
D 243E
D 143E
Boulevard de l'Europe
Cité Europe
PÉAGE TOLL
Services Restaurants
Commerces - Shops
Amenities Restaurants
CONTRÔLES FRONTALIERS
FRONTIER CONTROLS
TERMINAL TOURISME
TOURIST TERMINAL
A 16
Boulevard de l'Europe
BOULOGNE
Centre d'information
Exhibition center
Zone d'affectation
Allocation area
PÉAGE
TOLL
CONTRÔLES FRONTALIERS
FRONTIER CONTROLS
VIEUX COQUELLES
TERMINAL FRÊT
FREIGHT TERMINAL
D 304
CALAIS PARIS
Rampes de débarquement
Unloading ramps
Quais - Platforms
Rampes d'embarquement
Loading ramps
Zone d'affectation
Allocation area
T.G.V.
12
13
14

G

Gaddesby 28 R25
Gaick Lodge 61 H13
Gainford 46 O20
Gainsborough 36 R23
Gairloch 66 C10
Gairlochy 60 F13
Gairsay 74 L6
Gaitsgill 44 L19
Galashiels 50 L17
Galgate 38 L22
Gallan Head 70 Y9
Gallanach 54 D14
Galloway Forest Park 48 G18
Galltair 66 D12
Galmisdale 59 B13
Galmpton 4 J32
Galson 71 A8
Galston 48 G17
Galtrigill 64 Z11
Gamblesby 45 M19
Gamlingay 29 T27
Gamston 36 R24
Ganavan 60 D14
Ganton 41 S21
Garboldisham 30 W26
Gardenstown 69 N10
Garelochhead 54 F15
Garenin 70 Z9
Garforth 40 P22
Gargrave 39 N22
Gargunnock 55 H15
Garioch 69 M12
Garlieston 42 G19
Garlogte 69 M12
Garmony 59 C14
Garmouth 68 K11
Garrabost 71 B9
Garragie Lodge 67 G12
Garraron 53 D15
Garreg 32 H25
Garrigill 45 M19
Garrisdale Point 65 A12
Garros 65 B11
Garrow 61 I14
Garry (Glen) (Perthshire and Kinross) 61 H13
Garry (Glen) (Highland) 60 E12
Garry (Loch) 60 F12
Garsington 19 Q28
Garten (Loch) 67 I12
Garth 25 J27
Garthorpe 40 R23
Gartmore 55 G15
Gartocharn 55 G15
Garton-on-The-Wolds 41 S21
Garvald 57 M16
Garvamore 61 G12
Garve 67 F11
Garvellachs 52 C15
Garvestone 30 W26
Garvock 54 F16
Garway 17 L28
Garynahine 70 Z9
Gatehouse of Fleet 43 H19
Gateshead 46 P19
Gateside 56 K15
Gatley 34 N23
Gatwick Airport 11 T30
Gaulden Manor 7 K30
Gavard 52 B15
Gaydon 27 P27
Gayton 30 V25
Gayton 35 N25
Gaywood 30 V25
Geary 65 A11
Geddington 28 R26
Gedney Drove End 37 U25
Gedney Hill 29 T25
Gelligaer 16 K29
Gelston 43 I19
Georgeham 6 H30
Georth 74 K6
Gerrards Cross 19 S29
Gestingthorpe 22 V27
Gifford 57 L16
Gigha (Sound of) 53 C17
Gigha Island 52 C16
Gighay 64 Y12
Gilberdyke 40 R22
Gilcrux 44 J19
Gildersome 39 P22
Gilfach 16 J29
Gilfach Goch 16 J29
Gillamour 47 R21
Gilling E 40 Q21
Gilling West 46 O20
Gillingham 31 Y26
Gillingham (Dorset) 8 N30
Gillingham (Kent) 21 V29
Gills 74 K8
Gilmerton 55 I14
Gilmorton 28 Q26
Gilston 56 L16
Gilwern 16 K28
Girthon 43 H19
Girton 29 U27
Girvan 48 F18
Gisburn 39 N22
Gisland 50 M19
Gittisham 7 K31
Gladestry 25 K27
Glaisdale 47 R20
Glamis 62 K14
Glamis Castle 62 L14
Glanaman 15 I28
Glandwr 14 G28
Glanton 51 O17
Glas Maol 62 J13
Glas-allt-Shiel 62 K13
Glasbury 25 K27
Glascarnoch (Loch) 66 F10
Glascwm 25 K27
Glasdrum 60 E14
Glasgow 55 H16
Glas-leac Mór 71 D9
Glasphein 64 Z11
Glaspwll 25 I26
Glass (Loch) 67 G10
Glassburn 66 F11
Glasserton 42 G19
Glassford 55 H16
Glasshouses 39 O21
Glasson 38 L22
Glassonby 45 M19
Glastonbury 8 L30
Gleadless 35 P23
Gleann Beag 66 F10
Gleann Mór 67 G10
Gleaston 38 K21
Glecknabae 54 E16
Glemsford 22 V27
Glen auldyn 42 G21
Glen Brittle Forest 65 B12
Glen Finglas Reservoir 55 G15
Glen More Forest Park 62 I12
Glen Shee 62 J13
Glen Trool Lodge 48 G18
Glenbarr 53 C17
Glenborrodale 59 C13
Glenbranter 54 E15
Glenbrittle House 65 B12
Glenbuchat Castle 68 K12
Glenbuck 49 I17
Glencaple 49 J18
Glencarse 56 K14
Glencoe 60 E13
Glencoul (Loch) 72 F9
Glendoebeg 67 G12
Glendurgan Garden 2 E33
Glenegedale 52 B16
Glenelg 66 D12
Glenelg Bay 66 D12
Glenfarg 56 J15
Glenfeshie Lodge 61 I12
Glenfiddich Lodge 68 K11
Glenfield 28 Q26
Glenfinnan 60 D13
Glenforsa Airport 59 C14
Glenfyne Lodge 54 F15
Glengorm 59 B14
Glengoulandie 61 H14
Glengrasco 65 B11
Glenkens (The) 48 H18
Glenkin die 68 L12
Glenkirk 49 J17
Glenlivet 68 J11
Glenluce 42 F19
Glenmassan 54 E15
Glenmaye 42 F21
Glenmore 59 C13
Glenprosen Village 62 K13
Glenridding 44 L20
Glenrothes 56 K15
Glenside 70 A9
Glenstriven 54 E16
Glentham 36 S23
Glentress 50 K17
Glentrool Village 48 G18
Glentworth 36 S23
Glenuachdarach 65 B11
Glenuig 59 C13
Glespin 49 I17
Gletness 75 Q3
Glinton 29 T26
Glossop 35 O23
Gloucester 17 N28
Gloucestershire (County) 18 N28
Gloup 75 Q1
Glusburn 39 O22
Glutt Lodge 73 I9
Glympton 18 P28
Glyn Ceiriog 33 K25
Glyn-Ebwy / Ebbw Vale 16 K28
Glyn-neath 16 J28
Glyncorrwg 16 J28
Glynde 11 U31
Glyndebourne 11 U31
Glyndyfrdwy 33 K25
Gnosall 34 N25
Goadby 28 R26
Goat Fell 53 E17
Goathland 47 R20
Gobowen 34 K25
Godalming 10 S30
Godmanchester 29 T27
Godmanstone 8 M31
Godshill 10 Q32
Godstone 11 T30
Goil (Loch) 54 F15
Golborne 34 M23
Golch 16 J29
Goldcliff 17 L29
Goldhanger 22 W28
Goldthorpe 40 Q23
Golspie 73 I10
Gomersal 39 O22
Gometra 59 B14
Gomshall 11 S30
Gooderstone 30 V26
Goodleigh 6 H30
Goodleigh 6 I30
Goodrich 17 M28
Goodrington 4 J32
Goodwick 14 F27
Goodwood House 10 R31
Goole 40 R22
Goonhavern 2 E32
Goostrey 34 M24
Gordon 50 M16
Gordonbush 73 I9
Gordonstown 68 L11
Gorebridge 56 K16
Goring 19 Q29
Gorm Loch Mór 72 F9
Gorran Haven 3 F33
Gorseinon 15 H29
Gorsleston-on-Sea 31 Z26
Gortantaoid 52 B16
Gosberton 37 T25
Gosfield 22 V28
Gosford Forest Park 74 M5
Gosforth (Cumbria) 44 J20
Gosforth (Newcastle upon Tyne) 51 P18
Gosport 10 Q31
Goswick 51 O16
Gotham 36 Q25
Gott Bay 58 Z14
Goudhurst 12 V30
Gourdon 63 N13
Gourock 54 F16
Gowerton 15 H29
Goxhill 41 T22
Graemsay 74 K7
Grafton Underwood 28 S26
Grain 21 W29
Grainthorpe 37 U23
Granby 36 R25
Grandtully 61 I14
Grange-over-Sands 38 L21
Grangemouth 56 I15
Grantchester 29 U27
Grantham 36 S25
Grantown-on-Spey 62 J12
Grantshouse 57 N16
Grasby 41 S23
Grasmere 44 K20
Grassington 39 O21
Grateley 9 P30
Graveley 29 T27
Gravesend 21 V29
Gravir 70 A9
Grayrigg 45 M20
Grays Thurrock 20 V29
Grayshott 10 R30
Grayswood 10 R30
Greasbrough 35 P23
Great Addington 28 S26
Great Altcar 38 K23
Great Amwell 21 T28
Great Asby 45 M20

Gre - Har
123

Great Ayton 46 O20
Great Baddow 22 V28
Great Bardfield 22 V28
Great Barford 29 S27
Great Barr 27 O26
Great Barrow 34 L24
Great Barugh 40 R21
Great Bedwyn 18 P29
Great Bentley 21 X28
Great Bernera 70 Z9
Great Bircham 30 V25
Great Bookham 11 S30
Great Bourton 27 Q27
Great Bowden 28 R26
Great Brickhill 19 R28
Great Bridgeford 35 N25
Great Bromley 23 X28
Great Broughton 46 Q20
Great Burdon 46 P20
Great Chalfield 17 N29
Great Chesterford 22 U27
Great Chishill 29 U27
Great Clifton 44 J20
Great Coates 41 T23
Great Cornard 22 W27
Great Cubley 35 O25
Great Cumbrae Island 54 F16
Great Doddington 28 R27
Great Driffield 41 S21
Great Dunmow 22 V28
Great Easton (Essex) 20 U28
Great Easton (Leics.) 28 R26
Great Eccleston 38 L22
Great Ellingham 30 W26
Great Finborough 22 W27
Great Glen 28 Q26
Great Gonerby 36 S25
Great Gransden 29 T27
Great Harrowden 28 R27
Great Harwood 39 M22
Great Hockham 30 W26
Great Horkesley 22 W28
Great Horwood 19 R28
Great Houghton 40 P23
Great Langton 46 P20
Great Livermere 30 W27
Great Lumley 46 P19
Great Malvern 26 N27
Great Marton 38 K22
Great Massingham 30 W25
Great Milton 19 Q28
Great Milton 39 M22
Great Missenden 19 R28
Great Musgrave 45 M20
Great Oakley 21 X28
Great Ormes Head 33 I23
Great Orton 44 K19
Great Ouse (River) 30 V25
Great Ouseburn 40 Q21
Great Ponton 36 S25
Great Ryburgh 30 W25
Great Salkeld 45 L19
Great Sampford 22 V28
Great Shefford 18 P29
Great Shelford 29 U27
Great Smeaton 46 P20
Great Somerford 18 N29
Great Stainton 46 P20
Great Strickland 45 L20
Great Torrington 6 H31
Great Tosson 51 O18
Great Totham 22 W28
Great Urswick 38 K21
Great Urswick 38 K21
Great Wakering 21 W29
Great Waltham 22 V28
Great Whernside 39 O21
Great Whittington 51 O18
Great Witley 26 M27
Great Wolford 18 P27
Great Wyrley 27 N26
Great Yarmouth 31 Z26
Great Yeldham 22 V27
Great-Bollright 18 P28
Great-Budworth 34 M24
Great-Comberton 27 N27
Great-Dalby 28 R25
Great-Dunham 30 W25
Greater Manchester (Metropolitan County) 34 N23
Greatford 29 S25
Greatham (Cleveland) 46 Q20
Greatham (Hants.) 10 R30
Great-Limber 41 T23
Greatstone-on-Sea 13 W31
Green Hammerton 40 Q21
Greenfield 33 K24
Greenfield 60 F12
Greenhaugh 50 N18
Greenhead 50 M19
Greenholm 48 H17
Greenhow Hill 39 O21
Greenisland 75 O3
Greenlaw 57 M16
Greenloaning 55 I15
Greenock 54 F16
Greenodd 38 K21
Greenside 46 O19
Greens Norton 28 Q27
Greenwich (London Borough) 20 U29
Grendon 28 R27
Grendon Underwood 19 Q28
Gresford 34 L24
Greshornish 65 A11
Greshornish (Loch) 65 A11
Gress 71 B9
Gretna 50 K19
Gretton 28 R26
Grey Abbey 75 P4
Greys Court 19 R29
Greysouthen 44 J20
Greystoke 45 L19
Griffithstown 17 K28
Griminish 64 X11
Grimley 26 N27
Grimoldby 37 U23
Grimsay 64 Y11
Grimsby 41 T23
Grinshill 34 L25
Grinton 46 O20
Gristhorpe 41 T21
Grittleton 17 N29
Groby 28 Q26
Grogport 53 D17
Groombridge 11 U30
Grosebay 70 Z10
Grosmont 47 R20
Grosmont 17 L28
Grove 18 P29
Gruinard Bay 71 D10
Gruinard Island 71 D10
Gruinart 52 B16
Gruinart (Loch) 52 B16
Grunavat (Loch) 70 Z9
Grundisburgh 23 X27
Gualachulain 60 E14
Guardbridge 56 L14
Guernsey (Channel I.) 5
Guesting 12 V31
Guildtown 62 J14
Guilsborough 28 Q26
Guildford 10 S30
Guisborough 47 Q20
Guiseley 39 O22
Guist 30 W25
Gullane 56 L15
Gullion (Slieve) 74 M5
Gunna 58 Z14
Gunnerside 45 N20
Gunnerton 51 N18
Gunness 40 R23
Gunnislake 3 H32
Gunthorpe 36 R25
Gurnard 10 Q31
Gurnos 15 I28
Gussage all Saints 9 O31
Gutcher 75 Q1
Guthrie 63 L14
Guyhirn 29 U26
Gwalchmai 32 G24
Gwaun-Cae-Gurwen 15 I28
Gwbert-on-Sea 14 F27
Gweek 2 E33
Gwennap 2 E33
Gwithian 2 D33
Gwyddelwern 33 J24
Gwyddgrug 15 H28
Gwydir Castle 33 I24
Gwytherin 33 I24

H

Habost 71 B8
Hackney (London Borough) 20 T29
Haddenham (Bucks.) 19 R28
Haddenham (Cambs.) 29 U26
Haddington 56 L16
Haddiscoe 31 Y26
Haddo House 69 N11
Haddon Hall 35 P24
Hadfield 35 O23
Hadleigh (Essex) 21 V29
Hadleigh (Suffolk) 22 W27
Hadley 26 M25
Hadlow 12 V30
Hadnall 34 L25
Hadrian's Wall 50 M18
Haggbeck 50 L18
Hagley 27 N26
Hagworthingham 37 U24
Hailsham 11 U31
Hainford 31 X25
Hainton 37 T23
Halberton 7 J31
Hale 34 M23
Hales 31 Y26
Halesowen 27 N26
Halesworth 31 Y26
Halford 27 P27
Halifax 39 O22
Halistra 65 A11
Halkirk 74 J8
Hall 55 G16
Halland 11 U31
Hallaton 28 R26
Halling 21 V29
Hallington 51 N18
Halloughton 36 R24
Hallow 26 N27
Hallsands 4 J33
Halsall 38 L23
Halse 7 K30
Halsetown 2 D33
Halstead 22 V28
Halstock 8 M31
Haltham 37 T24
Halton 19 R28
Halton 38 L21
Halton Gill 39 N21
Haltwhistle 50 M19
Halwell 4 I32
Halwill Junction 6 H31
Hamble 10 Q31
Hambleden 19 R29
Hambledon (Hants.) 10 Q31
Hambledon (Surrey) 10 S30
Hambleton (Lancs.) 38 L22
Hambleton (North Yorks.) 40 Q22
Hambleton Hills (The) 46 Q21
Hambridge 8 L31
Hamilton 55 H16
Hammersmith and Fulham (London Borough) 20 T29
Hamnavoe 75 P3
Hamnavoe 75 Q2
Hampreston 9 O31
Hampshire (County) 9 P30
Hampstead Norris 19 Q29
Hampsthwaite 39 P21
Hampton in Arden 27 O26
Hampton Court 20 S29
Hamstead Marshall 18 P29
Hamsterley 46 O19
Hamstreet 12 W30
Hamworthy 9 N31
Handa Island 72 E8
Handbridge 34 L24
Handbury 27 N27
Handcross 11 T30
Handforth 39 N23
Handley 34 L24
Handsworth 35 P23
Hanham 17 M29
Hanley 35 N24
Hanley Swan 26 N27
Hanningfield 22 V28
Hannington 18 O29
Hanslope 28 R27
Happisburgh 31 Y25
Hapton 39 N22
Harberton 4 I32
Harbertonford 4 I32
Harbledown 13 X30
Harborough Magna 28 Q26
Harbottle 51 N17
Harbury 27 P27
Harby 36 R25
Hardham 10 S31
Hardwick 36 Q24
Hardwicke 17 N28
Hardwick Hall 35 Q24
Hardy Monument 8 M31
Hardy's Cottage 8 M31
Haresfield 17 N28
Hare Street 20 U28
Harewood House 40 P22
Hargrave 28 S27
Hargrave Green 22 V27
Haringey (London Borough) 20 T29
Harlaxton 36 R25
Harlech 32 H25
Harleston 31 X26
Harlestone 28 R27
Harley 26 M26
Harlington 19 S28
Harlosh 65 A11
Harlow 20 U28
Harlow Hill 51 O18
Harmston 36 S24
Haroldswick 75 R1
Harpenden 20 S28
Harpley 30 V25
Harport (Loch) 65 A12
Harray (Loch of) 74 K6
Harrietfield 62 J14
Harrington 28 R26
Harrington 44 J20
Harringworth 28 S26
Harris (Highland) 59 A13
Harris (Western Isles) 70 Y10
Harris (Sound of) 64 Y10
Harrogate 39 P22

4°20
4°
STIRLING / KINCARDINE
WEST DUNBARTONSHIRE
EAST DUNBARTONSHIRE
NORTH LANARKSHIRE
SOUTH LANARKSHIRE
EAST RENFREWSHIRE
GLASGOW
Clydebank
Bearsden
Milngavie
Kirkintilloch
Cumbernauld
Bishopbriggs
Renfrew
Paisley
Johnstone
Barrhead
Rutherglen
Coatbridge
Airdrie
Motherwell
Hamilton
Wishaw
East Kilbride
Erskine Bridge
GLASGOW AIRPORT
CRIANLARICH
GREENOCK
IRVINE
EDINBURGH
55°50
PEEBLES
KILMARNOCK
STRATHAVEN
DUMFRIES, CARLISLE
M 74, KILMARNOCK
0 1 2 3 km
0 1 2 miles

124 Har - Heb

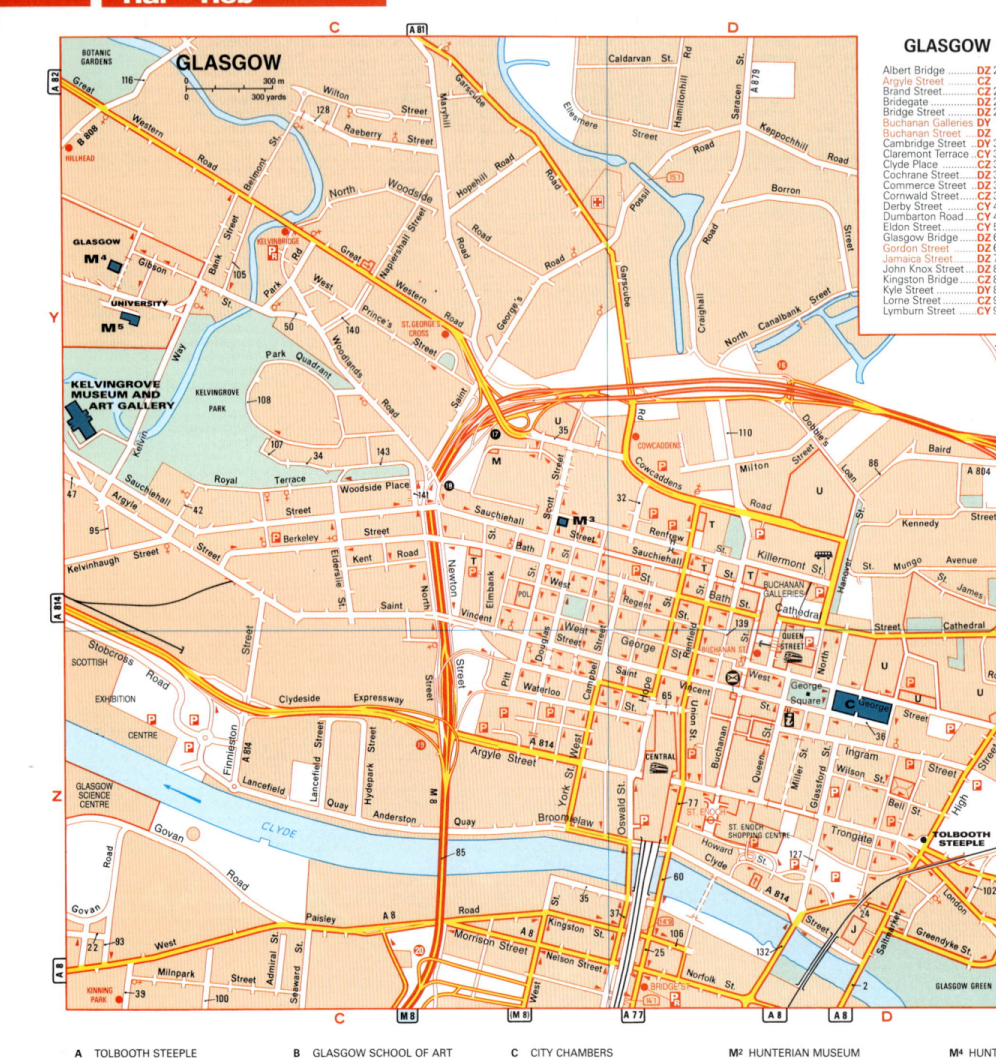

GLASGOW

Street	Grid Ref
Albert Bridge	DZ 2
Argyle Street	CZ
Brand Street	CZ 22
Bridgegate	DZ 24
Bridge Street	DZ 25
Buchanan Galleries	DY
Buchanan Street	DZ
Cambridge Street	DY 32
Claremont Terrace	CY 34
Clyde Place	CZ 35
Cochrane Street	DZ 36
Commerce Street	DZ 37
Cornwall Street	CZ 39
Derby Street	CY 42
Dumbarton Road	CY 47
Eldon Street	CY 50
Glasgow Bridge	DZ 60
Gordon Street	DZ
Jamaica Street	DZ 77
John Knox Street	DZ 80
Kingston Bridge	CZ 85
Kyle Street	DY 88
Lorne Street	CZ 93
Lynedoch Street	CY 95
Middlesex Street	CZ 100
Moir Street	DZ 102
Oswald Street	DZ
Otago Street	CY 106
Oxford Street	CY 107
Park Gardens	CY 107
Park Terrace	CY 108
Port Dundas Road	DY 110
Queen Margaret Drive	CY 116
Renfield Street	DYZ
Robertson Street	CZ 120
St. Enoch Shopping Centre	DZ
St. Vincent Street	DZ
Sauchiehall Street	DZ
Stirling Road	DY 126
Stockwell Street	DZ 127
Striven Gardens	CY 128
Union Street	DZ
Victoria Bridge	DZ 132
West Graham St.	CY 135
West Nile Street	DYZ
Woodlands Drive	CY 140
Woodside Cres.	CY 141
Woodside Terrace	CY 143

A TOLBOOTH STEEPLE **B** GLASGOW SCHOOL OF ART **C** CITY CHAMBERS **M²** HUNTERIAN MUSEUM **M⁴** HUNTERIAN ART GALLERY

Harrow		Hatch Court	8 L31	Hawkridge	7 J30
(London Borough)	20 S29	Hatfield	26 M27	Hawkshead	44 L20
Harston	29 U27	Hatfield (Herts.)	20 T28	Hawkwell	21 V29
Hartburn	51 O18	Hatfield (South Yorks.)	40 Q23	Hawley	19 R30
Hartest	22 W27	Hatfield Woodhouse	40 R23	Hawling	18 O28
Hatfield	11 U30	Hatfield Broad Oak	20 U28	Haworth	39 O22
Harthill	55 O16	Hatfield Heath	20 U28	Hawsker	47 S20
Harthill	36 Q24	Hatfield Peverel	22 V28	Haxby	40 Q21
Harting	10 R31	Hatherleigh	6 H31	Haxey	36 R23
Hartington	35 Q24	Hathern	36 Q25	Hay-on-Wye	25 K27
Hartland	6 G31	Hathersage	35 P24	
Hartland Quay	6 G31	Hatton		
Hartlebury	26 N26	(Aberdeenshire)	69 O11	
Hartlepool	46 Q19	Hatton (Derbs.)	35 O25	
Hartley	20 U29	Hatton of Fintray	69 N12	
Hartley Wintney	19 R30	Haugh of Urr	43 I19	
Hartpury	17 N28	Haughton	34 N25	
Hartshill	27 P26	Haunn	59 B14	
Hartwell	28 R27	Havant	10 R31	
Hartweil	19 R28	Havenstreet	10 Q31	
Harvington	27 O27	Haverfordwest /		
Harwell	19 O29	Hwlffordd	14 F28	
Harwich	23 X28	Haverhill	22 V27	
Harwood Dale	47 S20	Haverigg	38 K21	
Haworth	30 Q23	Havering		
Hascosay	75 R2	(London Borough)	20 U29	
Haselbury Plucknett	8 L31	Haverthwaite	44 K21	
Hasland	35 P24	Hawarden	34 K24	
Haslemere	10 R30	Hawes	45 N21	
Haslingden	39 N22	Hawick	50 L17	
Haslingfield	29 U27	Hawkchurch	8 L31	
Haslington	34 M24	Hawkedon	22 V27	
Haster	74 K8	Hawkesbury Upton	17 M29	
Hastings	12 V31	Hawkhurst	12 V30	

Haydock	34 M23	Hazelbury Bryan	8 M31	Healing	41 T23
Haydon Wick	18 O29	Hazel Grove	35 N23	Heanor	35 P24
Haydon Bridge	50 N19	Hazlemere	19 R29	Heast	65 C12
Hayfield	35 O23	Heacham	30 V25	Heath End	19 O29
Hayle	2 D33	Headcorn	12 V30	Heath Hayes	27 O25
Hayling Island	10 R31	Headington	19 O28	Heather	27 P25
Hayscastle	14 E28	Headless Cross	27 O27	Heathfield	11 U31
Hayton	40 R22	Headley	10 R30	Heathfield	54 F16
Haywards Heath	11 T31	Heads of Ayr	48 F17	Heathrow Airport	20 S29
Hazelbank	49 I16	Healey	39 O21	Hebburn	46 P19

GLOUCESTER CENTRE

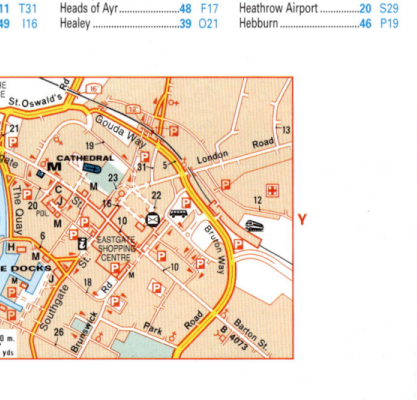

Black Dog Way	Y 5
Commercial Road	Y 6
Eastgate Shopping Centre	
Eastgate Street	Y 10
Great Western Road	Y 12
Heathville Road	Y 13
Lower Westgate Street	Y 15
Northgate Street	Y 16
Parliament Street	Y 18
Pitt Street	Y 19
Quay Street	Y 20
Royal Oak Road	Y 21
St. Aldafe Street	Y 22
St. Johns Lane	Y 23
Southgate Street	Y
Spa Road	Y 26
Worcester Street	Y 31

M BISHOP HOOPER'S LODGING

Heb - Hut
125

IPSWICH

Argyle Street X 2
Bond Street X 6
Buttermarket Centre X 9
Carr Street X 10
College Street X 15
Corn Hill X 16
Dogs Head Street X 18
Falcon Street X 21
Franciscan Way X 24
Friars Street X 25
Grey Friars Road X 26
Handford Road X 30
Lloyds Avenue X 31
Lower Orwell Street X 32
Northgate Street X 33
Orwell Place X 34
Quadling Street X 35
Queen Street X 37
St. Helen's Street X 39
St. Margarets Street X 40
St. Nicholas Street X 41
St. Peter's Street X 42
Salthouse Street X 43
Silent Street X 46
Tavern Street
Tower Ramparts Centre X 47
Upper Orwell Street X 49
Waterworks Street X 51
Westgate Street X 52
Wolsey Street X 53

B CHRISTCHURCH MANSION

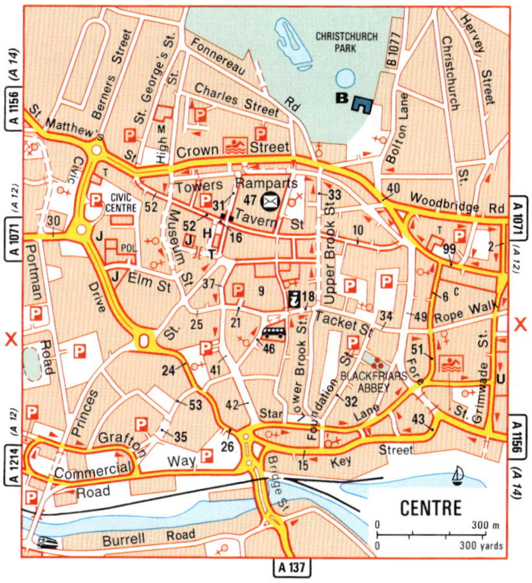

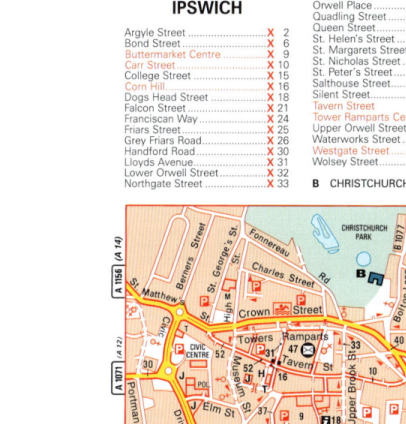

Hebden Bridge 39 N22
Hebrides (Sea of the) 64 Z12
Heckfield 19 R29
Heckington 37 T25
Heddon on the Wall 51 O19
Hedge End 10 Q31
Hednesford 27 O25
Hedon 41 T22
Heighington (Durham) 46 P20
Heighington (Lincs.) 36 S24
Heights of Kinlochewe 66 E11
Helensburgh 54 F15
Helford 2 E33
Hell's Mouth or Porth Neigwl 32 G25
Hellifield 39 N22
Hellingly 11 U31
Hellisay 64 X12
Helmdon 28 Q27
Helmsdale 73 J9
Helmsley 47 Q21
Helpringham 37 T25
Helpston 29 S26
Helsby 34 L24
Helston 2 E33
Helton 45 L20
Helvellyn 44 K20
Hemel Hempstead 20 S28
Hemingbrough 40 R22
Hemingford Grey 29 T27
Hemington 8 M30
Hempnall 31 X26
Hempton 30 W25
Hemsby 31 Z25
Hemswell 36 S23
Hemsworth 35 P23
Hemyock 7 K31
Hendy 15 H28
Henfield 11 T31
Hengoed 16 K29
Henham 20 U28
Henley 27 O27
Henley-on-Thames 19 R29
Henllan 33 J24
Henllys 16 K29
Henlow 29 T27
Hennock 4 J32
Henshaw 50 M19
Henstead 31 Y26
Henstridge 8 M31
Heol Senni 16 J28
Hepple 51 N18
Heptonstall 39 N22
Herbrandston 14 E28
Hereford 26 L27
Herefordshire 26 M27
Heriot 56 L16
Herm (Channel I.) 5
Herma Ness 75 R1
Hermitage 19 Q29
Hermitage Castle 50 L18
Herne Bay 13 X29
Herriard 10 Q30
Herrington 46 P19
Herstmonceux 11 U31
Hertford 20 T28
Hertfordshire (County) 20 T28
Hesket Newmarket 44 K19
Hesketh Bank 38 L22
Hesleden 46 Q19
Hessenford 3 G32
Hessle 41 S22
Hest Bank 38 L21
Heswall 33 K24
Hethersgill 50 L19
Hethpool 51 N17
Hetton-le-Hole 46 P19
Heveningham 31 Y27
Hever 11 U30
Heversham 45 L21
Hevingham 31 X25
Hewelsfield 17 M28
Hexham 45 N19
Heybridge 22 W28
Heysham 38 L21
Heyshott 10 R31
Heytesbury 9 N30
Heythrop 18 P28
Heywood 39 N23
Hibaldstow 41 S23
Hickling 36 R25
Hickling Green 31 Y25
Hidcote Manor Garden 27 O27
High Bentham 38 M21
High Bickington 6 I31
High Birkwith 39 N21
High Easter 22 V28
High Ercall 26 M25
High Etherley 46 O20
High Force (The) 45 N20
High Halden 12 W30
High Halstow 21 V29
High Ham 8 L30
High Hesket 45 L19
High Newton 45 L21
High Newton 51 P17
High Offley 34 N25
High Ongar 20 U28
High Peak 35 O23
High Willhays 4 I31
High Wycombe 19 R29
Higham 35 P24
Higham (Kent) 21 V29
Higham (Lancs.) 39 N22
Higham on the Hill 27 P26
Higham (Suffolk) 22 V27
Higham Ferrers 28 S27
Highbridge 8 L30
Highclere 18 P29
Highcliffe 9 O31
Higher Penwortham 38 L22
Highland Wildlife Park 61 I12
Highley 26 M26
Highmoor Cross 19 R29
Highnam 17 N28
Hightae 49 J18
Hightown 38 K23
Hightown 35 N24
Highworth 18 O29
Hilborough 30 W26
Hildenborough 11 U30
Hilderstone 35 N25
Hilgay 30 V26
Hill 17 M29
Hill of Fearn 67 I10
Hill of Tarvit 56 L15
Hillhead 42 G19
Hillingdon (London Borough) 20 S29
Hillington 30 V25
Hillside 63 M13
Hillswick 75 P2
Hilperton 18 N30
Hilpsford Point 38 K21
Hilton 35 P25
Hilton 8 N31
Hilton 29 T27
Hilton 45 M20
Hilton 69 N11
Hilton of Cadboll 67 I10
Himbleton 27 N27
Hinchingbrooke House 29 T27
Hinckley 27 P26
Hinderwell 47 R20
Hindhead 10 R30
Hindley 38 M23
Hindolveston 30 X25
Hindon 9 N30
Hingham 30 W26
Hinstock 34 M25
Hintlesham 23 X27
Hinton-Blewett 17 M30
Hirst Courtney 40 Q22
Hirwaun 16 J28
Histon 29 U27
Hitcham 22 W27
Hitchin 20 T28
Hockering 30 X25
Hockerton 36 R24
Hockley 21 V29
Hockley Heath 27 O26
Hockliffe 19 S28
Hoddesdon 20 T28
Hodnet 34 M25
Hodthorpe 36 Q24
Hogsthorpe 37 U24
Holbeach 37 U25
Holbeach-Saint-Johns 29 T25
Holbeach-Saint-Matthew 37 U25
Holbeck 36 Q24
Holbrook 21 X28
Holbury 9 P31
Holcombe 8 M30
Holcombe Rogus 7 J31
Holdenby 28 R27
Holford 7 K30
Holkam Hall 30 W25
Hollandstoun 75 M5
Hollesley 23 Y27
Hollesley Bay 23 Y27
Hollingbourne 12 V30
Hollingworth 35 O23
Hollybush 48 G17
Hollym 41 U22
Holmbridge 39 O23
Holme 38 L21
Holme 29 T26
Holme upon Spalding-Moor 40 R22
Holme-next-the-Sea 30 V25
Holmer Green 19 R29
Holmes Chapel 34 M24
Holmesfield 35 P24
Holmhead 48 H17
Holmpton 41 U22
Holnest 8 M31
Holsworthy 6 G31
Holt (Wrexham) 34 L24
Holt (Dorset) 9 O31
Holt Heath 26 N27
Holt (Norfolk) 31 X25
Holt (Wilts.) 18 N29
Holton 8 M30
Holton Heath 9 N31
Holton-le-Clay 41 T23
Holton (Lincs.) 37 T24
Holton (Norfolk) 31 Y26
Holwick 45 N20
Holy Island (Anglesey) 32 F24
Holy Island (North Ayrshire) 53 E17
Holy Island (Northumb.) 51 O16
Holybourne 10 R30
Holyhead / Caergybi 32 G24
Holystone 51 N18
Holywell / Treffynnon 33 K24
Holywell 2 E32
Holywell Bay 2 E32
Holywood 49 J18
Honing 31 Y25
Honiton 7 K31
Hoo St Werburgh 21 V29
Hook 10 R30
Hook 40 R22
Hooke 8 M31
Hook Norton 18 P28
Hope 26 L26
Hope 72 G8
Hope (Flintshire) 34 K24
Hope (Derbs.) 35 O23
Hope (Loch) 72 G8
Hope under Dinmore 26 L27
Hopeman 68 J10
Hopetoun House 56 J16
Hopton 31 Z26
Horam 11 U31
Horbury 40 P23
Horden 46 Q19
Hordley 34 L25
Horeb 24 G27
Horley 11 T30
Hornby 38 M21
Horncastle 37 T24
Horncliffe 57 N16
Horning 31 Y25
Horninglow 35 P25
Horn's Cross 6 H31
Hornsea 41 T22
Hornton 27 P27
Horrabridge 3 H32
Horseheath 22 V27
Horsehouse 39 O21
Horsell 19 S30
Horsford 31 X25
Horsforth 39 P22
Horsham 11 T30
Horsham St Faith 31 X25
Horsington 8 M30
Horsington 37 T24
Horsley 17 N28
Horsley 51 O19
Horsmonden 12 V30
Horstead 31 Y25
Horsted Keynes 11 T30
Horton 9 O31
Horton 8 L31
Horton 15 H29
Horton Court 17 M29
Horton-in-Ribblesdale 39 N21
Horwich 38 M23
Hoton 36 Q25
Hott 50 M18
Houghton 9 P30
Houghton Hall 30 V25
Houghton House 28 S27
Houghton-le-Spring 46 P19
Houghton-on-the-Hill 28 R26
Hougton 45 L19
Hounslow (London Borough) 20 S29
Hourn (Loch) 66 D12
Housesteads Fort 50 N18
Houston 55 G16
Houstry 73 J9
Hove 11 T31
Hoveton 31 Y25
Hovingham 40 R21
How Caple 17 M28
Howden 40 R22
Howe of the Mearns 63 M13
Howick 51 P17
Howmore 64 X12
Hownam 50 M17
Howwood 55 G16
Hoxa (Sound of) 74 K7
Hoxne 31 X26
Hoy 74 J7
Hoylake 33 K23
Hoyland Nether 35 P23
Huby 40 Q21
Hucknall 36 Q24
Huddersfield 39 O23
Huggate 41 S22
Hugh Town (I. of Scilly) 2
Hughenden 19 R29
Hughley 26 M26
Huish Champflower 7 J30
Huish Episcopi 8 L30
Hull (River) 41 S22
Hulland 35 P24
Hullavington 18 N29
Hullbridge 21 V29
Humber (River) 41 T23
Humber Bridge 41 S22
Humberston 41 T23
Humbleton 41 T22
Hume Castle 50 M17
Humshaugh 51 N18
Hundleton 14 F28
Hundred House 25 K27
Hungerford 18 P29
Hunmanby 41 T21
Hunstanton 30 V25
Hunter's Inn 6 I30
Hunter's Quay 54 F16
Huntingdon 29 T26
Huntington 40 Q22
Huntingtower Castle 56 J14
Huntly 68 L11
Hunton 46 O21
Huntspill 8 L30
Hunwick 46 O19
Hurlford 48 G17
Hurn 9 O31
Hursley 9 P30
Hurst Green 12 V30
Hurstbourne Priors 9 P30
Hurstbourne Tarrant 9 P30
Hurstpierpoint 11 T31
Hurworth-on-Tees 46 P20
Hury 45 N20
Husbands Bosworth 28 Q26
Huthwaite 36 Q24
Huttoft 37 U24
Hutton 38 L22
Hutton 57 N16
Hutton Cranswick 41 S22

KINGSTON-UPON-HULL

Bond Street X 3
Carr Lane Y
Commercial Road Y 8
Dock Office Row X 10
Dock Street X 12
Ferensway XY 14
George Street X
Grimston Street X 15
Humber Dock Street Y 16
Jameson Street Y 17
Jarratt Street X 18
King Edward Street Y 19
Lowgate Y 23
Market Place Y 24
Paragon Street Y 29
Prince's Dock Street Y 32
Princes Quay Shopping Centre Y
Prospect Shopping Centre X
Prospect Street X
Queen Street Y 35
Queen's Dock Avenue X 36
Reform Street X 37
Sculcoates Bridge X 42
Waterhouse Lane Y 47
Whitefriargate Y 49
Wilberforce Drive X 50
Worship Street X 52

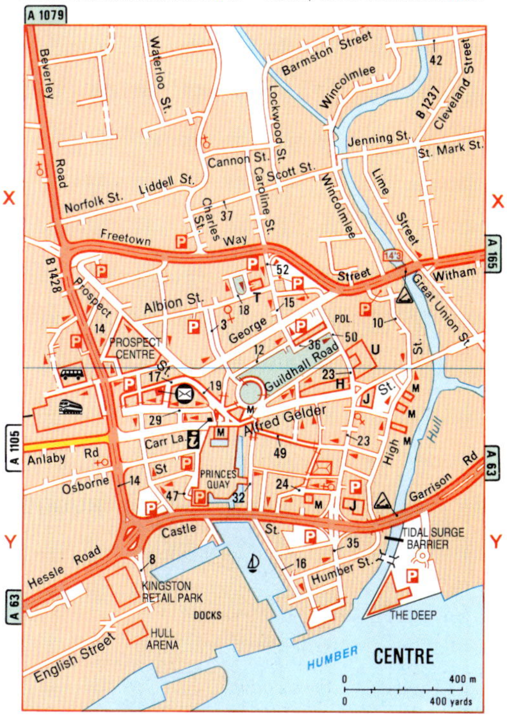

126 Hut - Kes

Hutton Rudby 46 O20
Huxley 34 L24
Huyton 34 L23
Hwlffordd /
Haverfordwest...........14 F28
Hyde 35 N23
Hynish 58 Z14
Hynish Bay 58 Z14
Hythe (Hants.) 9 P31
Hythe (Kent) 13 X30

I

Ibsley 9 O31
Ibstock 27 P25
Ickleford 20 T28
Icklingham 30 V27
Ickworth House 22 V26
Iddlesleigh 6 H31
Iddesford 4 J32
Ideford 7 J30
Iden 12 W31
Iden Green 12 V30
Idmiston 9 O30
Idrigill Point 65 A12
Ightham 20 U30
Ightham Mote..............11 U30
Ilchester 8 L30
Ilferton 51 O17
Ilfracombe 6 H30
Ilkeston 35 O25
Ilkley 39 O22
Illogan 2 E33
Ilmington 27 O27
Ilminster 8 L31
Ilsington 4 I32
Ilton 8 L31
Immingham 41 T23
Immingham Dock 41 T23
Ince Blundell 38 K23
Ince-in-Makerfield 38 M23
Inch Kenneth 59 B14
Inchard (Loch) 72 E8

Inchbare 63 M13
Inchgrundle 62 L13
Inchkeith 56 K15
Inchlaggan 60 E12
Inchmarnock 54 E16
Inchnadamph 72 F9
Inchtture 62 K14
Indaal (Loch) 52 A16
Inerval 52 B17
Ingatestone 22 V28
Ingbirchworth 39 P23
Ingham 30 W27
Ingleton (Durham) 46 O20
Ingleton (North Yorks.) .39 M21
Inglewhite 38 L22
Inglewood Forest 45 L19
Ingleton 56 J16
Ingoldmells 37 V24
Ingoldsby 36 S25
Ingram 51 O17
Ings 45 L20
Inkpen 18 P29
Innellan 54 F16
Inner Hebrides 58 Y14
Inner Sound 65 C11
Innerleifhen 56 K17
Innerpeffray 55 I14
Innerwick 57 M16
Insch 69 I11
Insh 61 I12
Inshore 72 F8
Instow 6 H30
Inver 62 J14
Inver 67 I10
Inver (Loch) 72 E9
Inver Bay 67 I10
Inver Mallie 60 E13
Inver Valley 72 E9
Inveralligin 66 D11
Inverallochy 69 G10
Inveran 72 G10
Inveraray 54 E15
Inverarity 62 L14
Inverarnan 54 F15
Inverbeg 55 G15

Inverbervie 63 N13
Invercassley 72 G10
Invercauld House 62 J12
Inverchapel 54 F15
Invercreran 60 E14
Inverdruie 67 I12
Inveresne Gardens 66 C10
Inverey 62 J13
Inverfarigatg 67 G12
Invergarry 60 F12
Invergeide 61 H14
Invergordon 67 H10
Invergowrie 62 K14
Inverie 60 C12
Inverinan 54 E15
Invernate 66 D12
Inverkeithing 56 J15
Inverkeithny 69 M11
Inverkip 54 F16
Inverkirkafg 2 E9
Inverliever Forest 54 G15
Inverlochiarg 55 G15
Invermoriston 67 G12
Inverness 67 H11
Inversanda 60 D13
Inversnafd Hotel 55 F15
Inveruglas 54 F15
Inverurie 69 M12
Invervar 61 H14
Inwardleigh 6 H31
Iona 59 A15
Ipplepen 4 J32
Ipstones 35 O24
Ipswich 23 X27
Irby 33 K23
Irby 37 U24
Irchester 28 S27
Ireby 44 K19
Ireleth 38 K21
Irlam 34 M23
Iron Acton 17 M29
Iron-Bridge 26 M26
Irthington 45 L19
Irthlingborough 28 S27
Irvine 48 F17

Isbyty Ystwyth 25 I27
Isla (Glen) 62 K13
Islay (Sound of) 52 B16
Isleham 30 V26
Isle of Whithorn 42 G19
Isleornsay 65 C12
Islington
(London Borough) 20 T29
Islip 19 O28
Islivig 70 Y9
Itton (River) 25 K27
Itterningham 31 V25
Iver 19 S29
Iver Heath 19 S28
Ivinghoe 19 S28
Ivybridge 4 I32
Ixworth 12 W30
Iwade 21 W29
Iwerne Minster 8 N31
Ixworth 30 W27

J

Jacobstow 6 G31
Jacobstowe 6 H31
Jameston 14 F29
Jamestown 50 K18
Jamestown 55 G16
Jamestown 74 A15
Jarrow 51 P19
Jaywick 21 X28
Jedburgh 50 M17
Jedburgh Abbey 50 M17
Jeffreyston 14 F28
Jemimaville 67 H11
Jersey (Channel I.) 5
Jevington 11 U31
John Muir 57 M15
John o' Groats 74 K8
Johnshaven 63 N13
Johnston 14 F28
Johnstone 55 G16
Johnstonebridge 49 J18

Jonesborough 74 M5
Jura (Isle of) 52 C16
Jura (Sound of) 52 C16
Jura Forest 52 B16
Jura Ho 52 C16
Jurby West 42 G20

K

Kainakill 65 C11
Karnes 54 E16
Katrine (Loch) 55 G15
Kea 2 E33
Keady 74 L5
Keal 37 U24
Keal (Loch na) 59 B14
Kearney 75 P4
Kearsley 39 M21
Kaback Head 71 A9
Kedington 22 V27
Keddleston Hall 35 P25
Keelby 41 T23
Kenvil 18 N30
Kegworth 36 O25
Keig 69 M12
Keillmore 52 C16
Kenton Mandeville 8 M30
Keir Mill 49 I18
Keiss 74 K8
Keith 68 L11
Keld 45 N20
Kellas 62 L14
Kellas 68 J11
Kelleith 45 M20
Kellie Castle 57 I15
Kellington 40 O22
Kelloe 46 P19
Kelly Bray 3 H32
Kelmarsh 28 R26
Kelsall 34 L24
Kelso 50 M17

Kelston 17 M29
Kettleyburn 61 H14
Kelty 56 J15
Kelvedon 22 W28
Kelvedon Hatch 20 U29
Kemble 18 N28
Kemeys 69 M12
Kempley 17 M28
Kempsey 26 N27
Kempsford 18 O28
Kempston 28 S27
Kemsing 20 U30
Kendal 45 L21
Kenfig 15 I29
Kenilworth 27 P26
Kenknock 61 G14
Kenmore (Perthshire
and Kinross) 61 I14
Kenmore (Highland) 65 C11
Kenn 17 L29
Kennet (River) 18 O29
Kennethmount 31 X26
Kenninghall 31 X26
Kennington (Kent) 12 W30
Kennington (Oxon.) 19 O28
Kenoway 56 K15
Kenovay 98 Z14
Kensaleyre
Kensington and Chelsea
(London Borough) 20 T29
Kent (County) 12 V30
Kentallen 60 E13
Kentford 22 V27
Kentisbeare 7 K31
Kentmere 45 L20
Kenton 4 J32
Kents Bank 38 L21
Keoldale 72 F8
Kepwick 27 P26
Kerrera 54 D14
Kerry 25 K26
Kersey 22 W27
Kershader 70 A9
Kershopefoot 50 L18
Kesgrave 23 X27

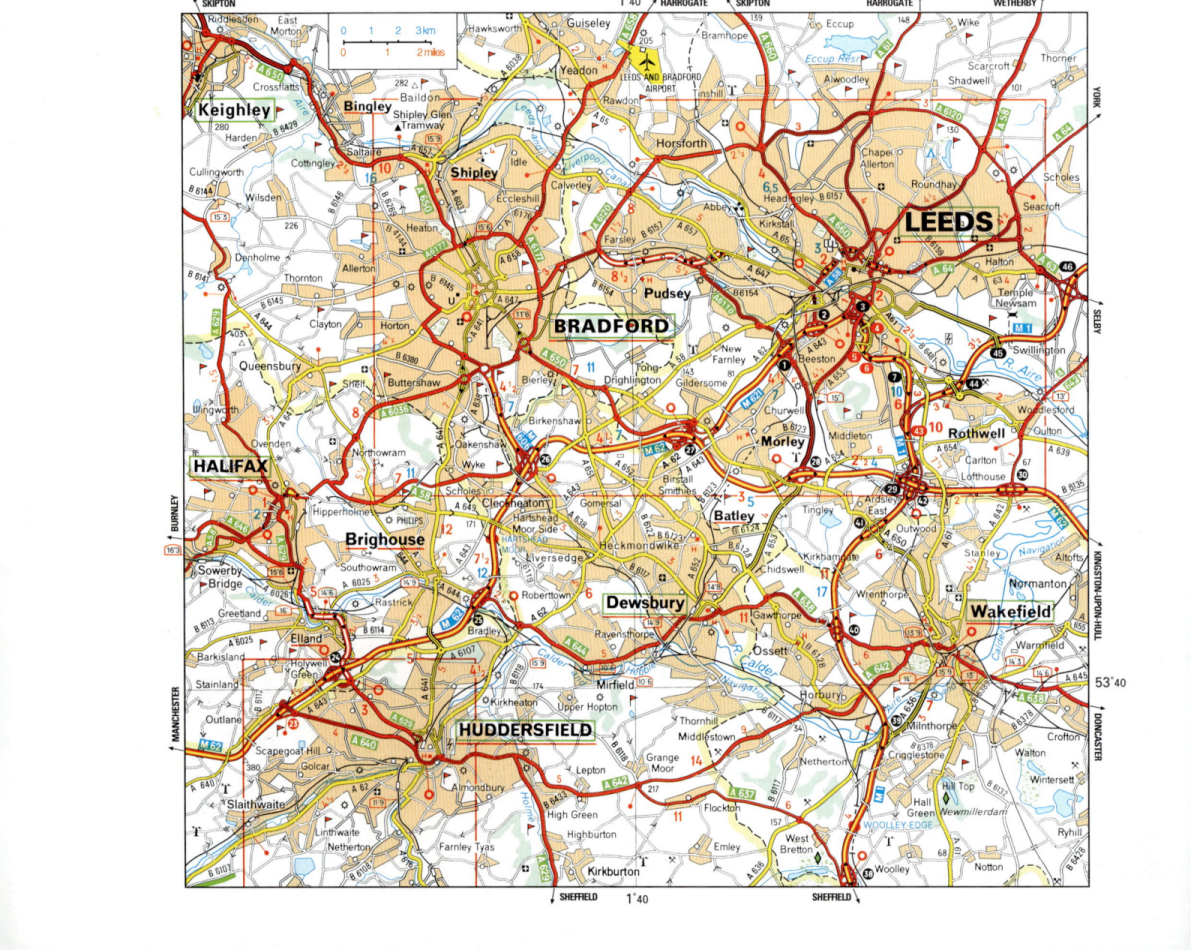

Kes - Lan
127

Kessingland 31 Z26
Keswick 44 K20
Kettering 28 R26
Ketteleness 47 R20
Kettleshulme 35 N24
Kettletoft 74 M6
Kettlewell 39 N21
Ketton 28 S26
Kew 20 T29
Kewstoke 17 L29
Kexbrough 40 P23
Kexby 36 R23
Keyingham 41 T22
Keymer 11 T31
Keynsham 17 M29
Keyworth 36 Q25
Kibworth Harcourt 28 R26
Kidderminster 26 N26
Kidermorie Lodge 67 G10
Kidlington 19 Q28
Kidsgrove 34 N24
Kidstones 39 N21
Kidwelly / Cydweli 15 H28
Kielder 50 M18
Kielder Forest 50 M18
Kielder Reservoir 50 M18
Kiiphedir 73 I9
Kilamarsh 35 Q24
Kilbarchan 55 G16
Kilbirnie 54 F16
Kilbrannan Sound 53 D17
Kilbride 54 D14
Kilburn 35 P24
Kilburn 40 Q21
Kilchattan 54 E16
Kilchenzie 53 C17
Kilcheran 60 D14
Kilchiaran 52 A16
Kilchoan 59 B13
Kilchoman 52 A16
Kilchrenan 54 E14
Kilclief 75 P5
Kilconquhar 56 L15
Kilcreggan 54 F16
Kildale 47 Q20
Kildary 67 H10
Kildavanan 54 E16
Kildonan 53 E17
Kildonan Lodge 73 I9
Kildrummy 68 L12
Kildrummy Castle 68 L12
Kilfinnan 60 F12
Kilgetti 14 F28
Kilham 41 S21
Kilham 51 N17
Kilkhampton 6 G31
Killard Point 75 P5
Killay 15 H29
Killean 53 D17
Killearn 55 G15
Killen 67 H11
Killerton 7 J31
Killevy Churches 74 M5
Killiechronan 59 C14
Killilan 66 D12
Killin 61 H14
Killinghall 40 P21
Killough 75 P5
Killundine 59 C14
Killyleagh 75 P4
Kilmacolm 55 G16
Kilmaluag 65 B10
Kilmany 56 L14
Kilmarie 65 B12
Kilmarnock 48 G17
Kilmartin 54 D15
Kilmaurs 48 G17
Kilmelford 54 D15
Kilmersdon 8 M30
Kilmington 7 K31
Kilmington 8 N30
Kilmorack 67 G11
Kilmore 65 C12
Kilmory 52 C16
Kilmory 53 E17
Kilmory 59 B13
Kilmory 65 A12
Kilmuir 65 A11
Kilmun 54 F16
Kilncadzow 55 I16
Kilninver 54 D14
Kilnsey 39 N21
Kiloran 52 B15
Kilpeck 17 L28
Kilrenny 57 L15
Kilsyth 55 H16
Kilt Rock 65 B11
Kiltarlity 67 G11
Kilvaxter 65 A11
Kilwinning 48 F17
Kimberley 30 X26
Kimberley 36 Q25
Kimble 19 R28
Kimbolton 29 S27
Kimmeridge 9 N32
Kimpton 20 T28
Kinbrace 73 I9
Kinbuck 55 I15
Kincardine 56 I15
Kincardine 67 G10
Kincardine O' Neil 69 L12
Kinclaven 62 J14
Kincraig 61 I12
Kinfauns 56 J14
King's Bromley 27 O25
King's Cliffe 28 S26
King's Lynn 30 V25
King's Somborne 9 P30
King's Sutton 19 Q27
Kingairloch 60 D14
Kingarth 54 E16
Kinghorn 56 K15
Kinglassie 56 K15
Kings Langley 20 S28
King's Meaburn 45 M20
King's Walden 21 T28
Kings Worthy 10 Q30
Kingsbarns 57 M15
Kingsbridge 4 I33
Kingsbrugh 65 A11
Kingsbury Episcopi 8 L31
Kingsclere 19 Q30
Kingscote 17 N29
Kingsdon 8 L30
Kingsdown 13 Y30
Kingsgate 13 Y29
Kingshouse 55 H14
Kingshouse 60 F14
Kingskerswell 4 J32
Kingskettle 56 K15
Kingsland 26 L27
Kingsley 35 O24
Kingsley 10 R30
Kingsmuir 62 L14
Kingsnorth 12 W30
Kingsteignton 4 J32
Kingsthorpe 28 R27
Kingston 29 T27
Kingston 57 L15
Kingston (Moray) 68 K10
Kingston (Devon) 4 I33
Kingston Deverill 8 N30
Kingston Lacy 9 N31
Kingston Lisle 18 P29
Kingston Seymour 17 L29
Kingston Bagpuize 18 P28
Kingston Lacy 9 N31
Kingston-upon-Hull 41 S22
Kingston-upon-Thames (London Borough) 20 T29
Kingstone 17 L27
Kingston-Saint-Mary 7 K30
Kingswear 4 J32
Kingswinford 27 N26
Kingswood 19 Q28
Kingswood 25 K26
Kingswood (South Glos.) 17 M29
Kington 26 K27
Kington Langley 18 N29
Kington-Saint-Michael 18 N29
Kingussie 61 H12
Kinkell 69 M12
Kinkell Bridge 56 I15
Kinknockie 69 O11
Kinlet 26 M26
Kinloch 59 B12
Kinloch Hourn 60 D12
Kinloch Lodge 72 G8
Kinloch Rannoch 61 H13
Kinlochard 55 G15
Kinlochbervie 72 E8
Kinlocheil 60 E13
Kinlochewe 66 E11
Kinlochleven 60 F13
Kinlochmoidart 59 C13
Kinloss 68 J11
Kinmuck 69 N12
Kinnaird 62 K14
Kinneff 63 N13
Kinnelhead 49 J18
Kinnerley 34 L25
Kinnersley 26 L27
Kinnesswood 56 K15
Kinninvie 46 O20
Kinross 56 J15
Kinrossie 62 K14
Kintbury 18 P29
Kintessack 68 I11
Kintore 69 M12
Kintra 52 B17
Kintra 52 B17
Kintyre (Peninsula) 53 D17
Kinver 26 N26
Kippax 40 P22
Kippen 55 H15
Kippford 43 I19
Kirby Bellars 28 R25
Kirby Misperton 40 R21
Kirby Underwood 37 S25
Kirby Cross 21 X28
Kirby Hall 28 S26
Kirby Muxloe 28 Q26
Kircubbin 75 P4
Kirdford 10 S30
Kirk Ella 41 S22
Kirk Ireton 35 P24
Kirk Merrington 46 P19
Kirk Michael 42 G21
Kirk Yetholm 50 N17
Kirkbampton 44 K19
Kirkbean 44 J19
Kirkbride 44 K19
Kirkbuddo 62 L14
Kirkburn 41 S22
Kirkburton 39 O23
Kirkby 34 L23
Kirkby Fleetham 46 P20
Kirkby-in-Ashfield 36 Q24
Kirkby Lonsdale 38 M21
Kirkby Malham 39 N21
Kirkby Mallory 27 O26
Kirkby Malzeard 39 P21
Kirkby Overblow 40 P22
Kirkby Stephen 45 M20
Kirkby Thore 45 M20
Kirkby-la-Thorpe 37 S25
Kirkbymoorside 47 R21
Kirkcaldy 56 K15
Kirkcolm 42 E19
Kirkconnel 49 I17
Kirkcowan 42 G19
Kirkcudbright 43 H19
Kirkcudbright Bay 43 H19
Kirkfieldbank 49 I16
Kirkgunzeon 43 I19
Kirkham 38 L22
Kirkheaton 51 O18
Kirkhill 67 G11
Kirkhope 49 J18
Kirkinner 42 G19
Kirkintilloch 55 H16
Kirkland 45 M19
Kirkland 49 I18
Kirklees 39 O23
Kirklevington 46 P20
Kirklington (Nottinghamshire) 36 R24
Kirklington (North Yorkshire) 40 P21
Kirkliston 56 J16
Kirkmaiden 42 F19
Kirkmichael (Perthshire and Kinross) 62 J13
Kirkmichael (South Ayrshire) 48 G17
Kirkmuirhill 49 I17
Kirknewton 56 J16
Kirknewton 51 N17
Kirkoswald 48 F18
Kirkpatrick Durham 49 I18
Kirkpatrick-Fleming 50 K18
Kirkstone Pass 45 L20
Kirkton 49 J18
Kirkton 50 L17
Kirkton Manor 49 K17
Kirkton of Culsalmond 69 M11
Kirkton of Durris 69 M12
Kirkton of Glenisla 62 K13
Kirkton of Kingoldrum 62 K13
Kirkton of Largo 56 L15
Kirkton of Skene 69 N12
Kirkton of Strathmartine 62 K14
Kirktown of Auchterless 69 M11
Kirktown of Deskford 68 L11
Kirkwall 74 L7
Kirkwhelpington 51 N18
Kirmington 41 T23
Kirn 54 F16
Kirriemuir 62 K13
Kirtlebridge 49 K18
Kirtlington 19 Q28
Kirtomy 73 H8
Kirton 37 T25
Kirton 23 X27
Kirton End 37 T25
Kirton-in-Lindsey 36 S23
Kishorn (Loch) 66 D11
Kislingbury 28 R27
Kitchener Memorial 74 J6
Kiveton 36 Q23
Knaresborough 40 P21
Knarsdale 45 M19
Knebworth 20 T28
Kneesall 36 R24
Kneesworth 29 T27
Knighton / Trefyclawdd 26 K26
Knightshayes Court 7 J31
Kniveton 35 O24
Knock 59 C14
Knock (Moray) 68 L11
Knock (Western Isles) 71 B9
Knockandhu 68 K12
Knockbrex 43 H19
Knockie Lodge 67 G12
Knockin 34 L25
Knocknaha 53 D17
Knocksharry 42 G21
Knockvennie Smithy 49 I18
Knole 11 U30
Knossington 36 R25
Knottingley 40 Q22
Knowe 48 G18
Knowehead 48 H18
Knowesgate 51 N18
Knowle 27 O26
Knowsley 34 L23
Knoydart 60 D12
Knutsford 34 M24
Kyle Forest 48 G17
Kyle of Durness 72 F8
Kyle of Lochalsh 65 C12
Kyle of Sutherland 72 G10
Kyle of Tongue 72 G8
Kyleakin 65 C12
Kylerhea 65 C12
Kyles Scalpay 70 Z10
Kylestrome 72 E9
Kynance Cove 2 E34
Kyre park 26 M27

L

Laceby 41 T23
Lacey Green 19 R28
Lache 34 L24
Lacock 18 N29
Ladder Hills 68 K12
Ladock 2 F33
Ladybank 56 K15
Ladybower Reservoir 35 O23
Ladyhill 50 N18
Lagg 52 C16
Laggan 52 B16
Laggan (near Invergarry) 60 F12
Laggan (near Newtonmore) 61 H12
Laggan (Loch) 61 G13
Laggan Point 52 B16
Lagganulva 59 B14
Laide 71 D10
Lair 66 E11
Lairg 72 G9
Lake District National Park 44 K20
Lakenheath 30 V26
Lamanva 2 E33
Lamberhurst 12 V30
Lambeth (London Borough) 20 T29
Lambley 36 Q24
Lambley 45 M19
Lambourn 18 P29
Lamerton 3 H32
Lamington 49 J17
Lamlash 53 E17
Lamlash Bay 53 E17
Lammermuir Hills 56 L16
Lampeter / Llanbedr Pont Steffan 24 H27
Lamplugh 44 J20
Lamport 28 R26
Lanark 49 I16
Lancashire (County) 38 M22
Lancaster 38 L21
Lanchester 46 O19
Land's End 2 C33
Landmark Visitor Centre 67 I12
Landrake 3 H32
Landulph 3 H32
Lane End 19 R29
Laneast 3 G32
Lanercost 50 L19
Langar 36 R25
Langavat (Loch) (Lewis) 70 Z9
Langavat (Loch) (South Harris) 70 Z10
Langbank 55 G16
Langcliffe 39 N21
Langdale End 47 S21
Langdale Valley 44 K20
Langdon Beck 45 N19
Langenhoe 22 W28
Langford 29 T27
Langford 18 P28
Langford Budville 7 K31
Langham 28 R25
Langholm 50 L18
Langleeford 51 N17
Langley 19 S29
Langley Park 46 O19
Langold 36 Q23
Langport 8 L30
Langrick 37 T24
Langrish 10 Q30
Langsett 35 O23
Langshaw 50 L17
Langstrothdale Chase 39 N21
Langthwaite 46 O20
Langtoft 41 S21
Langton 40 R21
Langton Matravers 9 O32
Langwathby 45 L19
Lanhydrock 3 F32
Lanivet 3 F32
Lanlivery 3 F32
Lanreath 3 G32

LEEDS

Aire Street FZ 2
Albion Street GZ 3
Bond Street GZ 8
Bridge Street GY 10
Briggate GZ
City Square GZ 15
Commercial Street GZ 18
Cookridge Street GY 19
County Arcade GZ 20
Cross Stamford St GY 21
Crown Point Road GZ 22
Duncan Street GZ 25
East Parade FGZ 27
Eastgate GZ 31
Hanover Way FY 38
Headrow (The) GY
Headrow Centre GZ 39
Infirmary Street GZ 44
King Street FZ 46
Kirkgate GZ 48
Lands Lane GZ 49
Leeds Shopping Plaza GZ 50
Marsh Lane GZ 52
Meadow Lane GZ 53
Merrion Centre GY
Merrion Street GY 54
Merrion Way GY 55
Millennium Square GY 56
New Briggate GY 57
New York Road GY 60
Park Lane FY 64
Queen Street FZ 68
St. John's Centre GY
St. Paul's Street FZ 72
St. Peter's Street GZ 73
Sheepscar St. South GY 75
Skinner Lane GY 76
South Parade FGZ 78
Trinity St. Shopping Centre GZ
Victoria Road GZ 81
Wade Lane GY 82
Wellington Road FZ 83
West Street FZ 84
Westgate FZ 85

M CITY ART GALLERY

A 660 SKIPTON
HARROGATE A 61
WETHERBY A 58
(A 58)
Blenheim Walk
Woodhouse La
Inner Ring Rd
Clarendon Road
Calverley St.
Clay Pit La
Lovell Park Road
Meanwood Road
North Street
Byron St.
Regent Street
CIVIC HALL
MERRION CENTRE
ST. JOHN'S SHOPPING CENTRE
The Headrow
Park Row
Briggate
Vicar La
SHOPPING BOND ST.
TRINITY ST.
Wellington St
Whitehall Road
Boat La
The Calls
East Street
York St
Aire
Globe Road
Great Wilson St.
Hunslet Rd
ROYAL ARMOURIES MUSEUM
A 65 ILKLEY
YORK (A 64(M))
(A 64)
MANCHESTER (M 621) (M 62)
DEWSBURY A 653 (M 621, M 62)
(M1) A 61 SHEFFIELD
LEEDS
300 m
300 yards

128 Lan - Lla

LEICESTER
CENTRE
ABBEY PARK
Dysart Way
Wood Gate
Frog Island
N. Gate St.
St. Margaret's Way
Sanvey Gate
Burleys Way
Belgrave Gate
Montreal Rd
Vaughan Way
Highcross
St. Peter's L.
THE SHIRES
High Street
Church Gate
Charles St.
Humberstone Gate
Newarke St.
Oxford St.
Welford Rd
New Walk
Granby St.
Regent
London Road
Conduit Street
Jarrom
The Gateway Street
Tudor Road
London Road
Waterloo Way
De Montfort St.
Road

LEICESTER
CENTRE

- Belgrave Road CX
- Belvoir Street ..... CY 5
- Bishop Street ..... CY 7
- Blackbird Road ..... BX 8
- Braunstone Gate ..... BY 12
- Cank Street ..... BCY 15
- Causeway Lane ..... BX 16
- Church Gate ..... BCX
- Duns Lane ..... BY 18
- East Bond Street ..... BCX 19
- Fleet Street ..... CX 20
- Gallowtree Gate ..... CY 24
- Great Central Street ..... BX 27
- Hinckley Road ..... BY 30
- High Street ..... BXY
- Horsefair Street ..... CY 31
- Humberstone Gate ..... CX 33
- Humberstone Road ..... CX 34
- Infirmary Road ..... BCY 36
- Lee Street ..... CX 39
- Market Street ..... CY 42
- Market (The) ..... CY 43
- Millstone Lane ..... BY 45
- Narborough Road North ..... BY 46
- Newarke (The) ..... BY 47
- Peacock Lane ..... BY 50
- St. Augustine Road ..... BY 51
- St. Martin's ..... BY 55
- St. Nicholas Circle ..... BY 57
- Shires (The) Shopping Centre ..... BX
- Southgate Street ..... BY 63
- Sparkenhoe Street ..... CY 65
- Swain Street ..... CY 67
- Welford Place ..... CY 72
- Western Boulevard ..... BY 74

A ST. MARY DE CASTRO CHURCH **B** GUILDHALL **M2** MUSEUM AND ART GALLERY

Lansallos 3 G32
Lanton 50 M17
Lapford 7 I31
Larachbeg 59 C14
Larbert 55 I15
Largs 54 F16
Larkhall 55 I16
Larkhill 9 O30
Larling 30 W26
Lasswade 56 K16
Lastingham 47 R21
Latchingdon 22 W28
Latton 18 O29
Lauder 57 L16
Lauderdale 57 L16
Laugharne 15 G28
Laughton 11 U31
Laughton 36 R23
Launcells 6 G31
Launceston 3 G32
Launton 19 Q28
Laurencekirk 63 M13
Laurieston 43 H19
Lauriston Castle 56 K16
Lavant 10 R31
Lavendon 28 S27
Lavenham 22 W27
Laverstock 9 O30
Laverstoke 9 P30
Laverstoke 10 Q30
Lawford 21 X28
Lawrenny 14 F28
Lawshall 22 W27
Laxay 70 A9
Laxey 42 G21
Laxey Bay 42 G21
Laxfield 31 Y27
Laxford (Loch) 72 E8
Laxford Bridge 72 E8
Laxo 75 Q2
Laxton 36 R24
Laxton 40 R22
Layer-de-la-Haye 22 W28
Layer Marney 22 W28
Laytham 40 R22
Layton 38 K22
Lazonby 45 L19
Lea 17 M28
Lea 18 N29
Lea 36 R23
Leaden Roding 20 U28
Leadenham 36 S24
Leadgate 45 M19
Leadgate 46 O19
Leadhills 49 I17
Leaflied 18 P28
Leagrave 20 S28
Lealholm 47 R20
Lealt 52 C15
Leargybreck 52 C16
Leasingham 37 S24
Leathaid Bhuain (Loch an) 72 F9
Leatherhead 20 T30
Leathley 39 P22
Leavening 40 R21
Lebberston 47 S21
Lechlade 18 O28
Lecht Road 68 K12
Leckmelm 66 E10
Leconfield 41 S22
Ledbury 26 M27
Ledmore 72 F9
Ledsham 40 Q22
Lee 6 H30
Lee-on-the-Solent 10 Q31
Leebotwood 26 L26
Leeds (Kent) 12 V30
Leeds (West Yorks.) 40 P22
Leedstown 2 D33
Leek 35 N24
Leek Wootton 27 P27
Leeming Bar 46 P21
Leeswood 33 K24
Legbourne 37 U23
Legerwood 50 M16
Leicester 28 Q26
Leicester Forest East 28 Q26
Leicestershire (County) 27 P26
Leigh 38 M23
Leigh 8 M31
Leigh 11 T30
Leigh 11 U30
Leigh 18 O29
Leigh Sinton 26 N27
Leigh-on-Sea 21 V29
Leighterton 17 N29
Leighton Buzzard 19 S28
Leim 53 C17
Leintwardine 26 L26
Leirinmore 72 F8
Leiston 23 Y27
Leith 56 K16
Leitholm 50 M16
Lemreway 70 A9
Lendalfoot 48 F18
Lenham 12 W30
Lennoxtown 55 H16
Leominster 26 L27
Leonard Stanley 17 N28
Lepe 9 P31
Lephinmore 54 E15
Lerwick 75 Q3
Lesbury 51 P17
Leslie 56 K15
Leslie 69 L12
Lesmahagow 49 I17
Leswalt 42 E19
Letchworth 20 T28
Letham (Angus) 63 L14
Letham (Fife) 56 K15
Letheringsett 30 X25
Letterewe Forest 66 D10
Letterfearn 66 D12
Lettermore 73 G8
Letters 66 E10
Letterston 14 F28
Leuchars 56 L14
Leurbost 70 A9
Leven (East Riding of Yorks.) 41 T22
Leven (Fife) 56 K15
Leven (Loch) 60 E13
Leven (River) (Highland) 60 F13
Levens 45 L21
Levens Hall 45 L21
Levenwick 75 Q4
Leverington 29 U25
Leverton with Habblesthorpe 36 R24
Levisham 47 R21
Lewannick 3 G32
Lewdown 3 H32
Lewes 11 U31
Lewis and Harris (Isle of) 70 Z8
Lewisham (London Borough) 20 T29
Lewknor 19 R29
Leyburn 46 O21
Leyland 38 L22
Leysdown-on-Sea 21 W29
Lezant 3 G32
Lhanbryde 68 K11
Liantrisant 16 J29
Liathach 66 D11
Libberton 49 J16
Lichfield 27 O25
Liddesdale 50 L18
Lidgate 22 V27
Lifton 3 H32
Ligger or Perran Bay 2 E32
Lilbourne 28 Q26
Lilleshall 26 M25
Lilliesleaf 50 L17
Limmerhaugh 48 H17
Limpsfield 11 U30
Linchmere 10 R30
Lincoln 36 S24
Lincolnshire (County) 37 T24
Lincolnshire Wolds 37 T23
Lindfield 11 T30
Lindores 56 K14
Lingague 42 F21
Lingay (near Eriskay) 64 X12
Lingay (near Pabbay) 58 X13
Lingen 26 L27
Lingfield 11 T30
Liniclate 64 X11
Linlithgow 56 J16
Linn of Dee 62 J13
Linn of Tummel 61 I13
Linneraineach 72 E9
Linney Head 14 E29
Linnhe (Loch) 60 D14
Linslade 19 R28
Lintmill 68 L10
Linton 22 U27
Linton 17 M28
Linton 27 P25
Linton 39 N21
Linton 50 M17
Linton-on-Ouse 40 Q21
Lintrathen (Loch of) 62 K13
Linwood 55 G16
Linwood 37 T23
Liphook 10 R30
Lisbellaw 74 J5
Liskeard 3 G32
Lismore 60 D14
Lisnaskea 74 J5
Liss 10 R30
Lisset 41 T21
Lisvane 16 K29
Litcham 30 W25
Litchborough 28 Q27
Litchfield 19 P30
Litherland 34 L23
Little Wenlock 26 M26
Little 30 W25
Little Berkhamsted 20 T28
Little Brington 28 Q27
Little Budworth 34 M24
Little Bytham 28 S25
Little Chalfont 19 S28
Little Clacton 21 X28
Little Colonsay 59 B14
Little Cumbrae Island 54 F16
Little Dewchurch 17 L28
Little Galdenoch 42 E19
Little Glenshee 62 J14
Little Hadham 20 U28
Little Hallingbury 20 U28
Little Harrowden 28 R27
Little Houghton 28 R27
Little Loch Broom 72 D10
Little Loch Roag 70 Z9
Little Mill 17 L28
Little Minch (The) 64 Z11
Little Moreton Hall 34 N24
Little Ouse (River) 30 V26
Little Ouseburn 40 Q21
Little Snoring 30 W25
Little Torrington 6 H31
Little Urswick 38 K21
Little Walsingham 30 W25
Little Waltham 22 V28
Little-Baddow 22 V28
Little-Barningham 31 X25
Littleborough 39 N23
Littlebourne 13 X30
Littlebury 22 U27
Littlecote House 18 P29
Little-Coxwell 18 P29
Littleferry 73 H10
Littleham 4 J32
Littlehampton 10 S31
Littlemill 67 I11
Little-Milton 19 Q28
Littleport 29 U26
Little-Raveley 29 T26
Littlestone-on-Sea 13 W31
Little-Stretton 26 L26
Little-Stukeley 29 T26
Littleton 9 P30
Littleworth 18 P28
Litton Cheney 8 M31
Liverpool 34 L23
Liverton 47 R20
Livet (Glen) 68 K12
Livingston 56 J16
Lizard 2 E34
Lizard Peninsula 2 E33
Llam 35 O24
Llan 25 J26
Llanarmon-yn-Ial 33 K24
Llanarthne 24 H28
Llanarthney 15 H28
Llanasa 33 J24
Llanbadarn Fawr 24 H26
Llanbedr 32 H25
Llanbedr Pont Steffan / Lampeter 24 H27
Llanbedrog 32 G25
Llanberis 32 H24
Llanbister 25 K26
Llanboidy 14 G28
Llanbradach 16 K29
Llanbrynmair 25 J26
Llanddarog 15 H28
Llanddeiniol 24 H27
Llandderfel 33 J25
Llanddeusant 32 G23
Llanddewi Ystradenni 25 K27
Llanddewi Brefi 24 I27
Llanddona 32 H24
Llanddowror 14 G28
Llanddulas 33 J24
Llandegla 33 K24
Llandeilo 15 I28
Llandenny 17 L28
Llandinam 25 J26
Llandissilio 14 F28
Llandogo 17 L28
Llandovery / Llanymddyfri 15 I28
Llandrindod Wells 25 J27
Llandrinio 26 K25
Llandudno 33 I24
Llandudno Junction 33 I24
Llandwrog 32 H24
Llandybie 15 H28
Llandyfaelog 15 H28
Llandygai 32 H24
Llandysul 24 H27
Llanegryn 24 H26
Llanelidan 33 K24
Llanellen 17 K28
Llanelli 15 H28
Llanelltyd 33 I25
Llanengan 32 G25
Llanerchymedd 32 G24
Llanerfyl 25 J25
Llanfachraeth 32 G24
Llanfaethlu 32 G23
Llanfair 32 H25
Llanfair-Caereinion 25 K26
Llanfair-Pwllgwyngyll 32 H24
Llanfair-ym-Muallt / Builth 25 J27
Llanfairfechan 33 I24
Llanfairynghornwy 32 G23
Llanfair-yn-Neubwll 32 G24
Llanfechell 32 G23
Llanferres 33 K24
Llanfihangel Glyn Myfyr 33 J24
Llanfihangel Nant Bran 16 J28
Llanfihangel Rhydithon 25 K27
Llanfihangel-ar-arth 24 H27
Llanfihangel-y-Creuddyn 25 I26
Llanfilo 16 K28
Llanfoist 17 K28
Llanfrynach 16 J28
Llanfwrog 32 G24
Llanfyllin 33 K25
Llanfynydd 15 H28
Llanfynydd 34 K24
Llanfyrnach 14 G28
Llangadfan 25 J25
Llangadog 15 I28
Llangain 15 G28
Llangammarch Wells 25 J27
Llangarron 17 L28
Llangathen 15 H28
Llangedwyn 33 K25
Llangefni 32 H24
Llangeinor 16 J29
Llangeitho 24 H27
Llangeler 24 G27
Llangenith 15 H29
Llangennech 15 H28
Llangernyw 33 I24
Llangoed 32 H24
Llangollen 33 K25
Llangorse 16 K28
Llangorwen 24 H26
Llangrannog 24 G27
Llangunllo 25 K27
Llangunnor 15 H28
Llangurig 25 J26
Llangwm 33 J25
Llangwn 17 L28
Llangwn 14 F28
Llangwnnadl 32 F25
Llangwyryfon 24 H27
Llangybi 24 H27
Llangyndeyrn 15 H28
Llangynidr 16 K28
Llangynog 33 J25
Llangynog 15 G28
Llangynwyd 16 J29
Llangywer 33 J25
Llanharan 16 J29
Llanharry 16 J29
Llanhilleth 16 K28
Llanidloes 25 J26
Llanilar 24 H26
Llanishen 17 L28
Llanllwchaiarn 25 K26
Llanllyfni 32 H24
Llanmadoc 15 H29
Llannefydd 33 J24
Llan-non 15 H28
Llanon 24 H27
Llanpumsaint 15 H28
Llanrhaeadr-ym-Mochnant 33 K25
Llanrhidian 15 H29
Llanrhystud 24 H27
Llanrug 32 H24
Llanrwst 33 I24
Llansanffraid Glan Conwy 33 I24
Llansannan 33 J24
Llansantffraid 24 H27
Llansantffraid-ym-Mechain 33 K25
Llansawel 15 H27
Llansilin 33 K25
Llansoy 17 L28
Llansteffan 15 G28
Llanthony 17 K28
Llantilio Crossenny 17 L28
Llantwit Major 16 J29
Llanuwchllyn 33 I25
Llanvetherine 17 L28
Llanwddyn 33 J25
Llanwenog 24 H27
Llanwnda 32 H24
Llanwnen 24 H27
Llanwnog 25 J26

Lla - Mar

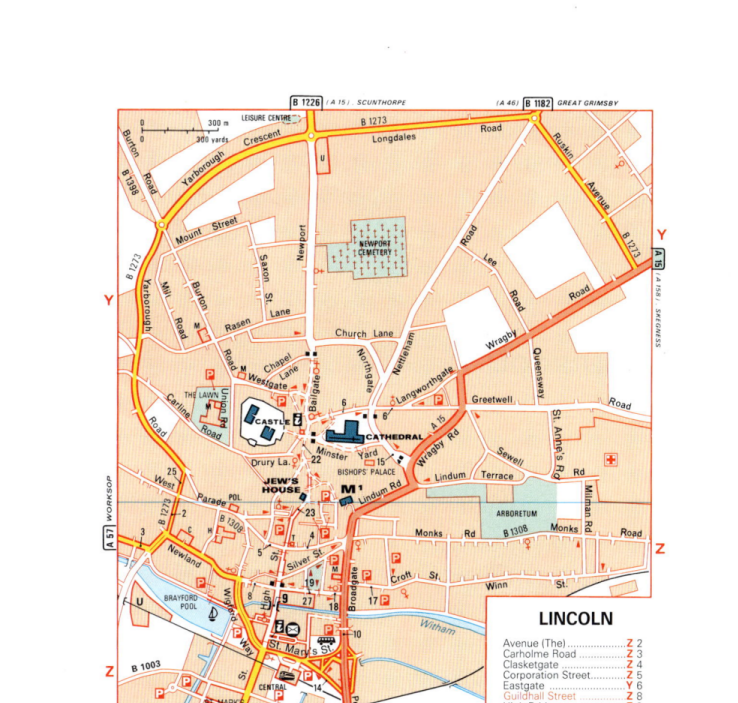

M¹ USHER GALLERY

Llanwrda	15	I26	Lochfoot	49	I18	
Llanwrin	25	I26	Lochgair	53	D15	
Llanwrtyd Wells	25	J27	Lochgarthside	67	G12	
Llanwyddelan	25	J26	Lochgelly	56	K15	
Llan-y-Bri	15	G28	Lochgilphead	54	D15	
Llanbydder	24	H27	Lochgoilhead	54	F15	
Llanychar	14	F28	Lochinver	72	E9	
Llanymawddwy	33	J25	Lochluchart	66	F11	
Llanymddyfri /			Lochmaben	49	J18	
Llandovery	15	I28	Lochmaddy	64	Y11	
Llanymynech	33	K25	Lochore	56	K15	
Llanynyhenedl	32	G24	Lochportain	64	Y11	
Llanystundwy	32	H25	Lochranza	54	E16	
Llawhaden	14	F28	Lochsie (Glen)	62	J13	
Llechryd	24	G27	Lochstack	72	F8	
Lledrod	24	I27	Lochton	63	M12	
Lleyn Peninsula	32	G25	Lochton	48	F18	
Llinfaen	32	G25	Lochusige	60	D14	
Llowes	25	K27	Lochwinnoch	55	G16	
Liston	15	H29	Lochy (Loch)	60	F13	
Llwyndafydd	24	G27	Lockerbie	49	J18	
Llwyngwril	24	H25	Lockerley	9	P30	
Llwynymawr	33	K25	Locking	17	L30	
Llyhart Valley	25	I26	Loddington	28	R26	
Lyn Brianne	25	I27	Loddon	31	Y26	
Lyn Celyn	33	I25	Lode	22	U27	
Lyn Tegid or Bala Lake	33	J25	Lodsworth	10	R31	
Llyswen	25	K27	Lofthouse	39	O21	
Llysworney	16	J29	Loftus	47	R20	
Llywel	16	J28	Logan Gardens	42	F19	
Loanhead	56	K16	Loggerheads	34	M25	
Lochaber	66	D12	Logie Coldstone	68	L12	
Lochailort	60	D13	Logieaimond	62	L14	
Lochaline	59	C14	Login	14	F28	
Lochans	42	E19	Lomend (Loch)	55	G15	
Locharbrigs	49	J18	Lonesborough	40	R22	
Lochassynt Lodge	72	E9	London	20	T29	
Lochawe	60	E14	London Colney	20	T28	
Lochay (Glen)	61	G14	Long Ashton	17	M29	
Lochboisdale	64	Y12	Long Bennington	36	R25	
Lochbuie	59	C14	Long Bredy	8	M31	
Lochcarron	66	D11	Long Buckby	28	Q27	
Lochdonhead	59	C14	Long Clawson	36	R25	
Lochdrum	66	F10	Long Crendon	19	R28	
Lochearnhead	55	H14	Long Eaton	36	Q25	
Locheport	64	Y11	Long Hanborough	18	P28	
Locherben	49	J18	Long Itchington	27	P27	

Long Lawford	28	Q26				
Long Loch (Angus)	62	K14				
Long (Loch)						
(Argyll and Bute)	54	F15				
Long Man (The)	11	U31				
Long Marston	40	Q22				
Long Marton	45	M20				
Long Melford	22	W27				
Long Mountain	26	K26				
Long Mynd (The)	26	L26				
Long Preston	39	N21				
Long Stratton	31	X26				
Long Sutton (Lincs.)	37	U25				
Long Sutton (Somerset)	8	L30				
Long Wittenham	19	Q29				
Longay	65	C12				
Longbenton	51	P18				
Longborough	18	Q28				
Longbridge Deverill	9	N30				
Longburton	8	M31				
Longcot	18	P29				
Longdon	27	O25				
Longfield	20	U29				
Longford	17	K26				
Longford	35	Q25				
Longorgan	62	K14				
Longformacus	57	M16				
Longham	30	W25				
Longhirst	51	P18				
Longhope	74	K7				
Longhorsley	51	O18				
Longhoughton	51	P17				
Longleat House	8	N30				
Longmanhill	69	M11				
Longnewton	46	P20				
Longney	17	M28				
Longniddry	56	L16				
Longnor	35	O24				
Longridge	38	M22				
Longridge	27	N25				
Longridge	56	I16				
Longside	69	O11				
Longstanton	29	U27				
Longton	35	N25				
Longton	38	L22				
Longtown	50	L18				
Longtown	17	L28				

Longwick	19	R28				
Longworth	18	P28				
Lonmore	65	A11				
Looe	3	G32				
Loose	12	V30				
Loppington	34	L25				
Lorn	60	E14				
Lorn (Firth of)	60	D14				
Lossiemouth	68	K10				
Lostwithiel	3	G32				
Lothbeg	73	I9				
Lothersdale	39	N22				
Lothmore	73	I9				
Loudwater	19	R29				
Loughborough	36	Q25				
Loughor (River)	15	H29				
Loughton	20	U29				
Louth	37	R24				
Lovington	8	M30				
Low Bradley	39	O22				
Low Crosby	45	L19				
Low Row	45	M19				
Low Row	45	N20				
Low Street	31	Y25				
Lowca	44	K19				
Lowdham	36	Q24				
Lower	38	M21				
Lower Beeding	11	T30				
Lower Bentham	38	M21				
Lower Boddington	28	Q27				
Lower Broadheath	26	N27				
Lower Cam	17	M28				
Lower Diabaig	66	C11				
Lower Dounreay	73	I8				
Lower Dunsforth	40	O22				
Lower Halstow	21	W29				
Lower Hardres	13	X30				
Lower Heyford	19	Q28				
Lower Killeyan	52	B17				
Lower Largo	56	L15				
Lower Mayland	22	W28				
Lower Peover	34	M24				
Lower Upham	10	O31				
Lower Whitley	34	M24				
Lowestoft	31	Z26				
Lowgill	38	M21				
Lowick	51	O17				

Lowick Bridge	44	K21	Macaskin (Island)	54	D15
Lowther	49	J17	Macclesfield	35	N24
Lowther Hills	49	J18	Macduff	69	M10
Loxwood	10	S30	Machars (The)	42	G19
Loyal (Loch)	73	G8	Machen	16	K29
Loyne (Loch)	60	E12	Machir Bay	52	A16
Ltchingfield	11	S30	Machrihanish	53	C17
Lub Score	65	A10	Machrihanish Bay	53	C17
Lubcroy	72	A10	Machynlleth	25	I26
Lubenham	28	R26	Madderty	56	I14
Lubnaig (Loch)	55	H15	Maddiston	56	I16
Luccombe	7	J30	Maddy (Loch)	64	Y11
Luce Bay	42	F19	Madeley (Salop)	26	M26
Luckwell	51	O17	Madeley (Staffs.)	34	M24
Luddesdown	21	V29	Madingley	29	U27
Ludford	26	L26	Madron	2	D33
Ludford	37	T23	Maenclochog	14	F28
Ludgershall (Bucks.)	19	Q28	Maentwrog	32	I25
Ludgershall (Wilts.)	9	P30	Maerdy	16	J28
Ludgvan	2	D33	Maerdy	33	J25
Ludham	31	Y25	Maes Howe	74	K7
Ludlow	26	L26	Maesbrook	34	K25
Lugton	55	G16	Maesteg	16	J29
Luib	61	G14	Maghull	38	L23
Luib	65	B12	Magor	17	L29
Luichart (Loch)	66	F11	Maguiresbridge	74	J5
Luing	54	D15	Mahee Island	75	P4
Lullington	27	P25	Maiden Bradley	8	N30
Lulsgate Bottom	17	L29	Maiden Castle	8	M31
Lulworth Cove	8	N32	Maiden Newton	8	M31
Lumphanan	69	L12	Maidenhead	19	R29
Lumsden	68	L12	Maidens	48	F17
Lunan	63	M14	Maidford	28	Q27
Lunanhead	62	L14	Maids Moreton	19	R27
Luncarty	62	J14	Maidstone	12	V30
Lund	41	S22	Maidwell	28	R26
Lundie	62	K14	Mainland		
Lundie (Loch)	66	C11	(Orkney Islands)	74	J6
Lundin Links	56	L15	Mainland		
Lundy	6	G30	(Shetland Islands)	75	R3
Lunning	75	Q2	Mainstone	25	K26
Lurgainn (Loch)	72	E9	Maisemore	17	N28
Lurgashall	10	S30	Malborough	4	I33
Luskentyre	70	Z10	Maldon	22	W28
Luss	55	G15	Malham	39	N21
Lusta	65	A11	Mallaig	59	C12
Lustleigh	4	I32	Mallory Park Circuit	27	P26
Luston	26	L27	Mallwyd	25	I25
Luthermuir	63	M13	Malmesbury	18	N29
Luthrie	56	K14	Malpas	34	L24
Luton	20	S28	Malby	36	Q23
Luton Hoo	20	S28	Maltby-le-Marsh	37	U24
Lutterworth	28	Q26	Malton	40	R21
Lutton	37	U25	Malvern Wells	26	N27
Luxborough	7	J30	Mamble	26	M26
Lydiate	74	K8	Manmore Forest	60	F13
Lydbury North	26	L26	Man (Isle of)	42	G21
Lydd	12	W31	Manacan	2	E33
Lydden	13	X30	Manaton	4	I32
Lydd-on-Sea	13	W31	Manchester	35	M23
Lydéard-Saint-Lawrence	7	K30	Manderston	57	N16
Lydford	3	H32	Manea	29	U26
Lydford	8	M30	Mangersta	70	Y9
Lydham	26	L26	Mangotsfield	17	M29
Lydiard Millicent	18	O29	Manish	70	Z10
Lydiard Park	18	O29	Maningford Bruce	18	O30
Lydiard Park	18	O29	Mannings Heath	11	T30
Lydiate	38	L23	Mannington	21	X28
Lydinch	8	M31	Manorbier	14	E28
Lydney	17	M28	Mansfield	36	Q24
Lydstep	14	F29	Mansfield Woodhouse	36	Q24
Lyme Bay	5	L32	Manstone	8	N31
Lyme Park	35	N23	Manton	28	R25
Lyme Regis	8	L31	Manuden	20	U28
Lyminge	13	X30	Maplebeck	36	R24
Lymington	9	P31	Mapledurham	19	Q29
Lymm	34	M23	Mappleton	41	T22
Lympne	13	X30	Mappowder	8	M31
Lympstone	4	J32	Mar (Forest of)	68	J12
Lyndhurst	9	P31	Marazion	2	D33
Lyne	49	K17	March	29	U26
Lyneham	18	O29	Marcham	18	P29
Lyneham	18	P28	Marchington	35	O25
Lynemouth	51	P18	Marchwood	9	P31
Lyness	74	K7	Marden	12	V30
Lymouth	7	I30	Maree (Loch)	66	D10
Lyrton	7	I30	Mareham-le-Fen	37	S24
Lyon (Glen)	61	H14	Maresfield	11	U31
Lyonshall	26	L27	Margam	16	J29
Lytchett Matravers	9	N31	Margarettiing	22	V28
Lytchett Minster	9	N31	Margate	13	Y29
Lytes Cary	8	M30	Margnaheglish	53	E17
Lyth	74	K8	Marham	30	V26
Lytham	38	L22	Marhamchurch	6	G31
Lytham St Anne's	38	K22	Marholm	29	T26
Lythe	47	R20	Marian-Glas	32	H23
			Marishader	65	B11
			Mark	8	L30
			Mark	42	E18
M			Market Overton	28	R25
			Market Bosworth	27	P26
Maaruig	70	Z10	Market Deeping	37	T25
Mabie	49	J18	Market Drayton	34	M25
Mablethorpe	37	U23	Market Harborough	28	R26
Mc Arthur's Head	52	B16	Markethill	74	M5

130 Mar - Moi

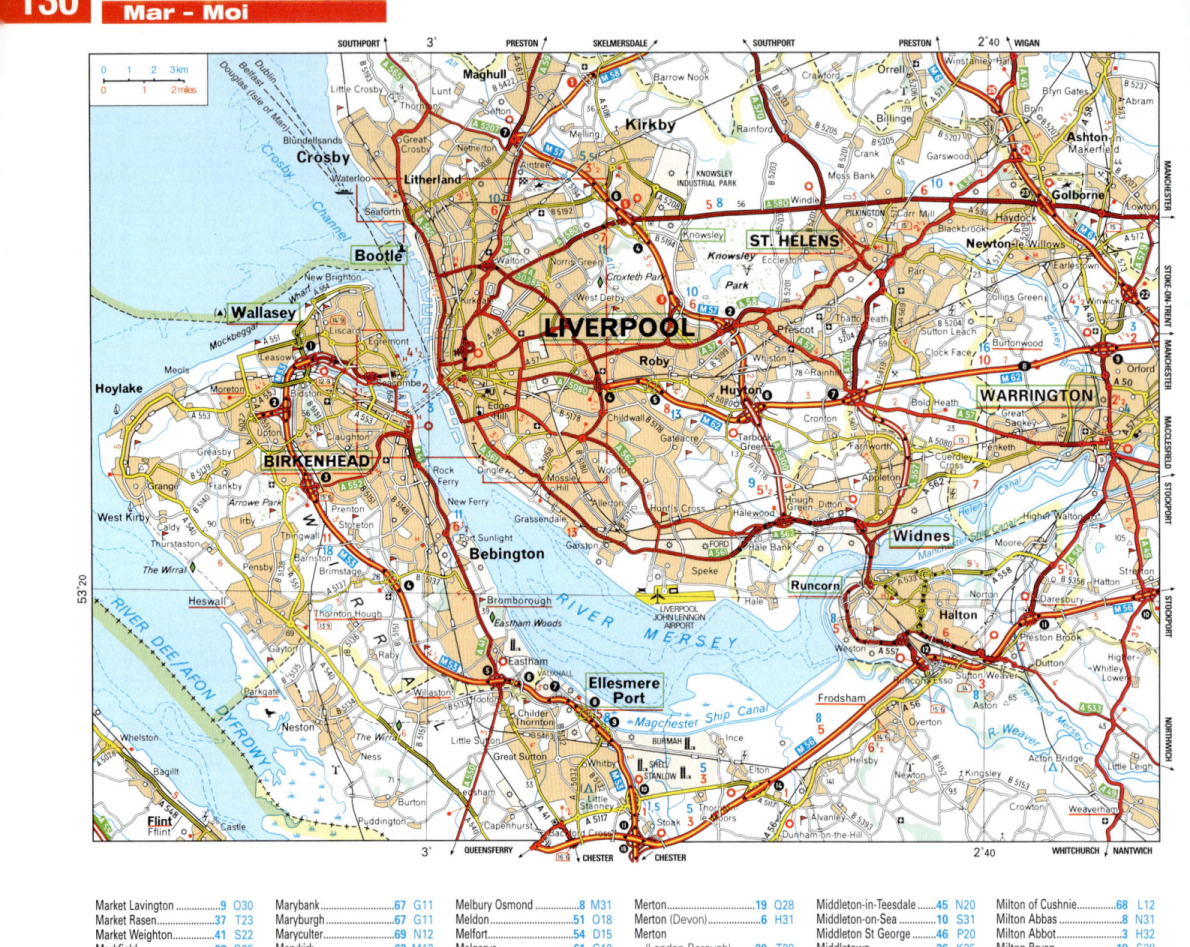

Market Lavington...............9	O30	Marybank......................67	G11	Melbury Osmond...........8	M31	Merton.........................19	Q28	Middleton-in-Teesdale...45	N20	Milton of Cushnie..........68	L12
Market Rasen.................37	T23	Maryburgh...................67	G11	Meldon.........................51	O18	Merton (Devon).............6	H31	Middleton-on-Sea..........10	S31	Milton Abbas...................8	N31
Market Weighton............41	S22	Maryculter...................69	N12	Melfort..........................54	O15	Merton		Middleton St George.......46	P20	Milton Abbot...................3	H32
Markfield.......................28	Q25	Marykirk......................63	M13	Melgarve......................61	G12	(London Borough)......20	T29	Middletown....................26	K25	Milton Bryan..................19	S28
Markinch........................56	K15	Marypark.....................68	J11	Melksham.....................18	N29	Meshaw.........................7	I31	Middletown (Armagh)...74	L5	Miltonduff......................68	J11
Marksbury.....................17	M29	Maryport......................44	J19	Mellalstoch...................54	E16	Messing........................22	W28	Middlewich....................34	M24	Milton Ernest.................19	S27
Marks Tey......................22	W28	Maryport......................42	F19	Mellerstein....................50	M17	Messingham.................41	S23	Midgeholme..................45	N19	Milton Keynes................28	R27
Markyate.......................20	S28	Marywell......................63	M14	Melling.........................38	M21	Metfield.........................31	V26	Midhurst........................10	R31	Milton Lilbourne.............18	O29
Marlborough..................18	O29	Marywellt.....................63	L12	Mellon Charles...............71	D10	Metheringham...............37	S24	Midlem..........................50	L17	Milton of Campsie..........55	H16
Marildon.........................4	J32	Masham........................39	P21	Mellon Udrigle...............71	D10	Methil...........................56	K15	Midsomer Norton............8	M30	Milton-on-Stour..............8	N30
Marlesford.....................23	Y27	Matching Green.............20	U28	Mells..............................8	M30	Methlick........................69	N11	Midtown.........................71	C10	Milton of Ediniville..........68	K11
Marloes.........................14	E28	Mathry..........................14	E28	Melmerby.....................45	M19	Methven........................56	J14	Mirfield..........................43	H19	Milverton.........................7	K30
Marlow..........................19	R29	Matlock.........................35	P24	Melmerby......................40	P21	Methwold......................30	V26	Migdale (Loch)..............73	H8	Milwich..........................35	N25
Marnhull.........................8	N31	Matlock Bath.................35	P24	Melrose........................50	L17	Mevagissey...................2	F33	Milborne Port.................8	M31	Minard...........................54	E15
Marple..........................35	N23	Mattersey.....................36	R23	Meltham........................39	O23	Mexborough..................40	O23	Milborne St Andrew.........8	N31	Minch (The).......................	
Marros..........................14	G28	Mattingley.....................19	R30	Melton..........................23	X27	Mhor (Loch)..................67	G13	Milbourne.....................51	O18	Minerhead.......................7	J30
Marsden.........................39	O23	Mattishall......................30	V26	Milton Mowbray............36	R25	Miavig..........................70	Z9	Milburn.........................45	M20	Minety...........................18	N29
Marsett..........................45	N21	Mauchline.....................48	G17	Melvaig.........................71	C10	Michaelchurch...............17	L27	Mildenhall.....................30	V26	Mingary..........................64	X12
Marsh Gibbon.................19	Q28	Maud...........................69	N11	Melvich.........................73	I8	Michaelchurch Escley....17	L27	Mildenhall.....................18	O29	Minginish.......................65	B12
Marsham........................31	X25	Maughold......................42	H21	Memsie.........................69	N11	Michaelstow....................3	F32	Mile End........................22	W28	Mingulay........................58	N25
Marshaw........................38	M22	Maughold Head..............42	H21	Menai Bridge /		Mickleover........................	O30	Milfield..........................51	N17	Minigaff.........................42	G19
Marshchapel...................37	U23	Mawtory........................44	J19	Porthaethwy..............32	H24	Mickleham Priory.......11	U31	Milford..........................10	S30	
Marshfield......................17	N29	Mawnan.........................2	E33	Menai Strait..................32	H24	Micklefield....................40	Q22	Milford Haven /		(near Ramsgate)...........13	X29
Marshfield......................16	K29	Maxstoke......................27	P26	Mendip Hills..................17	L30	Mickleover........................		Aberdaugleddau.......14	E28	Minster
Marshwood......................8	L31	Maxton.........................50	M17	Mendlesham..................23	X27	Mickleton......................27	O27	Mirfield-on-Sea............9	P31	(near Sheerness)...21	W29
Marske..........................46	O20	Maybole.......................48	F17	Menheniot.......................3	G32	Mickleton.......................45	N20	Millard..........................10	R30	Minsterley......................26	K26
Marske-by-the-Sea........47	Q20	Mayfield (East Sussex)..11	U30	Mennock.......................49	I17	Mid Ardlaw....................69	N10	Millbrook.......................3	H32	Mintersworth.................17	N28
Marston.........................19	Q28	Mayfield (Staffs.)..........35	O24	Manston........................39	O22	Mid Calder....................56	J16	Millhouse......................54	E16	Minterne Magna..............8	M31
Marston.........................36	R25	Meadle (Loch)...............72	G9	Menstrie.......................55	I15	Mid Sannox...................53	E17	Millisle..........................75	P4	Minting..........................37	T24
Marston Magna...............8	M31	Meal Bank....................45	L20	Menteith Hills...............55	H15	Mid Yell........................75	Q2	Millmeece.....................34	N25	Mintlaw..........................69	O11
Marston Moretaine.......28	S27	Mealsgate.....................44	K19	Mentmore......................19	R28	Middale..........................74	L6	Millom...........................38	K21	Mirinto...........................51	N17
Martham........................31	Y25	Meare............................8	L30	Meonstoke....................10	Q31	Middle Barton...............18	P28	Millport.........................54	F16	Mirfield..........................39	O23
Martin............................9	Q31	Measach (Falls of).........66	E10	Meopham......................20	V29	Middle Tysoe.................27	P27	Milltown........................50	K18	Misenden......................18	R28
Martin..........................37	T24	Measham.......................27	P25	Mepal...........................29	U26	Middle Wallop.................9	P30	Milltown (Moray)...........68	L11	Misson...........................36	R23
Martin (Isle)...................72	E10	Meavaig........................70	Z10	Mere (Cheshire)............34	M24	Middle Woodford............9	O30	Milltown (Highland)........66	F11	Misterton (Notts.)..........36	R23
Martin Mill.....................13	Y30	Meavy............................4	H32	Mere (Wilts.)..................8	N30	Middlebie......................49	K18	Milnathort......................56	J15	Misterton
Martindale.....................45	L20	Medbourne....................28	R26	Merewenth...................12	V30	Middleham....................46	Q21	Milngavie.......................55	H16	(Somerset)..........8	L31
Martinstown.....................8	M31	Medmenham.................19	R29	Meriden.........................27	P26	Middle Rasen.................37	S23	Milnrow..........................39	N23	Mistley..........................21	X28
Martlesham....................23	X27	Medstead......................10	Q30	Merkland Lodge.............72	F9	Middlesbrough...............46	Q20	Milnthorpe.....................38	L21	Mitcheldean....................17	N28
Martletwy......................14	F28	Medway (River)..............21	W29	Mermaid Inn...................32	H24	Middlestown...................39	P23	Milovaig.........................64	A12	Mitchell............................2	E33
Martley..........................26	M27	Meidrim.........................15	G28	Merrick.........................48	G18	Middleton......................39	O22	Milton............................45	L19	Mitford............................51	O18
Martock...........................8	L31	Meiford.........................25	K25	Merriott..........................8	L31	Middleton......................51	O17	Milton............................49	I18	Mithan.............................2	E33
Marton..........................34	N24	Meigle..........................62	K14	Merrylaw......................50	K18	Middleton		Milton............................49	H8	Mochree.........................33	D24
Marton..........................40	P21	Meikleour.....................62	J14	Mersey (River)...............34	M23	(Argyll and Bute)...58	Z14	Milton............................67	G11	Mochrum........................42	G19
Marvig...........................71	A9	Melbost.........................71	B9	Merseyside (Metropolitan		Middleton (Gtr. Mches.)..39	N23	Milton............................67	H10	Modbury...........................4	I32
Marwell Zoological Park...10	Q31	Melbourn......................29	U27	County-Liverpool.........34	L23	Middleton on the Wolds..41	S22	Milton (Cambs.)..............29	U27	Moelfre..........................32	I23
Mary Arden's House.......27	O27	Melbourne.....................35	P25	Merthyr Cynog..............25	J27	Middleton Tyas...............46	P20	Milton (Dumfries and		Moffat............................49	J17
Mary Tavy.......................3	H32	Melbourne.....................40	R22	Merthyr Tydfil...............16	J28	Middleton Cheney..........28	Q27	Galloway)..............42	F19	Moldart...........................60	C13

Moi - Nef

Moira...........................27	P25	Morar..............................59	C13	Morton (near Bourne)...37	S25	Muasdale....................53	C17
Mol-Chlach...................65	B12	Moray Firth....................67	H11	Morton		Much Dewchurch........17	L28
Mold / Yr Wyddgrug.....33	K24	Morchard Bishop............7	I31	(near Gainsborough)..36	R23	Much Hadham..............20	U28
Molinard.........................3	I30	Morcott..........................28	S26	Morval............................3	G32	Much Hoole..................39	I18
Monach Islands.............64	W11	Morden...........................9	N31	Morven..........................74	I9	Much Marcle.................17	M28
Monadhliath Mountains..67	H12	Mordiford......................26	M27	Morven..........................59	C14	Much Wenlock...............26	M26
Monar (Loch).................66	E11	More (Glen)...................59	C14	Morvich.........................66	D12	Muchalls........................63	N12
Monar Lodge..................66	F11	More (Loch)		Morville.........................26	M26	Muchelney......................8	L30
Monaughty Forest..........68	J11	(near Kinloch)...........72	F9	Morwellham....................3	H32	Muchford.......................66	F11
Moness..........................74	K7	More (Loch)		Morwenstow...................6	G31	Muck..............................59	B13
Moneydie.......................62	J14	(near Westerdale)......73	J8	Mosborough..................35	P24	Muck Isle of)................75	O3
Moniaive........................49	I18	Morebath........................7	J30	Moss Bank....................34	L23	Muckle Roe...................75	P2
Monifieth.......................62	L14	Morebattle.....................50	M17	Mossdale.......................48	H18	Mucklestone..................34	M25
Monike...........................62	L14	Morecambe...................38	L21	Mossend........................55	H16	Muddiford.......................6	H30
Monk Fryston.................40	O22	Morecambe Bay............38	L21	Mossley.........................39	N23	Mudford..........................8	M31
Monkland.......................26	L27	Moresby.........................44	J20	Mosstodloch..................68	K11	Mugeary........................65	B11
Monkokehampton...........6	H31	Moreton.........................20	U28	Mostyn...........................33	K24	Muick (Loch).................62	K13
Monks Eleigh.................22	W27	Moreton...........................8	N31	Motherwell.....................55	H16	Muie..............................73	H9
Monksilver.......................7	K30	Moreton-in-Marsh.........18	O28	Moulin...........................62	I13	Muir of Fowlis...............68	L12
Monkton.........................49	G17	Moreton Say..................34	M25	Moulton.........................22	V27	Muir of Ord...................67	G11
Monmouth / Trefynwy....17	L28	Moretonhampstead.........4	I32	Moulton (Lincs.)............37	T25	Muirdrum......................63	L14
Monreith........................42	G19	Moreton-on-Lugg..........26	L27	Moulton (Northants.)....28	R27	Muirhead.......................55	H16
Montacute........................8	L31	Morfa Nefyn..................32	G25	Moulton Chapel.............29	T25	Muirkirk........................49	H17
Montgarrie.....................68	L12	Moricambe Bay..............44	K19	Mount Norris..................74	M5	Muirshearlich.................60	E13
Montgomery /		Morie (Loch).................67	G10	Mount Pleasant................9	P31	Muker...........................45	N20
Trefaldwyn.................25	K26	Moriston (Glen)..............66	F12	Mount Stewart Gardens..75	P4	Mulbarton.....................31	X26
Montrose........................63	M13	Morland..........................45	M20	Mountain Ash /		Mulben..........................68	K11
Monyash........................35	O24	Morley............................39	P22	Aberpennar.................16	J28	Muldoanich....................58	X13
Monymusk.....................69	M12	Morloch (Loch)..............67	I12	Mount's Bay....................2	D33	Mull (Isle of).................59	B14
Monzie...........................55	I14	Morpeth.........................51	O18	Mountsorrel..................28	Q25	Mull (Sound of).............59	C14
Moonen Bay...................64	Z11	Morriston.......................15	I28	Mousa...........................75	Q4	Mull of Oa.....................52	A17
Moor Monkton...............40	O21	Morte Bay........................6	H30	Mousehole.......................2	D33	Mull of Galloway............42	F20
Moorends.......................40	R23	Mortehoe..........................6	H30	Mouswald......................49	J18	Mullardoch House..........66	F11
Moorfoot Hills................56	K16	Mortimer........................19	Q29	Mow Cop......................34	N24	Mullardoch (Loch)..........66	E12
Moors (The)...................42	F19	Morton...........................35	P24	Mowtie..........................63	N13	Mullion............................2	E33
Moortown.......................37	S23	Morton on Swale.............46	P21	Moy..............................67	H11	Mumbles (The)...............15	I29

Mumby..........................37	U24	Nafferton.......................41	S21
Mundesley.....................31	Y25	Nailsea..........................17	L29
Mundford.......................30	V26	Nailstone.......................27	P26
Mundham.......................10	R31	Nailsworth.....................17	N28
Munlochy.......................67	H11	Nairn.............................67	I11
Munlochy Bay.................67	H11	Nant (Loch)...................54	E14
Munslow........................26	L26	Nant-y-Moch Reservoir...25	I26
Muraggan.......................60	E13	Nantgwynant Valley........32	H24
Murayfield.....................56	K16	Nantwich........................34	M24
Mursley..........................19	R28	Nantyglo........................16	K28
Murton...........................46	P19	Nant-y-moel..................16	J29
Murton...........................45	M20	Napton..........................28	Q27
Musbury...........................7	K31	Narberth / Arberth.........14	F28
Musselburgh...................56	K16	Narborough...................30	V25
Muston...........................41	T21	Narborough...................28	Q26
Muthill...........................55	I15	Naseby..........................28	R26
Mwnt.............................24	G27	Nash Point.....................16	J29
Mybster..........................74	J8	Nassington.....................29	S26
Myddfai..........................15	I28	Nateby.............................	M20
Myddle...........................34	L25	National Exhibition	
Mydroilyn......................24	H27	Centre (N.E.C.)..........27	Q26
Mynach Falls..................25	I26	National Motor Museum...9	P31
Mynachlog-ddu..............14	F28	Naunton........................18	O28
Mynydd Epynt................25	J27	Navenby........................36	S24
Mynydd Preseli...............14	F28	Naver (Loch)..................72	G9
Myrelandhorn.................74	K8	Nayland.........................22	W28
Mytchett.........................10	R30	Naze (The)....................23	
Mytholmroyd..................39	O22	Neap.............................75	O3
		Neath (River).................15	I28
N		Neath / Castell-nedd......15	I29
		Nebo.............................33	I24
Na Cuiltean....................52	C16	Necton..........................30	W26
Naburn...........................40	O22	Needham Market............23	X27
Nacton...........................23	X27	Needingworth.................29	T27
		Needles (The)..................9	P32
		Nefyn............................32	G25

LIVERPOOL
CENTRE

Argyle St.	DZ 6
Blackburne Pl.	EZ 11
Bold St.	DZ
Brunswick Rd	EY 19
Canada Boulevard	CYZ 22
Canning Pl.	CZ 23
Church St.	DY
Churchill Way	DY 25
Clarence St.	EYZ 26
Clayton Square	
Shopping Centre	DY
College Lane	DZ 28
Commutation Row	DY 30
Cook St.	CY 32
Crosshall St.	DY 36
Daulby St.	EY 40
Erskine St.	EY 45
Fontenoy St.	DY 48
Forrest St.	DZ 49
George's Dock Gate	CY 51
Grafton St.	DZ 53
Great Charlotte St.	DY 54
Great Howard St.	CY 56
Hatton Garden	DY 57
Haymarket	DY 58
Hood St.	DY 62
Houghton St.	DY 65
Huskisson St.	EZ 66
James St.	CY 68
King Edward St.	CY 69
Knight St.	EZ 72
Leece St.	EZ 73
Lime St.	DY
Liver St.	CZ 76
London Rd	DEY
Lord St.	CDY
Mansfield St.	DEY 80
Mathew St.	CDY 81
Moss St.	EY 86
Mount St.	EZ 88
Myrtle St.	EZ 89
Newington	DZ 92
New Quay	CY 93
North John St.	CY 96
Norton St.	EY 97
Parker St.	DY 103
Prescot St.	EY 105
Prince's Rd	EZ 107
Queen Square	DY
Ranelagh St.	DY 108
Renshaw St.	DEZ
Richmond St.	DY 109
Roe St.	DY 114
St. Johns Pl.	EZ 117
St. Johns Centre	DY 118
St. John's Lane	DY 118
School Lane	DYZ 122
Scotland Pl.	DY 123
Sefton St.	DZ 129
Seymour St.	EY 130
Skelhorne St.	DY 133
Stanley St.	CDY 135
Suffolk St.	DZ 137
Tarleton St.	DY 139
Victoria St.	DY 143
Water St.	CY 150
William Brown St.	DY 156
York St.	DZ 157

M² MERSEYSIDE MARITIME MUSEUM
M³ WALKER ART GALLERY

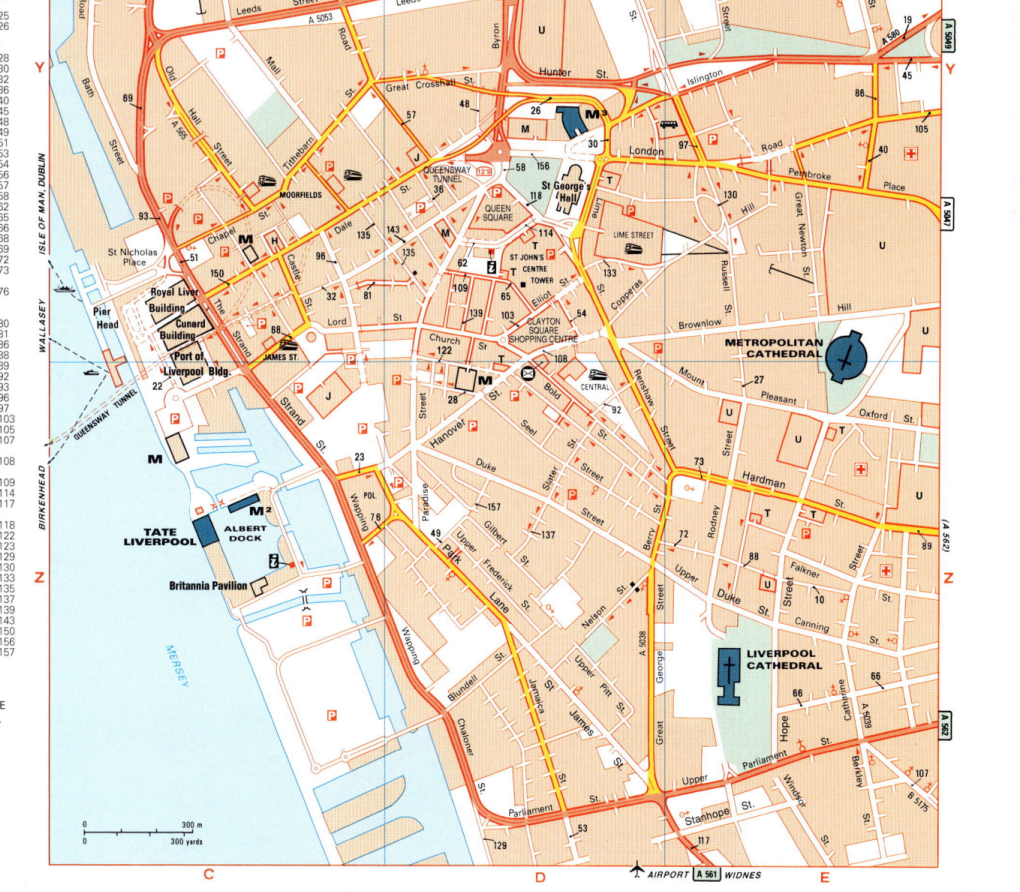

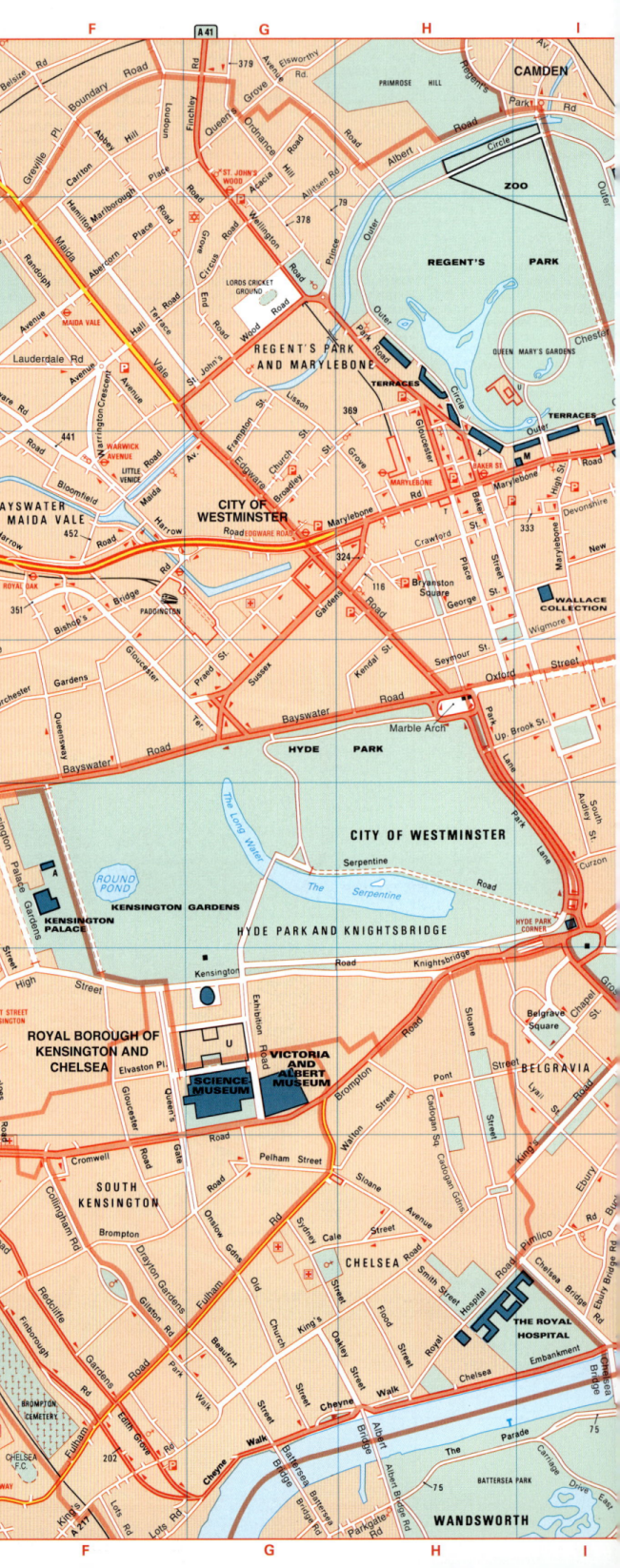

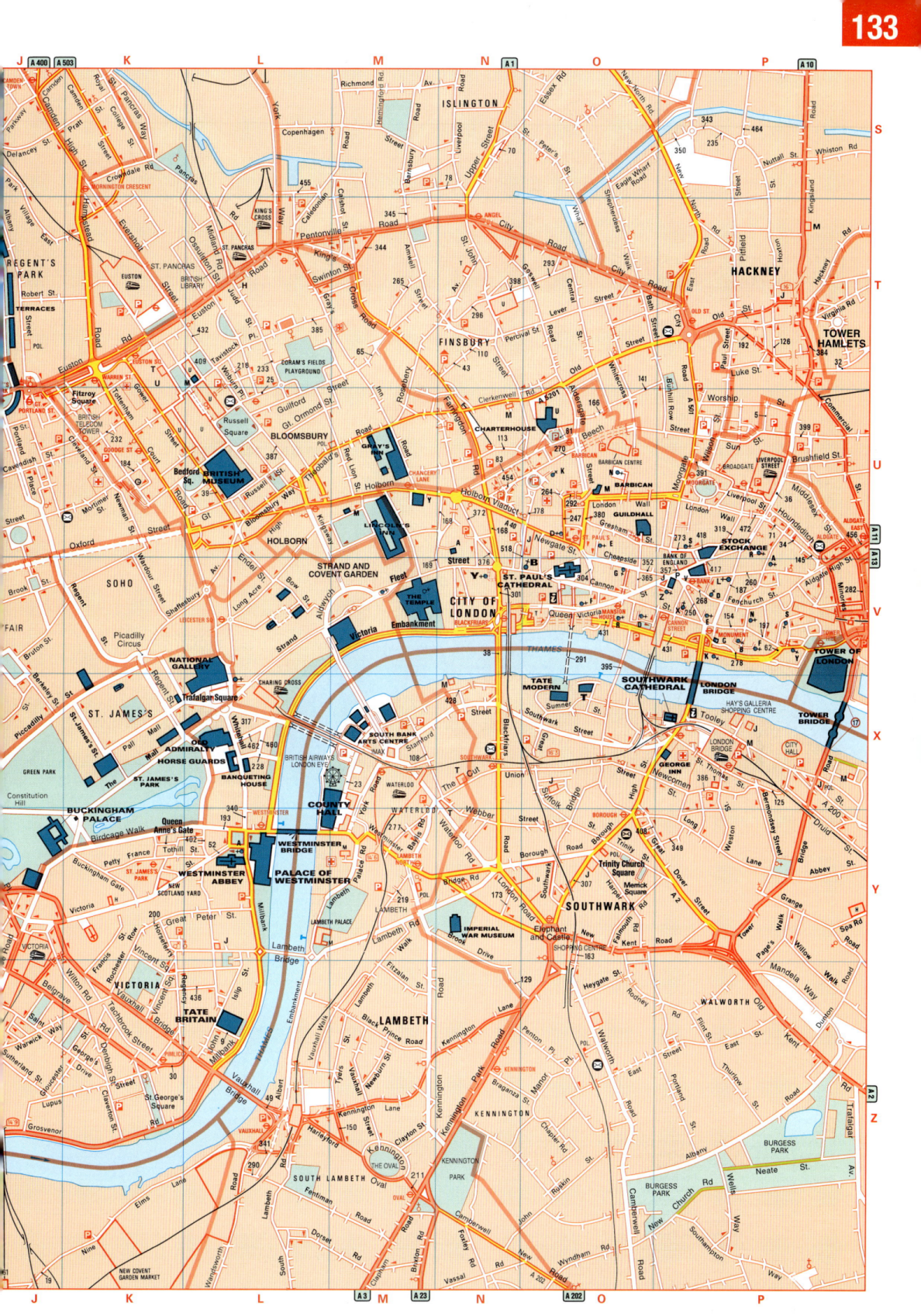

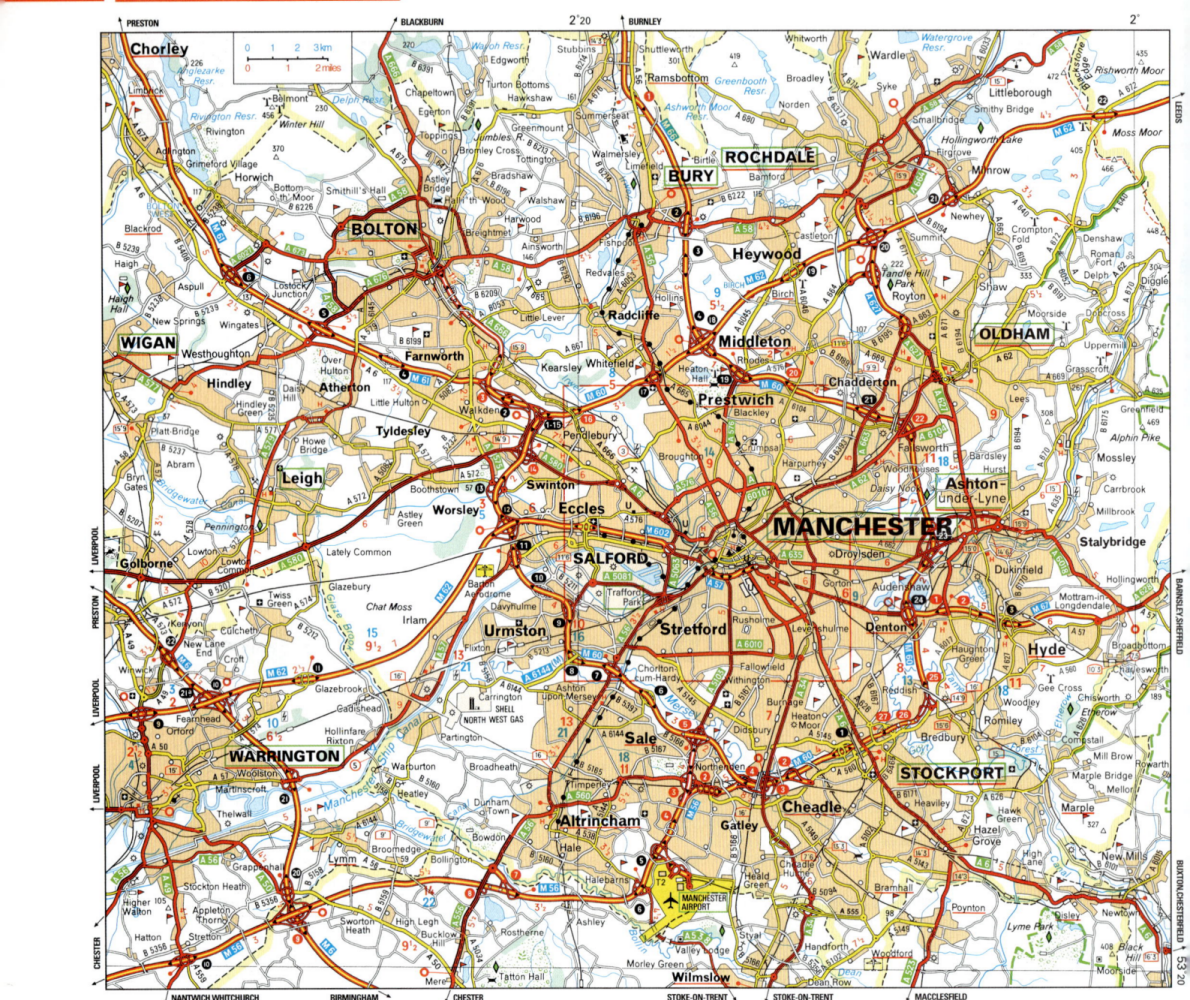

MANCHESTER CENTRE

Street	Grid
Addington Street	CY 2
Albert Square	CZ 2
Aytoun Street	CZ 10
Blackfriars Road	CY 15
Blackfriars Street	CY 17
Brazennose Street	CZ 18
Charlotte Street	CZ 25
Cheetham Hill Road	CY 27
Chorlton Street	CZ 28
Church Street	CY 31
Corn Exchange	CY 34
Dale Street	CZ 38
Deansgate	CYZ

Street	Grid
Ducie Street	CZ 45
Fairfield Street	CZ 49
Great Bridgewater Street	CZ 53
Great Ducie Street	CY 57
Great Northern Centre	CZ
High Street	CY 62
John Dalton Street	CZ 63
King Street	CZ 64
Liverpool Road	CZ 68
Lloyd Street	CZ 69
Lower Byrom St.	CZ 70
Lower Mosley Street	CZ 71
Mosley Street	CZ
New Cathedral Street	CY 84
Nicholas Street	CZ 85
Parker Street	CZ 91

Street	Grid
Peter Street	CZ 92
Princess Street	CZ
St. Ann's Square	CY 100
St. Ann's Street	CY 101
St. Mary's Gate	CY 103
St. Peter's Square	CZ 104
Shambles Shopping Centre (The)	CY
Spring Gardens	CZ 106
Viaduct Street	CY 109
Whitworth Street West	CZ 112
Withy Grove	CY 113
York Street	CZ 115

M² MANCHESTER ART GALLERY

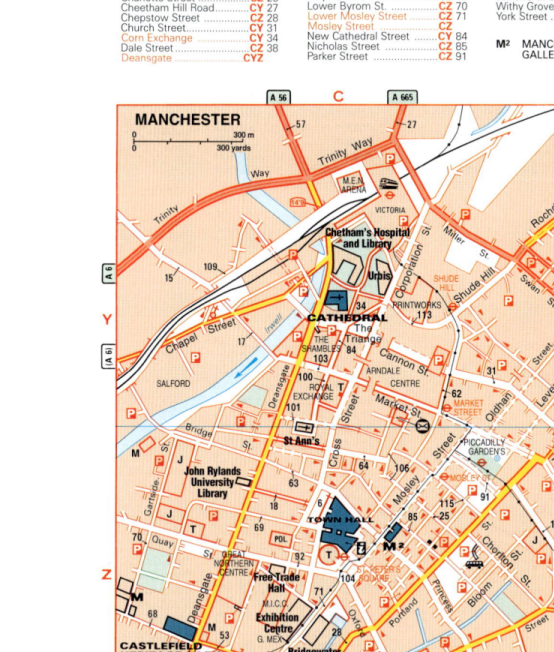

Oglinmore	74	J8	Pabbay (Sound of)	70	Y10
Ollaberry	75	P2	Packington	27	P25
Ollach	65	B11	Padbury	19	R28
Ollay (Loch)	64	X12	Paddockhole	49	K18
Ollerton	36	O24	Paddock Wood	12	V30
Ollerton	34	M24	Padham	39	N22
Olney	28	R27	Padstow	2	F32
Olveston	17	M29	Pagham	10	R31
Ombersley	26	N27	Paignton	4	J32
Once Brewed	50	M19	Pailton	28	O26
Onchan	42	G21	Painscastle	25	K27
Onecote	35	O24	Painswick	17	N28
Onich	60	E13	Paisley	55	G16
Onllwyn	15	J28	Pakefield	31	Z26
Opinan	71	D10	Palackie	43	I19
Orchy (Glen)	60	F14	Pamber End	19	O30
Ord	65	C12	Pandy	17	L28
Orde	68	L12	Pandy	25	J26
Orford	23	V27	Pangbourne	19	O29
Orford Ness	23	Y27	Pant	34	K25
Orleton	26	L27	Pantymenyn	14	F28
Ormesby	46	Q20	Papa Stour	75	O3
Ormesby St Margaret	31	Z25	Papa Westray	74	L5
Ormiston	56	L16	Papplewick	36	O24
Ormskirk	38	L23	Paps of Jura	52	B16
Oronsay	52	B15	Papworth Everard	29	T27
Orosay (near Fuday)	64	X12	Parb (The)	72	F8
Orosay (near Lochboisdale)	64	X12	Parbold	38	L23
Orphir	74	K7	Parc Cefn Onn	16	K29
Orrin (Glen)	66	F11	Parham House	11	S31
Orrin Reservoir	66	F11	Park Gate	10	O31
Orsay	52	A16	Park of Pairc	70	A9
Orset	20	V29	Parkeston	21	X28
Orston	36	R25	Parkgate	49	J18
Orton	45	M20	Parkhurst	10	O31
Orwell	29	T27	Parnham House	8	L31
Orwell (River)	21	X28	Parracombe	6	I30
Osborne House	10	O31	Parrett (River)	8	K30
Osdale	65	A11	Parson Drove	29	U26
Osgaig (Loch)	72	E9	Partney	37	U24
Osgodby	37	S23	Parton	44	J20
Oskaig	65	B11	Parton	49	H18
Osmington	8	M32	Partridge Green	11	T31
Ossett	39	P22	Parwich	35	O24
Ossington	36	R24	Pass of Llanberis	32	H24
Oswaldtwistle	39	M22	Patchway	17	M29
Oswestry	34	K25	Pateley Bridge	39	O21
Otford	20	U30	Path of Condie	56	J15
Othery	8	L30	Pathhead	56	L16
Otley (Suffolk)	23	X27	Patna	48	G17
Otley (West Yorks.)	39	O22	Patrick	42	G21
Otterbourne	9	P30	Patrington	41	T22
Otterburn	51	N18	Patronbourne	13	X30
Otternish	64	Y10	Patterdale	45	L20
Otterswick	75	O2	Pattingham	26	N26
Otterton	4	K32	Pattishall	28	O27
Ottery St Mary	7	K31	Paulerspury	28	R27
Otringham	41	T22	Paull	41	T22
Oulton Park Circuit	34	M24	Paulton	17	M30
Oulton Broad	31	Z26	Paxton	57	N16
Oundle	28	S26	Peacehaven	11	T31
Ouse (River)			Peak District
(English Channel)	11	T30	National Park	35	O23
Ouse (River) (North Sea)	40	O21	Pearsie	62	K13
Out Skerries	75	R2	Peaslead St John	17	M30
Outer Hebrides	70	W10	Peasemore	18	N30
Outgill	45	M20	Peasenhall	23	Y27
Out Rawcliffe			Peasmarsh	13	V30
Outwell	29	U26	Peat Inn	56	L15
Over	29	T27	Peatknowe	69	M11
Over Compton	8	M31	Peatknowe	69	M11
Overseal	27	P25	Pebbles	22	W29
Overstand	31	V25	Peebles	49	K17
Overton (Wrexham)	34	L25	Peel	42	F21
Overton (Hants.)	10	O30	Peel Fell	50	N18
Overton (Lancs.)	38	L21	Pegswood	51	O18
Overtown	55	H16	Pegwell Bay	13	Y30
Over	9		Peinchorrhan	65	B11
Owermoigne	8	M32	Peldon	21	W28
Owlswick		R28	Pelshore	49	T19
Owslebury	10	O30	Pelynt	3	G33
Owston	28	R26	Pembrey	14	G28
Owston Ferry	40	R23	Pembrige	26	L27
Oxburgh Hall	30		Pembroke Dock		
Oxen Park	44	K21	Doc Penfro	14	F28
Oxenhope	39	O22	Pembroke / Penfro	14	F28
Oxford	19	O28	Pembrokershire Coast
Oxfordshire (County)	18		National Park	14	E29
Oxnam	50	M17	Pembury	12	V30
Oxted	11	T30	Pen-y-bont / Bridgend	16	K29
Oxton	36	O24	Pen-y-groes	12		
Oxton	56	L16	Penalun	14	F29
Oxwich	15	H29	Penarth	16	L29
Oxwich Bay	15	H29	Pencader	15	H27
Oykel (Glen)	72	F9	Pencaitland	56	L16
Oykel Bridge	72	F10	Pencarrow	3	F32
Oyne	69	M12	Penclawd	15	H29
			Pencombe	26	M27
O			Pendennys	16	J28
			Pendine	14	G28
Oa (The)	52	B17	Pendine Sands	15	G28
Oakley	28	O26	Pendlebury	39	N23
Oakamoor	35	O24			
Oakdale	16	K28	**P**		
Oakengates	26	M25			
Oakford	7	J31	Pabay	65	C12
Oakham	36	R25	Pabbay (near Harris)	70	Y10
Oakhill	8	M30	Pabbay (near Mingulay)	58	K13
Oakington	29	U27			
Oakley	19	Q28			
Oakley	28	S27			
Oakley	56	J15			
Oaksey	18	N29			
Oakworth	39	O22			
Oare	12	W30			
Oare	7	I30			
Oare	18	O29			
Oathlaw	62	L13			
Oban	60	D14			
Occold	31	X27			
Ochil Hills	56	I15			
Ochiltree	48	G17			
Ockbrook	35	P25			
Ockle	59	C13			
Ockley	10	S30			
Odiham	10	R30			
Odland	17	M29			
Odstock	9	O30			

North Cliffe	41	R22	Northallerton	46	P20
North Cowton	46	P20	Northam	6	H30
North Crawley	28	S27	Northampton	28	R27
North Creake	30	W25	Northamptonshire
North Curry	8	L30	(County)	28	R26
North Dalton	41	S22	Northaw	21	T28
North Deighton	40	P22	North Cerney	18	O28
North Erradale	65	C10	Northchapel	10	S30
North Esk (Riv.)	63	L13	North Charlton	51	O17
North Fearns	65	B11	Northchurch	19	S28
North Foreland	13	Y29	Northfleet	20	V29
North Frodingham	41	T22	Northiam	12	V31
North Grimston	40	R21	North Kyme	37	T24
North Harris	64	Z10	Northleach	18	O28
North Hill	3	G32	Northleigh	7	K31
North Hinksey	19	O28	Northlew	6	H31
North Holmwood	11	T30	North Molton	7	I30
North Kelsey	41	S23	Northop	33	K24
North Kessock	67	H11	North Scarle	36	R24
North Leigh	18	P28	North Shian	60	D14
North Morar	60	C13	North Tawton	6	I31
North Newbald	41	S22	Northton	70	Y10
North Nibley	17	M29	Northumberland
North Otterington	46	P21	(County)	50	M18
North Petherton	8	K30	Northumberland
North Petherwin	6	G31	National Park	51	N18
North Rigton	39	P22	North Water Bridge	63	M13
North Ronaldsay	74	M5	Northwich	34	M24
North Shields	51	P18	Northwold	30	V26
North Shore	38	K22	Northwood	34	L25
North Somercotes	37	U23	North Wootton	30	V25
North Sound (The)	74	L6	Norton	40	R21
North Stanley	40	P21	Norton	17	N28
North Stainmore	45	N20	Norton	28	O27
North Sunderland	51	P17	Norton	40	O23
North Tamerton	6	G31	Norton Disney	36	R24
North Thoresby	37	T23	Norton in Hales	34	M25
North Tidworth	9	P30	Norton Fitzwarren	7	K30
North Uist	64	X11	Norton St Philip	8	M30
North Walsham	31	Y25	Norwich	31	X26
North Warnborough	10	R30	Norwich	75	R1
North Weald Bassett	20	U28	Noss Head	74	K8
North York Moors			Noss Isle of	75	Q3
National Park	47	R20	Nottingham	36	O25

Nottinghamshire			Offord Cluny	29	T27
(County)	36	Q24	Ogbourne Saint Andrew	18	O29
Nuffield	19	Q29	Ogbourne St George	18	O29
Nunburnholme	40	R22	Ogil	62	L13
Nuneaton	27	P26	Ogle	51	O18
Nuneham Courtenay	19	O28	Ogmore Vale	16	J29
Nunney	8	M30	Ogmore-by-Sea	16	J29
Nunthorpe	46	Q20	Oich (Loch)	61	F12
Nunton	64	X11	Oidhche (Loch na h-)	66	D11
Nutley	11	U30	Oigh-Sgeir	59	Z13
Nympsfield	17	N28	Okford Fitzpaine	8	N31
			Okehamptom	6	H31
			Old Alresford	10	O30
			Old Bolingbroke	37	U24
			Old Burghclere	9	O30
			Old Castletown	50	L18
			Old Colwyn	33	J24
			Old Dailly	48	F18
			Old Deer	69	N11
			Old Fletton	29	T26
			Old Harry Rocks	9	O32
			Old Head	74	L7
			Old Hurst	29	T26
			Old Hutton	45	L21
			Old Kilpatrick	55	G16
			Old Knebworth	20	T28
			Old Leake	37	U24
			Old Man of Hoy	74	J7
			Old Man of Storr	65	B11
			Old Radnor	25	K27
			Old Rayne	69	M11
			Old Sarum	9	O30
			Old Sodbury	17	M29
			Old Somerby	36	S25
			Old Warden	29	S27
			Old Windsor	19	S29
			Oldany Island	72	E9
			Oldbury	27	N26
			Oldbury on Severn	17	M29
			Oldcotes	36	O23
			Oldham	39	N23
			Oldhamstocks	57	M16
			Oldmeldrum	69	N11
			Oldshoremore	72	E8

Penbidw	65	C12
Pendoylon	16	J29
Penfro / Pembroke	14	F28
Pengelley	17	M28

Pen - Quo

NEWCASTLE UPON TYNE

Blackett Street	CY
Bridge Street	CZ 10
Broad Chare	CZ 12
Collingwood Street	CZ 25
Eldon Square	
Shopping Centre	CYZ
George Street	CZ 30
Great North Road	CY 33

Grey Street	CZ
Jesmond Road	CY 40
John Dobson Street	CY 41
Leazes Park Road	CY 43
Low Friar Street	CZ 46
Market Street	CZ 47
Mosley Street	CZ 50
Neville Street	CZ 52
New Bridge St. West	CY 53
Street	CZ
Northumberland Street	CY 56
Pilgrim Street	CZ 57

Railway Street	CZ 60
St. Mary's Place	CY 65
St. Nicholas Street	CZ 66
Scotswood Road	CZ 70
Thornton Street	CZ 80
Wellington Street	CY 84
Westmorland Rd	CZ 88

M¹ LAING ART GALLERY AND MUSEUM
M² MUSEUM OF ANTIQUITIES

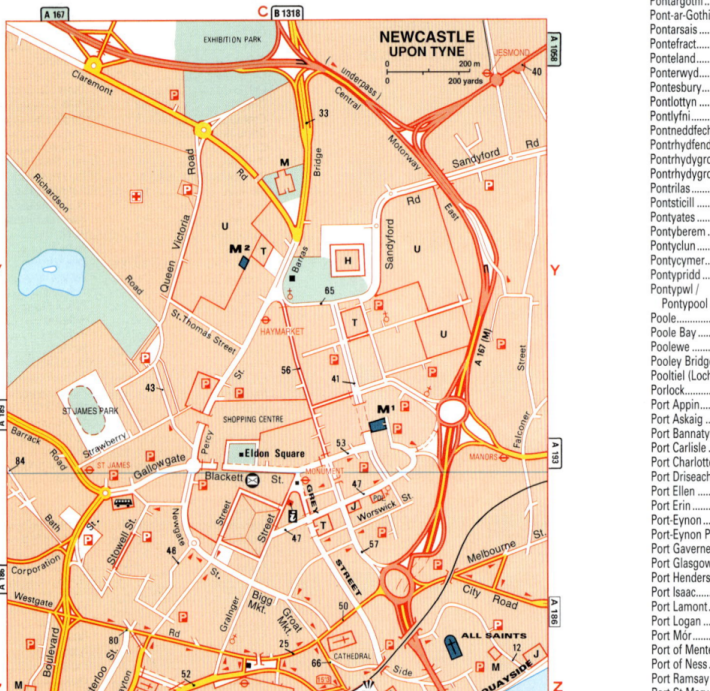

Pollock House	55	H16	Potten End	19	S28
Polmont	56	I16	Potter Heigham	31	V25
Polperro	3	G33	Potter Street	20	U28
Polruan	3	G33	Potterhanworth	37	S24
Polwarth	57	M16	Potterne	18	N30
Ponderbridge	29	I26	Potters Bar	29	T28
Pontardawe	15	I28	Potton	29	T27
Pontarddulais	15	H28	Poughill	6	G31
Pontarfynach /			Poulshot	18	N29
Devil's Bridge	25	I26	Poulton	18	O28
Pontargothi	15	H28	Poulton-le-Fylde	38	L22
Pont-ar-Gothi	15	H28	Poundstock	6	G31
Pontarais	15	H28	Powburn	51	O17
Pontefract	40	O22	Powderstock	8	L31
Ponteland	51	O18	Powick	26	N27
Pontesbury	25	I26	Powis	25	K26
Pontesbury	26	L26	Pawmill	56	J15
Pontlottyn	16	K28	Powys (County)	25	J26
Pontlyfni	32	G24	Poynigs	11	T31
Pontneddfechan	16	J28	Poynton	35	N23
Pontrhytfendigaid	25	I27	Poyntz Pass	74	M5
Pontrhydygroes	25	I26	Praa Sands	2	D33
Pontrhydygroes	25	I26	Prawle Point	4	I33
Pontrilas	17	L28	Praze-an-Beeble	2	
Pontsticill	16	J28	Prees	34	M25
Pontyates	15	H28	Preesall	38	L22
Pontyberen	15	H28	Prendwick	51	O17
Pontyclun	16	J29	Prescot	34	L23
Pontycymer	16	J29	Prestatyn	33	J23
Pontypridd	16	J29	Prestbury	35	N24
Pontypwl /			Prestbury	18	N28
Pontypool	17	K28	Presteigne	26	K27
Poole	9	O31	Preston	28	R26
Poole Bay	9	O31	Preston		
Poolewe	66	D10	(East Riding of Yorks.)	41	T22
Pooley Bridge	45	L20	Preston Capes	28	Q27
Pootiel (Loch)	64	Z11	Preston (Kent)	13	X30
Porlock	7	J30	Preston (Lancs.)	38	L22
Port Appin	60	D14	Preston (West Sussex)	11	S31
Port Askaig	52	B16	Preston Candover	10	Q30
Port Bannatyne	54	E16	Prestonpans	56	L16
Port Carlisle	44	K19	Prestwich	39	N23
Port Charlotte	52	A16	Prestwick	48	G17
Port Driseach	54	E16	Prestwood	19	R28
Port Ellen	52	B17	Prickwillow	30	V26
Port Erin	42	F21	Priest Island	71	D10
Port Eynon	15	H29	Priestweston	26	K26
Port Eynon Point	15	H29	Princes Risborough	19	R28
Port Gaverne	3	F32	Princethorpe	27	P26
Port Glasgow	54	F16	Princetown	4	I32
Port Henderson	65	C10	Priors Marston	28	Q27
Port Isaac	3	F32	Probus	2	F33
Port Lamont	54	E16	Prosen (Glen)	62	K13
Port Logan	42	F19	Prudhoe	46	O19
Port Mór	59	B13	Puckeridge	20	U28
Port of Menteith	55	H15	Pucklechurch	17	M29
Port of Ness	71	B8	Pucks Gutter	13	X30
Port Ramsay	60	D14	Puddletown	8	M31
Port St Mary	42	F21	Pudsey	39	P22
Port Talbot	15	I29	Pulborough	10	S31
Port William	42	G19	Pulford	34	L24
Portaferry	75	P4	Pullham		M31
Portavadie	54	E16	Pulham Market	31	V26
Portavogie	75	P4	Punchardon	6	H30
Portchester	10	Q31	Puncheston	14	F28
Portencross	54	F16	Purbeck (Isle of)	9	N32
Portesham	8	M31	Purbrook	10	Q31
Portgordon	68	K11	Puriton	8	
Portgower	73	I9	Purleigh	22	V28
Porth	16	J29	Purley	19	O29
Porth Neigwl			Purse Caundle		
or Hell's Mouth	32	G25	Manor	8	M31
Porth Tywyn /			Purston Jaglin	22	
Burry Port	15	H28	Purton	18	N28
Porthaethwy /			Putsborough	6	H30
Menai Bridge	32	H24	Pwllheli	32	G25
Porthcawl	15	I29	Pycombe	11	T31
Porthcothan	2	E32	Pyle	15	I29
Porthcurno	2	C33	Pyle	8	M30
Porthgwarra	2	C33			
Porthkerry	16				
Porthleven	2	E33			
Porthmadog	32	H25			
Porthowan	2	E33			
Porthyrhyd	15				
Portincaple	54	E15			
Portishead	17	L29			
Portknockie	68	L10	**Q**		
Portland (Isle of)	5	M32			
Portlethen	69	N12	Quainton	19	R28
Portmahomack	67	I10	Quantock Hills	7	K30
Portnacrosh	60	D14	Quarff	75	O31
Portnaguran	71	B9	Quarr	10	
Portnhaven	52	A16	Quedgeley	17	
Portobello	56		Queen Camel	8	M30
Port of Ayr			Queen Elizabeth		
(Fintshire)	33	K23	Forest Park	55	G15
Point Lynas	32	H23	Queenborough	21	W29
Point of Ayre			Queensbury	39	O22
(Isle of Man)	42	G20	Queensferry	34	K24
Pollatin	72	D9	Quendon	20	U28
Polebrook	29	S26	Queniborough	18	O28
Polegate	11	U31	Quinag	72	E8
Polesden Lacey	11	S30	Quince's Hill	42	G21
Polesworth	27	P26	Quinish Point	59	B14
Polkerris	3	F32	Quiraines	65	B11
Polloch	60	D13	Quoich (Loch)	60	E12
			Quorndon	28	Q25
			Quothquan	49	J17

Penicuik	56	K16	Pentre-Berw	32	H24	Piddlehinton	8	M31	Plaistow	10	S30
Penifiler	65	B11	Pentre-Celyn	33	K24	Piddletrenthide	8	M31	Plas Newydd		
Peninver	53	D17	Penwith	2	D33	Piercebridge	46	O20	(Anglesey)	32	H24
Penistone	39	P23	Penyborit	25	K27	Picrowall	74	L6	Plas Newydd		
Penkeith	34	L23	Penysarn	32	H23	Piggins Hatch	20	U29	(Denbighshire)	33	K25
Penkridge	27	N25	Penzance	2	D33	Pillerton Priors	27	P27	Plean	55	H16
Penley	34	L25	Pennhiwpal	24	G27	Pilley	35	P23	Pleasington	38	M22
Penmaan	15	H29	Pennhyncooch	24	I26	Pilling	38	L22	Pleasley	36	Q24
Penmaenmawr	33	I24	Perranwarworthal	2	E33	Pilling	17	M29	Plenmeller	45	N19
Penmaenpool	25	I25	Perranporth	2	E32	Pilton	8	M30	Plockton	66	O11
Pennal	25	I26	Perranzabuloe	2	E33	Pinchbeck	37	T25	Pluckley	12	W30
Pennant	25	J26	Pershore	27	N27	Pinchbeck-West	37	T25	Plumbiand	44	K19
Pennerley	26	L26	Pertonhall	29	S27	Pinhoe	7	J31	Plumpton	11	T31
Pennines (The)	45	N19	Perth	56	J14	Pinmore Mains	48	F18	Plymouth	3	H32
Pennygael	59	B14	Peterborough	29	T26	Pinvin	27	N27	Plympton	4	H32
Penport	49	I18	Petercoulter	69	N12	Pinwherry	48	F18	Plymstock	3	H32
Penrhyn Bay	33	I24	Peterhead	69	O11	Pinxton	35	Q24	Plymtree	7	J31
Penrhyndeudraeth	32	H25	Peterlee	46	P19	Pirbright	10	S30	Plynlimon		
Penrith	45	L19	Petersfield	10	R30	Pirnmill	53	D17	(Pumlumon Fawr)	25	I26
Penruddock	45	L20	Peterstone			Pirton	20	T28	Pocklington	40	R22
Penryn	2	E33	Westlooge	16	K29	Pitslhill	19	R29	Point of Ayr		
Pensarn	33	J24	Peterstow	17	M28	Pitcaple	69	M12	(Fintshire)	33	K23
Penshaw	46	P19	Petham	13	X30	Pitcombe	8	M30	Point Lynas	32	H23
Penshurst	11	U30	Petrockstowe	6	H31	Pitcur	62	K14	Point of Ayre		
Pensilva	3	G32	Pett	12	V31	Pitlochry	62	I13	(Isle of Man)	42	G20
Pentewan	3	F33	Pettaugh	23	X27	Pitmedden	69	N11	Pollatin	72	D9
Pentire Point	2	F32	Petworth	10	S31	Pitminster	7	K31	Polebrook	29	S26
Pentland Firth	74	K7	Pevensey Bay	12	V31	Pitscottie	56	L15	Polegate	11	U31
Pentland Hills	56	J16	Pewsey	18	O29	Pitsford	28	R27	Polesden Lacey	11	S30
Pentland Skerries	74	L7	Pickering	47	R21	Pittentrial	73	H10	Polesworth	27	P26
Pentraeth	32	H24	Picklescott	26	L26	Pittenween	57	L15	Polkerris	3	F32
Pentrebeirdid	25	K25	Picton Castle	14	F28	Pladda	53	E17	Polloch	60	D13

NEWPORT

Alt-yr-yn Avenue	AY 2	Clyfard Crescent	AX 13
Bellevue Lane	BX 5	Clytha Park Road	AX 14
Blewitt Street	AX 7	Commercial Street	AXY 15
Caerleon Crescent	AXY 9	Devonland Park	
Cambrian Centre	AX	Road	AY 17
Capel Street	AY 10	Dock Street	AX 19
Clarence Place	AX 12	Godfrey Road	AX 21
		Hereford Street	AX 24
		High Street	AX 26
		John Frost Square	AX 27

Kensington Place	AX 30		
Keynisham Avenue	AY 32		
Kingsway Centre	AX		
Lower Dock Street	AXY 35		
Milpan Road	AX 37		
Newport Bridge	AX 39		
Oakfield Road	AX 42		
Queensway	AX 44		
Summerhill Avenue	AX 47		
Waterloo Road	AY 50		

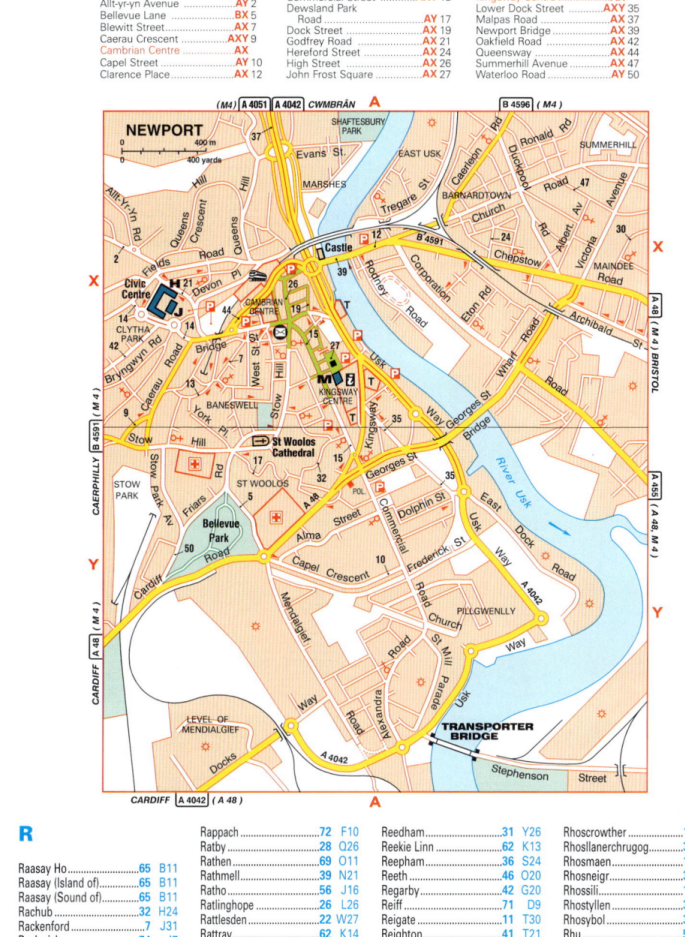

R

Raasay Ho.	65	B11	Rappach	72	F10
Raasay (Island of)	65	B11	Ratby	28	O26
Raasay (Sound of)	65	B11	Rathen	69	O11
Rachub	32	H24	Rathmell	39	N21
Rackenford	7	J31	Ratho	56	H16
Rackwick	74	J7	Ratlinghope	26	L26
Radcliffe	39	N23	Rattlesden	22	W27
Radcliffe-on-Trent	36	Q25	Rattray	62	K14
Radlett	20	T29	Rattray Head	69	O11
Radley	19	O28	Raunds	29	S26
Radnor Forest	25	K27	Ravenglass	44	J20
Radstock	8	M30	Ravenscar	47	S20
Radyr	16	K29	Ravensthorpe	28	O27
Rafford	68	J11	Ravenstone	27	P25
Raglan	17	L28	Ravenstonedale	45	M20
Ragley Hall	27	O27	Ravensworth	46	O20
Rainford	38	L23	Rawcliffe	40	R22
Rainham	21	V29	Rawmarsh	35	P23
Rainworth	36	Q24	Rawtenstall	39	N22
Rait	56	K14	Rayleigh	21	V29
Rampisham	8	M31	Rayne	22	V28
Rampside	38	K21	Read	39	M22
Rampton	36	R24	Reading	19	R29
Ramsbottom	39	N23	Rearsby	28	Q25
Ramsbury	18	P29	Reay	73	I8
Ramsey (Cambs.)	29	T26	Reay Forest	72	F9
Ramsey (Isle of Man)	42	G21	Reculver	13	X29
Ramsey Bay	42	G21	Red Wharf Bay	32	H24
Ramsey Island	14	D28	Redbourn	20	S28
Ramsey St Mary's	29	T26	Redbourne	36	S23
Ramsgate	13	Y29	Redbridge		
Ramsgill	39	O21	(London Borough)	20	U29
Ranby	36	Q24	Redcar	47	Q20
Ranfurly	55	G16	Redcliff Bay	17	
Rangeworthy	17	M29	Reddish	55	I16
Ranish	71	A9	Redditch	27	O27
Rankinston	48	G17	Redesmouth	51	N18
Rannoch (Loch)	61	H13	Redford	63	L14
Rannoch Moor	61	F14	Redhill	11	T30
Rannoch Sta.	61	G13	Redhill	17	L29
Ranskill	36	Q23	Redlisham	37	V26
Ranton	34	N25	Redmarley d'Abitot	17	M28
Ranworth	31	Y25	Redmarshall	46	P20
Rapness	74	L6	Redmire	46	O21
			Redpoint	65	C11
			Redruth	2	E33
			Redwick	17	L29

Reedharn	31	Y26	Rhoscrowther	14	E28
Reekie Linn	62	K13	Rhosllanerchrugog	34	K24
Reepham	36	S24	Rhosmean	15	I28
Reeth	46	O20	Rhosneigr	32	G24
Regatby	42	G20	Rhossili	15	H29
Reiff	71	O9	Rhostyllen	34	K24
Reigate	11	T30	Rhosybol	32	G23
Reighton	41	T21	Rhu	54	F15
Reiss	74	K8	Rhuddlan	33	J24
Relubbus	2	D33	Rhum	59	A13
Rempstone	36	Q25	Rhuthun / Ruthin	33	K24
Rendcomb	18	O28	Rhyd-Ddu	32	H24
Rendham	23	V27	Rhydaman / Ammanford	15	I28
Renfrew	55	G16	Rhydcymerau	24	H27
Renish Point	70	Z10	Rhyd		
Renishaw	35	P24	Rhydlydan	26	K27
Rennington	51	P17	Rhydowen	25	H27
Renton	55	G16	Rhyl	33	J24
Renwick	45	M19	Rhymney / Rhymni	16	K28
Repton	35	P25	Rhynie	68	L11
Rescobje	62	L14	Ribble (River)	39	N22
Resinpole	59	C13	Ribblesdale	39	N21
Resolven	15	I28	Ribchester	38	M22
Resort (Loch)	70		Riber Castle	35	P24
Restafrig	56	N16	Riccall	40	Q22
Reston	57	N16	Riccarton	48	G17
Restormel Castle	3	G32	Richards Castle	26	L27
Retford	36	R24	Richborough	13	X30
Rettendon	21	V29	Richmond	46	O20
Revaldsion	15	H29	Richmond-upon-Thames		
Rhaead / Rhayader	25	J27	(London Borough)	20	T29
Rhaeadr Ddu	33	I25	Rickarton	63	N13
Rhandirmwyn	25	I27	Rickmansworth	19	S29
Rhayader / Rhaeadr	25	J27	Ridgeway Cross	26	M27
Rheidal (Vale of)	25	I26	Ridgeway Path (The)	18	
Rhenigidale	70	Z10	Ridsdale	51	N18
Rhian	72	G9	Rievaulx Abbey	46	Q21
Rhiconich	72	F8	Rigg	65	B11
Rhigos	16	J28	Rigside	49	I17
Rhilochan	73	H9	Rillington	40	R21
Rhins of Galloway			Rimington	39	N22
(The)	42	E19	Rimsdale (Loch)	73	I8
Rhins of Kells	48	G18	Ringford	43	H19
Rhondda	16	J29	Ringmer	11	U31
Rhoose	16	J29	Ringshall	22	W27
Rhos	15	I28	Ringstead	28	S26
Rhoscolyn	32	G24	Ringsted	30	Y25

Ringwood	9	O31	Roughsike	50	L18
Ringwould	13	Y30	Roughton	31	X25
Rinnes (Glen)	68	K11	Rounton	46	P20
Rinn of Islay	52	A16	Rousay	74	K5
Rinns Point	52	A16	Rousdon	8	L31
Ripe	11	U31	Routh	41	S22
Ripley (Derbs.)	35	P24	Rowardennan Lodge	55	G15
Ripley (North Yorks.)	40	P21	Rowington	27	O27
Ripley (Surrey)	19	S30	Rowland's Castle	10	R31
Riplingham	41	S22	Rowland's Gill	46	O19
Ripon	40	P21	Rownhams	9	P31
Rippingale	37	S25	Rowsley	35	P24
Ripponden	39	O22	Roxburgh	50	M17
Risabus	52	B17	Roxwell	22	
Risby	22	V27	Roy (Glen)	60	F13
Risca	16	K29	Royal Greenwich		
Risegate	37	T25	Observatory	12	V31
Riseley	38	S27	Royal Leamington Spa	27	P27
Rishton	39	M22	Royal Military Academy	19	R29
Risplith	39	P21	Royal Tunbridge Wells	11	U30
Ristol (Isle)	72	D9	Roybridge	60	F13
River Trent	36	R24	Roydon (Essex)	20	U28
Roadside of Kinneff	63	N13	Roydon (Norfolk)	31	V26
Roag	65	A11	Royston (Herts.)	29	T27
Roag (Loch)	70	29	Royston (South Yorks.)	40	P23
Roan of Graigoch	48	F18	Royton	39	N23
Roberton	50	L17	Ruabon	34	K25
Roberton	49	I17	Ruan High Lanes	2	F33
Robertsbridge	12	V31	Ruan High Lanes	2	F33
Robin Hood's Bay	47	S20	Ruan Minor	2	E34
Roby	34	L23	Ruardean	17	M28
Rochester	35	O25	Rubha na Faing	52	A16
Rochdale	39	N23	Rubh' an Dunain	65	A12
Roche	3	F32	Rubha 'r Mhail	52	B16
Rochester	21	V29	Rubha Coigeach	72	D9
Rochester	50	N18	Rubha Dubh	58	Z14
Rochford	21	W29	Rubha Hunish	65	A10
Rock	3	F32	Rubha na h-Easgainne	65	B12
Rockcliffe (Cumbria)	44	K19	Rubha Reidh	71	C10
Rockcliffe (Dumfries			Rubha Suisnish	65	B12
and Galloway)	43	I19	Rudbaxton	14	F28
Rockfield	17	L28	Ruddington	36	Q25
Rockingham	28	R26	Rudgeway	17	M29
Rode	8	N30	Rudgwick	11	S30
Rode Heath	34	N24	Rudha Ban	64	Y12
Rodel	64	Z10	Rudston	41	T21
Rodmel	11	U31	Rufford Old Hall	38	L23
Rodney Stoke	8	L30	Ruforth	40	Q22
Rogart	73	H9	Rugby	28	O26
Rogerstone	16	K29	Rugeley	27	O25
Roget	17	L29	Rumburgh	31	Y26
Rokeby Hall	46	O20	Rumney	16	K29
Rolleston-on-Dove			Runcorn	34	L23
(Staffs.)	35	P25	Runswick Bay	47	R20
Rolleston (Notts.)	36	R24	Runtaleave	62	K13
Rolvenden	12	V30	Runwell	21	V29
Roman Villa	10	S31	Rushall	18	O30
Romanobridge	56	J16	Rushden	38	S27
Romilly	35	N23	Ruskington	37	S24
Romney Marsh	12	W30	Rusland	44	K21
Romsey	3	P31	Rusper	11	T30
Romsey Island	27	N26	Ruspidge	17	M28
Rona (Island of)	65	C11	Rustington	10	S31
Ronaldsway	42	G21	Ruswarp	47	S20
Ronas Voe	75	P2	Rutherglen	55	G16
Ronay	64	N11	Ruthlin / Rhuthun	33	K24
Rookhope	45	N19	Ruthven	62	K14
Ross	33	J24	Ruthven	68	L11
Rootpark	56	I16	Ruthven Barracks	61	H12
Ropley	10	O30	Ruthven (Loch)	61	G12
Ropsley	36	S24	Ruthwell	43	J19
Rora Head	74	J7	Rutland Water	29	S26
Rosedale Abbey	47	R20	Ruyton of the		
Rosehearty	69	N10	Eleven Towns	34	L25
Rosemarket	14	E28	Ryal	51	O18
Rosemarket	14	F28	Ryan (Loch)	42	E18
Rosewell	56	K16	Rycote Chapel	19	Q29
Rosgill	45	L20	Ryde	10	R31
Roshven	59	C13	Rye	12	W31
Rosley	44	K19	Ryhall	29	S26
Rosliston	27	P25	Ryhill	40	P22
Rosneath	54	F15	Ryhope	46	P19
Ross	43	H19	Ryton	51	O19
Ross of Mull	52	B15			
Ross-on-Wye	17	M28			
Rossall Point	34	L24	**S**		
Rosset	34				
Rosslea	74	K5	Sabden	39	M22
Rossudgeon	2	D33	Sacriston	46	P19
Rosyth	56	J15	Sadberge	46	P20
Rothbury	51	O18	Saddell	53	D16
Rothbury Forest	51	O18	Saddell Bay	53	D16
Rotherfield	11	U30	Sadgill	44	L20
Rotherham	35	P23	Saffron Walden	22	U27
Rothersthorpe	28	R27	Saham Toney	30	W26
Rothes	68	K11	St Abb's Head	57	N16
Rothesay	54	E16	St Agnes	2	E33
Rothienorman	69	M11	St Albans	20	T28
Rothiesholm	74	M6	St Aldhelm's Head	9	N32
Rothwell (Leeds)	40	P22	St Andrews	57	L14
Rothwell (Northants.)	28	R26	St Ann's Head	14	E28
Rotterspury	28	R27	Saint Ann's	49	J18
Rottingdean	11	T31	St Arvans	17	L29
Roughburn	61	F13	St Asaph	33	J24

138 St. - Sho

NORWICH

Bank Plain Y 2
Bethel Street Z 4
Castle Mall Shopping Centre Z
Castle Meadow Z 6
Cattle Market Street Z 7
Chapel Field North Z 9
Charing Cross Y 10
Colegate Y 14
Elm Hill Y
Exchange Street YZ 15
Gentleman's Walk Z 17
Grapes Hill Y 19
London Street YZ 26
Market Avenue Z 28
Rampant Horse Street Z 32
Red Lion Street Z 33
St. Andrew's Street Y 36
St. George Street Y 38
St. Stephen's Street Z
Thorn Lane Z 42
Timber Hill Z 43
Tombland Y 45
Upper King Street Y 46
Wensum Street Y 49
Westlegate Z 50
Whitefriars Y 51

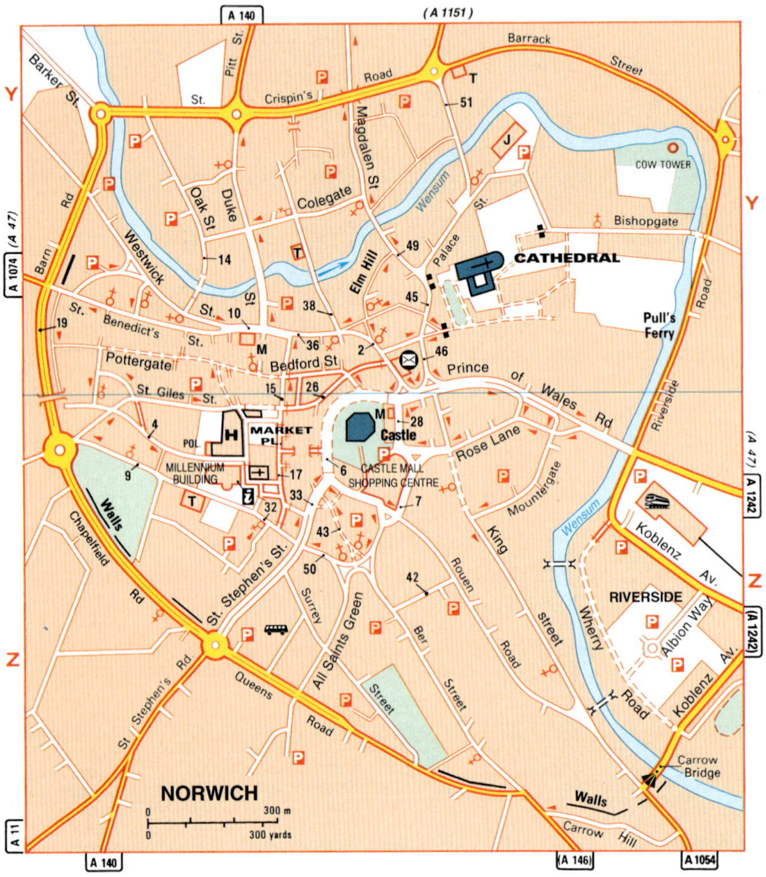

A 140
(A 1151)
Barrack Street
Barker St.
Pitt St.
Crispin's Road
Magdalen St
Colegate
Oak St
Duke St
Wensum
Westwick St
Barn Rd
A 1074 (A 47)
COW TOWER
Bishopgate
CATHEDRAL
Elm Hill
Palace St
Pull's Ferry
St. Benedict's St.
Pottergate
St. Giles St.
Bedford St
Prince of Wales Rd
Riverside
MARKET PL.
Castle
CASTLE MALL SHOPPING CENTRE
MILLENNIUM BUILDING
POL
Rose Lane
Mountergate
King St
Koblenz Av.
Walls
Chapelfield Rd
St. Stephen's St.
Surrey St
All Saints Green
Ber Street
Rouen Rd
RIVERSIDE
Albion Way
Wherry Road
Queens Road
St. Stephen's Rd
Carrow Bridge
Carrow Hill
NORWICH
300 m
300 yards
A 11
A 140
A 146
A 1054
A 1242
(A 47)
Y
Z

St Athan 16 J29
St Austell 3 F32
St Bees 44 J20
St Bees Head 44 J20
St Blazey 3 F32
St Breock 3 F32
Saint Breward 3 F32
St Briavels 17 M28
St Bride's Bay 14 E28
St Brides Major 16 J29
St Brides-Super-Ely 16 K29
St Buryan 2 D33
St Catherine's Point 10 Q32
St Clears / Sanclr 15 G28
St Cleer 3 G32
St Columb Major 2 F32
St Combs 69 O11
St Cyrus 63 M13
Saint Cyrus 63 M13
St David's / Tyddewi 14 E28
St David's Head 14 D28
St Day 2 E33
St Dennis 3 F32
St Dogmaels 14 F27
Saint Dominick 3 H32
St Donats 16 J29
Saint Endellion 3 F32
St Ewe 3 F33
St Fagans 16 K29
St Fergus 69 O11
St Fillans 55 H14
St Gennys 6 G31
St Germans 3 H32
Saint Giles-on-the-Heath 6 H31
Saint Gilles 6 H31
St Govan's Head 14 F29
Saint Helen Auckland 46 O20
St Helens (I.O.W.) 10 Q31
St Helens (Merseyside) 34 L23
St Helier (Jersey) 5
St Ishmael's 14 E28
St Issey 3 F32
St Ive 3 G32
St Ives (Cambs.) 29 T27
St Ives (Cornwall) 2 D33
St John's 42 G21
St John's Chapel 45 N19
St John's Loch 74 J8
St John's Point (Down) 75 P5
Saint Jude 42 G20
St Just 2 C33
St Just in Roseland 2 E33
St Keverne 2 E33
St Kew 3 F32
St Leonards (Dorset) 9 O31
St Leonards (East Sussex) 12 V31
St Mabyn 3 F32
St Magnus Bay 75 P2
St Margaret's at Cliffe 13 Y30
St Margaret's Bay 13 Y30
St Margaret's Hope 74 L7
Saint Mark's 42 G21
St Martin's 33 K25
St Mary in the Marsh 12 W30
St Mary's 74 L7
St Mary's Loch 50 K17
St Mawes 2 E33
St Mawgan 3 F32
St Mellion 3 H32
St Merryn 2 F32
Saint Michael Penkevil 2 E33
St Michael's Mount 2 D33
St Michaels-on-Wyre 38 L22
Saint Minver 3 F32
St Monans 57 L15
St Neot 3 G32
St Neots 29 T27
St Nicholas (Pembrokes) 14 E28
St Nicholas (Vale of Glamorgan) 16 K29
St Nicholas-at-Wade 13 X29
St Ninian's Isle 75 P4
St Osyth 21 X28
St Patrick's Isle 42 F21
St Paul's Walden 20 T28
St Peter Port (Guernsey) 5
St Peter's 13 Y29
Saint Pool 4 I33
St Stephen 3 F32
St Teath 3 F32
St Tudwal's Islands 32 G25
St Tudy 3 F32
St Vigeans 63 M14
Saint Wenn 3 F32
Saint Weonards 17 L28
Saint-Abbs 57 N16
Saint-Boswells 50 M17
Saint-Brides 14 E28
Saint-Bridge-Wentlooge 17 K29
Saint-Florence 14 F28
Saint-Harmon 25 J26
Saint-Mary's 61 I14
Saint-Mary's-Bay 13 W30
Saint-Mary's-Hoo 21 V29
Saint-Mellons 16 K29
Salcombe 4 I33
Salcombe Regis 7 K31
Sale 34 N23
Salehurst 12 V31
Salen (Argyll and Bute) 59 C14
Salen (Highland) 59 C13
Salford 34 N23
Salfords 11 T30
Salhouse 31 Y25
Saline 56 J15
Salisbury 9 O30
Salisbury Plain 9 O30
Sallachy 66 D12
Sallachy 72 G9
Saltash 3 H32
Saltburn 67 H10
Saltburn-by-the-Sea 47 R20
Saltcoats 48 F17
Salter 38 M21
Saltfleet 37 U23
Saltford 17 M29
Salthouse 30 X25
Saltney 34 L24
Salton 40 R21
Samala 64 X11
Samlesbury Old Hall 38 M22
Sampford Courtenay 4 I31
Sampford Peverell 7 J31
Sanaigmore 52 A16
Sancreed 2 D33
Sancton 41 S22
Sand Side 38 K21
Sanda Island 53 D18
Sanday (Highland) 65 A12
Sanday (Orkney Islands) 74 M6
Sandbach 34 M24
Sandbank 54 F16
Sandbanks 9 O31
Sandend 68 L10
Sandford 7 J31
Sandford 17 L30
Sandford 45 M20
Sandford 49 H17
Sandford Orcas 8 M31
Sandgarth 74 L6
Sandgate 13 X30
Sandgreen 43 H19
Sandhaven 69 N10
Sandhead 42 F19
Sandhurst (Berks.) 19 R29
Sandhurst (Kent) 12 V30
Sandleigh 19 Q28
Sandlins 23 Y27
Sandness 75 P3
Sandon 35 N25
Sandon 21 T28
Sandown 10 Q32
Sandray 58 X13
Sandridge 20 T28
Sandringham House 30 V25
Sandsend 47 R20
Sandwell 27 O26
Sandwich 13 Y30
Sandwick 45 L20
Sandwick 64 Y11
Sandwick 75 Q4
Sandwood Loch 72 E8
Sandy 29 T27
Sandygate 42 G20
Sandyhills 43 I19
Sanna 59 B13
Sanquhar 49 I17
Santon Downham 30 W26
Santon Head 42 G21
Sapperton 18 N28
Saracan's Head 37 T25
Sarclet 74 K8
Sarisbury 10 Q31
Sark (Channel I.) 5
Sarn Meyllteyrn 32 G25
Sarre 13 X29
Satley 46 O19
Satterthwaite 44 K21
Sauchen 69 M12
Saughall 34 L24
Saughtree 50 L18
Saundersfoot 14 F28
Saunderton 19 R28
Sawbridgeworth 20 U28
Sawrey 44 L20
Sawston 22 U27
Sawtry 29 T26
Saxby 36 R25
Saxilby 36 S24
Saxlingham Nethergate 31 X26
Saxmundham 23 Y27
Saxtead Green 23 X27
Scadavay (Loch) 64 Y11
Scaddle (Glen) 60 D13
Scafell Pikes 44 K20
Scagglethorpe 40 R21
Scalasaig 52 B15
Scalby 47 S21
Scaleby 45 L19
Scalford 36 R25
Scalloway 75 Q3
Scalpay (Highland) 65 C12
Scalpay (Western Isles) 70 A10
Scamblesby 37 T24
Scampton 36 S24
Scaniport 67 H11
Scapa Flow 74 K7
Scarba 52 C15
Scarborough 47 S21
Scarcliffe 36 Q24
Scardroy 66 F11
Scarfskerry 74 K8
Scarisbrick 34 L23
Scarista 70 Y10
Scarp 70 Y9
Scarva 74 M5
Scavaig (Loch) 65 B12
Scawby 41 S23
Schiehallion 61 H13
Scilly (Isles of) 2 B34
Scone Palace 56 J14
Scopwick 37 S24
Scoraig 72 D10
Scorton 46 P20
Scotby 45 L19
Scotch-Corner 46 P20
Scothern 36 S24
Scotlandwell 56 K15
Scotney 12 V30
Scotstown 60 D13
Scotter 41 S23
Scotton 40 P21
Scotton 46 O20
Scottow 31 Y25
Scourie 72 E8
Scousburgh 75 Q4
Scrabster 74 J8
Scraptoft 28 Q26
Scredington 37 S25
Scridain (Loch) 59 B14
Scruton 46 P21
Sculthorpe 30 W25
Scunthorpe 41 S23
Sea Palling 31 Y25
Seaford 11 U31
Seaforth Head 70 A9
Seaforth (Loch) 70 Z10
Seagrave 28 Q25
Seaham 46 P19
Seale 10 R30
Sealga (Loch na) 66 D10
Seamer 46 Q20
Seamer 47 S21
Seamill 54 F16
Seasalter 13 X29
Seascale 44 J20
Seaton 7 K31
Seaton 44 J20
Seaton Ross 40 R22
Seaton Sluice 51 P18
Seaton Carew 46 Q20
Seaton Delaval 51 P18
Seaton Delaval Hall 51 P18
Seave Green 46 Q20
Seaview 10 Q31
Sebergham 44 L19
Sedbergh 45 M21
Sedgebrook 36 R25
Sedgley 27 N26
Sedlescombe 12 V31
Seend 18 N29
Seething 31 Y26
Seighford 35 N25
Seil (Isle of) 54 D15
Seilich (Loch an t-) 61 H13
Selattyn 33 K25
Selborne 10 R30
Selby 40 Q22
Selker Bay 44 J21
Selkirk 50 L17
Sellindge 13 W30
Selmeston 11 U31
Selsey 10 R31
Selston 35 Q24
Selworthy 7 J30
Semley 9 N30
Senghenydd 16 K29
Sennen 2 C33
Sennybridge 16 J28
Sessay 40 Q21
Settle 39 N21
Seven Sisters (Neath and Port Talbot) 15 I28
Seven Sisters (East Sussex) 11 U31
Sevenhampton 18 O28
Sevenoaks 11 U30
Severn (River) 17 M28
Severn Bridge 17 M29
Sgibacleit (Loch) 70 A9
Sgiwen 15 I29
Sgurr Mór 66 E10
Shader 70 A8
Shaftesbury 8 N30
Shalbourne 18 P29
Shaldon 4 J32
Shalfleet 9 P31
Shalford 10 S30
Shandon 54 F15
Shanklin 10 Q32
Shap 45 L20
Shapinsay 74 L6
Shapwick 8 L30
Shardlow 35 P25
Sharlston 40 P23
Sharnbrook 28 S27
Sharnford 28 Q26
Sharperton 51 N18
Sharpness 17 M28
Shavington 34 M24
Shaw 19 Q29
Shaw (Gtr. Mches.) 39 N23
Shaw (Wilts.) 18 N29
Shawbost 70 Z9
Shawbury 34 M25
Shawford 10 Q30
Shawhead 49 I18
Shebbear 6 H31
Shebster 73 I8
Sheepwash 6 H31
Sheepy Magna 27 P26
Sheering 20 U28
Sheerness 21 W29
Sheffield 35 P23
Sheffield Park 11 T31
Shefford 29 S27
Sheldon 18 N29
Sheldon Manor 18 N29
Sheldwich 12 W30
Shell or Sealg (Loch) 70 A9
Shelley 39 O23
Shellingford 18 P29
Shelsley Beauchamp 26 M27
Shelton 31 X26
Shelton 36 R25
Shelton Lock 35 P25
Shelve 26 L26
Shenley Church End 19 R27
Shenstone 27 O26
Shenval 68 K11
Shepley 39 O23
Sheppey (Isle of) 21 W29
Shepreth 29 U27
Shepshed 36 Q25
Shepton Mallet 8 M30
Sherborne 8 M31
Sherborne 18 O28
Sherborne St John 19 Q30
Sherburn 41 S21
Sherburn 46 P19
Sherburn-in-Elmet 40 Q22
Shere 11 S30
Sherfield English 9 P31
Sheriff Hutton 40 Q21
Sheriffhales 26 M25
Sheringham 31 X25
Sherington 28 R27
Shernborne 30 V25
Sherston 17 N29
Sherwood Forest 36 Q24
Shevington 38 L23
Shiant Island 71 A10
Shiant (Sound of) 71 A10
Shiel (Glen) 66 D12
Shiel (Loch) 60 D13
Shieldaig 66 D11
Shieldaig 66 C10
Shieldaig (Loch) 66 C11
Shieldhill 55 I16
Shifnal 26 M25
Shilbottle 51 O17
Shildon 46 P20
Shillingford 7 J30
Shillingstone 8 N31
Shillington 20 S28
Shilton 18 P28
Shilton 27 P26
Shimpling 31 X26
Shin (Loch) 72 G9
Shiney Row 46 P19
Shinfield 19 R29
Shipdham 30 W26
Shiplake 19 R29
Shipley (Salop) 26 N26
Shipley (West Yorks.) 39 O22
Shipston-on-Stour 27 P27
Shipton 26 M26
Shipton 18 O28
Shipton 40 Q21
Shipton Moyne 18 N29
Shiptonthorpe 40 R22
Shipton-under-Wychwood 18 P28
Shira (Lochan) 54 F14
Shirebrook 36 Q24
Shiremoor 51 P18
Shirenewton 17 L29
Shirley 27 O26
Shirley 35 O25
Shillay 64 W11
Shoadoxhurst 12 W30
Shobdon 26 L27
Shoeburyness 21 W29
Shoreham 11 T31
Shorne 21 V29
Shorwell 9 P32

Sho - Ste 139

Shorwell 9 P32
Shotesham 31 X26
Shotley Bridge 46 O19
Shotley Gate 23 X28
Shottenden 12 W30
Shottermill 10 R30
Shotton Colliery 46 P19
Shotts 55 I16
Shouldham 30 V26
Shrewsbury 26 L25
Shrewton 9 O30
Shrivenham 18 P29
Shropshire (County) 26 M26
Shuna Sound 54 D15
Shurdington 18 N28
Shurrery 73 J8
Sibbertoft 28 Q26
Sibford Ferris 27 P27
Sible Hedingham 22 V28
Sibsey 37 U24
Sidbury 7 K31
Siddington 18 O28
Siddlington 34 N24
Sidford 7 K31
Sidinish 64 Y11
Sidlaw Hills 62 K14
Sidlesham 10 R31
Sidmouth 7 K31
Sighthill 56 K16
Sileby 28 Q25
Silecroft 38 K21
Silkstone 40 P23
Silloth 44 J19
Silsden 39 O22
Silver End 22 V28
Silverdale 38 L21
Silverdale 34 N24
Silverstone 28 Q27
Silverstone Circuit 28 Q27
Silverton 7 J31
Simonburn 51 N18
Simonsbath 7 I30
Sinclair's Bay 74 K8
Sinclairston 48 G17
Singleton 38 L22
Singleton 10 R31
Sionascaig (Loch) 72 E9
Sissinghurst 12 V30
Sithney 2 E33
Sittingbourne 21 W29
Sixpenny Handley 9 N31
Skara Brae 74 J6
Skares 48 H17
Skeabost 65 B11
Skegness 37 V24
Skellingthorpe 36 S24
Skelmanthorpe 39 P23
Skelmersdale 38 L23
Skelmorlie 54 F16
Skelpick 73 H8
Skelton (Cleveland) 47 R20
Skelton (Cumbria) 45 L19
Skelwith Bridge 44 K20
Skene 69 M12
Skene 69 M12
Skenfrith 17 L28
Skenfrith 17 L28
Skeroblingarry 53 D17
Skerray 73 H8
Skervuile Lighthouse 52 C16
Skidby 41 S22
Skiddaw 44 K20
Skigersta 71 B8
Skilgate 7 J30
Skillington 36 S25
Skinburness 44 J19
Skipness 53 D16
Skipport (Loch) 64 Y12
Skipsea 41 T22
Skipton 39 N22
Skipton on Swale 40 P21
Skipwith 40 R22
Skirlaugh 41 T22
Skirling 49 J17
Skirwith 45 M19
Skirza 74 K8
Skokholm Island 14 E28
Skomer Island 14 E28
Skye (Isle of) 65 B12
Slaggyford 45 M19
Slaidburn 39 M22
Slaithwaite 39 O23
Slamannan 55 I16
Slapin (Loch) 65 B12
Slapton 4 J33
Sleaford 37 S25
Sleagill 45 M20
Sleat (Sound of) 59 C12
Sledmere 41 S21
Sleekburn 51 P18
Sleights 47 S20
Slickly 74 K8
Sligachan 65 B12
Sligachan (Loch) 65 B12
Slimbridge 17 M28
Slindon 10 S31
Slingsby 40 R21
Slochd 67 I12
Slockavullin 54 D15
Slough 19 S29
Sloy (Loch) 54 F15
Slumbay 66 D11
Slyne 38 L21
Smailholm 50 M17
Smailholm Tower 50 M17
Small Dole 11 T31
Small Hythe 12 W30
Smallfield 11 T30
Smarden 12 W30
Smart'Hill 11 U30
Smedmore 9 N32
Smithfield 50 L19
Snaefell 42 G21
Snainton 47 S21
Snaith 40 Q22
Snape 23 Y27
Snetterton Circuit 30 W26
Snettisham 30 V25
Snitterfield 27 O27
Snizort (Loch) 65 A11
Snodland 12 V30
Snowdon / Yr Wyddfa 32 H24
Snowdonia
National Park 33 I24
Snowshill 18 O27
Soa 58 Z14
Soa Island 52 A15
Soar (River) 36 Q25
Soay 65 B12
Soay Sound 65 B12
Soham 30 V26
Solent (The) 10 Q31
Solihull 27 O26
Sollas 64 X11
Solva 14 E28
Solway Firth 44 J19
Somerby 28 R25
Somercotes 35 P24
Somerford Keynes 18 O29
Somerset (County) 8 M29
Somersham 29 U26
Somersham 23 X27
Somerton (Norfolk) 31 Y25
Somerton (Oxon.) 19 Q28
Somerton (Somerset) 8 L30
Sompting 11 S31
Sonning Common 19 R29
Sopley 9 O31
Sorbie 42 G19
Sorisdale 59 A13
Sorisdale 59 A13
Sorn 48 H17
Sortat 74 K8
Soulby 45 M20
Sound (The) 3 H32
Sourhope 50 N17
South Balloch 48 G18
South Brent 4 I32
South Cairn 42 E19
South Carrine 53 C18
South Cave 41 S22
South Cerney 18 O28
South Croxton 28 R25
South Downs 10 R31
South Elmsall 40 Q23
South Esk (River) 63 L13
South Ferriby 41 S22
South Foreland 13 Y30
South Glendale 64 Y12
South Hanningfield 21 V29
South Harris 70 Z10
South Harris Forest 70 Z10
South Hayling 10 R31
South Hetton 46 P19
South Kelsey 36 S23
South Kirkby 40 Q23
South Lancing 11 T31
South Leverton 36 R24
South Lopham 30 X26
South Mimms 20 T28
South Molton 7 I30
South Morar 60 C13
South Normanton 35 P24
South Ockendon 20 U29
South Otterington 46 P21
South Oxhey 20 S29
South Petherton 8 L31
South Petherwin 3 G32
South Queensferry 56 J16
South Ronaldsay 74 L7
South Shields 51 P19
South Shore 38 K22
South Stack 32 F24
South Stainley 40 P21
South Tawton 4 I31
South Uist 64 X12
South Walls 74 K7
South Warnborough 10 R30
South Woodham Ferrers 21 V29
South Zeal 4 I31
South-Alloa 55 I15
Southam 27 P27
Southam 18 N28
Southampton 9 P31
Southborough 11 U30
Southbourne (Dorset) 9 O31
Southbourne
(West Sussex) 10 R31
South-Carrine 53 C18
South-Charlton 51 O17
Southend 53 D18
Southend-on-Sea 21 W29
Southerness 44 J19
Southery 30 V26
South-Heighton 11 U31
Southill 29 T27
South-Killingholme 41 T23
South-Kyme 37 T24
South-Marston 18 O29
South-Mary Bourne 9 P30
Southminster 21 W29
South-Moreton 19 Q29
South-Newington 18 P28
South-Newton 9 O30
Southport 38 K23
South-Rauceby 36 S25
South-Raynham 30 W25
Southrop 18 O28
Southsea 10 Q31
South-Thoresby 37 U24
Southwaite 45 L19
Southwark
(London Borough) 20 T29
Southwater 11 S30
South-Waxhall 17 N29
Southwell 36 R24
Southwick 28 S26
Southwick 46 P19
Southwick
(West Sussex) 11 T31
Southwick (Wilts.) 8 N30
Southwick Widley 10 Q31
South-Witham 36 S25
Southwold 31 Z27
South-Wootton 30 V25
Sowerby Bridge 39 O22
Spalding 37 T25
Spaldwick 29 S26
Spanish Head 42 F21
Sparkford 8 M30
Spaxton 7 K30
Spean (Glen) 61 F13
Spean Bridge 60 F13
Speeton 41 T21
Speldhurst 11 U30
Spelsbury 18 P28
Spelve (Loch) 59 C14
Spennymoor 46 P19
Spey (River) 61 G12
Spey Bay 68 K10
Speymouth Forest 68 K11
Spilsby 37 U24
Spinningdale 73 H10
Spithead 10 Q31
Spittal 14 F28
Spittal 42 G19
Spittal (Highland) 74 J8
Spittal (Northumb.) 57 O16
Spittal of Glenshee 62 J13
Spixworth 31 X25
Spofforth 40 P22
Spondon 35 P25
Spooner Row 31 X26
Spott 57 M16
Spreyton 4 I31
Spridlington 36 S23
Springfield 56 K15
Springholm 49 I18
Sproatley 41 T22
Sprotbrough 40 Q23
Sproughton 23 X27
Sprouston 50 M17
Sprowston 31 X26
Spurn Head 41 U23
Sronlairig Lodge 61 G12
Sronphadruig Lodge 61 H13
St Erth 2 D33
Stack (Loch) 72 F8
Stack Island 64 Y12
Stack Rocks 14 E29
Staffa 59 A14
Staffin Bay 65 B11
Stafford 35 N25
Staffordshire (County) 35 N25
Stagsden 28 S27
Staincross 40 P23
Staindrop 46 O20
Staines 19 S29
Stainforth
(North Yorks.) 39 N21
Stainforth
(South Yorks.) 40 Q23
Stainton 45 L20
Staintondale 47 S20
Stainton-le-Vale 37 T23
Stair 44 K20
Stair 48 G17
Staithes 47 R20
Stakeford 51 P18
Stalbridge 8 M31
Stalham 31 Y25
Stalisfield 12 W30
Stalling Busk 45 N21
Stalmine 38 L22
Stalybridge 35 N23
Stamford 28 S26
Stamford Bridge 40 R22
Stamfordham 51 O18
Stanbridge 19 S28
Standing Stones 70 Z9
Standlake 18 P28
Standon 20 U28
Stane 55 I16
Stanford 13 X30
Standford-in-the-Vale 18 P29
Stanford-le-Hope 21 V29
Stanford-on-Avon 28 Q26
Stanghow 47 R20
Stanhoe 30 W25
Stanhope 46 N19
Stanion 28 S26
Stanley (Perthshire
and Kinross) 62 J14
Stanley (Durham) 46 O19
Stanley (Wakefield.) 40 P22
Stanmer Park 11 T31
Stanstead Abbotts 20 U28
Stansted Mountfitchet 20 U28
Stanton 30 W27
Stanton Long 26 M26
Stanton Harcourt 18 P28
Stanton-upon-
Hine-Heath 34 M25
Stanway 18 O28
Stanwell 20 S29
Stanwick 28 S27
Staple Fitzpaine 7 K31
Stapleford 28 R25
Stapleford (Notts.) 36 Q25
Stapleford (Wilts.) 9 O30
Staplehurst 12 V30
Starcross 4 J32
Start Point 4 J33
Startforth 46 O20
Stathern 36 R25
Staughton Highway 29 S27
Staunton 17 N28
Staunton 17 M28
Staveley (Cumbria) 45 L20
Staveley (Derbs.) 35 P24
Staxigoe 74 K8
Staxton 41 S21
Staylittle 25 J26
Steart 7 K30
Stebbing 22 V28
Stedham 10 R31
Steep 10 R30
Steeple 22 W28
Steeple Barton 18 P28
Steeple Langford 9 O30

NOTTINGHAM CENTRE

Albert Street DZ 2
Barker Gate DY 4
Bellar Gate DYZ 5
Belward Street DY 6
Broad Marsh Centre DZ
Broad Street DY 13
Burton Street CY 14
Carrington Street DZ 15
Carlton Street DY 16
Castle Gate CZ 19
Cheapside (Poultry) DY 20
Clumber Street DY 22
Cranbrook Street DY 27
Fletcher Gate DYZ 28
Gedling Street DY 30
George Street DY 31
Goose Gate DY 35
High Pavement DZ 39
Hollow Stone DZ 41
King Street CDY 42
King Edward Street DY 43
Lister Gate DZ 48
Long Row CY 49
Low Pavement DZ 50
Manvers Street DY 52
Pelham Street DY 56
Queen Street CY 57
St. James St. CYZ 58
Smithy Row (Long Row) DY 59
South Parade CY 60
South Sherwood Street CY 61
Southwell Road DY 62
Stoney Street DYZ 63
Toll House Hill CY 65
Upper Parliament Street CDY
Victoria Centre DY
Victoria Street DY 67
Wheeler Gate CYZ 69

140 Ste - Tan

OXFORD

Blue Boar Street BY 2
Broad Street BY 3
Castle Street BZ 5
Clarendon Shopping Centre BZ
Cornmarket Street BZ 6
George Street BZ 9
High Street BZ

Hythe Bridge Street BZ 12
Little Clarendon Street BY 13
Logic Lane BZ 14
Magdalen Street BYZ 16
Magpie Lane BZ 17
New Inn Hall Street BZ 20
Norfolk Street BZ 21
Old Greyfriars Street BZ 23
Oriel Square BZ 24
Park End Street BZ 30

Pembroke Street BZ 31
Queen's Lane BZ 33
Queen Street BZ 34
Radcliffe Square BZ 35
St. Michael Street BZ 40
Turl Street BZ 41
Walton Crescent BY 42
Westgate Shopping Centre BZ
Worcester Street BZ 47

A[1] BODLEIAN LIBRARY
M[1] ASHMOLEAN MUSEUM
M[3] PITT RIVERS MUSEUM
M[4] UNIVERSITY MUSEUM OF NATURAL HISTORY
P[1] RADCLIFFE CAMERA
T SHELDONIAN THEATRE

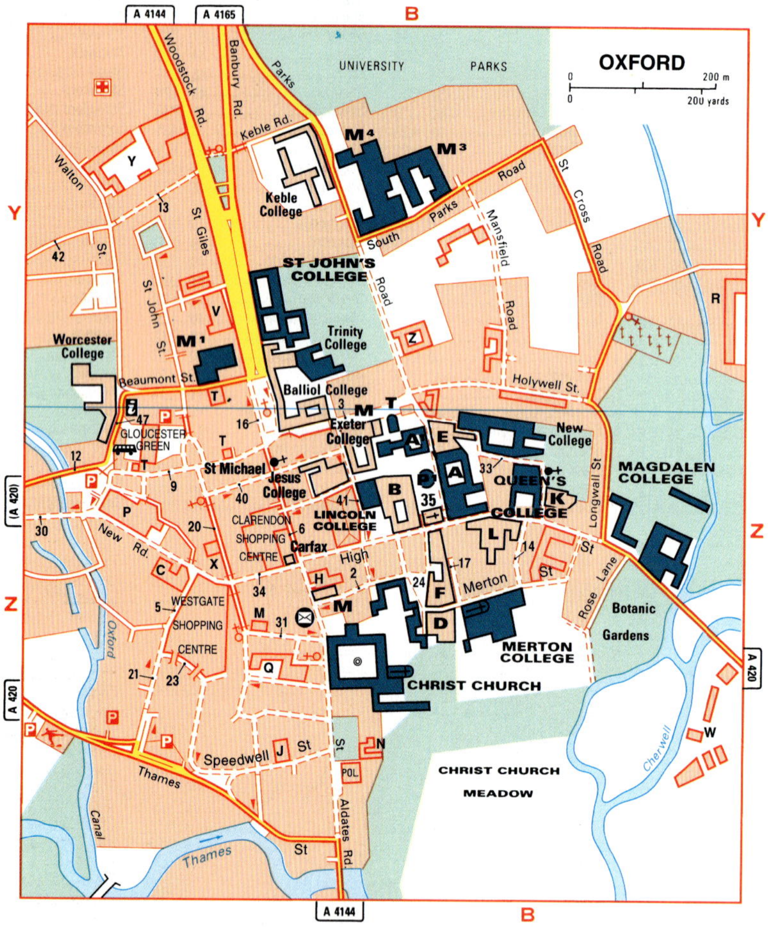
OXFORD
A 4144
A 4165
B
Y
Z
A 420
UNIVERSITY PARKS
Woodstock Rd.
Banbury Rd.
Parks
Keble Rd.
Keble College
Walton
St Giles
St. John St.
ST JOHN'S COLLEGE
Trinity College
Worcester College
Beaumont St.
Balliol College
South Parks Road
Mansfield Road
St Cross Road
Holywell St.
New College
Exeter College
GLOUCESTER GREEN
St Michael
Jesus College
LINCOLN COLLEGE
QUEEN'S COLLEGE
MAGDALEN COLLEGE
Longwall St
CLARENDON SHOPPING CENTRE
Carfax
High
New Rd.
WESTGATE SHOPPING CENTRE
Merton
Rose Lane
Botanic Gardens
MERTON COLLEGE
CHRIST CHURCH
Speedwell St
Thames
Oxford Canal
Aldates Rd
CHRIST CHURCH MEADOW
Cherwell

COLLEGES

ALL SOULS BZ A
BALLIOL BY
BRASENOSE BZ B
CHRIST CHURCH BZ
CORPUS CHRISTI BZ D
EXETER BZ
HERTFORD BZ E
JESUS BZ
KEBLE BY
LINACRE BZ N
LINCOLN BZ
MAGDALEN BZ
MERTON BZ
NEW BZ
NUFFIELD BZ P
ORIEL BZ F
PEMBROKE BZ Q
QUEEN'S BZ
ST CATHERINE'S BY R
ST CROSS BY V
ST EDMUND'S BZ K
ST HILDA'S BZ W
ST JOHN'S BY
ST PETER'S BZ X
SOMERVILLE BY Y
TRINITY BY
UNIVERSITY BZ L
WADHAM BY Z
WORCESTER BY

Steeple Ashton 18 N30
Steeple Aston 19 Q28
Steeple Bumpstead 22 V27
Steeple Claydon 19 R28
Steeple Morden 29 T27
Steeton 39 O22
Stelling Minnis 13 X30
Stenhousemuir 55 I15
Stenness
(Orkney Islands) 74 K7
Stenness
(Shetland Islands) 75 P2
Stenton 57 M16
Steppingley 19 S27
Stevenage 20 T28
Stevenston 48 F17
Steventon 19 Q29
Stewartby 28 S27
Stewarton 55 G16
Stewkley 19 R28
Steyning 11 T31
Steynton 14 E28
Stichill 50 M17
Sticker 3 F33
Sticklepath 4 I31
Stickney 37 U24
Stiffkey 30 W25
Stilligarry 64 X12
Stillingfleet 40 Q22
Stillington 46 P20
Stillington 40 Q21
Stilton 29 T26
Stirling 55 I15
Stithians 2 E33
Stob Choire Claurigh 60 F13
Stobo 49 K17
Stobs Castle 50 L17
Stock 21 V29
Stockbridge 9 P30
Stocke Lyne 19 Q28
Stocke Talmage 19 Q28
Stockland 7 K31
Stockland Bristol 7 K30
Stockport 35 N23
Stocksbridge 35 P23
Stocksfield 46 O19
Stockton on the Forest 40 R22
Stockton Heath 34 M23
Stockton-on-Tees 46 P20
Stockton-on-Teme 26 M27
Stoer 72 D9
Stogumber 7 K30
Stogursey 7 K30
Stoke 21 V29
Stoke Albany 28 R26
Stoke Ash 23 X27
Stoke-by-Nayland 22 W28
Stoke Climsland 3 H32
Stoke Fleming 4 J33
Stoke Gabriel 4 J32
Stoke Goldington 28 R27
Stoke Hammond 19 R28
Stoke Lacy 26 M27
Stoke Mandeville 19 R28
Stoke-on-Trent 35 N24
Stoke Orchard 18 N28
Stoke Poges 19 S29
Stoke sub Hamdon 8 L31
Stokeham 36 R24
Stokenchurch 19 R29
Stokenham 4 I33
Stoke-Saint-Mary 7 K31
Stoke-Saint-Michael 8 M30
Stoke-Saint-Milborough 26 M26
Stokesay 26 L26
Stokesley 46 Q20
Stone (Bucks.) 19 R28
Stone Edge 35 P24
Stone (Staffs.) 35 N25
Stonehaugh 50 N18
Stonehaven 63 N13
Stonehenge 9 O30
Stonehouse
(South Lanarkshire) 55 I16
Stonehouse (Glos.) 17 N28
Stoneleigh 27 P26
Stonesfield 18 P28
Stoney Cross 9 P31
Stoney Stanton 28 Q26
Stoneybridge 64 X12
Stoneykirk 42 F19
Stoneywood 69 N12
Stony Stratford 28 R27
Stornoway 71 A9
Storr (The) 65 B11
Storrington 11 S31
Stort (River) 20 U28
Stotfold 20 T27
Stottesdon 26 M26
Stoughton 10 R31
Stoul 60 C13
Stoulton 27 N27
Stour (River)
(English Channel) 9 N31
Stour (River) (North Sea) 22 V27
Stour (River) (R. Severn) 26 N26
Stourbridge 27 N26
Stourhead House 8 N30
Stourport-on Severn 26 N26
Stourton Caundle 8 M31
Stow 50 L16
Stow-on-the-Wold 18 O28
Stowbridge 30 V26
Stowe-by-Chartley 35 O25
Stowe School 28 Q27
Stowmarket 22 W27
Stowupland 22 X27
Straad 54 E16
Strachan 63 M12
Strachur 54 E15
Stradbroke 31 X27
Stradishall 22 V27
Stradsett 30 V26
Straiton 48 G18
Straloch 62 J13
Strangford 75 P4
Strangford Lough 75 P4
Stranraer 42 E19
Strata Florida Abbey 25 I27
Stratfield Saye 19 Q29
Stratford St Mary 22 W28
Stratford-upon-Avon 27 O27
Strath Brora 73 H9
Strath Dearn 67 I11
Strath Halladale 73 I8
Strath Isla 68 K11
Strath More 66 E10
Strath Mulzie 72 F10
Strath of Kildonan 73 I9
Strath Oykel 72 F10
Strath Skinsdale 73 H9
Strath Tay 62 J14
Strathallan 55 I15
Strathan 60 E13
Strathardle 62 J13
Strathaven 49 H16
Strathbeg (Loch of) 69 O11
Strathblane 55 H16
Strathbogie 68 L11
Strathbraan 62 I14
Strathcanaird 72 E10
Strathcarron 66 D11
Strathcoil 59 C14
Strathconon 66 F11
Strathconon Forest 66 F11
Strathearn 55 I14
Stratherrick 67 G12
Strathkinness 56 L14
Strathmashie 61 H13
Strathmiglo 56 K15
Strathmore 62 K14
Strathnairn 67 H11
Strathnaver 73 H8
Strathpeffer 67 G11
Strathrannoch 67 F10
Strathspey 68 J11
Strathvaich Lodge 66 F10
Strathy 73 I8
Strathy Point 73 H8
Strathyre 55 H15
Stratton 8 M31
Stratton Audley 19 Q28
Stratton (Cornwall) 6 G31
Stratton (Glos.) 18 O28
Stratton-on-the-Fosse 8 M30
Stratton-St Margaret 18 O29
Streatley 19 Q29
Street 8 L30
Strensall 40 Q21
Stretford 34 N23
Stretham 29 U26
Stretton (Cheshire) 34 M23
Stretton on Dunsmore 27 P26
Stretton (Staffs.) 27 N25
Strichen 69 N11
Striven (Loch) 54 E16
Stroma (Island of) 74 K7
Stromeferry 66 D11
Stromemore 66 D11
Stromness 74 K7
Stronachlachar 55 G15
Stronchreggan 60 E13
Stronchrubie 72 F9
Strone 54 F16
Stronmilchan 60 F14
Stronsay 74 M6
Stronsay Firth 74 L6
Strontian 60 D13
Stroud 17 N28
Strumble Head 14 E27
Stuart Castel 67 H11
Stuartfield 69 N11
Stubbington 10 Q31
Studland 9 O32
Studley (Warw.) 27 O27
Studley (Wilts.) 18 N29
Studley Royal Gardens 39 P21
Stuley 64 Y12
Sturminster Marshall 9 N31
Sturminster Newton 8 N31
Sturry 13 X30
Sturton-le-Steeple 36 R23
Suainaval (Loch) 70 Z9
Sudbourne 23 Y27
Sudbury (Derbs.) 35 O25
Sudbury (Suffolk) 22 W27
Sudbury Hall 35 O25
Sudeley Castle 18 O28
Suffolk (County) 23 X27
Sùil Ghorm 59 A13
Sulby 42 G21
Sulgrave 28 Q27
Sulhamstead 19 Q29
Sullom 75 P2
Sullom Voe 75 P2
Sully 16 K29
Sumburgh 75 Q4
Sumburgh Roost 75 P4
Summer Island 72 D9
Summerbridge 39 O21
Summercourt 2 F32
Sunart 60 D13
Sunart (Loch) 59 C13
Sunbury 20 S29
Sunderland 46 P19
Sunderland Bridge 46 P19
Sunk Island 41 T23
Sunningdale 19 S29
Sunninghill 19 S29
Surfleet 37 T25
Surlingham 31 Y26
Surrey (County) 10 S30
Sutterton 37 T25
Sutton 11 S30
Sutton 36 R23
Sutton Bonington 36 Q25
Sutton (Cambs.) 29 U26
Sutton Cheney 27 P26
Sutton (London Borough) 20 T29
Sutton-on-the-Forest 40 Q21
Sutton (Salop) 34 M25
Sutton under
Whitestonecliffe 46 Q21
Sutton Veny 9 N30
Sutton Bank 46 Q21
Sutton Benger 18 N29
Sutton Bridge 37 U25
Sutton Coldfield 27 O26
Sutton Courtenay 19 Q29
Sutton-in-Ashfield 36 Q24
Sutton-on-Hull 41 T22
Sutton-on-Sea 37 U24
Sutton-on-the-Hill 35 P25
Sutton-on-Trent 36 R24
Sutton-Saint-Edmund 29 U25
Sutton-Saint-James 29 U25
Sutton-Saint-Nicholas 26 L27
Sutton Scotney 10 P30
Sutton Valence 12 V30
Swadlincote 35 P25
Swaffham 30 W26
Swaffham Bulbeck 22 U27
Swainby 46 Q20
Swainswick 17 M29
Swale (River) 40 P21
Swale (The) 21 W29
Swale Dale 46 O20
Swallow 41 T23
Swallowcliffe 9 N30
Swallow Falls 33 I24
Swallowfield 19 R29
Swanage 9 O32
Swanbridge 16 K29
Swanland 41 S22
Swanley 20 U29
Swannery 8 M32
Swanscombe 20 U29
Swansea / Abertawe 15 I29
Swanton Abbot 31 Y25
Swanton Morley 30 W25
Swanwick 35 P24
Swarbacks Minn 75 P2
Swavesey 29 T27
Sway 9 P31
Swaythling 9 P31
Swimbridge 6 I30
Swinbrook 18 P28
Swinderby 36 R24
Swindon 18 O29
Swindon 18 N28
Swinefleet 40 R22
Swineshead 37 T25
Swinford 28 Q26
Swingfield 13 X30
Swinton
(Scottish Borders) 57 N16
Swinton (Rotherham.) 35 Q23
Swynnerton 34 N25
Swyre 8 M31
Sydenham 19 R28
Syderstone 30 W25
Sydling Saint Nicholas 8 M31
Sykehouse 40 Q23
Symington 48 G17
Symington 49 J17
Symonds Yat 17 M28
Symonds Yat Rock 17 M28
Symondsbury 8 L31
Syresham 28 Q27
Syston 28 Q25
Sywell 28 R27

T

Tackley 19 Q28
Tadcaster 40 Q22
Taddington 35 O24
Tadley 19 Q29
Tadmarton 27 P27
Tadworth 20 T30
Taff (River) 16 K29
Taibach 15 I29
Tain 67 H10
Takeley 20 U28
Tal-y-bont (Dyfed) 24 I26
Tal-y-Llyn Lake 25 I25
Talacre 33 K23
Talaton 7 K31
Talgarreg 15 H27
Talgarth 16 K28
Talke 34 N24
Talladale 66 D10
Tallaminnock 48 G18
Talley 15 I28
Tall-y-llyn 25 I26
Talsarnau 32 H25
Talwrn 32 H24
Tal-y-Bont 32 H25
Talybont-on-Usk (Powys) 16 K28
Tal-y-Cafn 33 I24
Talywern 25 I26
Tamanavay (Loch) 70 Y9
Tamar (River) 6 G31
Tamerton Foliot 3 H32
Tamworth 27 O26
Tan Hill 45 N20
Tanera Beg 72 D9
Tanera Mòr 72 D9
Tangley 9 P30
Tangmere 10 R31
Tannach 74 K8
Tannadice 62 L13

Tan - Tim

Tempsford	29	T27	Thorntonloch	57	M16
Tenbury Wells	26	M27	Thornyhive Bay	63	N13
Tenby / Dinbych-			Thorpe (Derts.)	35	Q24
y-pysgod	14	F28	Thorpe (Essex)	21	W29
Tendring	21	X28	Thorpe Thewles	46	P20
Tenterden	12	W30	Thorpe-le-Soken	21	X28
Terling	22	V28	Thorpe-on-the-Hill	36	S24
Tern Hill	34	M25	Thorpeness	29	Y27
Terrington St Clement	37	U25	Thorrington	21	X28
Tetbury	18	N29	Thorverton	7	J31
Tetford	37	T24	Thrapston	28	S26
Tetney	41	T23	Thrapgwood	34	L24
Tetsworth	19	Q28	Three Crosses	15	H29
Tettenhall	26	N26	Three Cocks	25	K27
Tewin	20	T28	Threekingham	37	S25
Tewkesbury	18	N28	Threlkeld	44	
Texa	52	B17	Thringstone	27	P25
Teynham	12	W30	Throckley	51	O19
Thakeham	11	S31	Thropton	51	O18
Thame	19	R28	Throwleigh	6	I31
Thame (River)	19	R28	Thrumster	74	K8
Thames (River)	19	Q29	Thruxton Circuit	9	P30
Thanet (Isle of)	13	Y29	Thrybergh	36	Q23
Thankerton	49	J17	Thundersley	21	V29
Thatcham	19	Q29	Thuncroft	36	Q23
Thaxted	22	V28	Thurgarton	36	R24
The Cronk	42	G21	Thurgoland	40	P23
The Lhen	42	G20	Thurlby	29	S25
The Pole of Itlaw	69	M11	Thurlestone	4	J33
Theale (Berks.)	19	Q29	Thurlow	22	V27
Theale (Somerset)	8	L30	Thurlton	31	V26
Theddlethorpe St Helen	37	U23	Thurmaston	28	Q25
Thetford	30	W26	Thurne	31	V25
Theviothead	50	L17	Thurnham	12	V30
Theydon Bois	20	U28	Thurnscoe	40	Q23
Thirlestane	57	L16	Thursby	44	K19
Thirlspot	44	K20	Thurso	74	J8
Thirsk	46	P21	Thurstaston	33	K23
Thistleton	28	S25	Thurstonfield	44	K19
Thixendale	40	R21	Thurton	31	V26
Thompson	30	W26	Thwaite	45	N20
Thornshill	68	K11	Tibbemore	56	J14
Thoralby	46	N21	Tibberton	27	N27
Thoresway	37	T23	Tibberton (Glos.)	17	M28
Thorganby	40	R22	Tibberton (Salop)	34	M25
Thornaby-on-Tees	46	Q20	Tibshelf	35	P24
Thornborough	19	R28	Ticehurst	12	V30
Thornbury	6	H31	Tickhill	36	Q23
Thornbury			Ticknall	35	Q25
(South Glos.)	17	M29	Tiddington	19	Q28
Thornbury (Heref.)	26	M27	Tidenham	17	M29
Thornby	28	Q26	Tideswell	35	O24
Thorncombe	8	L31	Tigerton	63	L13
Thorne	40	R23	Tigharry	64	X11
Thorner	40	P22	Tighnabruaich	54	E16
Thorney	29	T26	Tilbury	30	V29
Thorneford	8	M31	Tillathrowie	68	L11
Thornham	30	V25	Tillicoultry	55	I15
Thornhill (Stirling)	55	H15	Tillington	10	S31
Thornhill (Dumfries)			Tilney Saint-Lawrence	9	U25
and Galloway)	49	I18	Tilshead	9	O30
Thornton (Fife)	56	K15	Tilstock	34	L25
Thornton (Lancs.)	38	K22	Tilt (Glen)	63	I13
Thornton-le-Dale	47	R21	Tilton-on-the-Hill	28	R26
Thornton Curtis	41	S23	Timberscombe	7	J30
Thornton-in-Craven	39	N22	Timsbury	17	M30

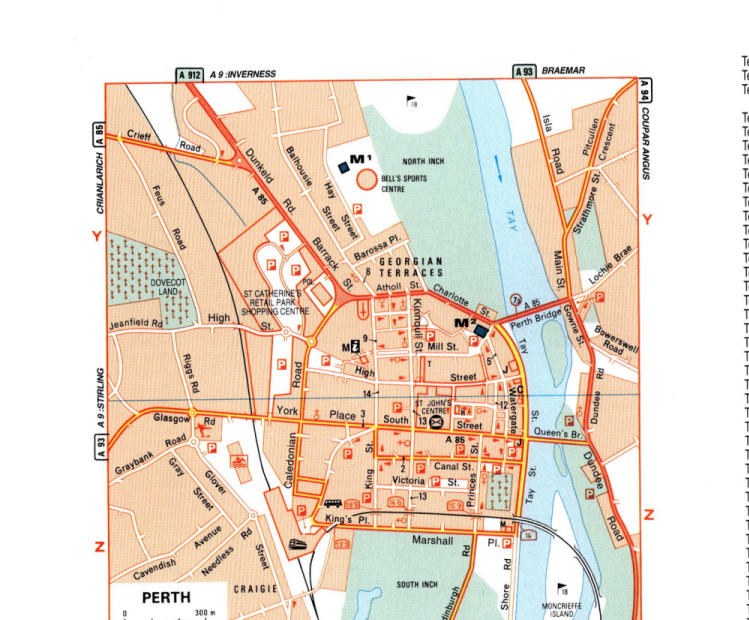

Charterhouse Lane	Z	2	St. Catherine's	
County Place	Z	3	Retail Park	Z
George Street	Y	5	St. John's Centre	Z
High Street		Y	St. John Street	Z 12
Melville Street		Y	Scott Street	Z 13
North Methven Street		Y 9	South Street	Z

South Methven Street .... Y 14

M¹ BLACK WATCH REGIMENTAL MUSEUM

M² MUSEUM AND ART GALLERY

Tantallon Castle	57	M15	Tarland	68	L12	Taunton	7	K30	Tebay	45	M20
Tan-y-pistill	33	J25	Tarleton	38	L22	Taunton Deane	7	K30	Tedburn St Mary	4	I31
Taransay	70	V10	Tain (The)	45	L20	Taverham	31	X25	Teddington	18	N28
Taransay (Sound of)	70	Z10	Tarporley	34	M24	Tavernspite	14	G28	Tees (River)	46	P20
Tarbat Ness	67	I10	Tarrant Gunville	9	N31	Tavistock	3	H32	Teesdale	45	N20
Tarbert	52	C16	Tarrant Hinton	9	N31	Taw (River)	6	I31	Teifi (River)	24	G27
Tarbert (Argyll and Bute)	53	D16	Tarrant Keyneston	9	N31	Tay (Firth of)	56	K14	Teignmouth	4	J32
Tarbert (Argyll and Bute)	70	Z10	Tarrington	26	M27	Tay (Loch)	61	H14	Telford	26	M25
Tarbert (Loch)	52	C16	Tarskavig	65	C12	Tay Road Bridge	62	L14	Teme (River)	26	M27
Tarbert (Loch)	54	F15	Tarskavig Point	65	B12	Taynton	17	M28	Templand	49	J16
Tarbet	56	D13	Tarves	69	N11	Taynuilt	60	E14	Temple	56	K16
Tarbolton	48	G17	Tarvit	34	L24	Tayport	62	L14	Temple Grafton	27	O27
Tarbolton	48	G17	Tathwell	37	T24	Tayvallach	54	D15	Temple of the Winds	75	P4
Tarborton	48	G17	Tattersett	30	W25	Teacuis (Loch)	59	C14	Temple Ewell	13	X30
Tardy Gate	38	L22	Tattershall	37	T24	Tealby	37	T23	Temple Sowerby	45	M20
Tarfside	62	L13	Tatton Hall	34	M24	Teangue	65	C12	Templeton	14	F28

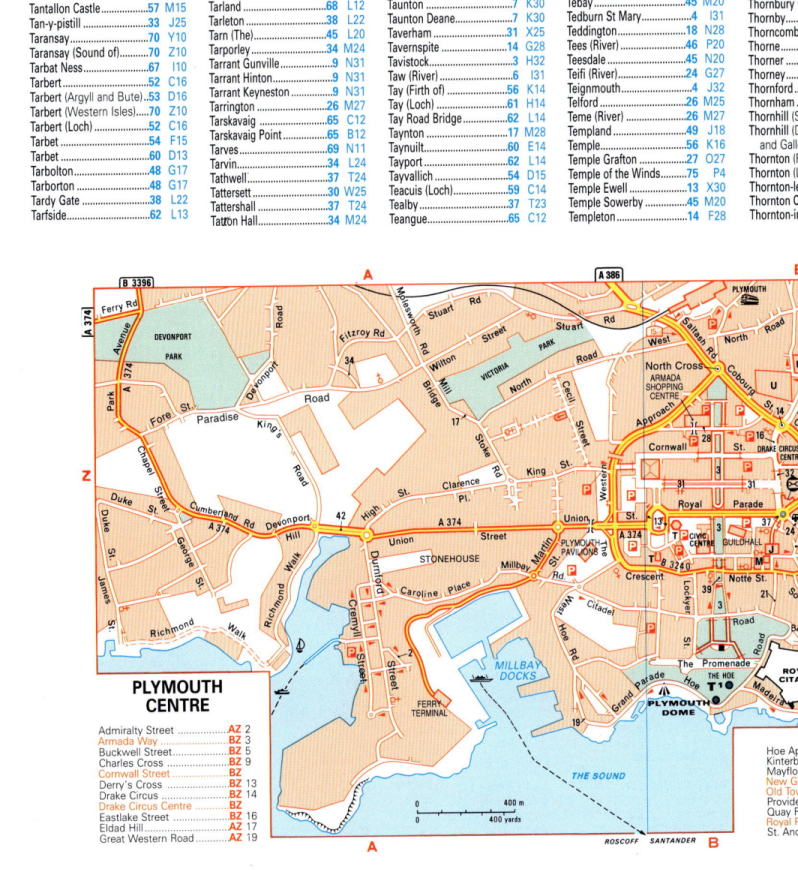

Admiralty Street	A2	2			
Armada Way	B2	3			
Buckwell Street	B2	5			
Charles Cross	B2	9			
Cornwall Street	B2				
Derry's Cross	B2	13			
Drake Circus	B2	14			
Drake Circus Centre	B2				
Eastlake Street	B2	16			
Eldad Hill	A2	17			
Great Western Road	A2	19			

Hoe Approach	BZ	21	St. Judes Road	BZ	38
Kinterbury Street	BZ	24	San Sebastian Square	BZ	39
Mayflower Street	BZ	26	Stonehouse Bridge	AZ	42
New George Street	BZ	31	Vauxhall Street	BZ	45
Old Town Street	BZ	32			
Providence Place	AZ	34			
Quay Road	BZ	35	S SMEATON'S TOWER		
Royal Parade	BZ		M CITY MUSEUM		
St. Andrew's Cross	BZ	37	AND ART GALLERY		

Tim – Twi

PORTSMOUTH AND SOUTHSEA

Alec Rose Lane	CY 2
Arundel St.	CY 5
Bellevue Terrace	CY 6
Cascade Centre	CY
Charlotte St.	CY 7
Commercial Rd	CY
Eldon St.	CY 10
Great Southsea St.	CY 15
Guildhall Walk	CY 17

Gunwharf Quay Shopping Centre	BY
Hampshire Terrace	CY 18
Hard (The)	BY 20
High St.	BYZ 21
Isambard Brunel Rd.	CY 22
Landport Terrace	CY 25
Lombard St.	BYZ 29
Main Rd.	BY 31
Norfolk St.	CYZ 32
Ocean Retail Park	AY
Ordnance Row	BY 34
Palmerston Rd.	CZ

Paradise St.	CY 35
Penny St.	BZ 36
Tommy Centre	AZ
St. George's Square	BY 39
St. Michael's Rd	CY 40
Southsea Terrace	CY 43
Spring St.	CY 45
Stanhope Rd.	CY 48
Unicorn Rd.	CY 49
Warlington St.	BY 53
White Hart Rd.	BYZ 57
Wiltshire St.	CY 59

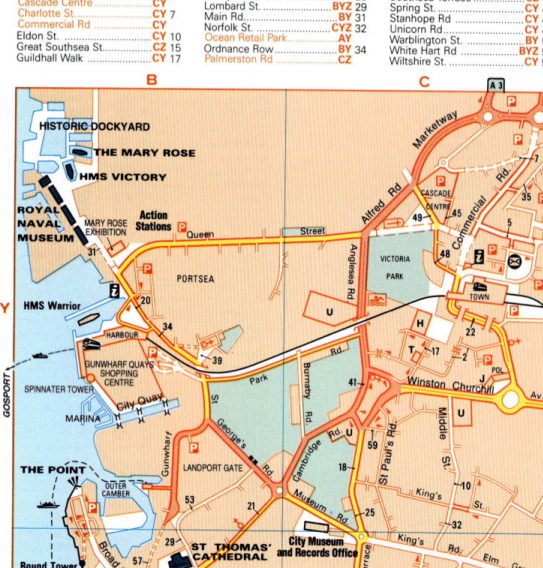

Timsgarry	70	Y9	Toleshunt d'Arcy	22	W28
Tingewick	19	Q28	Tolpuddle	8	N31
Tingwall (Loch)	75	P3	Tolquhon Castle	69	N11
Tintagel	3	F32	Tolsta	71	B8
Tintern Abbey	17	L28	Tolsta Chaolais	70	Z9
Tintinhull	8	L31	Tolsta Head	71	B8
Tintwistle	35	Q23	Tomatin	67	I11
Tinwald	49	J18	Tombreck	67	H11
Tipton	27	N26	Tomcrasky	66	F12
Tipton-Saint-john	7	K31	Tomdoun	60	E12
Tiptree	22	W28	Tomich	66	F12
Tirabad	25	J27	Tomintoul	68	J12
Tiree	58	Z14	Tomnavoulin	68	K12
Tirga Mór	70	Z10	Tomsleibhe	58	C14
Tirley	17	N28	Tonbridge	11	U30
Tiroran	59	B14	Tondu	16	J29
Tisbury	9	N30	Tong	71	A9
Titchfield	10	Q31	Tongham	10	R30
Titchmarsh	28	S26	Tongland	43	H19
Tiumppan Head	71	E9	Tongue	73	G8
Tiverton	7	J31	Tongwynlais	16	K29
Tiverton	34	L24	Tonsa	15	I28
Tobermory	59	B14	Tonypandy	16	J29
Toberonochy	54	D15	Tonyrefail	16	J29
Tobson	70	Z9	Topcliffe	40	P21
Tocwith	40	O22	Topsham	7	J31
Todber	8	N31	Tor Ness	74	K7
Toddington	19	S28	Torbay	4	J32
Todenham	18	P27	Torcross	4	J33
Todmorden	38	N22	Torksey	36	R24
Toe Head	70	V10	Torlundy	60	E13
Togston	51	P18	Tormarton	17	N29
Tokavaig	65	C12	Tornapress	66	D11
Toll of Birness	69	O11	Tornaveen	69	M12
Toller Porcorum	8	M31	Torness	67	G12
Tollerton	40	Q21	Torphichen	56	J16
Tollesbury	22	W28	Torphins	69	M12

Torpoint	3	H32	Trentham	35	N25
Torquay	4	J32	Treorchy	16	J29
Torguhan	56	L16	Terice	2	E32
Torridon (Loch)	66	D11	Treshnish Isles	59	A14
Torrin	65	B12	Treshnish Point	59	A14
Torrisdale Bay	73	H8	Tressait	61	I13
Torthorwald	49	J18	Tretower	16	K28
Tortworth	17	N29	Treuddyn	33	K24
Tower	44	K20	Trevine	14	F28
Toscaig	65	C11	Trevone	2	F32
Totaig	65	A11	Trevor	27	G25
Totaig	66	D12	Trevose Head	2	E32
Totland	9	P31	Trewithien	3	F33
Totley	35	P24	Trimdon	46	P19
Totnes	4	I32	Trimley Heath	23	X28
Toton	36	Q25	Trimsaran	15	H28
Totscore	65	A11	Tring	19	R28
Totternhoe	19	S28	Trispen	2	E33
Totton	9	P31	Trochry	62	J14
Tournaig	66	D10	Troedyrhiw	16	J28
Tow Law	46	O19	Trollamarig (Loch)	70	Z10
Towcester	28	R27	Tromie (Glen)	61	H12
Tower Hamlets			Troon	48	G17
(London Borough)	20	T29	Trossachs (The)	55	G15
Towie	68	L12	Trotternish	65	B11
Town Yetholm	50	N17	Troutbeck	44	L20
Towneley Hall	39	N22	Troutbeck	45	L20
Townhead	43	H19	Trowbridge	8	N30
Townhead of Greenlaw	43	I19	Trudoxhill	8	M30
Tradespark	67	I11	Truim (Glen)	61	H13
Trallwng / Welshpool	25	K26	Trull	7	K31
Tranent	56	L16	Trumpington	29	U27
Trapo	15	I28	Trunch	31	Y25
Traquair House	50	K17	Truro	2	E33
Trawden	39	N22	Trusthorpe	37	U24
Trawsfynydd	33	I25	Trwyn Cilan	32	G25
Trealvral (Loch)	70	A9	Tuath (Loch)	59	B14
Treardour Bay	32	G24	Tuddenham	30	V27
Trecastle	16	J28	Tuddenham	23	X27
Trecwn	14	F28	Tudhoe	46	P19
Tredington	27	P27	Tudweiliog	32	G25
Trefaldwyn /			Tugford	26	M26
Montgomery	25	K26	Tulla (Loch)	60	F14
Trefeglwys	25	J26	Tullardine	56	I15
Treffynnon / Holywell	33	K24	Tullibody	55	I15
Trefil	16	K28	Tullymurdoch	62	K14
Trefnant	33	J24	Tumble	15	H28
Trefonen	33	K25	Tummel (Loch)	61	I13
Trefor	32	G24	Tunstall	41	T22
Trefyclawidd / Knighton	26	K26	Tunstall (Staffs.)	35	N24
Trefynwy / Monmouth	17	L28	Tunstall (Suffolk)	31	Y25
Tregaron	25	I27	Tur Langton	28	R26
Tregony	3	F33	Turnberry	48	F18
Tregurrian	2	E32	Turnditch	35	P24
Tregynon	25	J26	Turret		
Treharris	16	K29	(Loch and Reservoir)	61	I14
Treherfert	16	J28	Turriff	69	M11
Treig (Loch)	60	F13	Turves	28	S27
Trelawnyd	33	J24	Tusker Rock	15	I29
Trelech	15	G28	Tutbury	35	O25
Trelech a'r Betws	15	G28	Tuxford	36	R24
Trelesick Gardens	2	E33	Tuxford	36	R24
Trelleck	17	L28	Twatt	74	K6
Tremadog	32	H25	Tweed (River)	49	J17
Tremadog Bay	32	H25	Tweeddale	49	J17
Trenance	2	E32	Tweedmouth	57	N16
Trent(ington Garden	2	D33	Tweedsmur Hills	49	J17
Trent (River)	35	N25	Twentlow Green	34	N24
Trent	8	M31	Twickenham	20	S29

READING

Blagrave Street	Y 3
Bridge Street	Y 4
Broad Street	Y
Broad Street Mall Shopping Centre	Z 6
Castle Street	Z 6

Chain Street	Z 7
Duke Street	Z 15
Greyfriars Road	Y 17
Gun Street	Z 18
King Street	Z 20
Mill Lane	Z
Minster Street	Y 22
Mount Pleasant	Z 23
Oracle Shopping Centre	Z

Queen Victoria Street	Y 28
St. Mary's Butts	Z 29
Station Hill	Y 30
Station Road	Y 31
Tidehurst Road	Y 33
Tudor Road	Y 34
Valpy Street	Y 37
Watlington Street	Y 40
West Street	Y 41

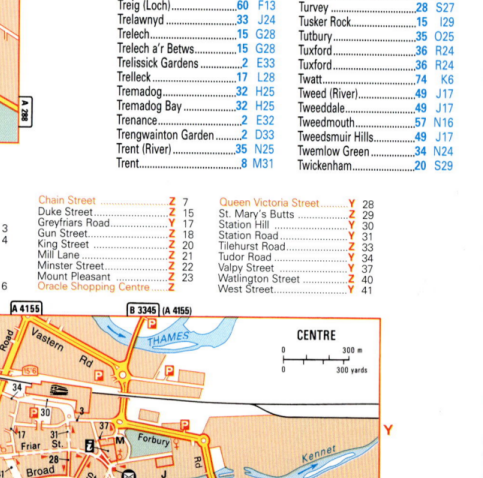

Two - Wes

SHEFFIELD CENTRE

Angel Street	DY 3
Blonk Street	DY 6
Castle Gate	DY 13
Charter Row	CZ 14
Church Street	CZ 15
Commercial Street	DZ 16
Cumberland Street	CZ 17

Fargate	CZ
Fitzwilliam Gate	CZ 19
Flat Street	DZ 20
Furnival Gate	CZ 21
Furnival Street	CX 22
Haymarket	DY 25
High Street	DZ
Leopold Street	CZ 31
Moorfields	CY 35
Pinstone Street	CZ 37
Queen Street	CY 38

St. Mary's Gate	CZ 40
Shalesmoor	CY 41
Snig Hill	DY 42
Waingate	DY 44
West Bar Green	CY 45
West Street	CZ

A CUTLER'S HALL
B CATHEDRAL CHURCH OF ST. PETER AND ST. PAUL

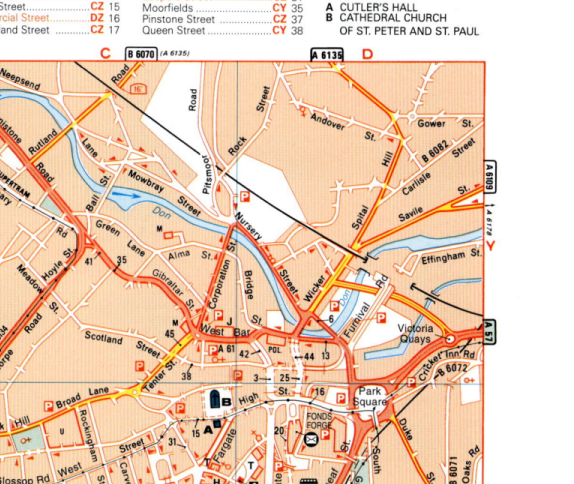

Two Dales	35	P24	Ulbster	74	K8
Twyford (Berks.)	19	R29	Ulceby	37	U24
Twyford (Hants.)	10	Q30	Ulceby	41	T23
Twyford (Leics.)	36	R25	Ulcombe	12	V30
Twynholm	43	H19	Uldale	44	K19
Twynllanan	15	J28	Uley	17	N28
Tyddewi / St. David's	14	E28	Ulgham	51	P18
Tydd-Saint-Giles	29	U25	Ullapool	72	E10
Tydd-Saint-Mary	29	U25	Ulleskelf	40	Q22
Tydesley	39	M23	Ullesthorpe	28	Q26
Tyldesley	16	J29	Ullinish	65	A11
Tyne (River)	46	P19	Ullock	44	J20
Tynehead	56	L16	Ullswater	45	L20
Tynemouth	51	P18	Ulpha	44	K21
Tynewydd	16	J28	Ulster	75	Q2
Tyntori	49	I18	Ulva	59	B14
Tythegston	16	J28	Ulverston	38	K21
Tytherington	17	M29	Unapool	72	E9
Tywardreath	3	F32	Union Mills	42	G21
Tywi (River)	25	I27	Unst	75	R1
Tywn	24	H26	Upavon	9	Q30

U

Ubley	17	L30	Upper Arley	26	M26
Ubley	17	L30	Upper Badcall	72	E9
Uckfield	11	U31	Upper Beeding	11	T31
Uddingston	55	H16	Upper Bighouse	73	I8
Udimore	12	V31	Upper Broughton	36	R25
Uffculme	7	K31	Upper Chapel	25	J27
Uffington	29	S26	Upper Chufe	3	P30
Ufford	23	V27	Upper Dicker	11	U31
Ugadale Bay	53	D17	Upper Hale	10	R30
Ugborough	4	I32	Upper Hindhope	50	M17
Ugthorpe	47	R20	Upper Knockando	68	J11
Uig (Highland)	65	A11	Upper Loch Torridon	66	D11
Uig (Western Isles)	70	Y9	Upper Poppleton	40	Q22
Uisg (Loch)	59	C14	Upper Sandaig	65	D12
Uiskevaigh (Loch)	64	Y11	Upper Tean	35	O25

Uppertown	74	K7	Ve Skerries	75	O2
Uppingham	28	R26	Venachar (Loch)	55	H15
Upr. Heyford	19	O28	Ventnor	10	Q32
Upton	7	J30	Verham Dean	18	P30
Upton	19	K19	Verulamium	20	S28
Upton	40	Q23	Vervood	9	O31
Upton (Dorset)	9	N31	Veryan	2	F33
Upton (Notts.)	36	R24	Veyatie (Loch)	72	E9
Upton Grey	10	Q30	Vindolanda	50	M19
Upton House	27	P27	Voe	75	Q2
Upton Magna	26	M25	Vol (Loch)	55	G14
Upton Noble	8	M30	Vowchurch	17	L27
Upton Scudamore	8	N30	Vymwy (Lake)	33	J25
Upton-upon-Severn	26	N27			
Upwell	29	U26			
Upwood	29	T26			
Urchfont	18	O30	**W**		
Ure (River)	40	Q21			
Urigill (Loch)	72	F9	Waddeston	19	R28
Urmston	34	M23	Waddingham	36	S23
Urquhart	68	K11	Waddington (Lancs.)	39	M22
Urquhart Castle	67	G12	Waddington (Lincs.)	36	S24
Urquhart (Glen)	67	G11	Wadbridge	3	F32
Urrahag (Loch)	70	A8	Wadhurst	12	U30
Ushaw Moor	46	P19	Wag	73	I9
Usk (River)	16	J28	Wainfleet All Saints	37	U24
Usk / Brynbuga	17	L28	Wainstalls	39	O22
Uttoxeter	35	O25	Wakefield	40	P22
Uyea	75	R2	Wakerley	28	S26
Uyeasound	75	R1	Wakes Colne	22	W28
			Walberswick	31	Y27
			Walcot	37	T24
V			Walden Head	39	N21
			Walderslade	21	V29
Vallay Strand	64	X11	Waldringfield	23	X28
Valle Crucis	33	K25	Waldron	11	U31
Valley	32	G24	Walesby	36	R24
Valtos	70	Z9	Walford	34	L25
Vatersay	58	X13	Walgerton	34	M24
Vatten	65	A11	Walgrave	28	R26
			Walkden	39	M23

Walkeringham	36	R23
Walkern	20	T28
Wall	27	O26
Wallace Monument	55	I15
Wallasey	33	K23
Wallend	31	W29
Wallingford	19	Q29
Wallington House	51	O18
Walls	75	P3
Wallsend	51	P18
Wallyford	56	K16
Walney (Isle of)	38	K21
Walpole	31	Y27
Walpole St Andrew	30	U25
Walpole St Peter	30	U25
Walsall	27	O26
Walsden	39	N22
Walsham le Willows	30	W27
Walshford	40	P22
Walston	56	J16
Waltham		
(North East Lincs.)	41	T23
Waltham (Kent)	13	X30
Waltham Abbey	20	U28
Waltham Forest		
(London Borough)	20	T29
Waltham-on-the-Wolds	36	R25
Walton	25	R25
Walton	40	Q22
Walton	50	L19
Walton-East	14	F28
Walton-in-Gordano	17	L29
Walton-le-Dale	38	M22
Walton-on-Thames	20	S29
Walton-on-the-Naze	23	X28
Walton-Upon-Trent	27	O25
Walworth	46	P20
Wanborough	18	O29
Wandsworth		
(London Borough)	20	T29
Wangford	31	Y26
Wanlockhead	49	I17
Wansford	29	S26
Wansford	41	S22
Wanstrow	8	M30
Wantage	18	P29
Wappenham	28	Q27
Warboys	29	T26
Warbstow	6	G31
Warsop	45	M20
Wardington	28	Q27
Wardour Castle	9	N30
Ware	20	T28
Wareham	9	N31
Wargrave	19	R29
Wark	50	N17
Wark	50	N18
Wark Forest	50	M18
Warkworth	51	P17
Warley	27	O26
Warlingham	20	T30
Warmington	27	P27
Warmington	29	S26
Warminster	9	N30
Warmsworth	40	O23
Warnborough	8	M31
Warnborough	10	R30
Warnford	10	Q30
Warnham	11	S30
Warren (The)	13	X30
Warren	53	N24
Warrington	34	M23
Warsash	10	Q31
Warslow	35	O24
Warsop	36	Q24
Warton	40	R22
Warton	51	O18
Warton		
(near Morecambe)	38	L21
Warton (near Preston)	38	L22
Warwick	27	P27
Warwick Bridge	45	L19
Warwickshire (County)	27	P27
Wasbister	74	K8
Wasdale Head	44	K20
Wash (The)	37	U25
Washington		
(Tyne and Wear)	46	P19
Washington		
(West Sussex)	11	S31
Wast Water	44	K20
Watchet	7	K30
Watchfield	18	P29
Watchgate	45	L20
Water Orton	27	O26
Waterbeach	22	U27
Waterbeck	49	K18
Watergate Bay	2	E32
Waterhead	62	L13
Waterhouses	35	O24
Wateringbury	12	V30
Waterlooville	10	Q31
Waternish Point	65	A11
Waters Upton	34	M25
Waterside	48	G17
Waterside	48	G17
Waterstein	64	Z11
Watford	20	S29

Watford	28	Q27
Wath	40	P21
Wath-upon-Dearne	35	P23
Watlington	19	O29
Watten	74	K8
Watton	30	W26
Watton at Stone	20	T28
Waunfawr	32	H24
Waunfawr	32	H24
Waverley (River)	31	Y26
Waverton	34	L24
Waverton	44	K19
Wawne	41	S22
Wear (River)	46	O20
Weardale	45	N19
Weaseenhan-Saint-Peter	30	W25
Weaver (River)	34	M24
Weaverthorpe	41	S21
Wedmore	8	L30
Wednesbury	27	N26
Wednesfield	27	N26
Weedon-Bec	28	Q27
Week St Mary	6	G31
Weeley	21	
Weem	61	I14
Weeting	30	V26
Weeton	38	L22
Welburn	40	R21
Welby	36	S25
Welcombe	6	G31
Welford	18	P29
Welford	27	Q27
Welford	28	O26
Welham Green	20	T28
Well	39	P21
Welland	26	N27
Welland (River)	37	T25
Wellsbourne	27	P27
Wellingborough	28	R27
Wellington	26	Q21
Wellington	26	L27
Wellington (Salop)	26	M25
Wellington (Somerset)	7	K31
Wellow	17	M30
Wellow	36	R24
Wells	8	M30
Wells of Ythan	69	M11
Wells-next-the-Sea	30	W25
Welney	29	U26
Welsh Newton	17	L28
Welshampton	34	L25
Welshpool / Trallwng	25	K26
Welton	36	S24
Welton	38	Q27
Welton	44	K19
Welton-le-Wold	37	T23
Welwyn	20	T28
Welwyn Garden City	20	T28
Wem	34	L25
Wembdon	8	K30
Wembley	20	T29
Wembury	4	H33
Wembyworthy	6	I31
Wemyss Bay	54	F16
Wendens Ambo	20	U27
Wendlebury	19	Q28
Wendover	19	R28
Wendron	2	E33
Wenlock Edge	26	L26
Wennington	38	M21
Wensley	46	N21
Wensleydale	46	O21
Wentbridge	40	Q23
Wentworth	35	P23
Wenvor	16	K29
Weobley (Hereford and Worcester)	26	L27
Wereham	30	V26
Werrington	3	G32
West Alvington	4	I33
West Auckland	46	O20
West Bay	8	L31
West Bergholt	22	W28
West Bridgford	36	R25
West Bromwich	27	N26
West Butterwick	36	R23
West Calder	56	J16
West Camel	8	M30
West Charlton	4	I33
West Chevington	51	P18
West Coker	8	L31
West Dean	9	P30
West Down	6	I30
West End	10	Q30
West Farleigh	12	V30
West Gernish	64	X11
West Hanningfield	22	V28
West Harptree	17	L30
West Heath	19	R30
West Hesleton	41	S21
West Hoathly	11	T31
West Kilbride	54	F16
West Kingsdown	20	U29
West Kirby	33	K23
West Langwell	73	H9
West Linton	56	J16

Upchurch	21	V29
Uphall	56	J16
Uphill	17	L30
Upminster	21	U28
Upleadon	8	L31
Uplyme	7	K31

144 Wes - Wes

SOUTHAMPTON CENTRE

Above Bar Street

Avenue (The)	3
Bargate Street	4
Brunswick Place	6

Central Bridge	7
Central Station	
Bridge	8
Civic Centre Road	13
Cumberland	
Place	14
Hanover Buildings	16
Havelock Road	17
High Street	

Houndwell Place	20
Inner Avenue	22
Marlands Shopping Centre	25
Marsh Lane	26
Mountbatten Way	27
Orchard Place	32
Oxford Avenue	33
Portland Terrace	34
Pound Tree Road	35
Queen's Terrace	38
Queen's Way	39
St. Andrew's Road	43
South Front	48
Terminus Terrace	52
Threefield Lane	56
Town Quay	57
West Quay Shopping Centre	

B BARGATE
M¹ TUDOR HOUSE MUSEUM

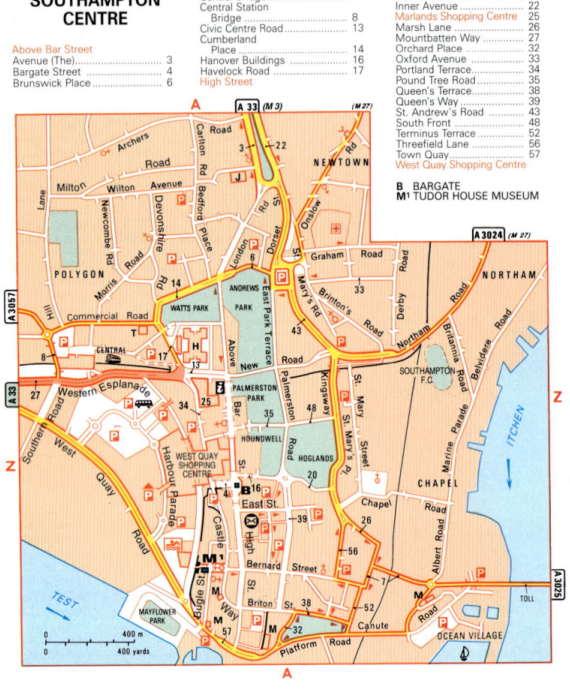

STIRLING

Barnton Street	2
Causewayhead Road	4
Corn Exchange Road	5
Drummond Place	9
Dumbarton Road	10
Goosecroft Road	12
King Street	13
Leisure Centre	
Murray Place	15
Port Street	

Queen Street	20
St. John Street	23
St. Mary's Wynd	24
Seaforth Place	25
Spittal Street	27
Theatre Centre	
Union Street	28
Upper Craigs	29

A ARGYLL LODGINGS
B CHURCH OF THE HOLY RUDE

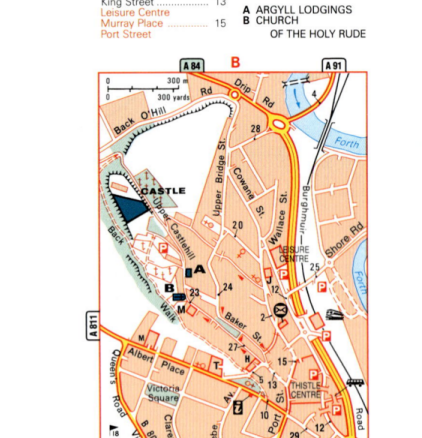

West Loch Roag	70	Z9	
West Loch Tarbert			
(Argyll and Bute)	53	D16	
West Loch Tarbert			
(Western Isles)	70	Z10	
West Loe	3	G32	
West Lulworth	8	N32	
West Lutton	41	S21	
West Malling	12	V30	
West Malvern	26	M27	
West Meon	10	Q30	
West Mersea	22	W28	
West Midlands (Metropolitan			
County Birmingham)	27	O26	
West Moors	9	O31	
West Putford	6	G31	
West Rainton	46	P19	
West Runton	31	X25	
West Strathan	72	G8	
West Sussex (County)	10	S30	
West Tanfield	39	P21	
West Thorney	10	R31	
West Town	17	L29	
West Walton	29	U25	
West Wellow	9	P31	

West Wittering	10	R31	
West Witton	46	O21	
West Woodburn	51	N18	
West Wycombe	19	R29	
West-Barns	57	M16	
Westbourne	10	R31	
West-Bradenham	30	W26	
West-Buckland	6	I30	
West-Buckland	7	K31	
Westbury (Cheshire)	26	L25	
Westbury (Wilts.)	15	M28	
West-by-on-Severn	17	M28	
West-Chinnock	8	L31	
Westcliff	21	W29	
Westcott	11	S30	
West-Dereham	30	V26	
Westenhanger	13	X30	
Wester Ross	66	D11	
Westerdale	47	R20	
Westerdale	23	J8	
Westerham	11	U30	
Westerleigh	17	M29	
Western Cleddau	14	E28	
West-Felton	34	L25	
Westfield	12	V31	

STOKE-ON-TRENT NEWCASTLE-UNDER-LYME BUILT UP AREA

Alexandra Road	U	3
Bedford Road	U	4
Brownhills Road	U	12
Church Lane	U	19

Cobridge Road	U	21
Davenport Street	U	23
Elder Road	U	24
Etruria Vale Road	U	27
Grove Road	V	30
Hanley Road	U	31
Heron Street	V	34
High Street	U	35
Higherland	U	37
Manor Street	V	44

Mayne Street	V	45
Moorland Road	V	48
Porthill Road	U	59
Snow Hill	V	63
Stoke Road	V	68
Strand (The)	V	69
Victoria Park Road	U	75
Victoria Place Link	V	76
Watlands View	U	77
Williamson Street	U	78

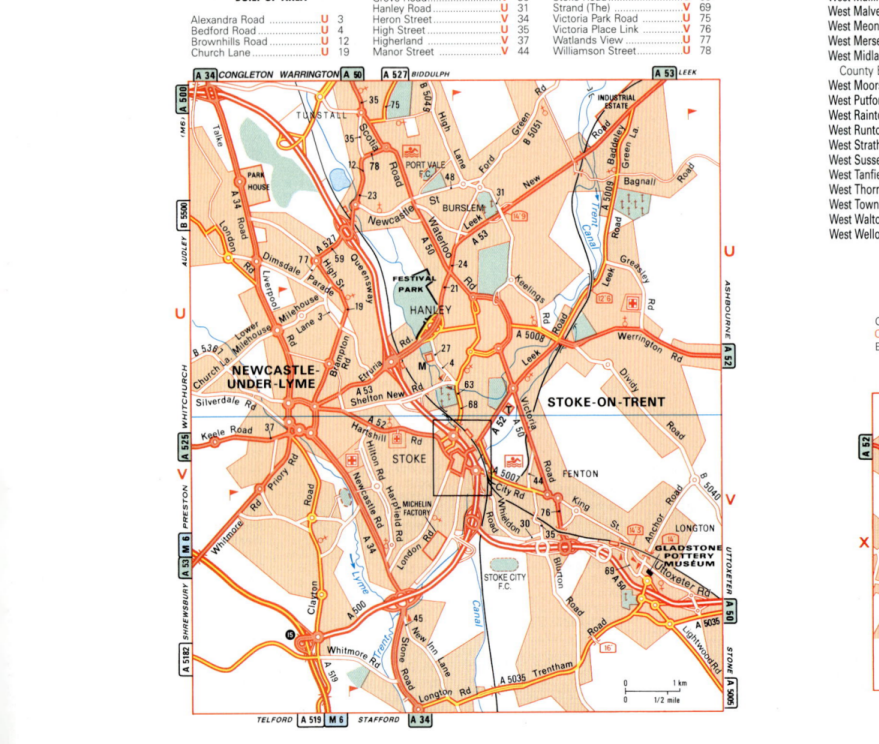

STOKE

Campbell Place	14
Church Street	
Elenora Street	26

Fleming Road	28
Hartshill Road	33
London Road	42
Shelton Old Road	62
Station Road	66
Vale Street	72

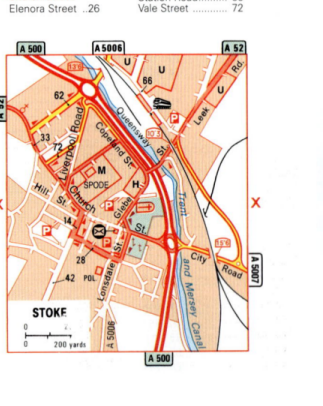

Wes - Wig

STRATFORD-UPON-AVON

Street	Grid
Banbury Road	B 2
Benson Road	B 3
Bridge Foot	B 6
Bridge Street	B 8
Chapel Lane	A 13
Chapel Street	A 14
Church Street	A 16
Clopton Bridge	B 18
College Lane	A 19
Ely Street	A 22
Evesham Place	A 24
Great William Street	A 25
Greenhill Street	A 27
Guild Street	A 28
Henley Street	A 29
High Street	A 31
Rother Street	A 32
Scholars Lane	A 33
Sheep Street	AA 35
Tiddington Road	B 38
Trinity Street	A 40
Warwick Road	A 42
Waterside	B 43
Windsor Street	A 46
Wood Street	A 47

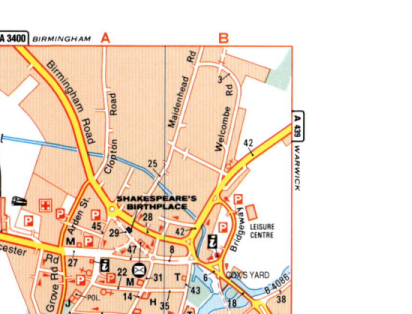

SUNDERLAND

Street	Grid
Albion Place	2
Bedford Street	4
Borough Road	5
Bridge Street	6
Chester Road	10
Crowtree Road	11
Derwent Street	12
Fawcett Street	

Street	Grid
High Street West	15
Holmeside	
John Street	16
Livingstone Road	18
New Durham Road	19
Park Lane	23
St. Mary's Way	27
Southwick Road	30
The Bridges	
Vine Place	36

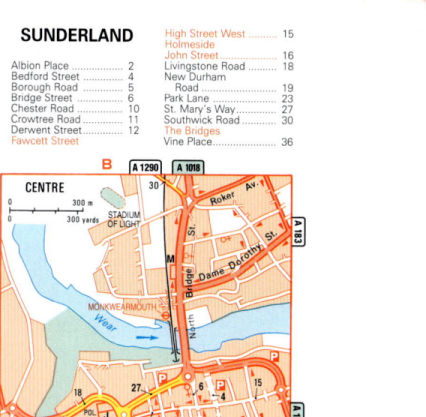

SWANSEA/ABERTAWE

Street	Grid
Alexandra Road	B 2
Belle Vue Way	B 4
Carmarthen Road	B 7
Castle Street	B 8
Christina Street	B 9

Street	Grid
Clarence Terrace	B 10
College Street	B 13
De la Beche Street	B 15
Dilwyn Street	B
East Bank Way	C 18
Grove Place	B 22
Kingsway (The)	B
Neath Road	B 25
Nelson Street	B 26
New Cut Bridge	C 27

Street	Grid
Oxford Street	B 10
Parc Tawe Shopping Centre	B 13
Princess Way	B
Quadrant Centre	B
St. David's Square	B
St. Mary's Square	B 42
Tawe Bridge	B 43
Union Street	B 47
Wellington Street	B 54
West Way	B 55

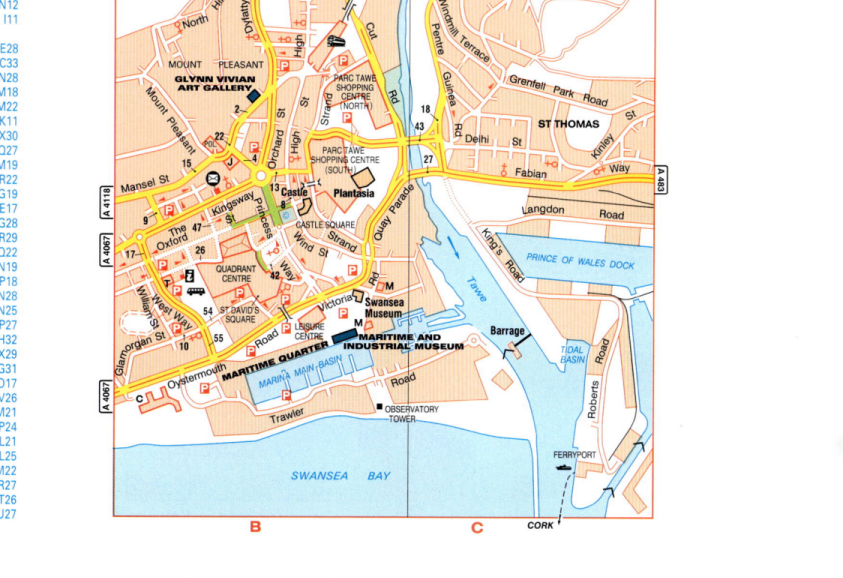

Entry	Page	Grid	Entry	Page	Grid	Entry	Page	Grid
Westfield	56	I16	Whickham	46	O19	Whitton	41	S22
Westfield	73	J8	Whimple	7	J31	Whitton (Powys)	25	K27
West Firle	11	U31	Whipsnade	18	S28	Whitton (Suffolk)	23	X27
Westgate-on-Sea	13	V29	Whissendine	36	R25	Whittonstall	46	O19
West-Grinstead	11	T31	Whissonsett	30	W25	Whitwell (Derbs.)	36	Q24
Westham	11	U31	Whitburn			Whitwell (I.O.W.)	10	Q32
West Hill	7	K31	(West Lothian)	56	I16	Whitwell-on-the-Hill	40	R21
Westhoughton	38	M23	Whitburn			Whitwick	27	P25
West-Huntspill	8	L30	(South Tyneside)	46	P19	Whitworth	39	N23
West-Lavington	9	O30	Whitby	47	S20	Whixall	34	L25
Westleton	23	Y27	Whitchurch	9	P30	Whygate	50	M18
Westmeston	11	T31	Whitchurch	16	K29	Wick (Highland)	65	A11
Westmill	20	T28	Whitchurch (Bath and N.E.			Way (Western Isles)	64	Y11
Westminster			Somerset)	17	M29	Wilboft		Q26
(London Borough)	20	T29	Whitchurch (Salop)	34	L25	Wick	16	J29
Westnewton	44	J19	Whitchurch (Bucks.)	19	R28	Wick (South Glos.)	17	M29
Weston	21	T28	Whitchurch (Devon)	3	H32	Wick (Highland)	74	K8
Weston	28	Q27	Whitchurch (Heref.			Wicken (Cambs.)	28	R27
Weston	37	T25	and Worc.)	17	M28	Wicken (Northants.)	30	U27
Weston (Devon)	7	K31	Whitchurch (Oxon.)	19	Q29	Wickenby	37	S24
Weston Favell	28	R27	White Coomb	49	K17	Wickersley	36	Q23
Weston Rhyn	34	K25	White Horse Hill	18				
Weston (Staffs.)	35	N25	White Scarcrees	38	M21			
Westonbirt	17	N29	White Waltham	19	R29			
Weston-by-Welland	28	R26	Whitebridge	67	G12			
Weston-on-the-Green	19	Q28	Whitecairns	69	N12			
Weston-on-Trent	35	P25	Whitechurch					
Weston-super-Mare	17	L29	Canonicorum	8	L31			
Weston Turville	19	R28	Whitefield	38	N23			
Weston-under-Lizard	26	N25	Whitehall	75	M6			
Weston-under-Penyard	17	M28	Whitehaven	44	J20			
Westonzoyland	8	L30	Whitehill	10	R30			
West-Overton	18	O29	Whitehills	69	M10			
West-Quantoxhead	7	K30	Whitehouse	53	D16			
Westray	74	K6	Whitehouse	69	M12			
Westruther	57	M16	Whitekirk	57	M15			
West-Stafford	8	M31	Whiten Head	72	G8			
West-Tarbert	53	D16	Whiteness Sands	67	I10			
West-Tytherely	9	P30	Whiteparish	9	P30			
Westward	44	K19	Whiterashes	69	N12			
Westward Ho	6	H30	Whitermire	67	I11			
West-Winch	30	V25	Whitesand Bay					
Westwood	17	N30	(Pembrokes)	14	E28			
Wetherall	45	L19	Whitesand Bay (Cornwall)	2	C33			
Wetherby	40	P22	Whiteshill	17	N28			
Wetheringssett	23	X27	Whiteside	50	M18			
Wethersfield	22	V28	Whitewell	38	M22			
Wetwang	41	S21	Whitewreath	68	K11			
Wey (River)	10	R30	Whitfield	13	X30			
Weybourne	31	X25	Whitfield	28	Q27			
Weybridge	20	S29	Whitfield	45	M19			
Weyhill	9	P30	Whitgift	40	R22			
Weymouth	8	M32	Whithorn	42	G19			
Whaddon	19	R28	Whiting Bay	53	E17			
Whaley Bridge	35	O24	Whitland	14	G28			
Whalley	39	M22	Whitley	19	R29			
Whalsay	75	R2	Whitley Bridge	40	Q22			
Whalton	51	O18	Whitley Chapel	45	N19			
Whaploade	29	T25	Whitley Bay	51	P18			
Whaploade Drove	29	T25	Whitminster	17	N28			
Wharfe (River)	40	O22	Whitmore	34	N25			
Wharfedale	39	O22	Whitnash	27	P27			
Whatlington	12	V31	Whitsand Bay	3	H32			
Whatstandwell	35	P24	Whitstable	13	V29			
Whauphil	42	G19	Whitstone	6	G31			
Whaw	45	N20	Whittingham	51	O17			
Wheathampstead	20	T28	Whittington	30	V26			
Wheatley (Notts.)	36	R23	Whittington	38	M21			
Wheatley (Oxon.)	19	Q28	Whittington (Derbs.)	35	P24			
Wheatley Hill	46	P19	Whittington (Lancs.)	38	L21			
Wheaton Aston	26	N25	Whittington (Salop)	34	L25			
Wheldrake	40	R22	Whittle le Woods	38	M22			
Whepstead	22	W27	Whittlebury	28	R27			
Whernside	39	M21	Whittlesey	29	T26			
Wherwell	9	P30	Whittlesford	29	U27			

Entry	Page	Grid
Wickford	21	V29
Wickham	10	Q31
Wickhambrook	22	V27
Wickham Market	23	V27
Wickwar	17	M29
Widdington	51	P18
Wide Open	51	P18
Widecombe-in-the-Moor	4	I32
Wideford Hill Cairn	74	K7
Widemouth Bay	6	G31
Widford	20	U28
Widnes	34	L23
Wigan	38	M23
Wiggenhall		
St Mary Magdalen	30	V25
Wiggonsholt	39	N21
Wight (Isle of) (County)	9	P32
Wighton	30	W25
Wigmore	21	V29
Wigmore	26	L27

146 Wig - Yed

SWINDON

Beckhampton Street Y 3
Bridge Street Y 7
Brunel Shopping Centre YZ
Canal Walk Y 9
Cricklade Street Z 13
Cross Street Z 15
Deacon Street Z 16
Dryden Street Z 19
Edmund Street Z 21
Faringdon Road Y 22
Farnsby Street YZ 24
High Street Z 27
Islington Street Y 29
London Street Y 31
Milton Road YZ 33
North Star Avenue Y 37
North Street Z 39
Ocotal Way Y 40
Prospect Hill Z 45
Regent Street YZ 46
Sheppard Street Y 49
South Street Z 52
Southampton Street Y 54
Spring Gardens Y 55
The Parade Y 58
Upham Road Z 60
Warwick Road Z 63
Wood Street Z 67

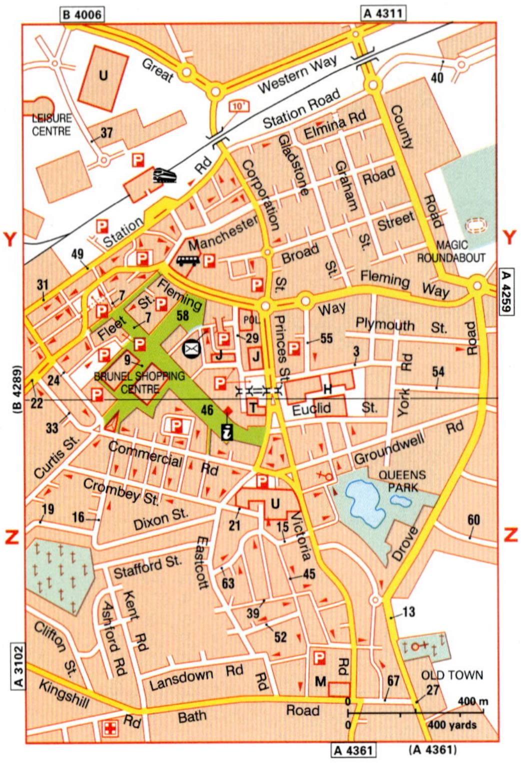

Wigston 28 Q26
Wigton 44 K19
Wigtown 42 G19
Wigtown Bay 43 H19
Wilberfoss 40 R22
Wilcot 18 O29
Wild Animal Kingdom 19 S28
Wilkhaven 67 I10
Wilkieston 56 J16
Willand 7 J31
Willenhall 27 N26
Willenhall 27 P26
Willerby 41 S22
Willersey 27 O27
Willingdon 11 U31
Willingham 29 U27
Willingham Forest 37 T23
Willington (Beds.) 29 S27
Willington (Derbs.) 35 P25
Willington (Durham) 46 O19
Williton 7 K30
Willoughby 28 Q27
Wilmcote 27 O27
Wilmington (East Essex) 11 U31
Wilmington (Kent) 20 U29
Wilmslow 34 N24
Wiloughby 37 U24
Wilpshire 39 M22
Wilsford 36 S25
Wilstead 29 S27
Wilton 9 O30
Wiltshire (County) 9 O30
Wimbledon 20 T29
Wimblington 29 U26
Wimborne Minster 9 O31
Wimborne St Giles 9 O31
Wincanton 8 M30
Wincham 34 M24
Winchburgh 56 J16
Winchcombe 18 O28
Winchelsea 12 W31
Winchester 10 P30
Winchfield 10 R30
Wincle 35 N24
Windermere 45 L20
Windhill 67 G11
Windlesham 19 S29
Windrush 18 O28
Windrush (River) 18 O28
Windsor 19 S29
Windsor Great Park 19 S29
Windygates 56 K15
Winestead 41 T22
Winfarthing 31 X26
Winford 17 M29
Winforton 25 K27
Winfrith Newburgh 8 N32
Wing 19 R28
Wingate 46 P19
Wingerworth 35 P24
Wingfield 35 P24
Wingham 13 X30
Wingrave 19 R28
Winkfield 19 R29
Winkleigh 6 I31
Winksley 39 P21
Winmarleigh 38 L22
Winnersh 19 R29
Winscombe 17 L30
Winsford (Cheshire) 34 M24
Winsford (Somerset) 7 J30
Winsham 8 L31
Winshill 35 P25
Winslow 19 R28
Winster 35 P24
Winster 45 L20
Winston 46 O20
Winstone 18 N28
Winterborne Kingston 8 N31
Winterborne Stickland 8 N31
Winterborne Whitechurch 8 N31
Winterbourne 17 M29
Winterbourne Dauntsey 9 O30
Winterbourne Monkton 18 O29
Winterbourne Abbas 8 M31
Winterbourne Stoke 9 O30
Winteringham 41 S22
Winterton 41 S23
Winterton-on-Sea 31 Z25
Winton 45 N20
Wintringham 41 S21
Winwick 29 S26
Wirksworth 35 P24
Wirral 34 K24
Wisbech 29 U25
Wisbech-Saint-Mary 29 U26
Wisborough Green 10 S30
Wishaw 55 I16
Wisley 20 S30
Wissey (River) 30 V26
Wistanstow 26 L26
Wistanswick 34 M25
Wistaston 34 M24
Wiston 14 F28
Wiston 49 J17
Wistow 40 Q22
Witchampton 9 N31
Witchford 29 U26
Witham 22 V28
Witham Friary 8 M30
Witham (River) 37 T24
Witheridge 7 I31
Withern 37 U24
Withernsea 41 U22
Withernwick 41 T22
Withington 18 O28
Withington 26 M27
Withnell 38 M22
Withworth 39 N22
Withycombe 4 J32
Withypool 7 J30
Witley 10 S30
Witney 18 P28
Witsome 57 N16
Wittering 28 S26
Wittersham 12 W30
Witton le Wear 46 O19
Wiveliscombe 7 K30
Wivelsfield 11 T31
Wivenhoe 22 W28
Woburn 19 S28
Woburn Abbey 19 S28
Woburn Sands 19 S27
Woking 19 S30
Wokingham 19 R29
Wold Newton 37 T23
Woldingham 20 T30
Wollaston 28 S27
Wollaton Hall 36 Q25
Wolsingham 46 O19
Wolston 27 P26
Wolvercote 19 Q28
Wolverhampton 27 N26
Wolverton 28 R27
Wolvey 27 P26
Wolviston 46 Q20
Wombleton 47 R21
Wombourn 27 N26
Wombwell 40 P23
Womersley 40 Q22
Wonersh 10 S30
Wood Dalling 31 X25
Woodborough 36 Q24
Woodbridge 23 X27
Woodbury 7 J31
Woodchurch 12 W30
Woodcote 19 Q29
Woodford 74 J5
Woodford Halse 28 Q27
Woodhall Spa 37 T24
Woodham Ferrers 21 V29
Woodhouse 35 P23
Woodhouse Eaves 28 Q25
Woodingdean 11 T31
Woodland 46 O20
Woodlands 9 O31
Woodley 19 R29
Woodnesborough 13 X30
Woodseaves 34 N25
Woodsetts 36 Q23
Woodsford 8 M31
Woodstock 18 P28
Woodton 31 Y26
Woody Bay 6 I30
Wookey 8 L30
Wookey Hole 8 L30
Wool 8 N31
Woolacombe 6 H30
Wooler 51 N17
Woolfardisworthy 6 G31
Woolhampton 19 Q29
Woolpit 23 X27
Woolpit 22 W27
Woolsthorpe 36 R25
Wooperton 51 O17
Woore 34 M25
Wootton 28 R27
Wootton 28 S27
Wootton Brige 10 Q31
Wootton Rivers 18 O29
Wootton Bassett 18 O29
Wootton Courtenay 7 J30
Wootton-Wawen 27 O27
Worcester 26 N27
Worcester(County) 26 N27
Workington 44 J20
Worksop 36 Q24
Worle 17 L29
Wormbridge 17 L28
Wormingford 22 W28
Worminghall 19 Q28
Wormit 56 L14
Worms Head 15 H29
Wormsley 26 L27
Worplesdon 10 S30
Worsbrough 40 P23
Worsley 39 M23
Worsthorne 39 N22
Worth Matravers 9 N32
Worthen 26 L26
Worthenbury 34 L24
Worthing 11 S31
Wortley 35 P23
Worton 18 N30
Wortwell 31 Y26
Wotton-under-Edge 17 M29
Wrafton 6 H30
Wragby 37 T24
Wragby 40 P23
Wrangle 37 U24
Wrawby 41 S23
Wray 38 M21
Wrea Green 38 L22
Wreay 45 L19
Wrecsam / Wrexham 34 L24
Wrekenton 46 P19
Wremtham 31 Z26
Wrenbury 34 M24
Wrestlingworth 29 T27
Wrexham / Wrecsam 34 L24
Wrington 17 L29
Writtle 22 V28
Wroot 40 R23
Wrotham 20 U30
Wroughton 18 O29
Wroxall 10 Q32
Wroxham 31 Y25
Wroxton 27 P27
Wyberton 37 T25
Wyche 26 M27
Wye 12 W30
Wye (River) 17 M28
Wykeham 47 S21
Wylam 51 O19
Wylye 9 O30
Wymeswold 36 Q25
Wymondham (Leics.) 36 R25
Wymondham (Norfolk) 31 X26
Wyre 74 L6
Wysall 36 Q25
Wyvis Lodge 67 G10

Y

Y-Fenni / Abergavenny 17 L28
Y Ffor 32 G25
Y Llethr 32 I25
Yafforth 46 P20
Yalding 12 V30
Yapton 10 S31
Yardley Gobion 28 R27
Yardley Hastings 28 R27
Yare (River) 30 W26
Yarm 46 P20
Yarmouth 9 P31
Yarnton 19 Q28
Yarrow 50 K17
Yate 17 M29
Yateley 19 R29
Yatton 17 L29
Yatton Keynell 17 N29
Yaxham 30 W26
Yaxley 29 T26
Yeadon 39 O22
Yealand Conyers 38 L21
Yealmpton 4 I32
Yedingham 41 S21

WARWICK

Bowling Green Street Y 9
Brook Street Y 12
Butts (The) Y 13
Castle Hill Y 15
Church Street Y 17
High Street Y 23
Jury Street Y
Lakin Road Y 25
Linen Street Y 26
Market Place Y 29
North Rock Y 32
Old Square Y 35
St. John's Road Y 42
St. Nicholas Church Street Y 43
Smith Street Y
Swan Street Y 46
Theatre Street Y 48
West Street Y 50

A COLLEGIATE CHURCH OF ST. MARY WARWICK
B LORD LEYCESTER HOSPITAL

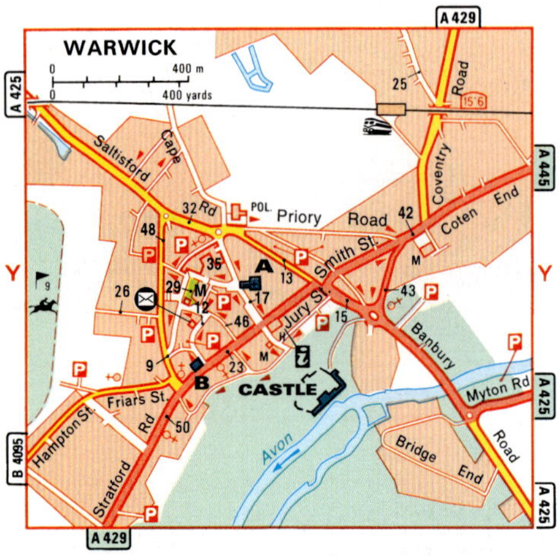

WINCHESTER

Andover Road 3
Bridge Street 6
Broadway (The) 7
Brooks Shopping Centre 8
City Road 10
Clifton Terrace 12
East Hill 15
Eastgate Street 16
Friarsgate 19
High Street
Magdalen Hill 23
Middle Brook Street 24
St. George's Street 32
St. Paul's Hill 33
St. Peter's Street 34
Southgate Street 35
Stockbridge Road 37
Sussex Street 38
Union Street 39
Upper High Street 40

A GOT BEGOT HOUSE
B WINCHESTER COLLEGE
D CASTLE GREAT HALL

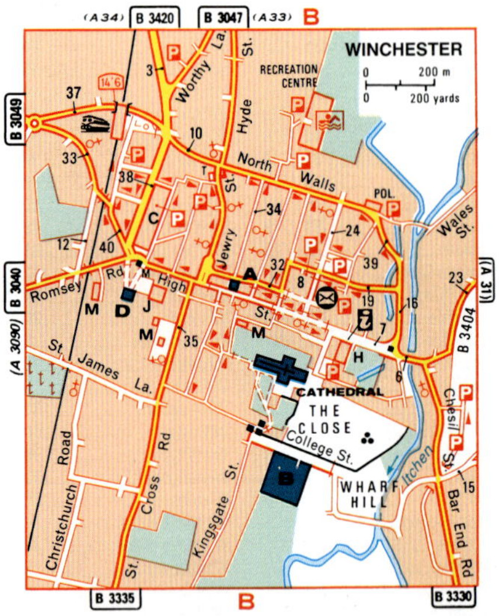

Yel - Zen

Yelden	28	S27	
Yell	75	O1	
Yelvertoft	28	Q26	
Yelverton	4	H32	
Yeolmbridge	3	G32	
Yeovil	8	M31	
Yeovilton	8	M30	
Yesnaby	74	J6	
Yetminster	8	M31	
Yetts o' Muckhart	56	J15	
Yielden	28	S27	
Ynysddu	16	K29	
Ynys Lochtyn	24	G27	
Ynysybwl	16	J29	
Yockenthwaite	39	N21	
Yockleton	26	L25	
York	40	Q22	
Yorkletts	13	X30	
Yorkley	17	M28	
Yorkshire Dales			
National Park	45	N21	

Yorkshire

Wolds	41	S21
Youlgreave	35	O24
Yoxall	35	O25
Yoxford	23	Y27

Yr Wyddgrug /

Mold	33	K24
Ysbyty Ifan	33	I24
Ystalylfera	15	I28
Ystrad-Aeron	24	H27
Ystrad Mynach	16	K29
Ystradgynlais	15	I28
Ystradowen	16	J29
Ystwyth (River)	24	I26

Z

Zennor	2	D33

WINDSOR

Bexley Street	Z 2	Clewer Court Road	Z 8	Peascod Street	Z 19
Castle Hill	Z 4	Datchet Rd	Z 9	River Street	Z 22
Charles Street	Z 5	Goswell Road	Z 10	Stovell Road	Z 23
Claremont Road	Z 6	Grove Road	Z 12	Thames Avenue	Z 24
Clarence Crescent	Z 7	High Street	Z 13		
		Keats Lane	Z 17	Trinity Place	Z 25
		King Edward's		Sheet Street	Z 27
		Court Centre	Z	Windsor Bridge	Z 28

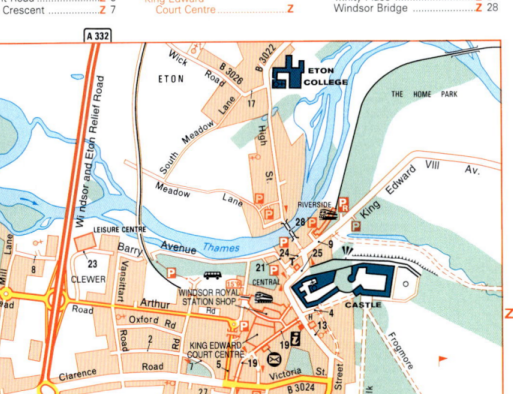

WOLVERHAMPTON

Cleveland Street	B 7	Lichfield Street	B 12	Railway Drive	B 20
Darlington Street	B	Mander Centre	B	Salop Street	B 22
Garrick Street	B 8	Market Street	B 14	School Street	B 25
		Princess Street	B 15	Victoria Street	B
		Queen Square	B 17	Wulfrun Centre	B

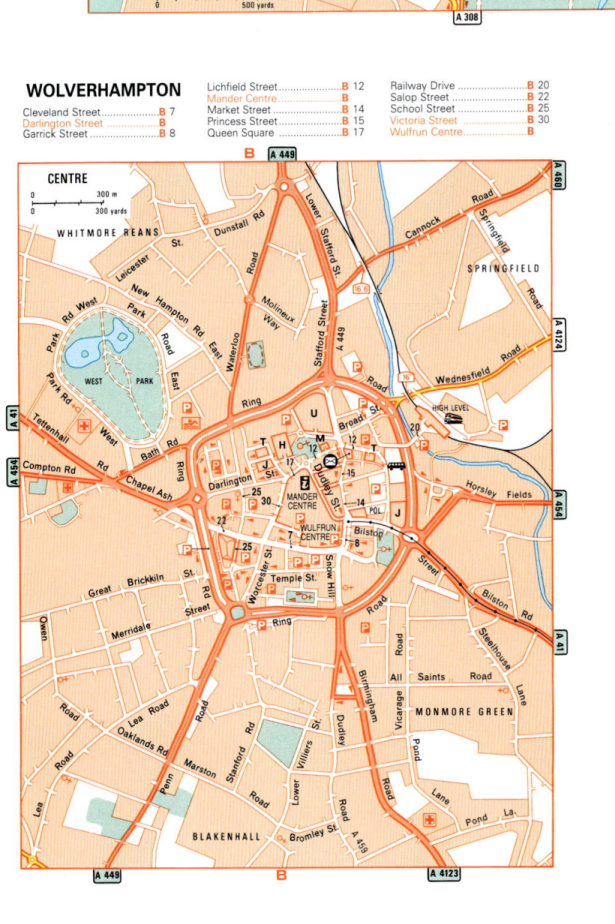

YORK CENTRE

Bishopgate Street	CZ 3	Duncombe Place	CY 20	Queen Street	CZ 49
Bishopthorpe Senior	CZ 4	Fawcett Street	DZ 21	St. Leonard's	
Blake Street	CY 5	Fetter Lane	CY 22	Place	CY 52
Church Street	DY 8	Goodramgate	DY 25	St. Maurice's	
Clifford Street	DY 10	High Ousegate	DY 26	Road	DXY 53
Colliergate	DY 12	High Petergate	CY 28	Shambles (The)	DY 54
Coppergate		Leeman Road	CY 30	Station Road	CY 55
Cromwell Road	CZ 15	Lendal	CY 32	Stonebow (The)	DY 56
Davygate	CY 16	Lord Mayor's Walk	DX 33	Stonegate	DY 58
Deangate	DY 18	Low Petergate	DY 35	Tower Street	DY 59
		Museum Street	CY 39		
		Parliament Street	DY 42		
		Pavement	DY 43		
		Peasholme Green	DY 46		
		Penley's Grove			
		Street	DX 46		

A FAIRFAX HOUSE
M¹ JORVIK VIKING CENTRE
M² CASTLE MUSEUM

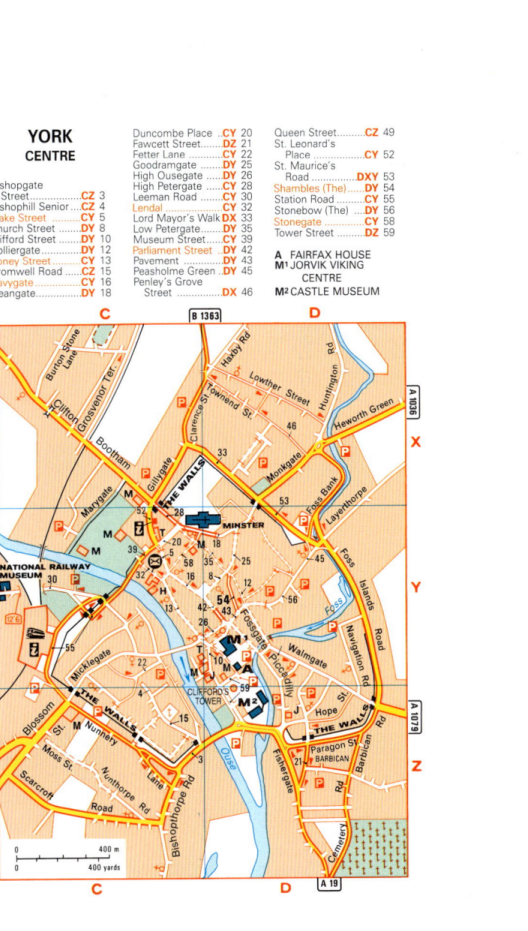

148 A - Awb

Ireland

A

Aasleagh 94 C7
Abbert 89 F7
Abbey 90 G8
Abbeydorney 83 C10
Abbeyfeale 83 E10
Abbeylara 92 J6
Abbeyleix / Mainistir Laoise 85 J9
Abbeyshrule 92 J7
Abington 84 G10
Achill 94 C6
Achill Head 94 B6
Achill Island 94 B6
Achill Sound 94 C6
Achillbeg Island 94 C6
Achonry 96 G5
Aclare 95 F5
Acoose (Lough) 76 C11
Adamstown 80 L10
Adare 84 F10
Adrigole 76 C12
Aghaboe 85 J9
Aghabullogue 78 F12
Aghada 78 H12
Aghadiffin 95 F6
Aghadoe 77 D11
Aghadoon 94 B5
Aghadowey 102 M2
Aghagallon 99 N4
Aghagower 95 D6
Aghalane 74 J5
Aghalee 99 N4
Aghamore (Leitrim) 96 I6
Aghamore (Mayo) 95 F6
Aghamuck 90 H6
Aghavannagh 87 M9
Aghavas 97 I6
Aghaville 77 D13
Aghinlig 98 M4
Aghla Mountain 100 H3
Aghleam 94 B5
Aghnablaney 97 I4
Aghnacliff 97 J6
Aghnamullen 98 L5
Aghowle 81 M9
Agivey 102 M2
Aglish 79 I11
Aglish (Tipperary) 85 H8
Agnew's Hill 103 O3
Ahakista 77 D13
Ahalia (Loughs) 88 D7
Ahascragh 90 G7
Ahenny 85 J10
Aherla 78 F12
Aherlow 84 H10
Aherlow (Glen of) 84 H10
Ahoghill 102 M3
Aillwee Cave 89 E8
Ailt an Chorráin / Burtonport 100 G3
Aird Mhór / Ardmore 79 I12
Akeragh Lough 82 C10
Aldergrove 99 N4
Allaghaun 83 E10
Allen 86 L8
Allen (Bog of) 86 K8
Allen (Lough) 96 H5
Allenwood 86 L8
Allihies 76 B13
Allistragh 98 L4
Alloon Lower 90 G7
Allow 83 F11
Allua (Lough) 77 E12
Altagowlan 96 H5
Altan Lough 100 H2
Altnamackan 74 M5
Altnapaste 101 I3
An Blascaod Mór / Blasket Islands 82 A11
An Bun Beag / Bunbeg 100 H2
An Caisleán Nua / Newcastle West 83 E10
An Caisleán Riabhach / Castlerea 96 G6
An Chathair / Caher 85 I10
An Cheathrú Rua / Carraroe 88 D8
An Chloich Mhóir / Cloghmore 94 C6
An Clochán / Clifden 88 B7
An Clochán / Cloghan (Donegal) 100 I3
An Clochán Liath / Dunglow 100 G3
An Cloigeann / Cleegan 88 B7
An Cóbh / Cobh 78 H12
An Coimín / Commeen 100 I3
An Coireán / Waterville 76 B12
An Corrán / Currane 94 C6
An Creagán / Mount Bellew 90 G7
An Daingean / Dingle 82 B11
An Dúchoraidh / Doocharry 100 H3
An Fál Carrach / Falcarragh 100 H2
An Fhairche / Clonbur 89 D7
An Geata Mór 94 B5
An Gleann Garbh / Glengarriff 77 D12
An Gort / Gort 89 F8
An Gort Mór / Gortmore 88 D7
An Leacht / Lahinch 89 D9
An Longfort / Longford 90 I6
An Mám / Maam Cross 88 D7
An Mhala Raithní / Mulrany 94 C6
An Móta / Moate 90 I7
An Muileann gCearr / Mullingar 92 J7
An Nás / Naas 87 M8
An Ráth / Charleville 84 F10
An Ráth / Rath Luirc (Charleville) 84 F10
An Ros / Rush 93 N7
An Sciobairín / Skibbereen 77 E13
An Seanchaisleán / Oldcastle 92 K6
An Spidéal / Spiddal 89 E8
An tAonach / Nenagh 84 H9
An Teampall Mór / Templemore 85 I9
An Tearmann / Termon 101 I2
An tInbhear Mór / Arklow 81 N9
An Tulach / Tullow 80 L9
An Uaimh / Navan 93 L7
Anahilt 99 N4
Anascaul 82 B11
Anayalla 98 L5
Anglesborough 84 H10
Anglesey Bridge 84 H9
Annacarriga 84 G9
Annacarty 84 H10
Annaclone 99 N5
Annacloy 99 O4
Annacotty 84 G9
Annadorn 99 O5
Annagary 100 H2
Annagassan 93 M6
Annageeragh (River) 83 D9
Annagh Head 94 B5
Annagh Island 94 C6
Annaghdown 89 E7
Annaghmore Lough 90 H6
Annalee 97 J5
Annalong 99 O5
Annamoe 87 N8
Annes Grove Gardens 78 G11
Annestown 80 K11
Annfield 85 I9
Annie Brady Bridge 94 C5
Annsborough 99 O5
Antrim 103 N3
Antrim (County) 102 M3
Antrim (Glens of) 103 N2
Antrim Mountains 103 N2
Anure (Lough) 100 H3
Araglin 78 H11
Árainn Mhór / Aran or Aranmore Island 100 G2
Aran Islands / Oileáin Árainn 88 C8
Archdale (Castle) 97 I4
Archerstown 92 K7
Ard 88 C8
Ardagh 83 E10
Ardagh (Donegal) 101 J3
Ardan 86 J8
Ardanairy 87 N9
Ardanew 92 L7
Ardara 100 G3
Ardattin 81 L9
Ardboe 98 M4
Ardcath 93 M7
Ardcloon 89 F7
Ardcrony 84 H9
Ardea 76 C12
Arderin 85 J8
Ardfert 82 C11
Ardfield 77 F13
Ardfinnan 79 I11
Ardgehane 77 F13
Ardglass 78 H11
Ardgroom 76 C12
Ardgroom Harbour 76 C12
Ardlea 85 J9
Ardlougher 97 J5
Ardmillan 99 O4
Ardmoney 74 J5
Ardmore 102 K3
Ardmore (Galway) 88 C8
Ardmore Point 87 N9
Ardmore Point (Antrim) 99 N4
Ardmore Point (Armagh) 98 M4
Ardmorney 92 J7
Ardmoy 96 G6
Ardnagreevagh 94 B7
Ardnasodan 89 F7
Ardpatrick 84 G10
Ardrahan 89 F8
Ardreagh 102 M2
Ardress House 98 M4
Ards Forest Park 101 I2
Ardscull 86 L8
Ardshankill 97 I4
Ardstraw 101 J3
Argideen 77 F13
Argory (The) 98 M4
Arigna 96 H5
Arinagh 95 F5
Arless 86 K9
Armagh 98 M4
Armaghbrague 74 M5
Armoy 103 N2
Arney 97 I5
Arra Mountains 84 G9
Arrow (Lough) 96 H5
Arryheernabin 101 J2
Artane 93 N7
Arthurstown 80 L11
Articlave 102 L2
Artigarvan 101 J3
Arvagh 97 J6
Ashbourne 93 M7
Ashford 87 N8
Ashford (Limerick) 83 E10
Ashford Castle 89 E7
Ashleam Bay 94 B6
Ashton 77 F12
Askamore 81 M9
Askanagap 87 M9
Askeaton 83 F10
Askill 96 H4
Astee 83 D10
Atedaun (Lough) 89 E9
Ath Cinn / Headford 89 E7
Athassel Abbey 85 I10
Athboy 92 L7
Athea 83 E10
Athgarvan 86 L8
Athlacca 84 G10
Athleague 90 H7
Athnid 85 I9
Athy / Baile Átha Í 86 L9
Atlantic Drive (The) 94 C6
Atorick (Lough) 84 G8
Attanagh 85 J9
Attavally 94 C5
Attical 99 N5
Attymass 95 E5
Attymon 89 G8
Aucloggen 89 F7
Aughacasla 82 C11
Aughagault 101 I3
Aughamullan 98 M4
Augher 97 K4
Aughils 82 C11
Aughinish 89 E8
Aughinish Island 83 E10
Aughkeely 101 I3
Aughnacleagh 102 M3
Aughnacloy 98 L4
Aughnanure Castle 89 E7
Aughnasheelan 96 I5
Aughrim (Galway) 90 H8
Aughrim (Wicklow) 87 N9
Aughris 95 F5
Aughris Head 95 F5
Aughrus More 88 B7
Avoca 87 N9
Avoca (River) 81 N9
Avoca (Valle of) 87 N9
Avonbeg 87 M9
Avondale Forest Park 87 N9
Avonmore (River) 87 N9
Awbeg 78 G11

LONDONDERRY
LARNE
CARRICKFERGUS
BANGOR
NEWTOWNARDS
COMBER
DOWNPATRICK, NEWCASTLE
ENNISKILLEN, DUBLIN
LISBURG
CRAIGAVON
BELFAST AIRPORT
54°40
BELFAST
NEWTOWNABBEY
Holywood
LISBURN
ANTRIM
NORTH-DOWN
CASTLEREAGH
BELFAST LOUGH
Belfast Zoological Gardens
BELFAST CITY AIRPORT
Transport Museum
The Ulster Folk Museum
Cultra
Craigavad
Greenisland
Jordanstown
Whiteabbey
Monkstown
Mossley
Carnmoney
Glengormley
Rathcoole
Whitehouse
Greencastle
Mallusk
Hyde Park
Millbank
Cave Hill
Belfast Castle
Squires Hill
Fortwilliam
Ballysillan
Skegoneill
Legoniel
Oldpark
Ardoyne
Cliftonville
Ballygomartin
Woodvale
Shankill
Divis
Black Mountain
Whiterock
Falls
City Hall
Hannahstown
Black Hill
Queen's University
Ulster Museum
Botanic Gardens
Milltown
Andersonstown
Suffolk
Ladybrook
Poleglass
Balmoral
Finaghy
Taughmonagh
Malone
Stranmillis
Windsor
Ballynafeigh
Rosetta
Cregagh
Ormeau
Willowfield
Castlereagh
Bloomfield
Orangefield
Ballyhackmore
Ballymacarrett
Victoria Park
Sydenham
Belmont
Stormont
Parliament House
Dundonald
Tullycarnet
Gilnahirk
Shandon
Braniel
Knocknagoney
Redburn
Crons Hill
Craigantlet
Crossnacreevy
Gransha
Lisleen
Moneyreagh
Newtownbreda
Belvoir Park Forest
Belvoir
Purdysburn
Giants Ring
Lagan Valley Regional Park
Upper Malone
Drumbeg
Lambeg
Derryaghy
Dunmurry
Twinbrook
Ballylesson
Liverpool
Stranraer
Douglas (Isle of Man)
Heysham
Ulster Way

Bag - Bal 149

BELFAST
200 m
200 yards
A 52
A 6
B
A 2
M 2
Crumlin Rd
Westlink
CLIFTON HOUSE
15
Frederic St
Great
George's St
Donegall
Nelson St
SINCLAIR SEAMEN'S CHURCH
16
M 3
Corporation
32
LAGAN
X
Peters Hill
Carrick Hill
York
ST ANNE'S CATHEDRAL
North
Av
Street
Royal
19
3
42
54
28
WEIR
(A 2, A 20)
Townsend St
Millfield
CASTLECOURT SHOPPING CENTRE
19
40
44
12
A 501
A 2
A 20
Divis St
Street
Castle
St
Castle Pl
Donegall Pl
St
41
5
POL.
Belfast Waterfront Hall
Westlink
Durham
College Sq
55
20
CITY HALL
Chichester St.
Victoria
Royal Courts of Justice
Y
A 12
(M1)
Grosvenor Road
20
-20
May St
Oxford St
St George's Market
A 23
B 38
Opera
29
Bedford
Adelaide
Alfred
Street
23
GREAT VICTORIA
CROWN LIQUOR SALOON
Great Victoria Street
ST MALACHY'S CHURCH
Cromac
St
Street
Bruce St.
Ormeau Av.
Road
Sandy Row
Victoria St.
Dublin
Ormeau
Donegall Pass
Z
M 1
Donegall Road
CITY HOSPITAL
9
BOTANIC
T
Road
Botanic Av.
Road
Lisburn Road
University Road
University Street
A 1
A 55
A 24

BELFAST

Albert Square	BX	3
Ann Street	BY	5
Belmont Road	BZ	7
Bradbury Place	BZ	9
Bridge Street	BY	12
Castlecourt Shopping Centre	BXY	
Castle Place	BY	
Clifton Street	BX	15
Corporation Square	BX	16
Donegall Place	BY	
Donegall Quay	BXY	19
Donegall Square	BY	20
High Street	BXY	28
Howard Street	BY	29
Ladas Drive	BY	31
Lagan Bridge	BX	32
Queen Elizabeth Bridge	BY	40
Queen's Bridge	BY	41
Queen's Square	BX	42
Rosery Street	BY	44
Royal Avenue	BXY	
Waring Street	BX	54
Wellington Place	BY	55

B

Baginbun Head 80 L11
Baile an Fheirtéaraigh / Ballyferriter 82 A11
Baile an Mhóta / Ballymote 96 G5
Baile an Róba / Ballinrobe 89 E7
Baile an Sceilg / Ballinskelligs 76 B12
Baile Átha an Rí / Athenry 89 F8
Baile Átha Cliath / Dublin 87 N8
Baile Átha Fhirdhia / Ardee 93 M6
Baile Átha Luain / Athlone 90 I7
Baile Átha Troim / Trim 93 L7
Baile Brigín / Balbriggan 93 N7
Baile Chláir / Claregalway 89 F7
Baile Locha Riach / Loughrea 90 G8
Baile Mhic Andáin / Thomastown 80 K10
Baile Mhistéala / Mitchelstown 78 H11
Baile na Finne / Fintown 100 H3
Baile na Lorgan / Castleblayney 98 L5
Baile Uí Fhiacháin / Newport 95 D6
Baile Uí Mhatháin / Ballymahon 90 I7
Baileysmill 99 O4
Baldoyle 93 N7
Balla 95 E6
Ballaba 89 F8
Ballagan Point 99 N5
Ballagh 74 J5
Ballagh (Galway) 89 F7
Ballagh (Limerick) 83 E10
Ballagh (near Curraghroe) 90 H6
Ballagh (near Nahara) 90 H7
Ballagh (Tipperary) 85 I10
Ballagh (Neck of the) 100 G3
Ballaghaderreen / Bealach an Doirín 96 G6
Ballaghbeama Gap 76 C12
Ballaghbehy 83 E10
Ballaghisheen Pass 76 C12
Ballaghkeen 81 M10
Ballaghmore 85 I9
Ballaghnatrillick 96 G4
Ballard 81 M9
Ballardiggan 89 F8
Balleen 85 J9
Ballickmoyler 86 K9
Balligan 75 P4
Ballina / Béal an Átha 95 E5
Ballina (Tipperary) 84 G9
Ballinaboy 88 B7
Ballinabrackey 92 K7
Ballinabranagh 80 L9
Ballinaclash 87 N9
Ballinacor 87 N9
Ballinadee 78 G12
Ballinafad 96 G5
Ballinafad (Galway) 88 C7
Ballinagar 86 J8
Ballinagleragh 96 H5
Ballinakill 86 K9
Ballinalack 92 J7
Ballinalea 87 N8
Ballinalee 92 J6
Ballinamallard 97 J4
Ballinamara 85 J9
Ballinameen 96 H6
Ballinamore Bridge 90 G7
Ballinamuck 97 I6
Ballinascarty 77 F12
Ballinaspick 79 I11
Ballinclashet 78 G12
Ballinclea 87 M9
Ballincloher 83 C10
Ballincollig 78 G12
Ballincrea 80 K11
Ballincurrig 78 H12
Ballindaggan 81 L10
Ballinderreen 89 F8
Ballinderry 98 M4
Ballinderry 84 H8
Ballinderry (Wicklow) 87 N9
Ballinderry Bridge 98 M4
Ballindine 95 F6
Ballindrait 101 J3
Ballineanig 82 A11
Ballineen 77 F12
Ballingarrane 83 F10
Ballingarry (Galway) 85 H8
Ballingarry (Limerick) 84 F10
Ballingarry (Tipperary) 85 J10
Ballingeary / Béal Átha an Ghaorthaidh 77 E12
Ballingurteen 77 E12
Ballinhassig 78 G12
Ballinkillin 80 L10
Ballinlea 102 M2
Ballinleeny 84 F10
Ballinloghig 82 B11
Ballinlough 90 G6
Ballinlough (Meath) 92 K6
Ballinluska 78 H12
Ballinruan 84 F9
Ballinskelligs Bay 76 B12
Ballinspittle 78 G12
Ballintober (Roscommon) 90 G6
Ballintogher 96 G5
Ballintotty 84 H9
Ballintoy 102 M2
Ballintra 100 H4
Ballintra (near Leabgarrow) 100 G3
Ballintubber 95 E6
Ballinunty 85 I10
Ballinure 85 I10
Ballinure (River) 90 H8
Ballinvarry 80 L10
Ballitore 86 L8
Ballivor 92 L7
Ballon 80 L9
Balloo Cross Roads 99 O4
Balloor 96 G4
Balloughter 81 M10
Ballure 96 H4
Ballvengland 84 F10
Ballyagran 84 F10
Ballyallinan 83 F10
Ballyalton 75 P5
Ballyard 97 J4
Ballybannon 80 L9
Ballybay 98 L5
Ballybay (near Castelblayney) 98 L5
Ballybeg 79 I11
Ballyboghil 93 N7
Ballybogy 102 M2
Ballyboley Forest 103 O3
Ballyboy 90 I8
Ballybrack (Dublin) 87 N8
Ballybrack (Kerry) 76 B12
Ballybrittas 86 K8
Ballybrommel 80 L9
Ballybrood 84 G10
Ballybrophy 85 J9
Ballybryan 92 K7
Ballybunnion 83 D10
Ballycahill 85 I9
Ballycallan 85 J10
Ballycanew 81 N10
Ballycarney 81 M10
Ballycarry 103 O3
Ballycastle (Antrim) 103 N2
Ballycastle (Mayo) 95 D5
Ballycastle Bay 103 N2
Ballyclare (Antrim) 103 N3
Ballyclare (Roscommon) 90 I6
Ballyclerahan 85 I10
Ballyclery 89 F8
Ballyclough 78 F11
Ballycolla 85 J9
Ballycommon 84 H9
Ballyconneely 88 B7
Ballyconneely Bay 88 B7
Ballyconnell 97 J5
Ballyconnell (Sligo) 96 G4
Ballycorick 83 E9
Ballycotton 78 H12
Ballycotton Bay 78 H12
Ballycrossaun 90 H8
Ballycrovane Harbour 76 C12
Ballycroy 94 C5
Ballycuirke Lough 89 E8
Ballycullane 80 L11
Ballycullen 87 N8
Ballycumber 91 I8
Ballydangan 90 H7
Ballydavid 82 A11
Ballydavid (Galway) 90 G8
Ballydavid Head 82 A11
Ballydavis 86 K8
Ballydehob 77 D13
Ballydesmond 83 E11
Ballydonegan 76 B13
Ballydonegan Bay 76 B13
Ballyduff (Dingle) 82 B11
Ballyduff (Kerry) 83 D10
Ballyduff (Waterford) 78 H11
Ballyduff (Wexford) 81 M10
Ballyeaston 103 O3
Ballyeighter Loughs 89 F9
Ballyfad 81 N9
Ballyfair 86 L8
Ballyfarnagh 95 F6
Ballyfarnan 96 H5
Ballyfasy 80 K10
Ballyfeard 78 G12
Ballyferis Point 75 P4
Ballyfin 86 J8
Ballyfinboy 84 H8
Ballyforan 90 H7
Ballyfore 86 K8
Ballyfoyle 80 K9
Ballygalley 103 O3
Ballygalley Head 103 O3
Ballygar 90 H7
Ballygarrett 81 N10
Ballygarries 95 E6
Ballygarvan 78 G12
Ballygawley (Sligo) 96 G5
Ballygawley (Tyrone) 97 K4
Ballyglass (near Cornanagh) 95 E6
Ballyglass (near Kilmovee) 96 G6
Ballygorman 102 K1
Ballygowan (near Belfast) 99 O4
Ballygowan (near Greencastle) 99 N5
Ballygriffin 85 I10
Ballyhack 80 L11
Ballyhacket 86 L9
Ballyhaght 84 G10
Ballyhahill 83 E10
Ballyhaise 97 K5
Ballyhale 80 K10
Ballyhale (Galway) 89 E7
Ballyhar 77 D11
Ballyhaunis / Béal Átha hAmhnais 95 F6
Ballyhean 95 E6
Ballyhear 89 E7
Ballyheelan 92 J6
Ballyheerin 101 I2
Ballyheige 82 C10
Ballyheige Bay 82 C10
Ballyhillin 102 J1
Ballyhoe Lough 93 L6
Ballyhoe Bridge 103 N2
Ballyhoge 81 M10
Ballyhooly 78 G11
Ballyhornan 75 P5
Ballyhoura Mountains 78 G11
Ballyhuppahane 86 J8
Ballyjamesduff 92 K6
Ballykean 86 K8
Ballykeefe 85 J10
Ballykeel 99 N4
Ballykeeran 90 I7
Ballykelly 102 K2
Ballykilleen 86 K8
Ballykinler 99 O5
Ballyknockan 87 M8
Ballylacy 81 N9
Ballylaghnan 84 G9
Ballylanders 84 G10
Ballylaneen 79 J11
Ballyleague 90 H7
Ballylesson 99 O4
Ballylickey 77 D12
Ballyliffin 101 J2
Ballyline 85 J10
Ballylintagh 102 L2
Ballylongford 83 D10
Ballylongford Bay 83 D10
Ballylooby 85 I11
Ballyloughbeg 102 M2
Ballylucas 81 M10
Ballylynan 86 K9
Ballymacarbry 79 I11
Ballymacaw 80 K11
Ballymachugh 92 K6
Ballymack 80 K10
Ballymackey 84 H9
Ballymackilroy 97 K4
Ballymacoda 79 I12
Ballymacrevan 99 N4
Ballymacurly 90 H6
Ballymacward 90 G7
Ballymadog 79 I12
Ballymagan 101 J2
Ballymagaraghy 102 K2
Ballymagorry 101 J3
Ballymakeagh 78 I12
Ballymakeery / Baile Mhic Ire 77 E12
Ballymakenny 93 M6
Ballymartin 99 O5
Ballymartle 78 G12
Ballymena 103 N3
Ballymoe 90 G6
Ballymoney (Antrim) 102 M2
Ballymoney (Londonderry) 102 K3
Ballymore 91 I7
Ballymore (Donegal) 101 I2
Ballymore Lough 95 E5
Ballymore Eustace 87 M8
Ballymorris 80 K11
Ballymurphy 80 L10
Ballymurragh 83 E10
Ballymurray 90 H7
Ballynabola 80 L10
Ballynacallagh 76 B13
Ballynacally 83 E9
Ballynacarrick 100 H3
Ballynacarriga 77 E12
Ballynacarrigy 92 J7
Ballynacarrow 96 G5
Ballynaclogh 84 H9
Ballynacorra 78 H12
Ballynacourty 79 J11
Ballynadrumny 92 L7
Ballynafid 92 J7
Ballynagaul 79 J11
Ballynagoraher 95 D6
Ballynagore 92 J7
Ballynagree 77 F12
Ballynaguilkee 79 I11
Ballynahinch 99 O4
Ballynahinch Lake 88 C7
Ballynahow 76 A12
Ballynahown 88 D8
Ballynahown (Westmeath) 90 I7

150 Bal - Cad

Ballynakill (Carlow) 80 L9
Ballynakill Harbour 88 B7
Ballynakill (Offaly) 86 K8
Ballynakill (Westmeath) 90 I7
Ballynakilla 76 C13
Ballynakilly Upper 76 C11
Ballynamallaght 102 K3
Ballynamona 78 G11
Ballynamult 79 I11
Ballynana 82 A11
Ballynare 93 M7
Ballynashannagh 101 J2
Ballynaskeagh 99 N5
Ballynaskreena 83 C10
Ballynastangford 95 E6
Ballynastraw 81 M10
Ballynchatty 97 K4
Ballyneaner 102 K3
Ballyneety 84 G10
Ballyneill 85 J10
Ballynoe 99 O5
Ballynoe 78 H11
Ballynure 103 O3
Ballyorgan 84 G11
Ballypatrick 85 J10
Ballypatrick Forest 103 N2
Ballyporeen 78 H11
Ballyquin 82 B11
Ballyragget 85 J9
Ballyrashane 102 M2
Ballyreagh (Fermanagh) 97 J4
Ballyreagh (Tyrone) 98 L4
Ballyroan 86 K9
Ballyroddy 96 H6
Ballyroebuck 81 M10
Ballyronan 102 M3
Ballyroney 99 N5
Ballyroon 76 C13
Ballysadare 96 G5
Ballysadare Bay 96 G5
Ballyshannon (Kildare) 86 L8
Ballysloe 85 J10
Ballysteen 83 F10
Ballyteige Bay 80 L11
Ballytoohy 94 C6
Ballyvaughan 89 E8
Ballyvaughan Bay 89 E8
Ballyvester 75 P4
Ballyvoge / Baile Uí Bhuaigh 77 E12
Ballyvoneen 90 G7
Ballyvourney / Baile Bhuirne 77 E12
Ballyvoy 103 N2
Ballyvoyle Head 79 J11
Ballyward 99 N5
Ballywilliam 80 L10
Balnamore 102 M2
Balrath 93 M7
Balrothery 93 N7
Balscaddan 93 N7
Baltimore 77 D13
Baltray 93 N6
Banada 95 F5
Banagher 90 I8
Banagher Forest 102 L3
Banbridge 99 N4
Bandon River 77 F12
Bangor (Down) 99 O4
Bangor (Mayo) 94 C5
Bangor (Mayo) 94 C5
Bann (River) (Lough Neagh) 99 N5
Bann (River) (R. Slaney) 81 M10
Banna 82 C10
Banna Strand 82 C11
Bannow 80 L11
Bannow Bay 80 L11
Bansha 84 H10
Banteer 77 F11
Bantry / Beanntrai 77 D12
Bantry Bay 76 C13
Barefield 84 F9
Barley Cove 76 C13
Barna (Limerick) 84 H10
Barna (Offaly) 85 I9
Barnacahoge 95 F6
Barnaderg 89 F7
Barnesmore 100 H3
Barnesmore Gap 100 I3
Barnmeen 99 N5
Barnycarroll 95 F6
Baronscourt Forest 101 J3
Barra (Lough) 100 H3
Barrack Village 80 K9
Barraduff 77 D11
Barrigone 83 E10
Barringtonsbridge 84 G10
Barr na Trá / Barnatra 94 C5
Barrow Harbour 82 C11
Barrow (River) 86 J8
Barrow (River) 86 K8
Barry 90 I7
Barry's Point 78 F13
Batterstown 93 M7
Baunskeha 80 K10
Bauntlieve 83 E9
Baurtregaum 82 C11
Bawnboy 97 I5
Bawn Cross Roads 83 F11
Beagh (Galway) 89 F7
Beagh (Lough) 100 I2
Beagh (Roscommon) 96 H5
Beagh (Slieve) 97 K4
Beal 83 D10
Béal an Átha / Ballina 95 E5
Béal an Átha Mhóir / Ballinamore 97 I5
Béal an Mhuirthead / Belmullet 94 C5
Béal Átha an Ghaorthaidh / Ballingeary 77 E12
Béal Átha na Muice / Swinford 95 F6
Béal Átha na Sluaighe / Ballinasloe 90 H8
Béal Átha Seanaidh / Ballyshannon 96 H4
Béal Deirg / Belderrig 95 D5
Beal Point 83 D10
Béal Tairbirt / Belturbet 97 J5
Bealach Conglais / Baltinglass 87 L9
Bealach Féich / Ballybofey 101 I3
Bealaclugga 89 E8
Bealadangan 88 D8
Bealad Cross Roads 77 F13
Bealaha 83 D9
Bealalaw Bridge 76 C12
Bealanabrack 88 C7
Bealin 90 I7
Bealnablath 77 F12
Beara 76 C12
Bearna / Barna 89 E8
Beaufort 77 D11
Bective 93 L7
Beehive Huts 82 A11
Beenmore 76 B11
Beennaskehy 78 G11
Beenoskee 82 B11
Beg (Lough) 102 M3
Beg (Lough) (Antrim) 99 N4
Beginish Island 76 B12
Behy 76 C11
Bekan 95 F6
Belcarra 95 E6
Belclare 89 F7
Belcoo 97 I5
Belderg Harbour 95 D5
Belfarsad 94 C6
Belfast 99 O4
Belfast Lough 99 O3
Belgooly 78 G12
Belhavel Lough 96 H5
Bellacorick 95 D5
Belladrihid 96 G5
Bellagarvaun 94 C6
Bellaghy 102 M3
Bellahy 95 F6
Bellameeny 90 H7
Bellamont Forest 97 K5
Bellanaboy Bridge 94 C5
Bellanacargy 97 K5
Bellanagare 96 G6
Bellanagraugh Bridge 95 F5
Bellanamore 100 H3
Bellanamullia 90 H7
Bellananagh 97 J6
Bellanode 97 K5
Bellarena 102 L2
Bellavary 95 E6
Belleek (Fermanagh) 96 H4
Bellewstown 93 M7
Belmont 90 I8
Belmore Mountain 97 I5
Beltra 95 D6
Beltra Lough 95 D6
Beltra (Sligo) 96 G5
Belvelly 78 H12
Belview Port 80 K11
Belville 95 D5
Benbane Head 102 M2
Benbaun 88 C7
Benbo 96 H5
Benbrack 96 I5
Benbreen 88 C7
Benbulben 96 G4
Benburb 98 L4
Bencroy or Gubnaveagh 96 I5
Bendooragh 102 M2
Ben Gorm 94 C7
Benmore 95 D5
Benmore or Fair Head 103 N2
Bennacunneen 88 D7
Benettsbridge 80 K10
Benwee Head 94 C4
Beragh 97 K4
Bere Haven 76 C13
Bere Island 76 C13
Berrings 78 F12
Bertraghboy Bay 88 C7
Bettystown 93 N6
Big Island 90 H8
Big Dog Forest 97 I4
Big Trosk 103 N2
Bilboa 80 K9
Bilboa (River) 84 H10
Billis Bridge 92 K6
Bills Rocks 94 B6
Binevenagh 102 L2
Binn Éadair / Howth 93 N7
Biorra / Birr 90 I8
Birdhill 84 G9
Birreencorragh 95 D6
Bishops Court 75 P5
Black (River) (Longford) 97 I6
Black (Galway) 89 E7
Black Head (Antrim) 103 O3
Black Head (Clare) 89 E8
Black Rock 94 B5
Black Ball Head 76 B13
Black Bull 93 M7
Black Gap (The) 100 I4
Black Lion 86 J8
Blacklion 96 I5
Blackpool 84 G10
Blackrock 87 N8
Blackrock (Cork) 78 G12
Blackrock (Louth) 93 M6
Blackskull 99 N4
Blacksod Bay 94 B5
Blacksod Point 94 B5
Blackstairs Mountains 80 L10
Blackwater 81 M10
Blackwater Bridge 76 C12
Blackwater Harbour 81 N10
Blackwater (River) (Cork) 77 F11
Blackwater (River) (Lough Neagh) 98 L4
Blackwater (River) (R. Boyne) 93 L6
Blackwater Bridge 92 L7
Blackwatertown 98 L4
Blanchardstown 93 M7
Blane Bridge 83 E10
Blaney 97 I4
Blarney 78 G12
Blasket Sound 82 A11
Bleach 84 G8
Bleach Lake 84 F10
Blennerville 83 C11
Blessington 87 M8
Bloody Foreland 100 H2
Blue Ball 86 J8
Blue Stack Mountains 100 H3
Blueford 83 E11
Boa Island 97 I4
Boardmills 99 O4
Boderg (Lough) 96 I6
Bodyke 84 G9
Bofeenaun 95 E6
Bofin 94 B7
Bofin (Lough) (Galway) 89 D7
Bofin (Lough) (Roscommon) 96 I6
Bogay 101 J3
Boggan (Meath) 92 L6
Boggan (Tipperary) 85 J9
Boggaun 85 I9
Boggeragh Mountains 77 E12
Bohateh 84 G9
Bohaun 95 D6
Boheeshil 76 C12
Boher 84 G10
Boheraphuca 84 I8
Boherbue 77 E11
Bohereen 84 G10
Boherlahan 85 I10
Bohermeen 93 L7
Boherquill 92 J6
Boho 97 I4
Bohola 95 E6
Bola (Lough) 88 C7
Bolea 102 L2
Boleran 102 L2
Boley 86 L8
Bolinglanna 94 C6
Boliska Lough 89 E8
Bolton's Cross Roads 83 D10
Bolus Head 76 A12
Bonet 96 H5
Boobyglass 80 K10
Boola 79 I11
Boolakennedy 84 H10
Boolattin 79 J11
Boolteens 82 C11
Boolyduff 83 E9
Borris 80 L10
Borris in Ossory 85 J9
Borrisoleigh 85 I9
Boston 89 F8
Bottlehill 78 G11
Bouladuff 85 I9
Boviel 102 L3
Bow 84 G9
Boyerstown 93 L7
Boyle (River) 96 H6
Boyne (River) 92 K7
Brackagh 86 K8
Brackley Lough 97 I5
Bracklin 92 K7
Brackloon (Mayo) 95 F6
Brackloon (Roscommon) 96 G6
Bracknagh (Offaly) 86 K8
Bracknagh (Roscommon) 90 H7
Brackwanshagh 95 E5
Brandon Bay 82 B11
Brandon Head 82 B11
Brandon Hill 80 L10
Brannock Islands 88 C8
Brannockstown 87 L8
Bray Head (Kerry) 76 A12
Bray Head (Wicklow) 87 N8
Bré / Bray 87 N8
Breaghva 83 C10
Breaghwy 95 E6
Bree 81 M10
Breenagh 101 I3
Brickeens 95 F6
Bricklieve Mountains 96 G5
Bride (River) 78 F12
Bride (River) 79 I11
Bridebridge 78 H11
Brideswell 81 M9
Brideswell 90 H7
Bridge End 101 J2
Bridgeland 81 M9
Bridget Lough 84 G9
Bridgetown 81 M11
Bridgetown (Clare) 84 G9
Bridgetown (Donegal) 100 H4
Briensbridge 84 G9
Brittas 87 M8
Brittas Bay 87 N9
Brittas (Limerick) 84 G10
Britway 78 H11
Broad Haven 94 C5
Broad Meadow 93 N7
Broadford (Clare) 84 G9
Broadford (Limerick) 83 F10
Broadway 81 M11
Broomfield 98 L5
Brosna 83 E11
Brosna (River) 90 I8
Broughal 90 I8
Broughane Cross Roads 83 D11
Brougher Mount 97 J4
Broughshane 103 N3
Brow Head 76 C13
Brown Flesk 83 D11
Brownstown 80 K11
Brownstown Head 80 K11
Bruckless 100 G4
Bruff 84 G10
Bruree 84 G10
Bryansford 99 O5
Buckna 103 N3
Buckode 96 H4
Buiriós Uí Chéin / Borrisokane 84 H9
Bulgaden 84 G10
Bull Point 103 N2
Bull's Head 82 B11
Bull (The) 76 B13
Bullaba 100 I3
Bullaun 90 G8
Bun Crannacha / Buncrana 101 J2
Bun Dobhráin / Bundoran 96 H4
Bun na hAbhna / Bunnahowen 94 C5
Bun na Leaca / Brinlack 100 H2
Bunaclugga Bay 83 D10
Bunacurry 94 C6
Bunatrahir Bay 95 D5
Bunaveela Lough 95 D5
Bunaw 76 C12
Bunbrosna 92 J7
Bunclody 81 M10
Bunlahy 92 J6
Bunmahon 79 J11
Bunnafollistran 89 E7
Bunnaglass 89 F8
Bunnahown 88 C7
Bunnanaddan 96 G5
Bunny (Lough) 89 F8
Bunnyconnellan 95 E5
Bunowen 94 C6
Bunratty 84 F9
Burnchurch 80 K10
Burncourt 78 H11
Burnfoot 102 L3
Burnfoot 101 J2
Burnfort 78 G11
Burr Point 75 P4
Burren Centre Kilfenora 89 E8
Burren (Clare) 89 E8
Burren (Cork) 77 F12
Burren (Mayo) 95 E6
Burren (The) 89 E8
Burrenfadda 83 E9
Burrishoole Abbey 95 D6
Burrow 81 M11
Burtow 86 L9
Bush 102 M2
Bush (The) 98 L4
Bush (The) 99 N6
Bushfield 84 G9
Bushmills 102 M2
Butler's Bridge 97 J5
Butlerstown 78 F13
Buttevant 78 F11
Butts (The) 80 K9
Bweeng 78 F11

C

Cabragh 98 L4
Cadamstown (Kildare) 92 L7
Cadamstown (Offaly) 91 J8

CORK/CORCAIGH

Camden Place Y 5
Coburg Street Y 10
Corn Market Street Y 13
Dominick Street Y 15
Eason's Hill Y 17
Emmet Place Y 18
Gerald Griffin St. Y 21
Infirmary Road Z 24
John Redmond Street Y 26
Lancaster Quay Z 28
Langford Row Z 29
Lower Glanmire Road Y 30
Merchant's Quay Y 32
Merchant's Quay Shopping Centre Y
Newsom's Quay Y 34
North Mall Y 35
O'Connell's Square Y 36
Oliver Plunkett Street Z
Parnell Place Z 38
Pembroke Street Z 39
Proby's Quay Z 40
Roman Street Y 42
St Patrick's Quay Y 44
St. Patrick's Street Z
Southern Road Z 45
South Link Z 46
South Main Street Z 47
Summer Hill Y 48
Wolfe Tone Street Y 56

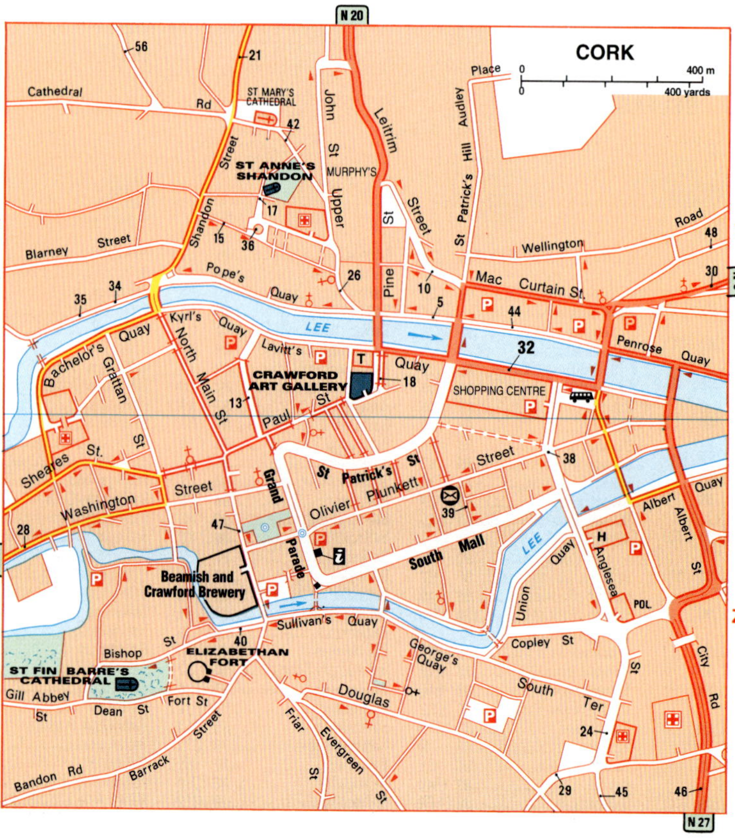

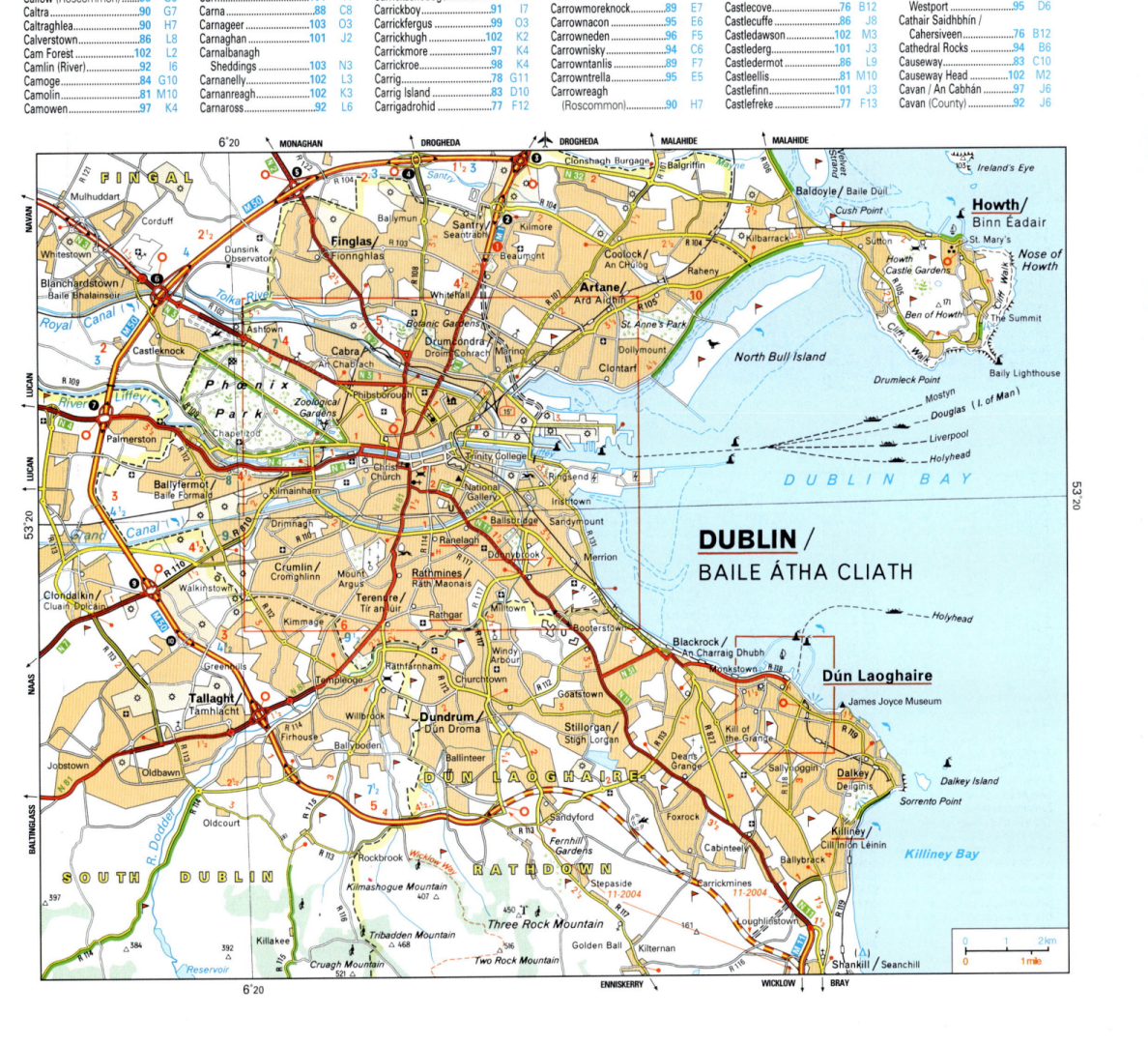

152 Cav - Clo

DUBLIN/ BAILE ATHA CLIATH

CENTRE

Anne Street South ....JYZ 6
Brunswick Street North ..HX 24
Buckingham Street ....KX 25
Bull Alley ....HZ 27
Chancery Street ....HY 33
Clanbrassil Street ....HZ 40
College Green ....JY 45
College Street ....JY 46
Cornket ....HY 49
Dawson Street ....JYZ
D'Olier Street ....JY 51
Dorset Street ....HX 55
Duke Street ....JY 58
Earlsfort Terrace ....JZ 60
Essex Quay ....HY 65
Essex Street ....HY 66
Fishamble Street ....HY 67
Fleet Street ....JY 68
George's Quay ....KY 69
Golden Lane ....HZ 70
Grafton Street ....JYZ
Henrietta Street ....HX 75
Henry Street ....JX
High Street ....HY 78
Ilac Centre ....HJX
Irish Life Mall Centre ......JKX
Jervis Centre ....HJX
Kevin Street Upper ....HZ 85
Kildare Street ....JKZ 87
King Street South ....JZ 88
Marlborough Street ....JX 100
Merchants Quay ....HY 103
Merrion Street ....KZ 104
Montague Street ....JZ 106
Mount Street Upper ....KZ 112
Nicholas Street ....HY 118
North Great George's
Street ....JX 119
O'Connell Street ....JX
Parnell Square East ....JX 126
Parnell Square North ....JX 127
Parnell Square West ....HJX 129
St r'y s Abbey Street ....HY 148
St Patrick Close ....HZ 150
Stephen Street ....HJY 165
Stephen's Green ....JZ
Tara Street ....KY 171
Wellington Quay ....HJY 181
Werburgh Street ....HY 183
Westland Row ....KY 186
Westmoreland Street ....JY 187
Wexford Street ....HY 189
Winetavern Street ....HY 193
Wood Quay ....HY 196

D NUMBER TWENTYNINE
M HUGH LANE GALLERY

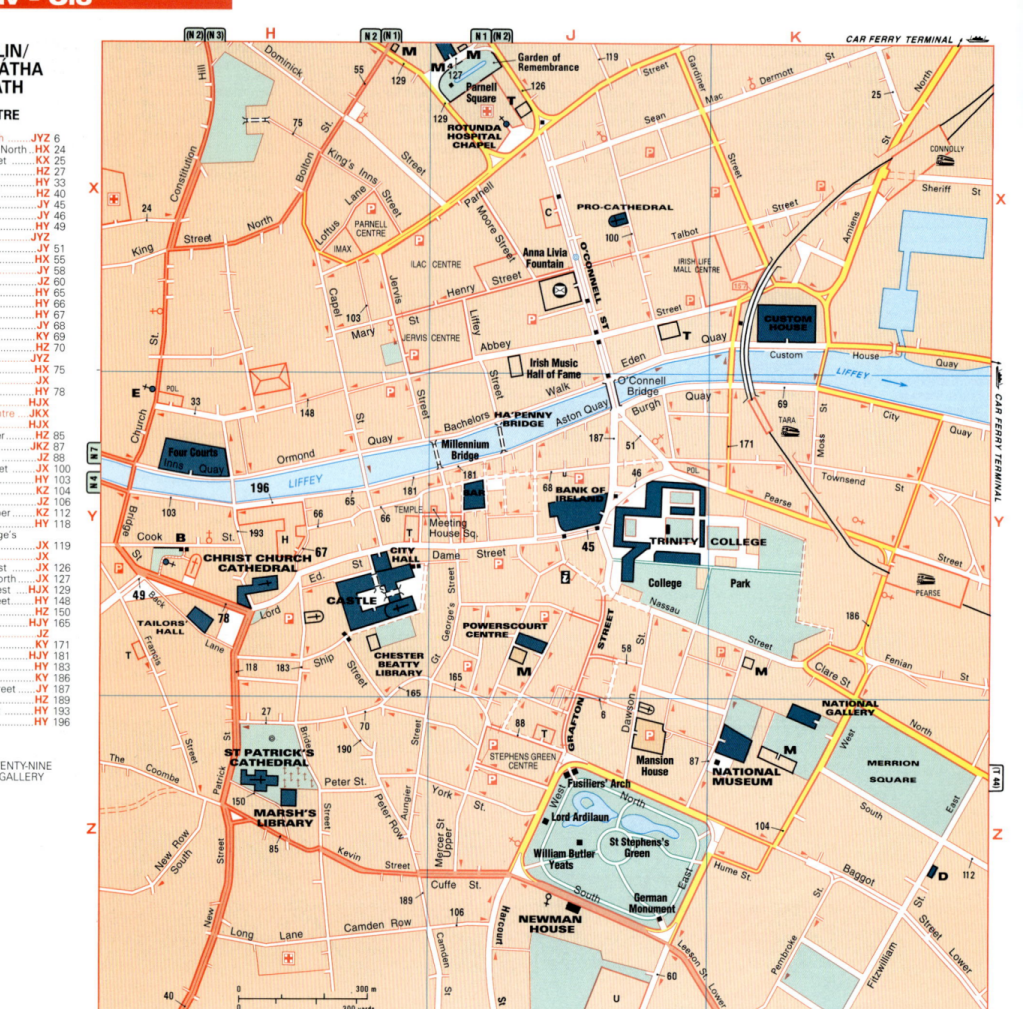

Cavanagarvan 96	L5	Churchtown	Clara (Vallé of) 87	N9	Cloghan (Offaly) 90	I8	Clonalis House 90	G6
Cavangarden 96	H4	(Londonderry) 102	L3	Clara (Wicklow) 87	N9	Cloghan (Westmeath) 92	K7	Clonarby 93	M7
Cé Bhréanainn / Brandon..82	B11	Churchtown	Clarahill 86	J8	Cloghane 82	B11	Clonard 92	K7
Ceanannas / Ceanannus		(near Cloyne) 78	H12	Clara (Armagh) 74	M5	Cloghaneely 100	H2	Clonaslee 86	J8
Mor (Kells) 92	L6	Churchtown Point 102	M3	Clara (County) 83	F9	Clogharinka 92	K7	Clonavoe 86	J8
Ceann Toirc / Kanturk 77	F11	Church Village 95	E6	Clare (Dovrril) 89	N4	Cloghaun 89	F7	Clonbern 89	G7
Ceapach Choinn /		Cill Airne / Killarney 77	D11	Clare Island 88	C4	Cloghjolboy 96	G4	Clonbulloge 86	K8
Cappoquin 79	I11	Cill Chainnigh / Kilkenny ..80	K10	Clare (River) 89	F7	Cloghbrack 89	D7	Cloncagh 83	F10
Ceatharlach / Carlow 86	L9	Cill Chaoi / Kilkee 83	D9	Clarecastle 83	F9	Cloghbrack (Meath) 92	K6	Clonce Bridge 90	G8
Ceathru Thaidhg /		Cill Dálua / Killaloe 84	G9	Clareen 84	I8	Cloghjeen 79	I12	Cloncullen 91	I7
Carrowteige 94	C5	Cill Dara / Kildare 86	L8	Clarina 84	F10	Clogher 97	M4	Cloncurry 92	L7
Cecilstown 78	F11	Cill Mhantáin / Wicklow ..87	N9	Clarinbridge 89	F8	Clogher Head (Kerry) 82	A7	Clondakin 87	M8
Celbridge 93	M7	Cill Mocheallóg /	Clark's Cross Roads 92	J7	Clogher Head 93	N6	Clondaw 81	M10
Chanonrock 98	M6	Kilmallock 84	G10	Clash 89	H9	Clogher (Kerry) 83	D11	Clonderalaw Bay 83	E10
Chapeltown		Cill Orglan / Killorgin 76	C11	Clashmore 79	I11	Clogher (near		Clondonboo 89	E7
(near Portmagee) 76	A12	Cill Rois / Kilrush 83	D10	Clash North 83	E10	Carrowmacool) 95	E6	Clondondaff 95	E6
Chapeltown		Cill Rónáin / Kilronan 88	C8	Claudy 102	K3	Clogher (near Westport) ..95	D6	Clondra 90	I6
(near Tralee) 82	C11	Cionn tSáile / Kinsale 78	G12	Clear (Cape) 77	F13	Clogher (Roscommon) 96	H6	Clonee 93	M7
Charlemont 98	L4	City Walls 80	K11	Clegan Bay 88	B7	Cloghera 84	G9	Cloneen 85	J10
Charlestown		Clabby 97	J4	Clegan / An Cloigeann 88	B7	Clogherbrien 93	N6	Cloneenagh 81	M9
(Armagh) 98	M4	Cladagh 97	I5	Cleire (Oileán) /		Cloghlordan 85	I9	Clonelly 94	M4
Charlestown		Cladagh 89	F7	Clear Island 77	D13	Cloghmacoo 93	L6	Clonevan 81	N10
(Mayo) 95	F6	Cladaghduff 88	B7	Cleristown 81	M11	Cloghoge 74	M5	Clonfert 90	H8
Checkpoint 80	K11	Clady 101	J3	Clew Bay 94	C6	Cloghran 93	N7	Clonfert Cross Roads 90	H8
Cherryville 86	L8	Clady 100	H2	Clifden Bay 88	B7	Cloghroe (Cork) 78	G12	Clonkeenkerrill 96	G5
Chesney's Corner 102	M3	Clady (Antrim) 99	N4	Clift 96	H4	Cloghroe (Donegal) 101	I3	Clonleigh 101	J3
Church Ballee 75	P5	Clady (Londonderry) 102	M3	Clifferna 97	K6	Cloghy Bay 75	P4	Clonlert 92	K7
Church Cross 77	D13	Clady Milltown 74	M5	Cliffony 96	G4	Clohamon 81	M10	Clonmacnoise 90	I8
Church Hill 97	I4	Claggan (Donegal) 101	J2	Clogga (Kilkenny) 80	K11	Clohernagh 80	K11	Clonmany 101	J2
Church Hill 101	J3	Claggan (Mayo) 94	C6	Clogga (Wicklow) 81	N9	Cloch na Coillte /		Clonmellon 92	K7
Church Quarter 103	N2	Clamper Cross 83	E11	Clogh (Antrim) 103	N3	Clonakility 77	F13	Clonmore 87	M9
Churchstreet 96	G6	Clanabogan 97	J4	Clogh (Kilkenny) 86	K9	Cloirtheach / Clara 92	J7	Clonmore (Tipperary) 85	I9
Church Town 101	J3	Clane 87	L8	Clogh (Laois) 85	J9	Clomantagh 85	J9	Clonmult 78	H12
Churchtown 80	L11	Clár Chlainne Mhuiris /		Clogh (Wexford) 81	M10	Clonakenny 85	I9	Clonalara 84	G9
Churchtown (Down) 75	P4	Claremorris 95	F6	Clogh Mills 103	N3	Clonakility Bay 77	F13	Clonoolagh 96	G8
							Clonoulity 85	I10
							Clonlusk 84	H10

Clonroche 80	L10
Clonsilla 93	M7
Clontarf 93	N7
Clontibret 98	L5
Clontubrid 85	J9
Clonycavan 92	L7
Clonygown 86	K8
Cloon Lake 76	C12
Cloonacool 95	F5
Cloonagh Lough 76	C12
Cloonaghmore 89	E7
Cloonodfoy 89	E7
Cloonduiane 95	E6
Cloonee 97	I6
Cloonee Loughs 76	C12
Cloonegal 92	J6
Cloone Grange 97	I6
Clonelly 94	G3
Clonfad 95	F6
Clonfad	
(near Old Town) 90	H8
Cloonfalllagh 95	F6
Cloonfinish 95	F6
Cloonflower 96	G6
Cloonfree Lough 96	H6
Cloonkeen (Kerry) 77	E12
Cloonkeen (Mayo) 95	D6
Cloonkeevy 87	M9
Cloonmore	
(Roscommon) 90	G6
Cloonlara 84	G9
Clonoolagh 96	G8
Clonoulity 85	I10
Clonlusk 84	H10

Clo - Der

GALWAY/GAILLIMH

Bóthar Uí Eithir	BY 2
Claddagh Bridge	AZ 3
Carda Shopping Centre	BY
Courthouse Street	BZ 4
Dominick Street	AZ 5
Father Griffin Avenue	AZ 6

Forster Street	BY 6
High Street	BY 7
Main Guard St.	BY 8
Market Street	BY 9
Mary Street	BY 10
New Dock Street	BZ 13
Newton Smith	BY 14
O'Brien Bridge	AY 15

Presentation Street	AY 17
Quay Street	BZ 18
St. Francis Street	BY 20
St. Vincent's Avenue	BY 21
Shantalla Road	AY 22
Shop Street	BY 24
William Street	BY 25

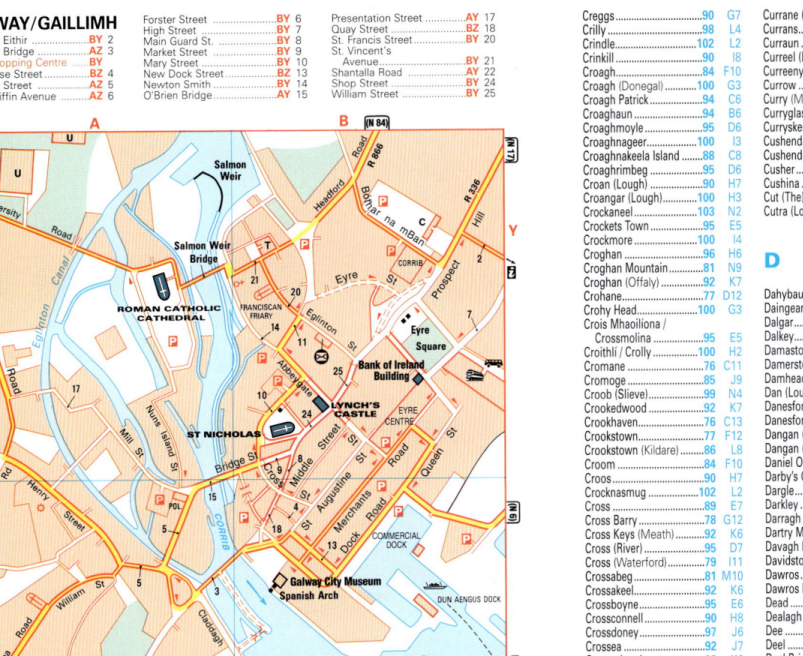

Cloonmore	95	F6	Conlig	99	O4	Copeland Island	99	P3
Cloonoon	84	N8	Conn (Lough)	99	E5	Coppanagh	92	L6
Cloonteen	84	H10	Conna	78	H11	Cora Droma Rúisc /		
Clontia	96	G6	Connagh	84	G9	Carrick-on-Shannon	96	H6
Cloonusker	84	G9	Connemara	88	C7	Coralstown	92	K7
Cloonymorris	90	G8	Connemara National Park	86	C7	Corbally		E5
Cloonquin	90	H6	Connolly	85	E9	Corbally (Clare)	83	D9
Cloran	92	L7	Connonagh	77	E13	Corbally (Kildare)	87	L8
Clough	99	O5	Connor	103	N3	Corboy Upper	92	K6
Cloverhill (Cavan)	97	J5	Connor Pass	82	B11	Corbet Milltown	99	M9
Cloverhill (Galway)	89	E7	Convoy	101	I3	Corcagh / Cork	78	G12
Cloyfin	102	M2	Coogue	95	F6	Corclough	94	B5
Cloyne	78	H12	Cookstown	98	L4	Corcormroe Abbey	89	E8
Cluain Eois / Clones	97	K5	Coola	96	G5	Cordal	83	D11
Cluain Meala / Clonmel	85	I10	Coolagarry	90	H7	Cordarragh	95	D6
Cluainín / Manorhamilton	96	H5	Coolaney		G5	Corduff	93	N7
Clydagh	95	E6	Coolatin	81	M9	Cork (County)	77	F12
Clynacantam	76	A12	Coolbaun	86	K9	Cork Harbour	78	H12
Coachford	78	F12	Coolbawn	84	H9	Corkey	103	N2
Coagh	98	M4	Coolboy	81	M9	Corkscrew Hill	89	E8
Coalbrook	85	J10	Cooldull			Corlisa	90	
Coalisland	98	L4	Coolderry	84	I8	Corlee	95	E5
Coan	80	K9	Coole (Castle)	97	J4	Corlis Point	103	D10
Cod's Head	76	B13	Coolea / Cúil Aodha	77	E12	Corn Hill		I6
Coill an Chollaigh /			Coole Abbey	78	H11	Cornafulla		H7
Ballinacollig	92	L6	Cooleeagh			Cornagillaugh	101	I3
Colbinstown	86	L8	Cooley Point	93	N6	Cornamona	89	D7
Coldwood	89	F8	Coolgrange	80	K10	Cornanagh	95	E6
Colebrooke	74	J5	Coolgreany	81	N9	Corraclona	96	H4
Colehill	91		Coolkerragh	102	K2	Corrakyle	84	G9
Coleraine	102	L2	Coolkelture	77	E12	Corran Cross Roads	94	M5
Coolgagh	96	G5	Coolmeen	83	E10	Corrandulla	89	F7
Colgah Lough	96	G5	Coolmore	100	H4	Corranny	74	K5
Colligan (River)	79	I11	Coolnareen			Corraree		
Collinstown	92	K7	Coolrain	85	J9	Corraun Hill	94	C6
Collin Top	103	N3	Coolroebeg	80	K10	Corraun Peninsula	94	C6
Collon	93	M6	Coolshaightena	90	H6	Corraun Point	94	B5
Collooney	96	G5	Cooteige	90	H6	Corrawaleen	97	I5
Colly	76	C12	Coomacarrea	76	B12	Corrbeagh		
Colmanstown	89	G7	Coomakeesta Pass	76	B12	Corrib (Lough)	89	E7
Comber	99	O4	Coomasaharn Lake	76	C12	Corries	80	L10
Comeragh Mountains	79	J11	Coomhola	77	D12	Corriga	97	I6
Commeen			Coomhola Bridge	77	D12	Corrigeen		
(near Doorcharry)	100	H3	Coonagh	84	F10	Corrigeenroe		H5
Commonas	95	J10	Coonclare	83	D9	Corrofin	89	E9
Coney Island	96	G5	Coorleagh	80	K9	Corronoher	84	F10
Concave	92	K7	Coomagillagh	76	C12	Corroy	95	E5
Cong / Conga	89	E7	Cootehall	96	H6	Corstown	85	J10
Conleigh	101	J3	Copany	100	H4	Cortowm	92	L6

Corvally	98	L6	Creggs	90	G7
Corvoley	95	D6	Crilly	98	L4
Cotoners	76	C11	Crindle	102	L2
Coulagh Bay	76	B12	Crinkill	90	I8
Coumfea	79		Croagh	84	F10
Courtmacsherry	78	F13	Croagh (Donegal)	100	G3
Courtmacsherry Bay	78	G13	Croagh Patrick	94	C6
Courttown	81	N10	Croaghaun	94	B6
Cousane Gap			Croaghmoyle	95	D6
Craamford	81	M9	Croaghnageer	100	I3
Craffeld	87	M9	Croghnakeela Island	86	C8
Crag Cave	83	D11	Croaghrimberg	96	D6
Craggaunowem			Croan (Lough)	90	H7
Megalithic Centre	84	F9	Croangar (Lough)	100	H3
Craig	102	K3	Crockaneel	103	N2
Craigantlet	99	O4	Crockets Town	95	E5
Craigavad	99	O4	Crockmore	100	I4
Craigavon	98	M4	Croghan	96	H6
Craiganamaddy	102	K3	Croghan Mountain	81	N9
Craigs	102	M3	Croghan (Offaly)	92	K7
Cranagh	102	K3	Crohane	77	D12
Crana	101	J2	Crohy Head	100	G3
Cranagh	102	K3	Crois Mhaoilíona /		
Cranfield Point	99	N5	Crossmolina	95	E5
Cranford			Crolbhi / Croilly	100	H2
Crannygeboy	100	G3	Cromane	76	C11
Cranny	89		Cromoge	85	J9
Cratloe	84	F9	Crook (Silver)	99	N4
Craughwell	89	F8	Crookewood	92	K7
Crawfordsburn	99	O4	Crookhaven	76	C13
Crazy Corner	97	K7	Crookstown	77	F12
Creagh	97		Crookstown (Kildare)	86	L8
Creagh (The)	102	M3	Croom	84	F10
Creaghanroe	98	L5	Cross	90	H7
Cream's Cross Roads			Crocknasmug	102	L2
Crecora	84	F10	Cross	89	E7
Creegah			Cross Barry	78	G12
Creeslough	101	I2	Cross Keys (Meath)	92	K6
Creevagh	95	D5	Cross (River)	95	D7
Creevagh Head			Cross (Waterford)	79	I11
Creeves	83	E10	Crossabeg	81	M10
Creevykeel	96	G4	Crosskeel	92	K6
Cregg (Clare)	89	E8	Crossboyne	95	E6
Cregg (Cork)	77	E13	Crossconnell	90	H8
Cregg (Galway)	89	E7	Crossdoney	97	J6
Cregg (Sligo)	96	G5	Crossea	92	J7
Creggan (Armagh)	74	M5	Crosserlough	92	K6
Creggan (Tyrone)	97	K4	Crossgar	99	O4
Cregganbaun	94	C6	Crossgare	102	L2
Creggah	84	F10	Crosshaven	78	H12

Currane (Lough)	76	B12
Currans	83	D11
Curraun	89	D7
Curreel (Lough)	88	C7
Currency	84	H9
Currow	83	D11
Curry (Mayo)	95	E6
Curryglass	76	C12
Curryskekin	102	M2
Cushendall	103	N2
Cushendun	103	N2
Cusher	74	M5
Cushina	86	K8
Cut (The)	86	J8
Cutra (Lough)	89	F8

D

Dahybaun (Lough)	95	D5
Daingean	86	K8
Dalgar	89	F7
Dalkey	87	N8
Damastown	93	N7
Damerstown	80	K9
Damhead	102	M2
Dan (Lough)	87	N8
Danesfort (Kilkenny)	80	K10
Danesfort (Longford)	90	I6
Dangan (Cork)	78	H12
Dangan (Waterford)	80	K11
Daniel O'Connell's	76	B12
Darby's Gap	81	M10
Dargle	87	N8
Darkley	74	L5
Darragh	83	E9
Darry Mountains	96	G4
Davagh Forest Park	102	L3
Davidstown	87	M9
Dawros	88	C7
Dawros Head	100	G3
Dead	84	H10
Dealagh	89	D9
Dee	93	E6
Deel	93	F10
Deel Bridge	95	D6
Deel (Mayo)	95	D5
Deel (Westmeath)	92	K7
Deele (River)	101	I3
Deelish	77	E12
Deenish Island	76	B12
Delamont	99	O4
Delgany	87	N8
Delphi	94	C7
Delvin	92	K7
Delvin (River)	93	N7
Dennet (Burn)	101	J3
Derg		
Derg (Lough)	84	H8
Derg (Lough)		
(Donegal)	101	I4
Dergalt	101	J3
Dernagrce	77	E11
Dernavaragh (Lough)	92	J7
Derreen Gardens	76	C12
(near Ballynagorball)	96	D6
Derreen		
(near Cloghmorel)	94	
(near Formoyle)	89	
Derreen		
(near Lahardín)	89	
Derreenaderrargh	76	C12
Derrency	76	C12
Derreen Bridge	77	
Derriana Lough	76	B12
Derries		
Derry	95	G5
Derryadd	98	
Derrynail	90	
Derrynahin	84	H10
Derryboye	99	O4
Derrybrien	89	F8
Derryclarc Lough	88	
Derrycody		
Derrycraft	81	
Derrydrue	100	G3
Derryerglinna	89	
Derryfadda	85	
Derrygoian	94	
Derrygonnelly	84	G9
Derrygooiln		
Derrygorreen	84	
Derryinch		
Derrykeighan	102	
Derrylough	100	G3
Derrymore	82	C11
Derrymore Island	82	C11
Derrynane	76	B12
Derrynane House		
Derrynasspgart		
Mountains	77	
Derrynawilt	74	K5
Derryneen	88	C7
Derrynoose	74	L5
Derryrush	88	
Derrytrasna		M4

Cross Keys (Cavan)	92	K6
Cross Keys (Meath)	93	M7
Crossna	96	H5
Crossooha	89	F8
Crosspatrick (Kilkenny)	85	J9
Crosspatrick (Wicklow)	81	M9
Cross Roads	101	I3
Crosswell	90	G7
Crove	100	G3
Crow Head	76	B13
Crowrard	100	G4
Cruit Island	100	G2
Crumlin	99	N4
Crusheen	84	F9
Cruit	85	K9
Cuil an tSúdaire /		
Portarlington	86	K8
Culdaff		
Cuilkillew	95	E5
Cuilmore	95	F6
Culdaff	102	K2
Culdaff Bay	102	K2
Culdadda	95	G5
Cuffin	94	C7
Culky	74	J5
Cullahill	85	J9
Cullane	84	G10
Cullaun	84	H10
Cullaville	74	M5
Culleens	95	
Cullen (Cork)	84	H10
Cullen (Tipperary)	77	E11
Cullenagh (River)	89	E9
Cullenstown		
(near Duncomrick)	80	L11
Cullenstown		
(near Newbawn)	80	L10
Cullin (Lough)	95	E6
Cullybackey	102	M3
Cullyhamna	74	M5
Culmore	102	K2
Culnady		
Cummingburn	76	P4
Curiew Mountains	96	G6
Curracloe	81	M10
Curraghmore		
Curragh (The)	86	
Curragh		
Curraghbonanon	95	F6
Curraghboy	90	H7
Curragh Camp	86	
Curraghmone Gardens	79	I11
Curraghrce	90	H6
Curragh West	89	G7
Curraglass	78	H11
Currachase Forest Park	84	F10
Curran	102	M3

154 Der - Fon

Derryveagh Mountains 100 H3
Derryvohy 95 E6
Derrywode 90 G6
Dervock 102 M2
Desertmartin 102 L3
Devenish Island 97 J4
Devilsbit 85 I9
Devilsmother 88 D7
Diamond (The) (Antrim) 99 N4
Diamond (The) (near Ardboe) 98 M4
Diamond (The) (near Fintona) 97 J4
Dingle Bay 76 B11
Dingle Harbour 82 B11
Divis 99 N4
Doagh 103 N3
Doagh 101 I2
Doagh Isle 101 J2
Doagh Beg / Dumhaigh Bhig 101 J2
Dodder 87 M8
Doe Castle 101 I2
Dolla 84 H9
Dollingstown 99 N4
Domhnach Phádraig / Donaghpatrick 93 L6
Donabate 93 N7
Donacarney 93 N6
Donadea 93 L7
Donaghaguy 99 N5
Donaghcloney 99 N4
Donaghey 98 L4
Donaghmore 98 L4
Donaghmore (Meath) 93 M7
Donard 87 M8
Donard (Slieve) 99 O5
Donard (Wexford) 80 L10
Donaskeagh 84 H10
Donegal / Dún na nGall 100 H4
Donegal (County) 100 H3
Donegal Airport 100 G2
Donegal Bay 96 G5
Donegal Point 83 D9
Doneraile 78 G11
Donohill 84 H10
Donore 93 M6
Donoughmore 78 F12
Doo Lough 94 C7
Doo (Lough) (Clare) 83 E9
Dooagh 94 B6
Doobehy 95 D5
Doocastle 96 G5
Dooega Head 94 B6
Dooey Point 100 G3
Doogary 97 J5
Dooghbeg 94 C6
Doogort 94 B5
Doohooma 94 C5
Dooish Mount 101 J3
Doo Lough Pass 94 C7
Doolough Point 94 C5
Doon (Galway) 90 G7
Doon (Limerick) 84 H10
Doon Lough 84 F9
Doona 94 C5
Doonaha 83 D10
Doonbeg 83 D9
Doonloughan 88 B7
Doonmanagh 82 B11
Doorin Point 100 H4
Dooyork 94 C5
Dore 100 H2
Dorrusawillin 96 H5
Dough 76 C13
Douglas 78 G12
Douglas Bridge 101 J3
Doulus Bay 76 A12
Doulus Head 76 A12
Dowdallshill 98 M5
Dowling 80 K10
Down (County) 99 N4
Downhill 102 L2
Downpatrick 99 O5
Downpatrick Head 95 D5
Downs (The) 92 K7
Dowra 96 H5
Dowth 93 M6
Drains Bay 75 O3
Drangan 85 J10
Draperstown 102 L3
Dreen 102 K3
Dreenagh 82 C10
Drimoleague 77 E13
Drinagh 77 E13
Drinagh (Wexford) 81 M11
Drinaghan 95 E5
Dring 92 J6
Dripsey 78 F12
Dripsey River 78 F11
Drishaghaun 89 D7
Drishane Bridge 77 D13
Droichead Átha / Drogheda 93 M6
Droichead na Bandan / Bandon 78 F12
Drom 85 I9
Dromahair 96 H5
Dromara 99 N4
Dromcolliher 83 F10
Dromin 93 M6
Dromin (Limerick) 84 G10
Dromina 84 F11
Dromineer 84 H9
Dromiskin 93 M6
Dromkeen 84 G10
Drommahane 78 F11
Dromod 96 I6
Dromoland Castle 84 F9
Dromore (Down) 99 N4
Dromore Lake 84 F10
Dromore (Tyrone) 97 J4
Dromore West 95 F5
Dromtrasna 83 E10
Drones (The) 102 M2
Drowes 96 H4
Drum 97 K5
Drum Hills 79 I11
Drum Manor Forest Park 98 L4
Drum (Roscommon) 90 H7
Drum (Sligo) 96 G5
Drumahoe 102 K3
Drumandoora 89 F8
Drumaness 99 O4
Drumanoo Head 100 G4
Drumatober 90 G8
Drumbane 85 I10
Drumbeg 99 O4
Drumbeg 101 J3
Drumbo 99 O4
Drumbologe 101 I3
Drumcar 93 M6
Drumcard 97 I5
Drumcliff 96 G5
Drumcliff Bay 96 G5
Drumcondra 93 M6
Drumcong 96 I5
Drumcree 92 K7
Drumcullen 102 M3
Drumduff 97 J4
Drumena Cashel 99 O5
Drumfea 80 L10
Drumfin 96 G5
Drumfree 101 J2
Drumgoft 87 M9
Drumintee 74 M5
Drumkeary 90 G8
Drumkeen 101 I3
Drumkeeran 96 H5
Drumlaheen Lough 96 I5
Drumlea 97 I5
Drumlegagh 97 J4
Drumlish 92 I6
Drumlosh 90 I7
Drummannon 98 M4
Drummin 80 L10
Drummullin 96 H6
Drumnakilly 97 K4
Drumone 92 K6
Drumquin 97 J4
Drumraney 90 I7
Drumreagh 94 B5
Drumshanbo 96 H5
Drumsna 96 H6
Drumsurn 102 L3
Duagh 83 D10
Dually 85 I10
Dublin Bay 93 N7
Dublin (County) 93 N7
Duff 96 H4
Duffy 92 L7
Duleek 93 M7
Dumha Éige / Dooega 94 B6
Dumnacross 101 I3
Dún A'Rí Forest Park 93 L6
Dún Aengus 88 C8
Dún Chaoin / Dunquin 82 A11
Dún Dealgan / Dundalk 98 M5
Dún Garbhán / Dungarvan 79 J11
Dun Laoghaire 87 N8
Dún Mánmhaí / Dunmanway 77 E12
Dún Mór / Dunmore 89 F7
Dún na nGall / Donegal 100 H4
Dunabrattin Head 80 K11
Dunadry 103 N3
Dunaff 101 J2
Dunaff Head 101 J2
Dunaghy 102 M2
Dunagree Point 102 L2
Dunamase (Rock of) 86 K8
Dunamon 90 H7
Dunany 93 N6
Dunany Point 93 N6
Dunbel 80 K10
Dunboyne 93 M7
Dunbrody Abbey 80 L11
Dunbulcaun Bay 89 F8
Duncannon 80 L11
Duncormick 80 M11
Dundalk Bay 93 N6
Dunderrow 78 G12
Dunderry 93 L7
Dundonald 99 O4
Dundrod 99 N4
Dundrum (Down) 99 O5
Dundrum (Dublin) 87 N8
Dundrum (Tipperary) 84 H10
Dundrum Bay 99 O5
Dunfanaghy 100 I2
Dungannon 98 L4
Dunganstown 80 L10
Dungarvan Harbour 79 J11
Dungiven 102 L3
Dungonnell Dam 103 N3
Dungourney 78 H12
Dunguaire Castle 89 F8
Dunhill 80 K11
Duniry 90 G8
Dunkellin 89 F8
Dunkerrin 85 I9
Dunkineely 100 G4
Dunkitt 80 K11
Dunlavin 87 L8
Dunleer 93 M6
Dunlewy 100 H2
Dunloe (Gap of) 77 D11
Dunloy 102 M2
Dunluce Castle 102 M2
Dunmanus 76 D13
Dunmanus Bay 76 C13
Dunmore 99 O5
Dunmore Cave 80 K9
Dunmore Head 82 A11
Dunmore Head (near Culdaff) 102 K2
Dunmore Head (near Portnoo) 100 G3
Dunmore East 80 L11
Dunmurry 99 N4
Dunnamaggan 80 K10
Dunnamanagh 102 K3
Dunnamore 102 L3
Dunnycove Bay 77 F13
Dunowen Head 77 F13
Dunree Head 101 J2
Dunsany 93 M7
Dunshaughlin 93 M7
Dunworly Bay 78 F13
Durlas / Thurles 85 I9
Durrow 85 J9
Durrus 77 D13
Dursey Head 76 B13
Dursey Island 76 B13
Duvillaun Beg 94 B5
Duvillaun More 94 B5
Dyan 98 L4
Dysart 92 J7
Dysert O'Dea 83 E9
Éadan Doire / Édenderry 92 K7

E

Eagle Island 94 B5
Eagle (Mount) 82 A11
Eagles Hill 76 B12
Eany 100 H3
Eanymore 100 H3
Easky 95 F5
Easky Lough 95 F5
East Ferry 78 H12
East Town 100 H2
Eddy Island 89 F8
Eden 103 O3
Ederny 97 J4
Edgeworthstown 92 J6
Egish (Lough) 98 L5
Eglinton 102 K2
Eglish 98 L4
Eighter 92 K6
Eleven Lane Ends 74 M5
Ellistrin 101 I3
Elly Bay 94 B5
Elphin 96 H6
Elton 84 G10
Elva (Slieve) 89 E8
Emlagh Point 94 C6
Emly 84 G10
Emmoo 90 H7
Emo 86 K8
Emo Court 86 K8
Emyvale 98 L4
Ennel (Lough) 92 J7
Enniscorthy / Inis Córthaidh 81 M10
Enniskean 77 F12
Enniskerry 87 N8
Enniskillen 97 J4
Ennistimon / Inis Díomáin 89 E9
Eochaill / Youghal 79 I12
Erne 92 K6
Erne (Lower Lough) 97 I4
Erne (River) 97 J6
Erra 90 I6
Errew Abbey 95 E5
Erriff (River) 94 D7
Erriff Bridge 94 D7
Errigal Mountain 100 H2
Erril 85 I9
Erris Head 94 B5
Errisbeg 88 C7
Errislannan 88 B7
Erit Lough 95 F6
Ervey Cross Roads 102 K3
Eshnadarragh 74 K5
Eshnadeelada 74 K5
Eske 100 H3
Eske (Lough) 100 H3
Esker 89 F8
Eskeragh 95 D5
Esker South 92 I6
Eskragh 97 K4
Eyeries 76 C12
Eyrecourt 90 H8

F

Faha 79 J11
Fahamore 82 B11
Fahan 101 J2
Fahy 90 H8
Fahy Lough 94 C5
Fair Head 76 C13
Fair Green 84 F9
Fairy Glen 99 N5
Fairyhouse 93 M7
Fairymount 96 G6
Fallmore 94 B5
Fanad 101 I2
Fanad Head 101 J2
Fane River 98 M5
Fanore 89 E8
Farahy 78 G11
Fardrum 90 I7
Fardurris Point 88 D8
Farmer's Bridge 83 D11
Farnagh 90 I7
Farnaght 96 I6
Farnanes Cross Roads 78 F12
Farnoge 80 K10
Farran 78 F12
Farran Forest Park 78 F12
Farrancassidy Cross Roads 96 H4
Farranfore 83 D11
Fastnet Rock 77 D13
Faughan 102 K3
Fawney 102 K3
Fea (Lough) 102 L3
Feagarrid 79 I11
Feakle 84 G9
Feale (River) 83 D10
Fearn Hill 101 J3
Fedamore 84 G10
Fee (Lough) 88 C7
Feeagh (Lough) 95 D6
Feeard 82 C10
Feenagh 84 F10
Feeny 102 K3
Feevagh 90 H7
Fenagh 96 I5
Fenit 82 C11
Fennagh 80 L9
Fennor 80 K11
Feohanagh (Kerry) 82 A11
Feohanagh (Limerick) 83 F10
Feohanagh (River) 82 B11
Ferbane 90 I8
Fergus (River) 89 E9
Fermanagh (County) 97 I4
Fern (Lough) 101 I2
Ferns 81 M10
Ferrybank 81 N9
Ferry Bridge 84 F10
Ferrycarrig 81 M10
Ferta 76 B12
Fethard (Wexford) 80 L11
Fews 79 J11
Feystown 103 O3
Fiddown 80 K10
Fieries 83 D11
Finavarra 89 E8
Finglas 93 N7
Finglass 76 C11
Finn (Lough) 100 H3
Finn (River) 101 J3
Finnea 92 J6
Finnisglin 88 C7
Fintona 97 K4
Fintragh Bay 100 G4
Finuge 83 D10
Finvoy 102 M2
Fiodh Ard / Fethard 85 I10
Fionnaithe / Finny 89 D7
Firkeel 76 B13
Fisherhill 95 E6
Fisherstreet 88 D8
Fivealley 90 I8
Five Corners 103 N3
Fivemilebridge 78 G12
Fivemiletown 97 K4
Five Roads (The) 93 N7
Flagmount 84 G9
Flagmount (Kilkenny) 80 K10
Flat Head 78 G12
Flesk 77 D11
Florence Court 97 I5
Florence Court Forest Park 97 I5
Foaty Island 78 H12
Foilycleara 84 H10
Folk Park 84 F9
Fontstown 86 L8

KILLARNEY/ CILL AIRNE

Bohereen Na Goun CX 3
Bohereencael DX 4
Brewery Lane DX 6
College Square DX 7
College Street DX 9
Green Lawn CX 10
Hillard's Lane DX 12
Mangerton DX 13
Marian Terrace DX 15
Muckross Drive DXY 16
O' Connell's Terrace DX 18
O' Sullivan's Place DX 19
Plunkett Street DX 21
St. Anthony's Place DX 22

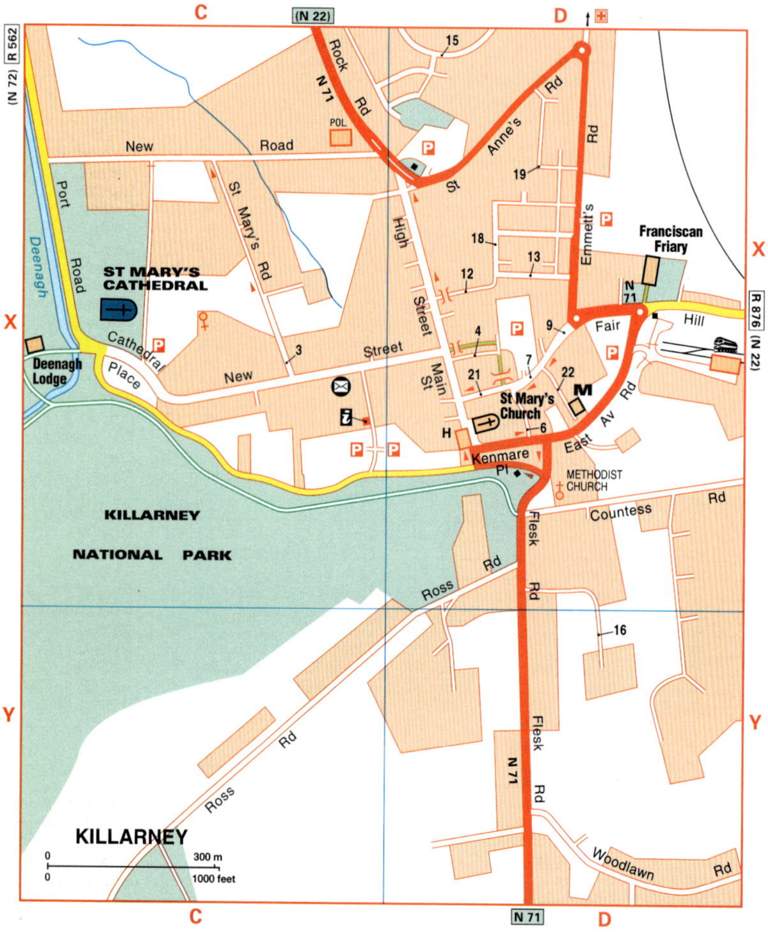

For - Hyn
155

LIMERICK/ LUIMNEACH

Arthur Quay Y 2
Arthur Quay Shopping Centre Y
Baal's Bridge Y 4
Bank Place Y 5
Barrington Street Z 6
Bridge Street Y 7
Broad Street Y 8
Castle Street Y 10
Cathedral Place Z 12
Charlotte's Quay Y 13
The Crescent Z 14
Cruises Street Z 15
Gerald Griffen St. Z 16
Grattan Street Y 17
High Street Z 18
Honan's Quay Y 19
John Square Z 20
Lock Quay Y 21
Lower Cecil Street Z 22
Lower Mallow Street Z 23
Mathew Bridge Y 24
Mount Kenneth Z 26
Newtown Mahon Z 28
North Circular Rd Z 29
O'Connell Street Z
O'Dwyer Bridge Y 30
Patrick Street YZ 32
Penniwell Road Z 33
Roches Street Z
Rutland Street Y 34
St Alphonsus St. Z 35
St Gerard St. Z 36
St Lelia Street YZ 37
Sarfield Street Y 39
Sexton Street North Y 40
Shannon Street Z 42
South Circular Rd Z 43
Thomond Bridge Y 45
Wickham Street Z 47
William Street Z

M2 LIMERICK MUSEUM

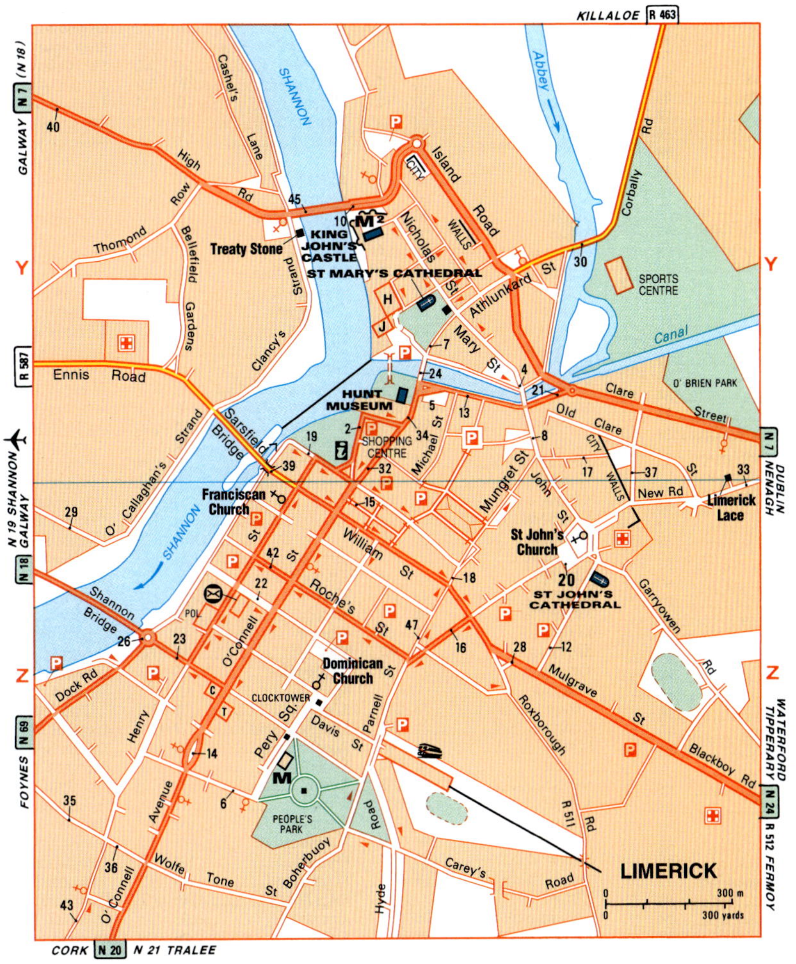

KILLALOE R 463
GALWAY N 7 (N 18)
SHANNON
Abbey
KING JOHN'S CASTLE
Treaty Stone
ST MARY'S CATHEDRAL
SPORTS CENTRE
Canal
O' BRIEN PARK
HUNT MUSEUM
SHOPPING CENTRE
Franciscan Church
St John's Church
ST JOHN'S CATHEDRAL
Limerick Lace
Dominican Church
CLOCKTOWER
PEOPLE'S PARK
N 19 SHANNON GALWAY
N 18
R 587
FOYNES N 69
N 7 DUBLIN NENAGH
WATERFORD TIPPERARY N 24
R 512 FERMOY
LIMERICK
300 m
300 yards
CORK N 20 N 21 TRALEE

Forbes (Lough) 90 I6
Fordstown 92 L6
Fore 92 K6
Forlorn Point 81 M11
Formoyle (Lonford) 90 I7
Formoyle (Mayo) 94 C6
Formoyle (near Ballivaghan) 89 E8
Formoyle (near Inagh) 83 E9
Formoyle (Lough) 89 D7
Forthill 90 I7
Fort Stewart 101 J2
Fota Island 78 H12
Foul Sound 88 D8
Foulksmills 80 L11
Fountain Cross 83 E9
Four Mile House 90 H6
Fourknocks 93 N7
Four Roads 90 H7
Foxford 95 E6
Foxhall 89 E7
Foyle (Lough) 102 K2
Foynes 83 E10
Foynes Island 83 E10
Francis'Gap 89 G8
Freemount 83 F11
Frenchpark 96 G6
Freshford 85 J9
Freynestown 87 L8
Frosses 100 H3
Frower Point 78 G12
Fuerty 90 H7
Funshinagh (Lough) 90 H7
Funshin More 89 F8
Funshion 78 G11
Furbogh 89 E8
Furnace 88 D7
Furnace Lough 95 D6
Furness 87 M8
Furraleigh 79 J11
Fyagh (Slieve) 94 D5

G

Gabriel (Mount) 77 D13
Gaddagh 77 C11
Gaillimh / Galway 89 E8
Gainestown 92 K7
Galbally 98 L4
Galbally 84 H10
Galbally (Wexford) 81 M10
Galbolie 92 K6
Galey 83 D10
Galgorm 103 N3
Gallarus Oratory 82 A11
Galley Head 77 F13
Gallion (Slieve) 102 L3
Galmoy 85 J9
Galty Mountains 84 H10
Galtymore Mountain 84 H10
Galway (County) 89 F7
Galway Bay 89 D8
Galways Bridge 77 D12
Gaoth Dobhair / Gweedore 100 H2
Gaoth Sáile / Geesala 94 C5
Gap (The) 79 I11
Gara (Lough) 96 G6
Garadice 93 L7
Garadice Lough 97 I5
Garbally 90 H8
Garinish Island (Kerry) 76 C12
Garnavilla 85 I10
Garnish Point 76 B13
Garrane 77 E12
Garranlahan 95 G6
Garraun (Clare) 83 D9
Garraun (Galway) 90 G8
Garraun (Mount) 88 C7
Garries Bridges 77 D12
Garrison 96 H4
Garristown 93 M7
Garron Point 103 O2
Garrycloonagh 95 E5
Garrycullen 80 L11
Garryduff 102 M2
Garryfine 84 F10
Garrykennedy 84 G9
Garryspillane 84 G10
Garryvoe 78 H12
Gartan Lough 101 I3
Gartbratten 97 J5
Gartree Point 99 N4
Garty Lough 97 J6
Garvagh 102 L3
Garvagh 96 I6
Garvaghy 97 K4
Garvary 97 J4
Gattabaun 85 J9
Gearagh (The) 77 F12
Gearha Bridge 76 C12
Geashill 86 K8
Geevagh 96 H5
George (Lough) 84 F9
Gerahies 77 D13
Giant's Causeway 102 M2
Giles Quay 99 N6
Gilford 98 M4
Gill (Lough) 82 B11
Gill (Lough) 96 G5
Glanaruddery Mountains 83 D11
Glandore 77 E13
Glandore Harbour 77 E13
Glangevlin 96 I5
Glanmire 78 G12
Glanmore Lake 76 C12
Glanoe 83 D10
Glantane 78 F11
Glanworth 78 G11
Glarryford 102 M3
Glasdrumman 99 O5
Glaslough 98 L5
Glasmullan 101 J2
Glassan 90 I7
Glasshouse Lake 97 J5
Glassillaun 94 C6
Glastry 75 P4
Gleann na Muaidhe / Glenamoy 94 C5
Gleann Cholm Cille / Glencolumbkille 96 F3
Gleann Domhain / Glendowan 100 I3
Glen 101 I2
Glen Bay 100 F3
Glen Head 100 F3
Glen Lough (Donegal) 101 I2
Glen Lough (Westmeath) 92 J7
Glen (River) (Cork) 77 F11
Glen (River) (Donegal) 100 G3
Glenaan 103 N2
Glenade 96 H4
Glenade Lough 96 H4
Glenamoy (River) 95 D5
Glenariff 103 N2
Glenariff Forest Park 103 N2
Glenariff or Waterfoot 103 N2
Glenarm 103 O3
Glenavy 99 N4
Glenballyemon 103 N2
Glenbeg Lough 76 C12
Glenbeigh 76 C11
Glenboy 96 H5
Glenbridge Lodge 87 M8
Glenbrohane 84 G10
Glenbrook 78 G12
Glencar 76 C12
Glencar Lough 96 G4
Glencloy 75 O3
Glencolmcille Folk Village 100 F3
Glencree 87 N8
Glencullen 87 N8
Glendalough 87 M8
Glendalough (Waterford) 79 J11
Glenderry 82 C10
Glendorragha 100 G3
Glendovan Mountains 100 H3
Glendree 84 F9
Glendum 103 N2
Glenealy 87 N9
Gleneely 102 K2
Gleneely (near Ballybofey) 101 I3
Glenelly 102 K3
Glenelly Valley 102 K3
Glenfarne 96 I5
Glenflesk 77 D11
Glengad Head 102 K1
Glengarriff Harbour 77 D12
Glengarriff (River) 77 D12
Glengesh Pass 100 G3
Glengormley 99 O3
Glenhead 102 K2
Glenhull 102 K3
Glenicmurrin Lough 89 D8
Glenkeen Bridge 94 C6
Glenmacnass 87 M8
Glenmalur 87 M9
Glenmore (Clare) 83 E9
Glenmore (Kilkenny) 80 K10
Glennagevlagh 88 D7
Glennamaddy 90 G7
Glennascaul 89 F8
Glenoe 103 O3
Glenshane Pass 102 L3
Glenshesk 103 N2
Glentaisie 103 N2
Glentane 90 G7
Glenties 100 H3
Glentogher 102 K2
Glentrasna 88 D7
Glenvale 102 M3
Glenvar / Gleann Bhairr 101 J2
Glenveagh National Park 100 I2
Glenville 78 G11
Glin 83 E10
Glin Castle 83 E10
Glinsce / Glinsk 88 C7
Glinsk (Donegal) 101 I2
Glinsk (Mayo) 95 D5
Glounthaune 78 G12
Glyde (River) 93 M6
Glynn 103 O3
Glynn 80 L10
Gneevgullia 77 E11
Gob an Choire / Achill Sound 94 C6
Gobbins (The) 103 O3
Gokane Point 77 E13
Gola Island / Gabhla 100 G2
Golagh Lough 100 H4
Golam Head 88 C8
Golden 85 I10
Golden Vale 84 H10
Goleen 76 C13
Goold's Cross 85 I10
Goresbridge 80 K10
Gorey / Guaire 81 N9
Gormanston 93 N7
Gort an Choirce / Gortahork 100 H2
Gortaclare 97 K4
Gortahill 96 I5
Gortaleam 89 F7
Gortarevan 90 H8
Gortaroo 79 I12
Gortaway 101 J2
Gorteen 96 G6
Gorteen (Waterford) 79 J11
Gorteen Bridge 86 J8
Gorteeny 84 G8
Gortgarriff 76 C12
Gortgarrigan 96 H5
Gortin 102 K3
Gortin Glen Forest Park 102 K3
Gortletteragh 96 I6
Gortmore (near Ballycastle) 95 D5
Gortmore (near Bangor) 94 C5
Gortmullan 74 J5
Gortnadeeve 90 G7
Gortnahoo 85 J9
Gortnasillagh 90 G6
Gortree 101 J3
Gortymadden 90 G8
Gorumna Island 88 C8
Gougane Barra Forest Park 77 D12
Gougane Barra Lake 77 E12
Gouladoo 76 C13
Gowla 88 C7
Gowlaun 88 C7
Gowlin 80 L10
Gowna (Lough) 97 J6
Gowran 80 K10
Gracehill 103 N3
Graffy 100 H3
Gráig na Manach / Graiguenamanagh 80 L10
Graigue 86 L9
Graigue Hill 80 L9
Graigue More 81 M10
Graigues 76 B12
Granabeg 87 M8
Gránard / Granard 92 J6
Grand Canal 90 I8
Graney 86 L9
Graney (Lough) 84 G9
Graney (River) 84 G9
Grange (Kildare) 92 K7
Grange (Kilkenny) 80 K10
Grange (Louth) 99 N5
Grange (Sligo) 96 G4
Grange (Waterford) 79 I12
Grange (River) 89 F7
Grangebellew 93 M6
Grange Con 86 L9
Grangeford 80 L9
Grangegeeth 93 M6
Granias Gap 102 K2
Grannagh 89 F8
Gransha 103 O3
Granville 98 L4
Greagh 97 I6
Great Island 78 H12
Great Blasket Island 82 A11
Great Heath of Maryborough (The) 86 K8
Greatman's Bay 88 D8
Great Newtown Head 80 K11
Great Skellig 76 A12
Great Sugar Loaf 87 N8
Greenan 87 N9
Greenanstown 93 N7
Greencastle (Donegal) 102 L2
Greencastle (Down) 99 N5
Greencastle (Tyrone) 102 K3
Greenfield 89 E7
Greenore 99 N5
Greenore Point 81 N11
Gregans Castle 89 E8
Gregory's Sound 88 D8
Grenagh 78 G11
Grey Point 99 O3
Greysteel 102 K2
Greystone 98 L4
Grianan of Aileach 101 J2
Grogan 91 I8
Groomsport 99 P3
Gubaveeny 96 I5
Gubbaroe Point 97 I4
Gulladoo Lough 97 J6
Gulladuff 102 M3
Gur (Lough) 84 G10
Gurteen 90 G7
Gurteen (Leitrim) 96 H5
Gusserane 80 L11
Gwebarra Bridge 100 H3
Gweebarra 100 H3
Gweebarra Bay 100 G3
Gweestin 77 D11
Gweestion 95 E6
Gyleen 78 H12

H

Hacketstown 87 M9
Hags Head 88 D9
Halfway House 80 K11
Hamiltonsbawn 98 M4
Hand Cross Roads (The) 83 E9
Hannahstown 99 N4
Hare Island 77 D13
Harristown 80 K10
Harrow (The) 81 M10
Healy Pass 76 C12
Helen's Bay 99 O3
Helvick Head 79 J11
Herbertstown 84 G10
High Island 88 B7
Highwood 96 H5
Hillsborough 99 N4
Hill Street 96 H6
Hilltown 99 N5
Hilltown 80 L11
Hind 90 H7
Hog's Head 76 B12
Holeopen Bay West 78 G13
Hollyford 84 H10
Hollyfort 81 M9
Hollymount 95 E7
Hollywood 87 M8
Holy Cross 85 I10
Holy Island 84 G9
Holycross 84 G10
Holywell 97 I5
Holywell Hill 101 J2
Holywood 99 O4
Hook Head 80 L11
Hore Abbey 85 I10
Horn Head 100 I2
Horse Island 77 D13
Horse and Jockey 85 I10
Horseleap 92 J7
Hospital 84 G10
Hugginstown 80 K10
Hungry Hill 76 C12
Hurlers Cross 84 F9
Hurley 93 M7
Hyne (Lough) 77 E13

156 Ile - Kno

I

Ilen 77 E13
Illaunstookagh 76 C11
Illauntannig 82 B11
Illies 101 J2
Illnacullin (Cork) 77 D12
Inagh 83 E9
Inagh (Lough) 88 C7
Inch 82 C11
Inch Abbey 99 O4
Inch (Donegal) 101 J2
Inch Island 101 J2
Inch (Tipperary) 84 H9
Inch (Wexford) 81 N9
Inch (near Whitegate) 78 H12
Inch (near Youghal) 78 I12
Inchagoill 89 E7
Inchamore Bridge 92 L7
Inchbeg 85 J9
Inchcleraun 90 H7
Inchee Bridge 77 D12
Inchicronan Lough 84 F9
Inchigeelagh 77 E12
Inchiquin 89 E7
Inchiquin Lough (Clare) 89 E9
Inchiquin Lough (Kerry) 77 D12
Inchmore 90 I7
Inchnamuck 78 H11
Inchydoney Island 77 F13
Indreabhán / Inveran 89 D8
Inis / Ennis 83 F9
Inis Bó Finne / Inishbofin 100 H2
Inis Meáin / Inishmaan 88 D8
Inis Mór / Inishmore 88 C8
Inis Oírr / Inisheer 88 D8
Inishannon 78 G12
Inishbarra 88 C8
Inishbiggle 94 C6
Inishbofin (Galway) 94 B7
Inishcarra 78 G12
Inishcarra Reservoir 77 F12
Inishcrone 95 E5
Inishdoorus 89 D7
Inishfarnard 76 B12
Inishfree Bay 100 G2
Inishfree Upper 100 G3
Inishglora 94 B5
Inishkea North 94 B5
Inishkea South 94 B5
Inishmaine Island 89 E7
Inishmicatreer 89 E7
Inishmurray 96 G4
Inishnabro 82 A11
Inishnee 88 C7
Inishowen 101 J2
Inishowen Head 102 L2
Inishshark 94 B7
Inishtooskert 82 A11
Inishtrahull 102 K1
Inishtrahull Sound 102 K1
Inishturk 94 B6
Inishvickillane 82 A11
Inistioge 80 K10
Innfield 92 L7
Innisfree 96 G5
Inniskeen 98 M5
Inny (River) 92 J6
Inver 100 H4
Inver Bay 100 H4
Inver (Mayo) 94 C5
Ireland's Eye 93 N7
Irish Agricultural Museum 81 M11
Irishtown 95 F7
Iron (Lough) 92 J7
Iron Mountains 96 I5
Irvinestown 97 J4
Island Lake 95 F6
Islandmore 75 P4
Island Reavy (Lough) 99 N5
Iveragh 76 B12

J

Jamestown 96 H6
Jamestown (Laois) 86 K8
Japanese Gardens 86 L8
Jerpoint Abbey 80 K10
Jerrettspass 74 M5
Johnstown 85 J9
Johnstown (Kildare) 87 M8
Johnstown (Meath) 93 M7
Johnstown (near Arklow) 81 N9
Johnstown (near Coolgreany) 81 N9
Johnstown Bridge 96 I6
Johnstownbridge 92 L7
Joyce 88 D7
Julianstown 93 N6

K

Kanturk Castle 77 F11
Katesbridge 99 N5
Keadew 96 H5
Keady Mountain 102 L2
Kealduff 76 C12
Kealkill 77 D12
Kearney Point 75 P4
Keeagh 89 E8
Keel 94 B6
Keel Lough 94 B6
Keel (Lough) (Donegal) 101 I2
Keeloges 90 G7
Keem Strand 94 B6
Keenagh (Longford) 90 I7
Keenagh (Mayo) 95 D5
Keep 84 H9
Keeraunnagark 88 D8
Keereen 79 I11
Keimaneigh (The pass of) 77 E12
Kells (Antrim) 103 N3
Kells (Kerry) 76 B12
Kells (Kilkenny) 80 K10
Kells (Ceanannus Mor) / Ceanannas (Meath) 92 L6
Kells Bay 76 B11
Kells Priory 80 K10
Kellysgrove 90 H8
Kenmare River 76 B12
J. F. Kennedy Park 80 L11
Kentstown 93 M7
Kerry (County) 83 D11
Kerry Head 82 C10
Kerry (Ring of) 76 B12
Kesh 97 I4
Kesh 96 G5
Keshcarrigan 96 I5
Key (Lough) 96 H5
Key (Lough) Forest Park 96 H6
Kid Island 94 C5
Kilbaha 82 C10
Kilbaha Bay 82 C10
Kilbane 84 G9
Kilbarry 77 E12
Kilbeacanty 89 F8
Kilbeggan 92 J7
Kilbeheny 78 H11
Kilbennan 89 F7
Kilberry 93 L6
Kilberry (Kildare) 86 K8
Kilbreedy 84 F10
Kilbrickan 88 D7
Kilbricken 85 J9
Kilbride (near Blessington) 87 M8
Kilbride (near Ratoath) 93 M7
Kilbride (near Trim) 92 L7
Kilbride (near Wicklow) 87 N9
Kilbrien 79 J11
Kilbrin 78 F11
Kilbrittain 78 F12
Kilcaimin 89 F8
Kilcar 100 G4
Kilcarn 93 L7
Kilcatherine Point 76 B12
Kilcavan 86 J8
Kilchreest 89 G8
Kilclaran 84 G9
Kilcloher 82 C10
Kilclonfert 86 J8
Kilclooney 100 G3
Kilcock 93 L7
Kilcogy 92 J6
Kilcolgan 89 F8
Kilcolman 83 E10
Kilcolman 77 F12
Kilcoltrim 80 L10
Kilcomin 85 I9
Kilcommon (near Caher) 85 I10
Kilcommon (near Milestone) 84 H9
Kilcon 95 E5
Kilconly (Galway) 89 F7
Kilconly (Kerry) 83 D10
Kilcoo 99 N5
Kilcoole 87 N8
Kilcormac 90 I8
Kilcornan 84 F10
Kilcotty 81 M10
Kilcredan 78 I12
Kilcredaun Point 83 C10
Kilcrohane 76 C13
Kilcrow 90 H8
Kilcullen 87 L8
Kilcummin (Kerry) 82 B11
Kilcummin (Mayo) 95 E5
Kilcummin Farmhill 77 D11
Kilcurly 98 M5
Kilcurry 98 M5
Kildalkey 92 L7
Kildangan 86 K8
Kildare (County) 86 L8
Kildavin 81 L9
Kilderry 80 K9
Kildoney Point 96 H4
Kildorrery 78 G11
Kildress 98 L4
Kildrum 103 N3
Kilfeakle 84 H10
Kilfearagh 83 D10
Kilfenora 89 E9
Kilfinnane 84 G10
Kilfinny 84 F10
Kilflynn 83 D10
Kilgarvan 77 D12
Kilglass 95 E5
Kilglass (Galway) 90 G7
Kilglass Lough 96 H6
Kilgobnet 76 C11
Kilgobnet (Waterford) 79 J11
Kilgory Lough 84 F9
Kilgowan 86 L8
Kiljames 80 K10
Kilkea 86 L9
Kilkeary 84 H9
Kilkeasy 80 K10
Kilkeel 99 N5
Kilkeeran High Crosses 85 J10
Kilkenny (County) 85 J10
Kilkenny West 90 I7
Kilkerrin 90 G7
Kilkieran / Cill Chiaráin 88 C8
Kilkieran Bay 88 C7
Kilkiernan 80 K9
Kilkinamurry 99 N5
Kilkinlea 83 E10
Kilkishen 84 F9
Kill 79 J11
Kill (Cavan) 97 K5
Killabunane 77 D12
Killaclug 78 H11
Killacolla 84 F10
Killadangan 94 D6
Killadeas 97 I4
Killadoon 94 C6
Killadysert 83 E9
Killafeen 89 F8
Killag 81 M11
Killagan Bridge 102 M2
Killaghteen 83 E10
Killahy 85 J9
Killakee 87 N8
Killala 95 E5
Killala Bay 95 E5
Killallon 92 K6
Killaloo 102 K3
Killamery 85 J10
Killane 86 K8
Killanena 84 F9
Killann 80 L10
Killard 83 D9
Killarga 96 H5
Killarney National Park 77 D11
Killarone 89 E7
Killary Harbour 94 C7
Killashandra 97 J5
Killashee 90 I6
Killasser 95 F6
Killavally 95 D6
Killavally (Westmeath) 92 J7
Killavil 96 G5
Killavullen 78 G11
Killea (Donegal) 101 J3
Killea (Tipperary) 80 K11
Killea (Waterford) 85 I9
Killeagh 78 H12
Killealy 103 N3
Killeany 88 D8
Killedmond 80 L10
Killeedy 83 E10
Killeen 74 M5
Killeen 84 F9
Killeen (Tyrone) 98 M4
Killeenaran 89 F8
Killeeneenmore 89 F8
Killeenleagh Bridge 76 B12
Killeevan 97 K5
Killeglan 90 H7
Killeigh 86 J8
Killen 101 J3
Killenagh 81 N10
Killenaule 85 I10
Killerrig 86 L9
Killeshil 86 K8
Killeshin 86 K9
Killeter 101 I3
Killeter Forest 101 I3
Killevy 74 M5
Killilan Bridge 89 G8
Killimer 83 D10
Killimor 90 H8
Killinaboy 89 E9
Killinaspick 80 K10
Killinchy 99 O4
Killincooly 81 N10
Killiney Bay 87 N8
Killiney (Dublin) 87 N8
Killiney (Kerry) 82 B11
Killinick 81 M11
Killinierin 81 N9
Killinkere 92 K6
Killinny 89 F8
Killinthomas 86 K8
Killinure Lough 90 I7
Killiskey 87 N8
Killkelly 95 F6
Killmuckbridge 81 N10
Killogeary 95 E5
Killogeenaghan 90 I7
Killonecaha 76 B12
Killoran 90 G8
Killoscobe 90 G7
Killough 87 N8
Killowen 99 N5
Killucan 92 K7
Killukin 96 H6
Killurin 81 M10
Killurly 76 B12
Killusty 85 J10
Killwaughter 75 O3
Killyclogher 97 K4
Killyclug 101 I3
Killycolpy 98 M4
Killygar 97 J5
Killygordon 101 I3
Killykeen Forest Park 97 J5
Killylea 98 L4
Killyon 90 I8
Kilmacanoge 87 N8
Kilmacduagh Monastery 89 F8
Kilmacoo 87 N9
Kilmacow 80 K11
Kilmacrenan 101 I2
Kilmacteige 95 F5
Kilmacthomas 79 J11
Kilmactranny 96 H5
Kilmacurragh 87 N9
Kilmaganny 80 K10
Kilmaine 89 E7
Kilmainham Wood 93 L6
Kilmakilloge Harbour 76 C12
Kilmaley 83 E9
Kilmalkedar 82 B11
Kilmanagh 85 J10
Kilmeadan 80 K11
Kilmeage 86 L8
Kilmeedy 83 F10
Kilmeelickin 88 D7
Kilmeena 95 D6
Kilmessan 93 M7
Kilmichael 77 E12
Kilmichael (near Macroom) 76 B13
Kilmichael Point 81 N9
Kilmihil 83 E9
Kilmona 78 G12
Kilmoon 77 D13
Kilmore 81 M11
Kilmore (Armagh) 98 M4
Kilmore (Clare) 84 G9
Kilmore (Down) 99 O4
Kilmore (Mayo) 95 E6
Kilmore (Roscommon) 96 H6
Kilmore Quay 81 M11
Kilmorna 83 D10
Kilmorony 86 L9
Kilmovee 96 F6
Kilmurry (Cork) 77 F12
Kilmurry (Limerick) 84 G10
Kilmurry (Wicklow) 87 L9
Kilmurry (near Kilkishen) 84 F9
Kilmurry (near Milltown) 83 D9
Kilmurry Mac Mahon 83 E10
Kilmurvy 88 C8
Kilmyshall 81 M10
Kilnagross 96 I6
Kilnalag 90 G6
Kilnaleck 92 K6
Kilnamanagh 81 M10
Kilnamona 83 E9
Kilntown 99 N4
Kilpatrick 78 F12
Kilpeacan Cross Roads 76 B12
Kilpedder 87 N8
Kilquiggin 81 M9
Kilraghts 102 M2
Kilrane 81 M11
Kilrea 102 M3
Kilrean 100 H3
Kilreekill 90 G8
Kilroghter 89 E8
Kilross (Donegal) 101 I3
Kilross (Tipperary) 84 H10
Kilruddery 87 N8
Kilsallagh (Galway) 90 G7
Kilsallagh (Mayo) 94 C6
Kilsallaghan 93 N7
Kilsally 98 M4
Kilsaran 93 M6
Kilshanchoe 92 L7
Kilshannig 82 B11
Kilshanny 89 E9
Kilsheelan 85 J10
Kilskeer 92 L6
Kilskeery 97 J4
Kiltealy 80 L10
Kilteel 87 M8
Kilteely 84 G10
Kiltegan 87 M9
Kilternan 87 N8
Kiltimagh 95 E6
Kiltober 92 J7
Kiltoom 90 H7
Kiltormer 90 H8
Kiltullagh 89 G8
Kiltyclogher 96 H4
Kilvine 95 F7
Kilworth 78 H11
Kilworth Mountains 78 H11
Kilworth Camp 78 H11
Kinale (Lough) 92 J6
Kinard 83 E10
Kinawley 74 J5
Kincasslagh 100 G2
Kindrohid 101 J2
Kindrum 101 I2
Kingarrow 100 H3
Kings River 85 J10
Kingscourt 93 L6
Kingsland 96 G6
Kingsmill 98 M4
Kingstown 88 B7
Kinlough 96 H4
Kinnadoohy 94 C6
Kinnagoe Bay 102 K2
Kinnegad 92 K7
Kinnitty 90 I8
Kinsale Harbour 78 G12
Kinsale (Old Head of) 78 G13
Kinsalebeg 79 I12
Kinsaley 93 N7
Kinvarra 89 F8
Kinvarra Bay 89 F8
Kinvarra (near Screeb) 88 D7
Kippure 87 N8
Kirkhills 102 M2
Kirkistown 75 P4
Kishkeam 83 E11
Kitconnell 90 G8
Knappagh 95 D6
Knappogue Castle 84 F9
Knight's Town 76 B12
Knock (Clare) 83 E10
Knock (Mayo) 95 F6
Knock (Tipperary) 85 I9
Knockaderry 83 F10
Knockadoon Head 79 I12
Knockainy 84 G10
Knockalla Mount 101 J2
Knockalongy 95 F5
Knockalough 83 E9
Knockanaffrin 79 J11
Knockananna 87 M9
Knockanefune 83 E11
Knockanevin 78 G11
Knockanillaun 95 E5
Knockanimpaha 83 E10
Knockanure 83 D10
Knockaunalour 78 G11
Knockaunavoher 84 G10
Knockaunnaglashy 76 C11
Knockboy (near Dungarvan) 79 I11
Knockboy (near Waterford) 80 K11
Knockboy (Mount) 77 D12
Knockbrack 101 I3
Knockbrandon 81 M9
Knockbride 98 L6
Knockbridge 98 M6
Knockbrit 85 I10
Knockcloghrim 102 M3
Knockcroghery 90 H7
Knockdrin 92 K7
Knockeen Cross Roads 83 D11
Knockerry 83 D10
Knockferry 89 E7
Knocklayd 103 N2
Knocklofty 79 I10
Knocklomena 76 C12
Knocklong 84 G10
Knockmealdown 79 I11
Knockmealdown Mountains 78 H11
Knockmore 95 E5
Knockmore (Mount) 94 C6
Knockmourne 78 H11
Knockmoy Abbey 89 F7
Knocknaboul Cross 83 E11
Knocknacarry 103 N2
Knocknacree 86 L9
Knocknadobar 76 B12
Knocknagantee 76 C12

LONDONDERRY

Barrack Street X 2
Clooney Terrace X 5
Creggan Street X 6
Custom House Street X 7
Dungiven Road X 8
Duke Street X 9
Foyle Road X 10
Foyle Street X 12
Francis Street X 13
Glendermott Road X 14
Harbour Square X 15
Infirmary Road X 17
John Street X 18
Lecky Road X 19
Limavady Road X 20
Little James Street X 22
Long Tower Street X 23
Sackville Street X 26
Simpsons Brae X 29
Strand Road X 30
Water Street X 32
William Street X 34

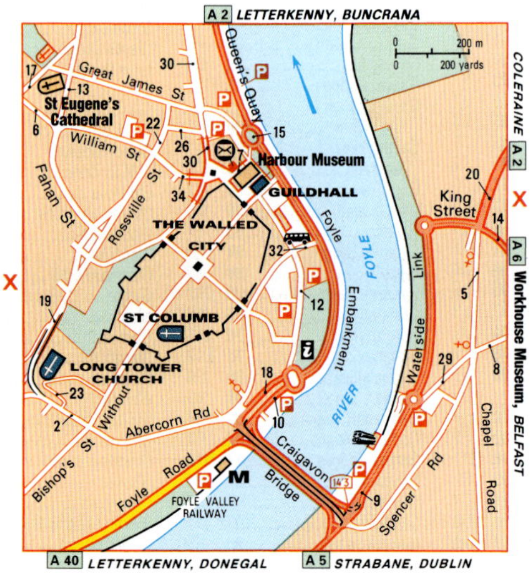

A 2 LETTERKENNY, BUNCRANA
0 200 m
0 200 yards
COLERAINE
A 2
A 6 Workhouse Museum, BELFAST
Great James St
St Eugene's Cathedral
William St
Queen's Quay
Harbour Museum
GUILDHALL
Fahan St
Rossville St
THE WALLED CITY
Foyle
FOYLE
RIVER
Embankment
ST COLUMB
LONG TOWER CHURCH
Without
Abercorn Rd
Bishop's St
Foyle Road
FOYLE VALLEY RAILWAY
Craigavon Bridge
King Street
Link
Waterside
Spencer Rd
Chapel Road
A 40 LETTERKENNY, DONEGAL
A 5 STRABANE, DUBLIN

Kno - New
157

Knocknagashel 83 D11
Knocknagree 77 E11
Knocknahilan 78 F12
Knocknalina 94 C5
Knocknalower 94 C5
Knockowen 76 C12
Knockraha 78 G12
Knocks 74 J5
Knocks (Cork) 77 F12
Knocks (Laois) 86 J8
Knockshanahullion 78 H11
Knockskagh 77 F12
Knocktopher 80 K10
Knocktown 81 M11
Knockundervaul 83 D10
Knockvicar 96 H5
Knowth 93 M6
Kylemore 90 H8
Kylemore Abbey 88 C7
Kylemore Lough 88 C7

L

Laban 89 F8
Labasheeda 83 E10
Lack 97 J4
Lackagh 86 K8
Lackan bay 95 E5
Lackan (Carlow) 80 K9
Lackan (Wicklow) 87 M8
Lackareagh 77 F12
Laconnell 100 G3
Ladies View 77 D12
Lady's Island Lake 81 M11
Ladysbridge 78 H12
Ladywell 80 K10
Laffansbridge 85 I10
Lag 102 K2
Lagan (River) 99 N4
Lagan Valley 99 O4
Lagavara 102 M2
Lagganstown 85 I10
Laghey Corner 98 L4
Laghtnafrankee 79 J11
Laghy 100 H4
Lahardaun 95 E5
Lakyle 83 E10
Lamb's Head 76 B12
Lambay Island 93 N7
Lambeg 99 N4
Lanesborough 90 I6
Laney (River) 77 F12
Laois (County) 85 J9
Laracor 93 L7
Laragh 87 N8
Laragh (Kildare) 93 M7
Laragh (Monaghan) 98 L5
Largan (Mayo) 94 D5
Largan (Sligo) 95 F5
Largy 100 G4
Largydonnell 96 H4
Larne 103 O3
Larne Lough 103 O3
Lattin 84 H10
Laune (River) 77 C11
Lauragh 76 C12
Laurelvale 98 M4
Laurencetown 90 H8
Lavagh 96 F5
Lavagh More 100 H3
Lawrencetown 99 N4
Leabgarrow 100 G3
League Point 77 D13
League (Slieve) 100 F4
Leamaneh Castle 89 E9
Leamlara 78 H12
Leamore Strand 87 N8
Leane (Lough) 77 D11
Leannan (River) 101 I2
Leap 77 E13
Leap (The) 80 L10
Leap (The) 81 M10
Lecale Peninsula 99 O5
Lecarrow (Leitrim) 96 H5
Lecarrow (Roscommon) 90 H7
Leckanarainey 96 H4
Leckanvy 94 C6
Leckaun 96 H5
Leckavrea Mountain 88 D7
Leckemy 102 K2
Lee 83 C11
Lee Reservoir 78 F12
Lee (River) 78 G12
Leek Point 83 C10
Leenane 88 C7
Leganany Dolmen 99 N5
Legan or Lenamore 92 J7
Leggah 97 J6
Legoniel 99 O4
Lehardan 101 J2
Leighlinbridge 80 L9
Leinster (Mount) 80 L10
Leitir Mealláin / Lettermullan 88 C8
Leitir Mhic an Bhaird / Lettermacaward 100 H3
Leitrim 99 O5
Leitrim 96 H6
Leitrim 83 D9
Leitrim (County) 96 I6
Leixlip 93 M7
Lemanaghan 90 I8
Lemybrien 79 J11
Lenadoon Point 95 E5
Lenan Head 101 J2
Lene (Lough) 92 K7
Lerrig 83 C10
Leslie Hill 74 L5
Letterbarra 100 H3
Letterbreen 97 I5
Lettercallow 88 C8
Lettercraffroe Lough 89 D7
Letterfinish 76 C12
Letterfrack 88 C7
Letterkelly 83 E9
Letterkenny / Leitir Ceanainn 101 I3
Letterleague 101 I3
Lettermore 88 D8
Lettermore Island 88 C8
Levally 89 F7
Levally Lough 95 E6
Licketstown 80 K11
Liffey (River) 87 M8
Lifford 101 J3
Light House Island 99 P3
Limavady 102 L2
Limerick (County) 84 F10
Limerick Junction 84 H10
Lios Dúin Bhearna / Lisdoonvarna 89 E8
Lios Mór / Lismore 79 I11
Lios Póil / Lispole 82 B11
Lios Tuathail / Listowel 83 D10
Lisacul 96 G6
Lisbane 99 O4
Lisburn 99 N4
Liscannor 89 D9
Liscannor Bay 89 D9
Liscarney 95 D6
Liscarroll 78 F11
Liscolman 102 M2
Liscooly 101 J3
Lisdoart 97 K4
Lisdowney 85 J9
Lisduff (Cavan) 92 K6
Lisduff (Leitrim) 96 I6
Lisduff (Offaly) 90 I8
Lisgarode 84 H9
Lisgoold 78 H12
Lislea 74 M5
Lislea (Londonderry) 102 M3
Lismacaffry 92 J6
Lismoghry 101 J3
Lismoyle 90 H7
Lisnacree 99 N5
Lisnageer 97 K5
Lisnagleer 98 L4
Lisnagry 84 G9
Lisnagunogue 102 M2
Lisnakill 80 K11
Lisnamuck 102 L3
Lisnarrick 97 I4
Lisnavagh 87 L9
Lispatrick 78 G13
Lisroe 83 E9
Lisronagh 85 I10
Lisryan 92 J6
Lissadell House 96 G4
Lissalway 90 G6
Lissamona 77 D13
Lissan 102 L3
Lissatinnig Bridge 76 C12
Lissavaird 77 F13
Lisselton 83 D10
Lissinagroagh 96 H5
Lissiniska 96 H4
Lissycasey 83 E9
Listellick 83 C11
Listerlin 80 K10
Listooder 99 O4
Lisvarrinane 84 H10
Little Island 78 G12
Little Skellig 76 A12
Little Bray 87 N8
Littleton 85 I10
Lixnaw 83 D10
Loanends 99 N4
Lobinstown 93 M6
Loch Garman / Wexford 81 M10
Loghill 83 E10
Lombardstown 78 F11
Londonderry 102 K3
Londonderry (County) 102 K3
Lonehort Point 76 C13
Long Island 77 D13
Longford (County) 90 I6
Longford (Offaly) 84 I8
Longhill 80 K9
Longwood 92 L7
Loo Bridge 77 D12
Loobagh 84 G10
Loop Head 82 C10
Lorrha 90 H8
Loskeran 79 J11
Losset (Cavan) 97 J6
Losset (Donegal) 101 I2
Lough Gowna 97 J6
Loughgall 98 M4
Loughanavally 92 J7
Loughanillaunmore 89 D8
Loughanure 100 H2
Lough Bradan Forest 97 J4
Loughbrickland 99 N5
Lougher 82 C11
Loughermore 102 K3
Loughfad Hill 100 I4
Loughglinn 96 G6
Loughguile 103 N2
Loughinisland 99 O4
Loughlinstown 87 N8
Loughmoe 85 I9
Loughmorne 98 L5
Lough Navar Forest 97 I4
Loughros Point 100 G3
Loughros More Bay 100 G3
Loughsalt Mount 101 I2
Loughshinny 93 N7
Louisburgh 94 C6
Loup (The) 102 M3
Louth 93 M6
Louth (County) 93 M6
Lower Lake 87 N8
Lower Ballinderry 99 N4
Lowertown 77 D13
Lowerymore 100 I3
Lowtown 99 N5
Lucan 93 M7
Luggacurren 86 K9
Lugnaquillia Mountain 87 M9
Luimneach / Limerick 84 G10
Lukeswell 80 K10
Lullymore 86 L8
Lurgan 99 N4
Lurgan 96 G6
Lurganboy (Donegal) 101 J2
Lurganboy (Leitrim) 96 H5
Lusk 93 N7
Lyle 103 N3
Lyracrumpane 83 D10
Lyre 77 F11
Lyrenaglogh 78 H11

M

Maas 100 G3
Mace 95 D6
Mace Head 88 C8
Macgillycuddy's Reeks 76 C12
Mac Gregor's Corner 103 N3
Machugh (Lough) 100 G3
Mackan 74 J5
Mac Laughlins Corner 102 M3
Mac Mahon's Town 97 K4
Macnean Lower (Lough) 97 I5
Macnean Upper (Lough) 97 I5
Macosquin 102 L2
Mac Swyne's Bay 100 G4
Maddan 74 L5
Maddockstown 80 K10
Maganey 86 L9
Magee (Island) 103 O3
Maghaberry 99 N4
Maghanlawaun 76 C12
Maghera (Clare) 84 F9
Maghera (Down) 99 O5
Maghera (Donegal) 100 G3
Maghera (Londonderry) 102 L3
Magherabane 101 J2
Magherafelt 102 M3
Magheragall 99 N4
Magheralin 99 N4
Magheramason 101 J3
Magheramorne 103 O3
Magheraveely 74 K5
Maghery 98 M4
Maghery 100 G3
Magilligan 102 L2
Magilligan Point 102 L2
Magilligan Strand 102 L2
Mahon 79 J11
Mahon (Lough) 78 G12
Mahoonagh 83 E10
Maigh Chromtha / Macroom 77 F12
Maigh Cuilinn / Moycullen 89 E7
Maigh Nuad / Maynooth 93 M7
Maigue (River) 84 F10
Main 103 N3
Maine (River) 83 C11
Mainham 87 L8
Mainistir Fhear Maí / Fermoy 78 H11
Mainistir na Búille / Boyle 96 H6
Mainistir na Corann / Midleton 78 H12
Máistir Gaoithe / Mastergeehy 76 B12
Mal Bay 83 D9
Mala / Mallow 78 G11
Málainn Bhig / Malin Beg 100 F3
Malin 102 K2
Malin Bay 100 F3
Malin Head 102 J1
Malin More 100 F3
Mallusk 103 N3
Mamore (Gap of) 101 J2
Manger 96 H4
Mangerton Mountain 77 D12
Mannin Bay 88 B7
Mannin Lake 95 F6
Manorcunningham 101 J3
Manselstown 85 I9
Mansfieldstown 93 M6
Mantua 96 H6
Manulla 95 E6
Manulla (River) 95 E6
Maothail / Mohill 96 I6
Marble Arch Caves 97 I5
Marble Hill 101 I2
Mardyke 85 J10
Marshalstown 81 M10
Martin 78 G12
Martinstown 103 N3
Martinstown 84 G10
Martinstown 92 L7
Mask (Lough) 89 D7
Massford 99 N4
Masshill 95 F5
Masterstown 85 I10
Matehy 78 G12
Matrix (Castle) 83 F10
Mattock (River) 93 M6
Mauherslieve 84 H9
Maum 88 D7
Maumakeogh 95 D5
Maumeen Lough 88 B7
Maumtrasna 94 D7
Maumtrasna 89 D7
Maumturk Mountains 88 C7
Mauricesmills 83 E9
Mayo 95 E6
Mayo (County) 95 E6
Mayo (Plains of) 95 E6
Mayobridge 99 N5
Mazetown 99 N4
Mealagh 77 D12
Meanus 84 G10
Meath (County) 92 L7
Meela (Lough) 100 G3
Meelick 95 E6
Meelick 90 H8
Meelin 83 E11
Meenaclady 100 H2
Meenacross 100 G3
Meenanarwa 100 H3
Meenaneary / Mín na Aoire 100 G3
Meenatotan 100 H3
Meenavean 100 F3
Meencorwick 100 H3
Meenglass 101 I3
Meenlaragh 100 H2
Meenreagh 101 I3
Meentullynagarn 100 G3
Meenybraddan 100 H3
Meeting of the Waters 87 N9
Mellifont Abbey 93 M6
Melmore Head 101 I2
Melvin (Lough) 96 H4
Menlough 90 G7
Mew Island 99 P3
Michelstown Caves 78 H11
Middletown (Donegal) 100 H2
Midfield 95 F6
Mile 101 J2
Milebush 103 O3
Milehouse 81 M10
Milemill 87 L8
Milestone 84 H9
Milford 74 L5
Milford 84 F10
Millbay 103 O3
Millbrook 92 K6
Millbrook (Antrim) 103 O3
Millbrook (Londonderry) 102 K3
Milleen 83 E11
Millford 101 I2
Millroad 81 M11
Millstreet 77 E11
Millstreet (Waterford) 79 I11
Mill Town 98 L5
Milltown (Antrim) 102 M2
Milltown (Cavan) 97 J5
Milltown (Down) 99 N5
Milltown (Dublin) 87 M8
Milltown (Galway) 89 F7
Milltown (Kerry) 83 C11
Milltown (Kildare) 86 L8
Milltown (near Leslie Hill) 74 L5
Milltown (near Maghery) 98 M4
Milltown (near Dingle) 82 B11
Milltown (near Kilkerrin) 90 G7
Milltown (Tyrone) 97 K4
Milltown (Wexford) 81 M10
Miltownpass 92 K7
Minane Bridge 78 G12
Minard Head 82 B11
Mine Head 79 J12
Minerstown 99 O5
Minterburn 98 L4
Mizen Head 76 C13
Moanmore 83 D9
Modelligo 79 I11
Modreeny 85 H9
Mogeely 78 H12
Moglass 85 I10
Moher (Cliffs of) 88 D9
Moher Lough 95 D6
Mohil 80 K9
Móinteach Mílic / Mountmellick 86 K8
Moira 99 N4
Moll's Gap 77 D12
Monaghan (County) 97 K5
Monard 84 H10
Monaseed 81 M9
Monaster 84 G10
Monasteraden 96 G6
Monasteranenagh Abbey 84 G10
Monasterboice 93 M6
Monasterevin 86 K8
Monavullagh Mountains 79 J11
Mondello Park 87 L8
Monea 97 I4
Moneen (Clare) 82 C10
Moneen (Galway) 89 F7
Money Point 83 D10
Moneydig 102 M3
Moneygall 85 I9
Moneyglass 102 M3
Moneygold 96 G4
Moneylahan 96 G4
Moneymore 102 L3
Moneyneany 102 L3
Moneyreagh 99 O4
Monilea 92 K7
Monivea 89 F7
Monkstown (Antrim) 99 O3
Monkstown (Cork) 78 G12
Monroe 92 J7
Montpelier 84 G9
Mooncoin 80 K11
Moone 86 L9
Moord 79 I12
Moore Bay 82 C9
Moorfields 103 N3
More (Island) 95 D6
Morenane 84 F10
Morley's Bridge 77 D12
Morningstar 84 G10
Mornington 93 N6
Mosney 93 N7
Moss-Side 102 M2
Mossley 99 O3
Mostrim 92 J6
Mothel 79 J11
Motte Stone 87 N9
Mount Falcon 95 E5
Mount Hamilton or Sperrin 102 K3
Mount Melleray Monastery 79 I11
Mount Nugent 92 K6
Mount Usher Gardens 87 N8
Mountbolus 86 J8
Mountcastle 101 J3
Mountcharles 100 H4
Mountcollins 83 E11
Mountfield 97 K4
Mount Garret 80 L10
Mounthenry 89 E7
Mountjoy (near Omagh) 97 J4
Mountjoy (near Stewartstown) 98 M4
Mountrath 86 J8
Mountrivers Bridge 83 D9
Mountshannon 84 G9
Mount Talbot 90 H7
Mount Temple 90 I7
Mount Uniacke 78 H12
Mourne (Lough) 103 O3
Mourne (Lough) 101 I3
Mourne Mountains 99 N5
Mourne River 101 J3
Mourne Beg 101 I3
Moveen 83 C10
Moville / Bun an Phobail 102 K2
Mowhan 74 M5
Moy 98 L4
Moy (River) 95 E5
Moyagh 101 J3
Moyallan 98 M4
Moyard 88 B7
Moyarget 103 N2
Moyasta 83 D9
Moydow 90 I7
Moygashel 98 L4
Moyglass 90 G8
Moylough 90 G7
Moylough (Sligo) 96 F5
Moynalty 92 L6
Moynalvy 92 L7
Moyne Abbey 95 E5
Moyne (Roscommon) 96 G6
Moyne (Tipperary) 97 J6
Moyne (Wicklow) 87 M9
Moyrus 88 C7
Moyteoge Head 94 B6
Moyvally 93 L7
Moyvore 92 J7
Moyvoughly 91 I7
Muckamore 103 N3
Muckanagh Lough 84 F9
Muckish Mountain 100 H2
Mucklon 92 L7
Muckno Lake 98 L5
Muckros Head 100 G4
Muckross 77 D11
Muff 102 K2
Muggort's Bay 79 J11
Muinchille / Cootehill 97 K5
Muine Bheag / Bagenalstown 80 L9
Muineachán / Monaghan 98 L5
Muing 95 D5
Muingnabo 94 C5
Mulhuddart 93 M7
Mulkear 84 G10
Mullach Íde / Malahide 93 N7
Mullagh (Cavan) 92 L6
Mullagh (Galway) 90 G8
Mullagh (Mayo) 94 C6
Mullagh (Meath) 93 M7
Mullaghanattin 76 C12
Mullaghanish 77 E12
Mullaghareirk Mountains 83 E10
Mullaghash 102 K3
Mullaghbane 74 M5
Mullaghboy 103 O3
Mullaghcarn 102 K3
Mullaghcleevaun 87 M8
Mullaghclogha 102 K3
Mullaghmore 102 L3
Mullaghmore 96 G4
Mullaghmore Head 96 G4
Mullaghroe 96 G6
Mullan 102 L2
Mullan 98 L4
Mullany'sCross 95 F5
Mullartown 99 O5
Mullen 96 G6
Mullenbeg 80 K10
Mullet Peninsula 94 B5
Mullinahone 85 J10
Mullinasole 100 H4
Mullinavat 80 K10
Mulroy Bay 101 I2
Multeen 85 H10
Multyfarnham 92 J7
Mungret 84 F10
Muntervary or Sheep's Head 76 C13
Murley 97 K4
Murlough Bay 103 N2
Murntown 81 M11
Murreagh 82 A11
Murrisk 94 D6
Murroe 84 G10
Murroogh 89 E8
Musheramore 77 F11
Mussenden Temple 102 L2
Mutton Island 83 D9
Mweelrea Mountains 94 C7
Mweenish Island 88 C8
Myshall 80 L9

N

Na Cealla Beaga / Killybegs 100 G4
Na Clocha Liatha / Greystones 87 N8
Na Dúnaibh / Downies 101 I2
Na Sceirí / Skerries 93 N7
Nacorra (Lough) 94 D6
Nacung (Lough) 100 H2
Nad 78 F11
Nafooey (Lough) 88 D7
Nagles Mountains 78 G11
Nalughraman (Lough) 100 G3
Naminn (Lough) 101 J2
Namona (Lough) 76 B12
Nanny 93 M7
Naran 100 G3
Narraghmore 86 L8
Narrow Water Castle 99 N5
Naul 93 N7
Neagh (Lough) 98 M4
Neale 89 E7
Nealstown 85 I9
Neidín / Kenmare 77 D12
Nenagh 85 H9
Nephin 95 D5
Nephin (Glen) 95 D6
Nephin Beg 94 D5
Nephin Beg Range 94 C5
New Inn (Cavan) 92 K6
New Inn (Galway) 90 G8

158 New - Sol

New Kildimo 84 F10
Newbawn 80 L10
New Birmingham 85 J10
Newbliss 97 K5
Newbridge 93 N7
Newbridge / An Droichead Nua 86 L8
Newbridge (Limerick) 83 F10
Newbridge (near Tuomard) 90 G7
New Buildings 101 J3
Newcastle (Down) 99 O5
Newcastle (Dublin) 87 M8
Newcastle (near Monivea) 89 F7
Newcastle (Tipperary) 79 I11
Newcastle (Wicklow) 87 N8
Newcestown 77 F12
Newchapel 85 I10
Newferry 102 M3
Newgrange 93 M6
Newinn 85 I10
Newmarket 83 F11
Newmarket (Kilkenny) 80 K10
Newmarket on Fergus 84 F9
Newmills 98 L4
Newmills (Donegal) 101 I3
Newport (Tipperary) 84 G9
Newport Bay 94 C6
Newport Trench 98 M4
Newtown Cashel 90 I7
Newtown (Cork) 84 G11
Newtown-Crommelin 103 N3
Newtown (Galway) 89 F8
Newtown (Kildare) 93 L7
Newtown (Laois) 86 K9
Newtown (Limerick) 84 G10
Newtown (near Knock) 85 I9
Newtown (near Nenagh) 84 H9
Newtown (Offaly) 90 H8
Newtown (Roscommon) 90 H7
Newtown (Tipperary) 84 H10
Newtown (Waterford) 79 J11
Newtown (Wexford) 81 M11
Newtownabbey 99 O4
Newtown Forbes 90 I6
Newtown Gore 97 I5
Newtown Mount Kennedy 87 N8
Newtownards 99 O4
Newtownbreda 99 O4
Newtown Cloghans 95 E5
Newtown Cunningham 101 J3
Newtownlow 92 J7
Newtownlynch 89 E8
Newtown Sandes 83 D10
Newtownshandrum 84 F10
Newtownstewart 101 J3
New Twopoldouse Village 78 G11
Nier 79 J11
Ninemilehouse 85 J10
Nobber 93 L6
Nohaval 78 G12
Nore 85 J9
Nore (River) 80 K10
North Sound 88 C8
North Ring 77 F13
Nose of Howth 93 N7
Noughaval 89 E8
Noughaval 84 F9
Nowen Hill 77 E12
Nuns Quarter 99 O4
Nurney 86 L8
Nurney (Carlow) 80 L9
Nutt's Corner 99 N4

O

Oaghley 83 D10
Oatfield 84 F9
Oatquarter 88 C8
O'Brien's Tower 89 D9
O'Flynn (Lough) 90 G6
Oghil (Clare) 90 H8
Oghil (Galway) 88 C8
Ogonnelloe 84 G9
O'Grady (Lough) 84 G9
Oileán Ciarraí / Castleisland 83 D11
Oilgate 81 M10
Oily 100 G4
Old Court 77 E13
Old Head 94 C6
Old Kildimo 84 F10
Old Head 78 G13
Old Kilcullen 86 L8
Oldleighlin 80 K9
Oldmill Bridge 83 E10
Old Ross 80 L10
Old Town (Donegal) 101 I3
Old Town (Laois) 85 J9
Old Town (Roscommon) 90 H8
Old Town (Wexford) 80 L10
Oldtown (Dublin) 93 N7
Oldtown (Roscommon) 90 I7
Old Twopoldouse 78 G11
Omagh 97 K4
Omeath 99 N5
Omey Island 88 B7
Onaght 88 C8
Oola 84 H10
Oorid Lough 88 D7
Oranmore 89 F8
Oriel (Mount) 93 M6
Oristown 93 L6
Oritor 98 L4
Ossian's Grave 103 N2
Ougther (Lough) 97 J6
Ouinlisk 85 I9
Oulart 81 M10
Ovens 78 G12
Owel (Lough) 92 J7
Owenascaul 82 B11
Owenator 100 H3
Owenavorragh 81 M10
Owenbeagh 100 H3
Owenbeg 95 F5
Owenbeg (River) 96 G5
Owenboliska 89 E8
Owenboy (Cork) 78 G12
Owenbristy 89 F8
Owencarrow 101 I2
Owendalulleegh 89 G8
Owenea 100 G3
Owengarve 95 F5
Owengarve 94 D6
Owenglin 88 C7
Oweniny 95 D5
Owenkillew 102 K3
Owenkillew 101 J2
Owenmore Bridge 94 D6
Owennacurra 78 H12
Owenreagh Hill 101 J3
Owenriff 89 D7
Owentaraglin 77 E11
Owentocker 100 H3
Owenur (River) 96 H6
Ower 89 E7
Owning 85 J10
Owroe Bridge 76 B12
Owvane 77 D12
Oysterhaven 78 G12

P

Palace 80 L10
Palatine 86 L9
Pallas 86 J8
Pallas Green 84 G10
Pallas Cross 85 I9
Pallaskenry 84 F10
Paps (The) 77 E11
Park 102 K3
Park 95 E6
Parkgate 103 N3
Parke's Castle 96 H5
Parkmore 89 F8
Parkmore Point 82 A11
Parknasilla 76 C12
Parteen 84 G9
Partry 95 E6
Partry Mountains 95 D7
Passage 90 H7
Passage East 80 L11
Passage West 78 G12
Patrickswell 84 F10
Patterson's Spade Mill 99 N3
Peake 78 F12
Peatlands 98 M4
Peterswell 89 F8
Pettigoe 97 I4
Phoenix Park 93 M7
Piercetown 81 M11
Pigeons (The) 90 I7
Pike 90 H8
Pike (The) (near Boola) 78 I11
Pike (The) (near Lamybrien) 79 J11
Pike (The) (Tipperary) 85 H8
Pike Corner 93 L7
Pike of Rush Hall 85 J9
Piltown 80 K10
Pluck 101 J3
Plumbridge 102 K3
Pollagh 90 I8
Pollan Bay 101 J2
Pollatomish 94 C5
Pollnalaght 97 J4
Pollshask 90 G7
Pomeroy 98 L4
Pontoon 95 E6
Port Ballintrae 102 M2
Port (Donegal) 100 F3
Port Durlainne / Porturlin 94 C5
Port Láirge / Waterford 80 K11
Port Laoise / Portlaoise 86 K8
Port Omna / Portumna 90 H8
Portacloy 94 C5
Portadown 98 M4
Portaleen 102 K2
Port Ballintrae 102 M2
Portbradden 102 M2
Portglenone 102 M3
Portland 90 H8
Portlaw 80 K11
Portmagee 76 A12
Portmagee Channel 76 A12
Portmarnock 93 N7
Portmuck 103 O3
Portnablagh 101 I2
Portnoo 100 G3
Portrane 93 N7
Portroe 84 G9
Portrush 102 M2
Portsalon 101 J2
Portstewart 102 L2
Poulaphouca Reservoir 87 M8
Poulnamucky 85 I10
Poulnasherry Bay 83 D10
Power Head 78 H12
Powerscourt Demesne 87 N8
Power's Cross 90 H8
Powerstown 80 K10
Priesthaggard 80 L11
Prosperous 87 L8
Puckaun 84 H9
Puffin Island 76 A12
Punchestown 87 M8

Q

Quarrytown 103 N3
Querrin 83 D10
Quigley's Point 102 K2
Quilty 83 D9
Quin 84 F9
Quoile 99 O4

R

Rabbit Islands 77 E13
Race End 101 I2
Raffrey 99 O4
Raghly 96 G5
Raghtin More 101 J2
Rahan 86 J8
Rahanagh 83 E10
Rahara 90 H7
Raharney 92 K7
Raheen 80 L10
Raigh 88 D7
Railyard 86 K9
Rake Street 95 D5
Ram Head 79 I12
Ramor (Lough) 92 K6
Ramore Head 102 M2
Rams Island 99 N4
Ramsgrange 80 L11
Randalstown 103 N3
Rapemills 90 I8
Raphoe 101 J3
Rasharkin 102 M3
Rashedoge 101 I3
Rath 90 I8
Ráth Caola / Rathkeale 83 F10
Ráth Droma / Rathdrum 87 N9
Rathangan 86 L8
Rathaspick 92 J7
Rathbrit 85 I10
Rathcabban 90 H8
Rathconrath 92 J7
Rathcool 77 F11
Rathcoole 87 M8
Rathcor 99 N6
Rathcore 92 L7
Rathcormack 78 H11
Rathcormack (Sligo) 96 G5
Rathcroghan 96 H6
Rathdangan 87 M9
Rathdowney 85 J9
Rathedan 80 L9
Rathfeigh 93 M7
Rathfriland 99 N5
Rathfylane 80 L10
Rathgarogue 80 L10
Rathgormuck 79 J11
Rathkeevin 85 I10
Rathkenny 93 M6
Rathlackan 95 E5
Rathlee 95 E5
Rathlin Island 103 N2
Rathlin Sound 103 N2
Rathlin O'Birne Island 100 F4
Rathmelton 101 J2
Rathmines 87 N8
Rathmolyon 92 L7
Rathmore 77 E11
Rathmullan 101 J2
Rathnew 87 N9
Rathnure 80 L10
Rathoma 95 E5
Rathowen 92 J7
Rathvilla 86 K8
Rathvilly 87 L9
Ratoath 93 M7
Raven Point (The) 81 M10
Ravensdale 98 M5
Ray 100 H2
Ray (near Rathmillan) 101 J2
Ray (River) 100 H2
Rea (Lough) 90 G8
Reaghstown 93 M6
Reanaclogheen 79 J12
Reanagowan Cross Roads 83 D11
Reananerree / Rae na nDoirí 77 E12
Reanascreena 77 E13
Rear Cross 84 H9
Red Bay 103 N2
Redcastle 102 K2
Redcross 87 N9
Redgate 81 M10
Redhills 97 K5
Ree (Lough) 90 I7
Reelan 100 H3
Reen 77 D12
Reens 83 F10
Reevanagh 80 K9
Relaghbeg 92 L6
Rerrin 76 C13
Rhode 92 K7
Richhill 98 M4
Ridge 80 K9
Ridge Point 94 C5
Rine (River) 84 F9
Rineanna Point 83 F9
Ringabella Bay 78 H12
Ringarogy Island 77 D13
Ringaskiddy 78 H12
Ringboy 75 P4
Ringfad Point 75 P5
Ringsend 102 L2
Ringstown 86 J8
Ringville / An Rinn 79 J11
Rinmore Point 101 I2
Rinn (River) 96 I6
Rinn Lough 96 I6
Rinneen (Clare) 89 D9
Rinneen (Cork) 77 E13
Rinroe Point 94 C5
Rinville 89 F8
Rinvyle 94 C7
Rinvyle Castle 94 B7
Rinvyle Point 94 B7
River 94 B6
Riverchapel 81 N10
Riverstick 78 G12
Riverstown 96 G5
Riverstown (Cork) 78 G12
Riverstown (Tipperary) 90 I8
Riverville 83 D11
Roadford 89 D8
Roaninish 100 G3
Roaringwater Bay 77 D13
Robe 95 E6
Robert's Head 78 H12
Robertstown 86 L8
Robinstown 93 L7
Roche's Point 78 H12
Rochestown 80 K11
Rochfortbridge 92 K7
Rock Island 88 C8
Rock (The) 98 L4
Rockabill 93 N7
Rockchapel 83 E11
Rockcorry 97 K5
Rockhill 84 F10
Rockmills 78 G11
Rodeen 96 H6
Roe 102 L3
Roe Valley 102 L2
Roney Point 81 N10
Rooaun 90 H8
Roonagh Quay 94 C6
Roonah Lough 94 C6
Roosky 96 I6
Roosky (Mayo) 96 F6
Roosky (Roscommon) 96 H4
Ropefield 96 G5
Ros an Mhil / Rossaveel 88 D8
Ros Comáin / Roscommon 90 H7
Ros Cré / Roscrea 85 I9
Ros Láir / Rosslare 81 M11
Ros Mhic Thriúin / New Ross 80 L10
Rosapenna 101 I2
Rosbercon 80 L10
Roscommon (County) 96 G6
Rosegreen 85 I10
Rosenallis 86 J8
Rosguill 101 I2
Roskeeragh Point 96 F4
Rosmuck 88 D7
Rosmult 85 I9
Rosnakill 101 I2
Ross 77 D11
Ross Abbey 89 E7
Ross (near Ballynacree) 92 K6
Ross (near Dunsany) 93 M7
Ross Port 94 C5
Ross Lake 89 E7
Rossan Point 100 F3
Rossbeg 100 G3
Rossbeigh Creek 76 C11
Rossbrin 77 D13
Rosscahill 89 E7
Rosscarbery 77 E13
Rosscarbery Bay 77 E13
Rosscor 96 H4
Rossdohan Island 76 C12
Rosserk Abbey 95 E5
Rosses Bay 100 G2
Rosses (The) 100 G2
Rosses Point 96 G5
Rossgeir 101 J3
Rossglass 99 O5
Rossinver 96 H4
Rosslare Bay 81 M11
Rosslare Point 81 M11
Rossmore (Cork) 77 F12
Rossmore (Laois) 86 K9
Rossmore Forest Park 98 L5
Rossmore Island 76 C12
Rossnowlagh 100 H4
Ross West 95 E6
Rostellan 78 H12
Rostrevor 99 N5
Rosturk 94 C6
Rough Point 82 B11
Roughty 77 D12
Roundfort 89 E7
Roundstone 88 C7
Roundwood 87 N8
Roury 77 E13
Rousky 102 K3
Rowallane Gardens 99 O4
Rower (The) 80 L10
Royal Canal 90 I7
Royaloak 80 L9
Ruan 89 F9
Rubane 75 P4
Rue Point 103 N2
Runabay Head 103 N2
Runnabackan 90 H6
Rushen (Slieve) 97 J5
Russborough House 87 M8
Rutland Island 100 G3
Ryefield 92 K6
Ryehill 89 F7
Rylane Cross 77 F12

S

Saddle Head 94 B5
Saggart 87 M8
St Fachtnan's 83 E9
St Finan's Bay 76 A12
St John's Lough 96 I5
St John's Point (Donegal) 100 G4
St Johnstown 101 J3
St Macdara's Island 88 C8
St. Margaret's 93 N7
St Mochta's House 93 M6
St. Mullin's 80 L10
Saintfield 99 O4
Saleen (Cork) 78 H12
Saleen (Kerry) 83 D10
Salia 94 C6
Sallahig 76 B12
Sallins 87 M8
Sally Gap 87 N8
Sallybrook 78 G12
Sallypark 85 H9
Salrock 94 C7
Saltee Islands 81 M11
Salthill 89 E8
Sandholes 98 L4
Sandyford 87 N8
Santry 93 N7
Saul 99 O4
Sawel Mountain 101 K3
Scalp Mountain 101 J2
Scardaun (Mayo) 95 E7
Scardaun (Roscommon) 90 H7
Scarnagh 81 N9
Scarriff / An Scairbh 84 G9
Scarriff Island 76 B12
Scartaglin 83 D11
Scattery Island 83 D10
Schull / Skull 77 D13
Scolban (Lough) 96 H4
Scotch Town 102 K3
Scotshouse 97 K5
Scotstown 97 K5
Scrabo Hill 99 O4
Scramoge 90 H6
Screeb Cross 88 D7
Screen 81 M10
Screggan 86 J8
Scribbagh 96 H4
Scullogue Gap 80 L10
Scur (Lough) 96 I5
Seaforde 99 O5
Seapatrick 99 N4
Seefin 79 J11
Seskinore 97 K4
Seskinryan 80 L9
Seven Heads 78 F13
Seven Hogs or Magharee Islands (The) 82 B11
Shalwy 100 G4
Shanacashel 76 C11
Shanagarry 78 H12
Shanaglish 89 F8
Shanagolden 83 E10
Shanahoe 85 J9
Shanballard 90 G7
Shanbally (Cork) 78 G12
Shanbally (Galway) 90 G7
Shanballymore 78 G11
Shanco 98 L4
Shanes Castle 103 N3
Shankill 87 N8
Shanlaragh 77 E12
Shanlis 93 M6
Shannagh (Lough) 99 N5
Shannakea 83 E10
Shannawona 89 D7
Shannon 84 F9
Shannon Airport 84 F9
Shannon (River) 90 H8
Shannonbridge 90 H8
Shannon Harbour 90 I8
Shanragh 86 K9
Shantonagh 98 L5
Sharavogue 84 I8
Sheddings (The) 103 N3
Sheeanamore 87 M9
Sheeaun 84 G9
Sheeffry Hills 94 C6
Sheehan's Point 76 B12
Sheelin (Lough) 92 K6
Sheep Haven 101 I2
Sheever (Lough) 92 K7
Shehy Mountains 77 D12
Shercock 98 L6
Sherkin Island 77 D13
Sherky Island 76 C12
Sheskin 95 D5
Sheskinapoll 101 J3
Shillelagh 81 M9
Shinrone 85 I9
Shiven 90 G7
Shoptown 103 N3
Shot Head 76 C13
Shranamanragh Bridge 94 C5
Shrule 89 E7
Silent Valley 99 O5
Sillan (Lough) 98 L5
Silver Strand 94 C6
Silver Bridge 74 M5
Silvermine Mountains 84 H9
Silvermines 84 H9
Sinking 89 F7
Sion Mills 101 J3
Six Road Ends 75 P4
Six Towns (The) 102 L3
Six Crosses 83 D10
Sixmilebridge 84 F9
Sixmilecross 97 K4
Skannive (Lough) 88 C8
Skeagh 92 J7
Skehana 86 K9
Skehanagh 89 G7
Skerries (The) 102 M2
Skreen 96 F5
Skreen (Meath) 93 M7
Sky Road 88 B7
Slade 80 L11
Slane 93 M6
Slane (Hill of) 93 M6
Slaney (River) 81 M10
Slat (Lough) 82 B11
Slate (River) 86 L8
Slea Head 82 A11
Slemish Mountain 103 N3
Sliabh na Cailliche 92 K6
Slieve Anierin 96 I5
Slieve Aught Mountains 89 G8
Slieve Bernagh 84 G9
Slieve Bloom Mountains 86 J8
Slieve Gamph or the Ox Mountains 95 F5
Slieve Mish Mountains 82 C11
Slieve Miskish Mountains 76 C13
Slieveanorra 103 N2
Slievecallan 83 E9
Slievefelim Mountains 84 H9
Slievekimalta 84 H9
Slievekirk 102 K3
Slievemore 97 K4
Slievemore 94 B5
Slievemurry 90 G7
Slievenamon 85 J10
Slieveroe 80 K11
Slievetooey 100 G3
Sligeach / Sligo 96 G5
Sligo Bay 95 F5
Sligo (County) 95 F5
Sliveardagh Hills 85 J10
Slyne Head 88 B7
Smerwick 82 A11
Smerwick Harbour 82 A11
Smithborough 97 K5
Smithstown 80 K9
Snaght (Slieve) (Derryveagh Mts.) 100 H3
Snaght (Slieve) (Inishowen) 101 J2
Snave 77 D12
Sneem 76 C12
Soldierstown 99 N4

Sor - You
159

Sord / Swords 93 N7
South Sound 88 D8
Spa 82 C11
Spa (The) 99 O4
Spanish Point 83 D9
Spanish Point 83 D9
Speenoge 101 J2
Spelga Dam 99 N5
Sperrin Mountains 102 K3
Spink 86 K9
Spittaltown 92 J7
Springfield 97 I4
Springhill 102 M3
Springwell Forest 102 L2
Squires Hill 99 O4
Sraghmore 87 N8
Srah / An tSraith 95 E6
Srahduggaun 94 C6
Srahmore 95 D6
Srahmore (Mayo) 94 C5
Srahmore (River) 95 D6
Sráid na Cathrach / Milltown Malbay 83 D9
Stabannan 93 M6
Stack's Mountains 83 D11
Stackallan 93 M6
Staffordstown 102 M3
Stags (The) 77 E13
Stags of Broad Haven 94 C4
Staigue Stone Fort 76 B12
Stamullin 93 N7
Staplestown 87 L8
Stepaside 87 N8
Stewartstown 98 L4
Stickstown 78 F12
Stillorgan 87 N8
Stone Bridge 97 K5
Stonyford 99 N4
Stonyford 80 K10
Stormont 99 O4
Strabane 101 J3
Stracashel 100 H3
Stradbally (Kerry) 82 B11
Stradbally (Laois) 86 K8
Stradbally (Waterford) 79 J11
Strade 95 E6
Stradone 97 K6
Stradreagh 102 L2
Straffan 87 M8
Stragar 100 G3
Strahart 81 M10
Straid (Antrim) 103 O3
Straid (Donegal) 101 J2
Straid (near Ballycastle) 102 M2
Straith Salach / Recess 88 C7
Strand 83 E10
Strandhill 96 G5
Stranocum 102 M2
Stranorlar 101 I3
Stratford 87 L9
Stravally 100 G3
Streamstown 88 B7
Streedagh Point 96 G4
Streek Head 76 C13
Street 92 J6
Strokestown 90 H6
Stroove 102 L2
Struell Wells 99 O5
Strule 101 J3
Sturrakeen 84 H10
Suck 90 G6
Suck (River) 90 G6
Suir 85 I9
Suir (River) 79 I11
Summercove 78 G12
Summerhill 93 L7
Suncroft 86 L8
Sunderlin (Lough) 91 I7
Swan 86 K9
Swan's Cross Roads 97 K5
Swanlinbar 97 I5
Swatragh 102 L3
Sweep (The) 85 J10
Swilly (Lough) 101 J2
Swilly (River) 101 I3
Swilly (River) 101 J2
Sybil Head 82 A11

T

Table Mountain 87 M8
Tacumshane 81 M11
Tacumshin Lake 81 M11
Taghmon 81 M11
Taghshinny 91 I7
Tagoat 81 M11
Tahilla 76 C12
Talbot Island 88 B7
Talbotstown 87 M9
Tallaght 87 M8
Tallanstown 93 M6
Tallow 78 H11
Tallowbridge 78 H11
Talt (Lough) 95 F5
Tamlaght (Fermanagh) 74 J5
Tamlaght (Londonderry) 102 M3
Tamnamore 98 M4
Tandragee 98 M4
Tang 90 I7
Tangaveane 100 H3
Tappaghan Mount 97 J4
Tara (Hill of) 93 M7
Tarbert 83 D10
Tardree Forest 103 N3
Tarker (Lough) 98 L5
Tarmon 96 H5
Tarsaghaunmore 94 C5
Tassagh 74 L5
Taughblane 99 N4
Taur 83 E11
Tawin 89 E8
Tawin Island 89 E8
Tawny 101 I2
Tawnyinah 95 F6
Tawnylea 96 H5
Tay 79 J11
Tay (Lough) 87 N8
Taylor's Cross 90 I8
Tearaght Island 82 A11
Tedavnet 97 K5
Teelin 100 G4
Teemore 74 J5
Teeranea 88 D8
Teeranearagh 76 B12
Teerelton 77 F12
Teermaclane 83 E9
Teernakill 88 D7
Teeromoyle 76 B12
Teevurcher 92 L6
Temple (The) 99 O4
Templeboy 95 F5
Templederry 84 H9
Templeglentan 83 E10
Templehouse Lake 96 G5
Templemartin 78 F12
Templenoe 76 C12
Templeoran 92 J7
Templepatrick 103 N3
Templeshanbo 81 L10
Templetouhy 85 I9
Templetown 80 L11
Tempo 97 J4
Terenure 87 N8
Termon 83 D10
Termonbarry 90 I6
Termonfeckin 93 N6
Terryglass 84 H8
Tevrin 92 K7
Thomas Street 90 H7
Thomastown (Meath) 93 L6
Thomastown (Tipperary) 85 H10
Thoor Ballylee 89 F8
Three Castle Head 76 C13
Three Castles 85 J9
Three Rock 87 N8
Tiduff 82 B11
Tievealehid 100 H2
Tievemore 101 I4
Tillyvoos 100 H4
Tiltinbane 97 I5
Timahoe (Kildare) 86 L8
Timoleague 78 F13
Timolin 86 L9
Tinahely 81 M9
Tinnahinch 80 L10
Tinriland 80 L9
Tiobraid Árann / Tipperary 84 H10
Tipperary (County) 85 H10
Tirnaneill 98 L5
Tirneevin 89 F8
Toames 77 F12
Tobar an Choire / Tobercurry 95 F5
Tober 92 J7
Toberbeg 87 M8
Toberdoney 102 M2
Tobermore 102 L3
Tobernadarry 89 E7
Toberscanavan 96 G5
Toe Head 77 E13
Toem 84 H10
Togher (Offaly) 86 K8
Togher (Cork) 77 E12
Togher (Louth) 93 N6
Tolka 93 M7
Tollymore Forest Park 99 O5
Tombrack 81 M10
Tomdarragh 87 N8
Tomhaggard 81 M11
Tonabrocky 89 E8
Tonakeera Point 94 C7
Tonyduff 97 K6
Toomaghera 89 E8
Toomard 90 G7
Toombeola 88 C7
Toome 102 M3
Toomyvara 85 H9
Toor 84 H9
Tooraree 83 E10
Tooreencahill 77 E11
Toorlestraun 95 F5
Toormore 76 D13
Toormore Bay 76 D13
Toornafulla 83 E10
Toraigh / Tory Island 100 H2
Torc Waterfall 77 D11
Torneady Point 100 G2
Torr Head 103 N2
Tory Sound 100 H2
Tourig (River) 78 I11
Tower 78 G12
Trá Lí / Tralee 82 C11
Trá Mhór / Tramore 80 K11
Trabane Strand 100 F4
Tracton 78 G12
Trafrask 76 D12
Tragumna 77 E13
Tralee Bay 82 C11
Tramore Bay 80 K11
Tranarossan Bay 101 I2
Travara Bridge 76 C12
Trawbreaga Bay 102 K2
Trawenagh Bay 100 G3
Trawmore Bay 94 C5
Trean 89 D7
Treantagh 101 I2
Treehoo 97 K5
Trien 90 G6
Trillick 97 J4
Tristia 94 C5
Trory 97 J4
Trostan 103 N2
Truskmore 96 G4
Trust 90 G7
Tuaim / Tuam 89 F7
Tuamgraney 84 G9
Tuar Mhic Éadaigh / Tourmakeady 95 D7
Tubber 89 F8
Tubbrid (Kilkenny) 85 J9
Tubbrid (Tipperary) 79 I11
Tulach Mhór / Tullamore 86 J8
Tulla 84 F9
Tulla (near Cappaghmore) 89 F8
Tullagh Point 101 J2
Tullaghan 96 G4
Tullaghan Bay 94 C5
Tullaghanstown 92 L7
Tullagher 80 K10
Tullaghobegly 100 H2
Tullaghought 85 J10
Tullaherin 80 K10
Tullakeel 76 C12
Tullamore 83 D10
Tullaroan 85 J10
Tullig 76 C11
Tullig Point 82 C10
Tullokyne 89 E7
Tully 97 I4
Tully (Donegal) 100 H4
Tully Cross 88 C7
Tully (near Linaskea) 74 J5
Tully National Stud 86 L8
Tullyallen 93 M6
Tullyamalra 98 L5
Tullycanna 80 L11
Tullydush 101 J2
Tullyhogue 98 L4
Tullylease 83 F11
Tullymacreeve 74 M5
Tullynaha 100 H3
Tullynally Castle 92 J6
Tullyroan 98 M4
Tullyvin 97 K5
Tulrohaun 95 F6
Tulsk 90 H6
Turlough (Mayo) 95 E6
Turloughmore 89 F7
Turner's Rock Tunnel 77 D12
Turreen 90 I7
Tuskar Rock 81 N11
Twelve Pins (The) 88 C7
Twomileborris 85 I9
Tylas 93 M7
Tynagh 90 G8
Tynan 74 L5
Tyrella 99 O5
Tyrellspass 92 J7
Tyrone (County) 97 J4

U

Uachtar Ard / Oughterard 89 E7
Uaigh / Owey Island 100 G2
Ugga Beg (Lough) 89 D8
Ulster American Folk Park 97 J4
Ulster Folk Museum (The) 99 O4
Union Hall 77 E13
Unshin 96 G5
Upper Ballinderry 99 N4
Upper Lake (Wicklow) 87 M8
Upperchurch 85 H9
Upperlands 102 M3
Urbalreagh 102 K1
Urglin Glebe 86 L9
Urlaur 95 F6
Urlaur Lough 95 F6
Urlingford 85 J9

V

Valencia Island 76 A12
Valley 94 C5
Valleymount 87 M8
Vartry Reservoir 87 N8
Ventry 82 A11
Ventry Harbour 82 A11
Vicarstown 86 K8
Victoria Bridge 101 J3
Villierstown 79 I11
Virginia 92 K6
Virginia Road 92 K6
Vow 102 M3

W

Waddingtown 81 M11
Walshestown 81 M11
Walshtown 78 H12
Ward 93 N7
Ward (River) 93 N7
Waringsford 99 N4
Waringstown 99 N4
Warrenpoint 99 N5
Washing Bay 98 M4
Watch Ho.-Village 81 M9
Waterfall 78 G12
Waterfoot or Glenariff 103 N2
Waterford (County) 79 J11
Waterford Harbour 80 L11
Watergrasshill 78 G11
Waterworks 102 L3
Wattle Bridge 74 J5
Welchtown 101 I3
Wellington Bridge 80 L11
Wells Cross 98 M4
Wesport Bay 94 C6
Westcove 76 B12
Westmeath (County) 92 J7
Westport House 95 D6
Westport Quay 95 D6
West Town 100 H2
Wexford Bay 81 N10
Wexford (County) 80 L10
Wexford Harbour 81 M10
Whale Head 101 J2
Wheathill 97 I5
Whiddy Island 77 D12
White Island 97 I4
White (Limerick) 83 E10
White (Louth) 93 M6
White Park Bay 102 M2
Whiteabbey 99 O3
White Castle 102 K2
Whitechurch 78 G12
Whitechurch (Waterford) 79 I11
Whitecross 74 M5
Whitegate 78 H12
White Gate Cross Roads 82 C11
White Hall 77 D13
Whitehall (Kilkenny) 80 K9
Whitehall (Roscommon) 90 I6
Whitehall (Westmeath) 92 K7
Whitehead 103 O3
White'sCross 78 G12
Whitesides Corner 102 M3
Whites Town 99 N6
White Strand 83 D9
Wicklow (County) 87 M9
Wicklow Gap 87 M8
Wicklow Mountains 87 N8
Wicklow Way 87 N8
Wildfowl and Wetlands Trust 99 O4
Wilkinstown 93 L6
Willbrook 89 E9
Williamstown 90 G6
Williamstown (Westmeath) 90 I7
Windgap 85 J10
Windmill 74 L7
Windy Gap 98 N5
Windy Gap (Kerry) 77 D12
Windy Gap (Mayo) 95 E6
Wolfhill 86 K9
Womanagh 78 I12
Woodburn 103 O3
Woodburn 103 O3
Woodcock Hill 84 F9
Woodenbridge 81 N9
Woodford (River) 84 G8
Woodstown 80 L11

Y

Yellow Furze 93 M6
Yganavan (Lough) 76 C11
Youghal 84 H9
Youghal Bay 79 I12

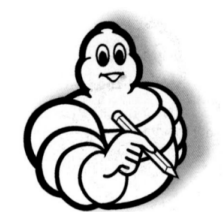

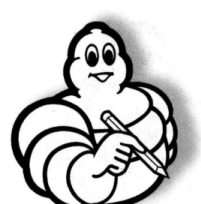

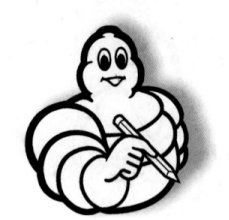